經濟學
—原理與應用

黃金樹　編著

三民書局

國家圖書館出版品預行編目資料

經濟學:原理與應用 / 黃金樹編著.－－初版三刷.－
－臺北市；三民，2003
　　面；　　公分
　　含索引
　　ISBN 957－14－3520－1　（平裝）

　　1.經濟

550　　　　　　　　　　　　　　　　　　91003976

網路書店位址　http：// www. sanmin. com. tw

© 經　濟　學
——原理與應用

編著者　黃金樹
發行人　劉振強
著作財
產權人　三民書局股份有限公司
　　　　臺北市復興北路386號
發行所　三民書局股份有限公司
　　　　地址／臺北市復興北路386號
　　　　電話／(02)25006600
　　　　郵撥／0009998－5
印刷所　三民書局股份有限公司
門市部　復北店／臺北市復興北路386號
　　　　重南店／臺北市重慶南路一段61號
初版一刷　2002年5月
初版二刷　2002年9月修正
初版三刷　2003年8月
　編　號　S 55208－0
　基本定價　拾壹元貳角
行政院新聞局登記證局版臺業字第〇二〇〇號

　ISBN　957－14－3520－1　（平裝）

＊本書的章節安排：

　　本書大致分為三大部分。第一部分是經濟學的導論，包括第一到第三章，除第一章緒論以外，主要是初步介紹市場中買賣雙方的行為特性，及其兩者之間的互動關係。第二部分是屬於個體經濟學的課題，包括第四到第九章，主要是討論個別消費者及生產者在商品購買及供應上的行為，以及兩者在生產要素市場上的互動關係。第三部分是屬於總體經濟學的課題，包括第十到第十六章，主要是說明整個經濟體的產出、物價、利率的決定問題，以及探討經濟波動、經濟發展、經濟成長、國際貿易與國際金融等方面的問題。

　　由於本書以初學者為對象，受到篇幅限制，尚有許多方面的問題，例如訊息不對稱、公共財、外部性、不確定性等項，尚未納入本書中；因此，對於這些問題，有興趣的讀者，應可以在市面上或圖書館中查到相關的書籍，以補本書的不足之處。

＊感謝的話：

　　本書的完成，首先感謝三民書局的鼎力支持，其編輯部同仁所投入的心力更是令人佩服；其次，應該感謝的是，師長的教誨、家人的鼓勵以及課堂上學生的討論。最後，本書難免有疏漏之處，尚請教師、學界先進及讀者惠予指正是幸。

　　　　　　　　　　　　　　　　　　黃金樹　　謹誌

自 序

*本書適用對象:

　　誠如本書書名（經濟學——原理與應用）所述，本書著重於介紹經濟學的觀念及其原理，並提供應用例子，期能讓讀者對於這些觀念或原理，有更進一步瞭解與體會。因此，本書雖然以大專學生修習一學期或一學年課程所需（3～6學分）的教材，作為撰寫的對象，但是就一般社會大眾，凡對於經濟學有興趣的初學者，本書仍可以作為其進修的用書。

*經濟學像什麼?

　　「愛情像霧又像花」；那麼，經濟學像什麼呢? 經濟學的核心觀念是「經濟」成本，而所謂經濟成本是指使用一項資源的代價。何以使用資源會有代價呢? 因為資源的數量是有限的且資源具有多種用途，其用於甲用途上的數量，就不能用於乙、丙等其他用途上；也就是說，使用一項資源（數量）的代價，就是讓它犧牲掉或放棄用於其他用途的機會，故經濟成本又稱為機會成本。那麼，此一以探討資源有效利用為宗旨的經濟學像什麼呢?

　　經濟學是生活的一項工具，是開啟成功之門的必備鑰匙之一。為什麼呢? 因為經濟學的知識一方面讓個人更有能力思考及有效利用自己的資源，能比較務實的面對人生的起伏；另一方面，讓個人知道別人以及社會團體在資源使用上的思考方式，才能知己知彼，並創造雙贏的結局，與他人共享繁榮。因此，相較於沒有受過經濟學薰陶的人，學過經濟學的人將更為慎重，更為明理，更為務實，也更好相互溝通。因而經濟學像陽光，照亮世人，令人活出健康與希望。

經濟學──原理與應用

目　次

自　序

第一章　緒　論

第二章　需求、供給與均衡

第一章

緒　論

　　本章是本書的頭一章，將針對「經濟學」這個學科的重要性、性質及其內涵與發展，加以簡單介紹。首先，說明經濟知識在現代社會的重要性；其次，釐清經濟問題的本質，並看看有哪些需探討的基本經濟問題；第三，介紹經濟學的意義，並進一步說明經濟學的研究範圍與研究方法；第四，討論與經濟資源配置有關的一些理念，如機會成本、比較利益、生產可能曲線等；第五，簡單介紹經濟制度的意義；第六，提供幾個與本章討論內容有關的應用分析方向及例子。至於有關經濟學的成立與發展情況，對於初學者而言，較不容易理解，因而放在附錄，供有興趣的讀者參閱。

第一節　經濟知識在現代社會的重要性

　　什麼是社會呢？什麼是現代社會呢？簡單地說，社會就是人生的舞臺，在這個舞臺裡面，有來自四面八方各式各樣的人，每個人都為生活在努力，也對明天懷著希望。隨著人類文明的進展，家庭、企業、國家等組織或團體的出現，工程科技的進步，交通資訊的發達，以及政治法律制度的更加民主與完備，使得每個人有更自由、更寬廣的揮灑空間，這些都是現代社會的部分寫照。

　　每個人都想天天過得快樂，活得有希望。那麼，要怎麼做才能達到願望呢？一方面要對自己的能力、優缺點有所瞭解，才能發揮自己的優勢與專長，才能設法克服或彌補自己的缺點，以持續增強自己的競爭力；另一方面要對周遭的世界有比別人更深一層的瞭解，才能比別人捷足先登，才能發現或創造機會，以成就自己的願望。因此，如何有效利用個人的時間、財力、物力等所有資源，來達成自己的願望，就成為每個人要認真去思考的問題。

　　就任何一個家庭、企業、國家等組織或團體而言，都有其各自追求的目標，譬如，家庭的和樂，企業的賺錢，國家的強盛，與人民的富足；也同樣地，每一個組織或團體都有他自己的優、劣勢與資源上的限制。因此，如何有效利用組織或團體的所有資源來達成目標，也同樣是每一個組織或團體，要去認真思考解決的問題。

　　在這一個資訊相當發達的現代社會裡，可以從新聞報導、報紙、雜誌、書籍、電腦網路、演講會、研討會、調查訪談等管道，蒐集相關的訊息，以增進對所處周遭環境的瞭解。其中，有關財經方面的資料，經常呈現在例如國民生產毛額（簡稱 GNP）、經濟成長率、失業率、物價膨脹、國際貿易、外匯存底、臺幣貶值、金融風暴、泡沫經濟、兩岸經貿、痛苦指數等用語上；因此，瞭解一般常見的財經用語，將有助於周遭環境現況的掌握。

　　接下來，我們要問：什麼是經濟知識呢？凡是對於經濟問題或現象的釐清、認識與瞭解，有幫助的想法、觀念或觀點，都屬於經濟知識的範圍；明確地說，經濟知識包括了經濟觀念、經濟理論及其研究方法。其中，有些觀念或理論及其發展出來的相關術語，若已普遍被大家接受，則可以稱為經濟常識。至於有些觀點或推論，仍存有爭議的部分，也屬於經濟知識的範疇，值得大家繼續去探究。顯而易見地，對於一般財經用語意義的正確認識，可以說是經濟常識的一部分。

　　關於上述提及個人或團體如何思考並解決有效利用資源的問題，也屬於經濟知識涵蓋的領域中。因此，在現代社會中，對於個人或團體，若具備豐富的經濟知識的話，除了能增進對周遭財經環境的瞭解，不再是經濟文盲以外，也表示學會了如何思考並解決有效利用資源問題的方法，應相當有助於個人生活美滿或團體發展目標的達成。反之，於現代的社會中，若不具備一點經濟知識，個人或團體的發展空間，將受到相當的限制。

 觀念研習

1. 試比較你在國中與高中時期，周遭環境的情況與其變化，以表達現代社會的特質。
2. 請列舉你從長輩、親友等處所獲知的一些「經濟知識」，並說明其中每一個觀點帶給你的啟示。

第二節　經濟問題的產生與解決

在第一節中提及，所謂經濟知識是有助於瞭解經濟問題的觀念與觀點；那麼，什麼是經濟問題呢？經濟問題發生的原因有哪些？以及有所謂的基本經濟問題嗎？本節將試圖對於上述問題加以說明。

一、經濟問題發生的原因

首先，列舉一些大家關心的經濟問題：

⑴今年的經濟景氣如何？

⑵這一季的出口情況怎麼樣？

⑶臺灣加入世界貿易組織(WTO)的進展如何？加入 WTO 對於農業、工業及服務業的衝擊程度如何？

⑷公營事業的民營化問題。

⑸大專畢業生的就業與待遇問題。

⑹南向政策與兩岸經貿的發展問題。

⑺社會福利與國民年金的問題。

⑻經濟發展與所得分配的問題。

⑼對外投資與產業空洞化的問題。

⑽政府職能的再造以及臺灣競爭力的提昇。

⑾公共工程 BOT（建造、營運、移轉）方案的進展情形。

⑿〈全球氣候變化公約〉與跨世紀產業結構調整的問題。

這些問題涉及整個經濟的發展、產業結構的調整、世界貿易組織的加入、國際貿易與投資、政府民間的分工以及所得分配等不同層面，至於家庭收支、企業營運以及政府收支等方面的問題，也都屬於經濟問題；還有，個人的就學、就業、從政、結婚、生子、就醫、休閒、養老、理財等日常的生活活動，也都屬於經濟

問題。為什麼呢？

　　因為凡是無法讓一個人、一個團體或一個國家隨心所欲的時候，就會有取捨或有所選擇的情況出現，也就是出現了所謂的經濟問題。一個經濟問題，就是一個需要審慎評估利弊得失後，才能做出選擇的問題。

　　那麼，在什麼情況下，才會出現無法隨心所欲的經濟問題呢？那當然是在想得到的事物，比實際能得到的事物來得多的時候。譬如說，口袋中的錢，總是覺得太少；每天的時間，總是覺得不夠；衣服總是少一件，鞋子總是少一雙；企業賺的錢，總覺得不夠多；政府的稅收，總是不夠用；還有，空氣總是不夠乾淨、環境衛生總是不夠完善、青山綠水美景總是不足。

　　換句話說，經濟問題發生的原因在於：⑴相對而言，人類的慾望太多了；或⑵相對而言，可供使用的資源太少了。同時，隨著科技的發展，資源的用途更加多樣化；隨著所得的提高以及人口的增加，人類慾望也更加增廣。因此，經濟問題的根源，即資源的相對稀少性，將一直存在著，而經濟問題也將是一個永遠存在的事實，並將扮演著推動人類科技文明發展原動力的角色。

二、基本的經濟問題

　　每個人或團體所面對的最基本經濟問題，就是如何有效利用自己的所有資源，使得當事人或團體的願望或目標得到最大的滿意程度。例如，就每一個人的願望而言，可能是活得幸福快樂，且充滿希望；而就一個企業的願望來說，可能是賺錢、員工的待遇或社會的聲望；就一個民主國家的願望而言，可能是國富民安或國家強盛、社會公平與人民幸福並重。

　　眾所皆知，任何願望的達成，是表現在一些事物的完成或成就上的。例如，學生的學業成績不錯、同學感情和睦、品行受到肯定，乃至於個人的工作勝任、待遇不錯、家庭溫暖、鄰居互動關係良好、身體健康等等事項，或一國的社會治安良好、國家安全有保障、人民生活素質高、人民安居樂業、教育文化科技發達、國際關係良好等事項。而從事這些有助於提高願望的事物，於經濟學上就稱為**生產** (Production)；當然，每一項事物的完成，都需要使用到一些資源。因此，對於

上述最基本的經濟問題，便可以細分為下面四個所謂的基本經濟問題：

㈠生產什麼的問題

由於每個人或團體可供使用的資源，不論是人力、物力或財力，是相對的稀少；因此，不可能隨心所欲地去完成或生產出心目中的所有事物。換句話說，對於現有資源的利用，首先要面對的問題是，到底要生產哪些事物以及生產多少？

㈡如何生產的問題

在瞭解生產什麼事物以後，接下來的問題就是如何生產。換句話說，是在目前的生產方法中，選擇一種最省錢的方法。例如，為了在規定時間內把教室打掃乾淨，可以考慮多分配一些人手或清潔用具；但是，在分配的過程中，仍要考慮其他地區的清掃工作，以及其他的事物可能也要使用一些人手。到底哪一種人手與清潔用具的搭配方式，才是完成清掃教室最節省的方法呢？就是一個如何生產的問題。

㈢為誰生產或如何分配的問題

就一個團體而言，如一個家庭、一個企業或一個國家，於上述完成事物的生產過程中，都有許許多多的人，直接或間接的參與；或者說使用了不等的人力、物力或財力等資源，才得以把一件事物完成。那麼，接下來的問題是，對於這件事物所代表的成就或成果（或許可以價錢表示），如何分配給這些參與的人？或如何分配給提供資源的所有者？以上述清掃教室為例，若清掃教室的結果，班上同學都覺得相當滿意，而決定籌措一筆 1,000 元的獎勵金，給擔任該項工作的同學；那麼，這 1,000 元的獎勵金，如何分配下去呢？是只分配給直接參加的同學，還是要先扣掉購買清潔用具的錢，或者當初負責分配人手的班長或幹部也要分一點，或者班上其他同學也因為擔任其他工作，而可以分一點（因為這些工作理應由全班共同負責的，但由於分配人手以後，委由除打掃教室以外的其他同學來做，也就是說，得到其他同學的協助，打掃教室的同學才能完成清掃教室的工作；那麼，對於清掃教室這件事情，這些其他的同學也間接有所貢獻，因而也可以分一點獎

勵金）。

　　就整個經濟社會來看，個人由於提供其所有的全部資源參與生產活動，並從中分配到酬勞或所得報酬；然後，個人就可以將其分得之報酬，於市面上購買到或與他人交換到他想要的事物，以供其享用。如此，就如同這些交換到的事物的生產，就是為他個人生產的一樣。所以說，就一個經濟社會來看，如何分配的問題，就相當於為誰生產的問題。

㈣如何消費的問題

　　每個人或團體把自己的資源因參與生產活動而分配到的報酬，直接用於購買或交換其想要的事物以供享用者，一般稱為**消費** (Consumption)。而如何消費的問題，也就是如何安排花用所分配到的報酬，使得當事人或團體的願望或目標得到最大的滿意程度的問題。

　　從上述四個基本經濟問題的說明中，已清楚地瞭解到四個基本經濟問題，就是前面提及的那個最基本經濟問題分解出來的。至於為何不直接按想要消費的事物，自行安排自己所有的資源去加以生產，而要採取二階段的方式，即將自己所有的資源參與某些事物的生產，並從該生產得到報酬之後，再來購買或交換想要消費的事物，其中的道理請參閱本章第四節中有關「比較利益原則」的說明。

　　另一方面，這四個基本經濟問題，剛好建構出一個生生不息的自我循環體系。因為如何消費的問題獲得解答之後，生產什麼的問題就迎刃而解了；而當生產什麼事物既經決定以後，則如何生產與為誰生產的問題也就緊跟著來，成為必須面對解決的基本問題。至於如何切入解決這四個環環相扣的基本經濟問題，將因採用的經濟制度不同而有差異；不過，其背後涉及的稀少性資源配置的本質，則是相同的。關於資源配置與經濟制度的說明，請參閱本章的第四節與第五節。

　　最後，值得一提的是，除了上述四個基本經濟問題以外，有關如何維持物價的穩定以及如何促進經濟持續成長這兩個問題，也受到許多人的關注。不過，這兩個問題的有效解決，仍然必須回溯到上述四個基本經濟問題所構成的循環體系內，去加以回應。為什麼呢？因為維持物價的穩定或促進經濟持續成長，都可以分別視為一件事物來看，如何來生產或完成這二件事物，應已包括在上述四個基

本經濟問題中了，而不必另外再多出二個基本經濟問題。

觀念研習

3. 請說明經濟問題的定義，並列舉三個你本身的經濟問題，以及解釋此三問題何以稱得上是經濟問題的理由。

4. 如果你這個學期的願望是爭取好的學期成績的話，你的資源有哪些？並請說明你的基本經濟問題是什麼？而你的答案呢？

5. 為什麼為誰生產的問題與如何分配的問題是相同的呢？

6. 「生產」的意義是什麼？讀書、上學、受教育是否都算是從事生產活動呢？

第三節　經濟學的意義、研究範圍與研究方法

在前二節中，曾提及經濟知識、經濟問題以及經濟制度等與經濟有關的名詞；那麼，經濟是什麼意思呢？本節首先說明經濟學的意義；其次，扼要介紹經濟學的研究範圍與研究方法。

經濟學的意義

首先，說明「經濟」兩字的意義。在經濟學裡面，與經濟連接在一起的用語，除前述的經濟知識、經濟問題、經濟制度以外，尚有經濟發展、經濟政策、經濟環境、經濟行為、經濟財（貨）、規模經濟、外部經濟、市場經濟等名詞。綜合來說，「經濟」一詞的意義，似可以「節約」一詞來概括。為什麼呢？因為節約就是

以最少的代價去完成一件事物的意思，例如，蓋一棟房子、賺一塊錢、吃一頓飯等任何活動的進行，無時無刻都會想到要節約；因此，節約成為生活的方式，而生活就是節約，節約就是生活，經濟就是生活，生活就是經濟。

其次，討論「經濟學」的意義。簡單地說，**經濟學** (Economics) 是一門探討經濟問題的學問。而經濟問題是指在資源相對稀少的情況下，所延伸出來的取捨、選擇或節約的問題。明白地說，**經濟學**是研究人類如何有效利用相對稀少性資源，以使生活願望獲得最大滿足的一門社會科學。因此，經濟學的**研究重點**在於如何有效利用相對稀少性資源，即如何經由生產、交換、分配以及消費等手段或活動，來持續性地提高人們生活素質，以及增進全人類的福祉。

至於利用稀少性資源所生產出來的，直接或間接地用於滿足生活願望的物品或勞務，在經濟學上一般通稱為**財貨** (Goods and Services) 或簡稱為「財」。而本書上文提及之「完成或生產一件事物」中的「事物」，均可以改稱為財貨。

接著，介紹與「財貨」二字有關的一些用語的意義。如上所述，財貨包括有形的財貨與無形的財貨。有形的財貨，如圖書、衣服、房屋等各式各樣的物品；而無形的財貨，如版權、專利權、財產權等各種權利，律師、醫師、教師、會計師、演員等所提供的各種勞務，以及諸如陽光、空氣、景色、友情、讚賞、聲譽、過錯、關係、特權、證照等，皆屬於無形的財貨。

另外，在此將經濟學上常見的財貨概念，簡單列舉六項，並說明如下：

⑴**自由財** (Free Goods)：又稱無償財。一般係指不必支付任何代價即可自由享用的財貨，如自然景觀、陽光、空氣、山泉、免費的諮詢服務等。

⑵**經濟財** (Economic Goods)：又稱為有償財。不管供應者是私人或政府機構，凡是必須支付代價才能取得的財貨，都是經濟財貨；其中，即使是公家免費提供，但其數量有限，總是要靠關係或特權才能如願取得的財貨，也算是經濟財。

⑶**消費財** (Consumption Goods)：直接供消費者使用的財貨，也稱為最終財貨，如家庭購買的麵粉、冰箱、食物等。

⑷**生產財** (Production Goods)：又稱為中間財貨。在生產過程中使用的，或須經加工以後，才能轉手賣給消費者的財貨，如機器設備、原料，以及商家

購買的供製麵食的麵粉、提供客人使用的衛生紙等。

(5)**消耗財 (Perishable Goods)**：指供一次消費或生產使用的財貨，如電力、燃料、原料、食品等。

(6)**耐久財 (Durable Goods)**：可供二次或多次使用的財貨，如汽車、冰箱、房屋、機器設備等。

其他尚有如公園、道路、燈塔、國防、治安等屬於**公共財 (Public Goods)** 或準公共財的財貨。

 ## 二、經濟學的研究範圍

一般而言，經濟學可以按其研究對象的不同，分為**個體經濟學 (Microeconomics)** 與**總體經濟學 (Macroeconomics)**；也可以按其內容的主觀與客觀性質，分為**規範經濟學 (Normative Economics)** 與**實證經濟學 (Positive Economics)**。

(一)個體經濟學

大致而言，個體經濟學係以經濟體系內的個體為其研究對象，探討其個體如何有效使用資源的學問。進而言之，個人的購物消費、就學就業、生涯規劃、投資理財、家庭經營、交朋友、學習與成長等等活動，以及公司行號、機關團體、行政或業務部門、財團法人、基金會等組織的任何活動，都因涉及到該個體的有限資源的使用問題，而屬於個體經濟學的研究範圍。具體來說，一般經濟學的教科書，多將個體經濟學的內容，集中在對於消費者、生產者（或稱廠商）以及整個產業的消費、儲蓄（投資或理財）、生產、個別商品的市場價格、所得分配等活動的說明。

(二)總體經濟學

總體經濟學係以整個經濟體系為研究對象，探討該經濟體系如何有效使用資源的學問。因此，涉及該經濟體系的發展、成長、穩定以及與其他經濟體系的經貿交流等方面的課題，都屬於總體經濟學的研究範圍。具體來講，一般經濟學的

教科書，多將國民所得（表示該經濟體系的大小指標之一）、就業、物價、國際貿易與金融、貨幣與財政、經濟波動、經濟發展與成長等主題，作為總體經濟學的講解內容。

(三)規範經濟學與實證經濟學

凡是以客觀的方式，只探討或說明經濟現象、問題的因果關係或本質，而不作任何對錯或好壞的價值判斷者；換言之，其內容僅是對於一件經濟事實的陳述、剖析、釐清而已，不具任何價值判斷，也不含任何色彩成分在內的，稱為實證經濟學。反之，凡是以個人主觀的方式，對於一件經濟事實加以對錯或好壞等價值判斷者，稱為規範經濟學。例如：探討學費高低或健保費高低的利弊得失，以及多少錢以上算是高學費或高健保費等問題，均可以利用相關數據加以證實或驗證的，是屬於實證經濟學的研究範圍；至於主張或反對高學費或高健保費，以及對於高學費或高健保費的認同與否，或如何收取學費或健保費的意見等問題，都涉及到個人的價值判斷或主觀評定，是無法利用相關數據加以驗證的，則屬於規範經濟學的研究領域。

一般而言，本書的內容主要集中在實證經濟學的講授，而於一般報章雜誌刊載的對於經濟問題或經濟現象的政策分析中，或政府的產業、能源、貨幣、財政收支、海外投資等項的政策或措施，則以屬於規範經濟學的範疇居多。

至於何以要將經濟學分為個體經濟學與總體經濟學兩個部分呢？主要的考量是對於一個經濟問題的瞭解與掌握，其切入的角度大體上可以分為由整個經濟體系或由該體系的不同個體等二個層面，而經由這二個不同層面的剖析，將能較周延地，不至於見樹不見林或見林不見樹地瞭解經濟事實的真象。因此，個體經濟學與總體經濟學兩者間，對於經濟問題的解析是相輔相成的，是互為基礎的，也是互為延伸的。

誠如前述，經濟學最終關心的是人類的福祉與個人的幸福，而這些所謂的福祉或幸福到底指的是什麼意涵？其內容是什麼？如何去界定它？這些問題都涉及到個人或人類整體的認定或價值標準，也因此經濟學的研究範圍將不可能不涉及規範經濟學的領域。我們深信，規範經濟學的基礎之一，必然是實證經濟學；而

實證經濟學的研究取向之一，也必然得自規範經濟學的啟示。換言之，經濟學的發展與精進的道路上，實證經濟學與規範經濟學兩者也是缺一不可的，是互補的，也是相互促進的。

 ## 三、經濟學的研究方法

如上所述，經濟學係一門就人類經濟問題、經濟活動、經濟現象或經濟行為進行探究、瞭解、釐清、解答與預測的社會科學。因此，經濟學的研究，係運用包括歸納法與演繹法在內的科學方法。歸納法是從觀察眾多的個別現象或事實中，歸納得出共同的結論或特點的方法；而演繹法係以自明之理為立論的前提，進而推導出基本的結論或認識的方法。因此，根據歸納法得出的共同結論或特點，可進而建立人類經濟活動的法則；同時，根據演繹法得到的基本結論或認識，也可進一步推論各種經濟現象的關係，以及在特有的條件下推論各種情況出現的可能性。

於經濟學的發展過程中，無論是利用歸納法得到的結論，或採用演繹法得出的推論，基本上都希望能增進對於現有的或過去的經濟現象或經濟問題的瞭解或釐清，而經證實或檢驗符合此一要求的結論或推論就稱為理論、模型、法則或原理。當然經濟理論除了有助於現有或過去的經濟現象的澄清以外，亦能對於未來的經濟趨勢提供預知或預測的功能；因此，經濟理論的強弱，除表現在其對現有經濟狀況的解釋能力以外，當以其對未來經濟狀況的預測準確度作為評量的主要依據。

於經濟理論的建立或推導過程中，經濟學家常把涉及到的經濟環境加以簡化，一方面有利於推導過程的單純化，另一方面則是把關鍵變數或因素突顯出來。此一情形，就相當於在模擬的情境下進行經濟實驗一樣。其中，較常採取的方式，就是「假設其他條件（情況、因素、變數）不變」下，僅就有興趣探討的變數或因素進行討論。

除了上述「假設其他條件不變」的設計以外，在經濟理論的建立或推導過程上，一般為大家接受的前提是：人是理性的、自主的及自利的。人的自主性表現

在他的有所為與有所不為；人的自利性表現在他的主觀價值意識上，是有利於自己願望的達成；而人的理性則表現在於行為的一致性、規則性與可預測性方面。

觀念研習

7. 請說明「經濟學」的意義。

8. 解釋下列名詞，並試舉一例加以說明：(1)自由財；(2)經濟財；(3)消費財；(4)生產財。

9. 試比較個體經濟學與總體經濟學的研究對象、內容，並說明二者的關係。

10. 試說明規範經濟學與實證經濟學的內容及二者的關係。

11. 經濟理論的提出，可以採用哪些方法，且必須符合什麼條件？請說明之。

12. 說明經濟理論的建立或推導，需要把握的原則是什麼？

第四節　經濟資源的配置

　　如同上述，經濟學是一門探究如何將相對稀少性資源，作最佳配置或進行最有效利用的學問，以使得人類或個人的願望獲致最大的滿足。一般稱相對稀少性資源為經濟資源，而經濟資源的配置就是經濟學所欲探討的主題。本節將分為四部分來進行討論，首先是說明經濟資源的種類，其次是闡述與經濟資源配置有關的機會成本、比較利益與生產可能曲線等三個重要觀念，以及從此三個觀念引申出來的一些理念。

 ## 一、經濟資源

　　經濟資源的配置或使用，無非係為了提供消費者享用的消費財，或供應從事下一輪生產活動所需的中間財或生產財；換言之，任何一次經濟資源的配置或使

用，即相當於從事一次經濟活動（生產活動或消費活動）。同時，從消費活動的進行，除消費財以外，仍須投入相當的經濟資源（如時間、消費設備）來看，消費活動也是生產活動之一；反之，生產活動也可以視為跨階段消費活動的前階段活動，而原消費活動則成為其後階段活動。通常在經濟學上，也將經濟資源稱為生產要素，並將經濟資源按其特性歸為四類，即**土地** (Land)、**資本** (Capital)、**勞動** (Labor)、**企業能力** (Entrepreneurship) 等四種生產要素；其中，土地與資本是物質資源，而勞動與企業能力為人力資源。茲將四種生產要素進一步說明如下：

⑴土地是泛指所有的自然資源，包括土壤、海洋、大氣、礦藏、河川等自然的、非由人力造成的資源。

⑵資本是指人造的生產工具，例如機器設備、廠房、半製品與存貨等財貨。資本有別於生產過程即發生轉變的中間原材料，資本係指能使用一次或多次以上的輔助生產的工具。

⑶勞動是指勞動者個人自身參與生產活動時，所提供的勞心或勞力的勞務；至於企業家結合各種資源，從事生產的經營能力，也是任何生產活動得以開展的基本要素之一，此一要素稱為企業能力。

二、機會成本

由於經濟資源的相對稀少性，因此，經濟資源的使用，不可能不花代價，這個代價在經濟學上就稱為使用資源的**機會成本** (Opportunity Cost)。那麼，要如何來核算機會成本的大小呢？

誠如上述，經濟資源是有價值的生產活動的生產要素，任何一件財貨的生產必然要使用到經濟資源；而每一單位的經濟資源若用於特定財貨的生產上，就得放棄用於生產其他財貨的機會。因此，所謂使用該單位經濟資源的機會成本的大小，就可以「該單位資源因放棄用於生產其他財貨的機會中，其最大的損失」來加以核算。換言之，以「該單位資源用於生產其他財貨中的最大價值」，來作為使用該資源的機會成本。

進而言之，若生產一單位特定財貨時，要動用到不同的經濟資源，且每一資

源的使用量也不完全相等時，則生產一單位特定財貨的機會成本，就是所有動用到的這些經濟資源的機會成本的合計數。

　　以一塊農民自耕的三分地，一年的收成淨賺分別為種稻 2 萬元、種菜 3 萬元、種西瓜 4 萬元為例，可以知道該塊三分地種稻與種菜的機會成本均為 4 萬元，而種西瓜的機會成本為 3 萬元。其次，若考慮可以放租，且租金是 4 萬元的話，則農民自用這塊地的機會成本，不管是種稻、種菜或種西瓜，都是 4 萬元。

　　機會成本的概念，除了可以金錢表示以外，也可以實物單位來表現，於下文對於比較利益原則與生產可能曲線的討論中，將以實物單位來描述機會成本的概念。

 ## 三、比較利益

　　由於經濟資源的相對稀少性，因此，每一單位資源的配置或利用，都得考慮到其使用的機會成本。那麼，接下來的問題是，要如何安排使用或配置資源呢？是否有什麼原則可供依循呢？

　　為簡化並回答此一問題，我們僅就甲、乙兩種資源的情況來說明。同時，假設兩種資源均可分別用於生產 A、B 兩種財貨，每一單位的甲資源可以分別生產 $a_甲$ 單位的 A 財貨與 $b_甲$ 單位的 B 財貨，而每一單位的乙資源則可以分別生產 $a_乙$ 單位的 A 財貨與 $b_乙$ 單位的 B 財貨。因此，得知使用一單位的甲資源於 A 財貨的生產時，就得放棄用於生產 B 財貨的機會，亦即使用一單位甲資源於 A 財貨的機會成本為 $b_甲$ 單位的 B 財貨；同理，使用一單位乙資源於 A 財貨的機會成本為 $b_乙$ 單位的 B 財貨。進而言之，甲資源用於生產 A 財貨時，平均生產一單位 A 財貨的機會成本為 $\dfrac{b_甲}{a_甲}$ 單位的 B 財貨；乙資源用於生產 A 財貨時，平均生產一單位 A 財貨的機會成本為 $\dfrac{b_乙}{a_乙}$ 單位的 B 財貨。

　　此一例子，是利用實物單位來表示使用一單位資源的機會成本，以及生產一

單位財貨的機會成本。根據上述的例子，可以看出哪一種資源用於生產 A 財貨或生產 B 財貨的絕對優勢或相對優勢。茲分四種情形說明如下：

(1)當 $a_甲 > a_乙$ 時，表示甲資源用於生產 A 財貨有絕對優勢或乙資源用於生產 B 財貨有**絕對利益** (Absolute Advantage)（由比較機會成本之大小來判別）。反之，當 $a_甲 < a_乙$ 時，表示乙資源用於生產 A 財貨有絕對優勢或甲資源用於生產 B 財貨有絕對利益。

(2)同理，亦可以比較 $b_甲$ 與 $b_乙$ 的大小，得知甲、乙資源用於生產 B 財貨的絕對優勢情形或生產 A 財貨的絕對利益情形。

(3)當 $a_甲 > a_乙$ 與 $b_甲 > b_乙$ 同時出現時，表示甲資源不論用於 A 財貨或 B 財貨的生產上，均具有絕對優勢；同時，亦表示乙資源用於生產 A、B 財貨均具有絕對利益。反之，如果同時出現 $a_甲 < a_乙$ 與 $b_甲 < b_乙$ 的情形，則表示乙資源於生產 A、B 財貨上，均具有絕對優勢，以及表示甲資源於 A、B 財貨的生產上具有絕對利益。

當然如果是出現

(4) $a_甲 > a_乙$ 與 $b_甲 < b_乙$ 的情形時，表示甲、乙資源分別在生產 A 財貨、B 財貨上有相對優勢；因此，甲、乙資源的配置將以能發揮其優勢，作為最優先之考量。

問題是：如果出現上述某一資源具有絕對優勢或絕對利益的第(3)情形時，要如何來配置資源才能物盡其用呢？答案是直接由 A、B 財貨的平均機會成本來看，如果甲資源用於生產一單位 A 財貨的平均機會成本較低時，則稱甲資源在生產 A 財貨上具有**比較利益** (Comparative Advantage)；反之，如果乙資源用於生產一單位 A 財貨的平均機會成本較低時，則稱乙資源在生產 A 財貨上具有比較利益。亦即：

當 $\dfrac{b_甲}{a_甲} < \dfrac{b_乙}{a_乙}$ 時，表示甲資源在生產 A 財貨上具有比較利益，而乙資源在生產 B 財貨上具有比較利益；反之，當 $\dfrac{b_甲}{a_甲} > \dfrac{b_乙}{a_乙}$ 時（即 $\dfrac{a_甲}{b_甲} < \dfrac{a_乙}{b_乙}$），表示甲資源在生產 B 財貨上具有比較利益，而乙資源在生產 A 財貨上具有比較利益。

根據上述討論，獲知當一資源在生產 A 財貨或 B 財貨具有相對優勢時，資源

將根據其相對優勢或比較利益之所在來加以配置。至於在某一資源具有絕對優勢或絕對利益的情況下，也只能按比較利益的原則，來決定該資源的配置方向。

當資源係按比較利益的原則來配置時，即表示就整個社會所需要的各種財貨，將資源進行分工，以從事生產。至於某一種資源是否全部投入於單一財貨的生產上，則尚須比較該財貨的需求情形以及該資源的可供使用量以後，才能回答。當一種資源全部投入用於單一財貨的生產時,稱該資源專業化於此一財貨的生產。

從上述的討論中，得知資源的配置方向是依據比較利益原則決定的，而比較利益是取決於財貨生產的機會成本。因此，一種資源用於生產某一種財貨的機會成本較小時，就表示該資源在生產此種財貨上具有比較利益，將較其他資源優先配置於此種財貨的生產上。

四、生產可能曲線

就個人、家庭、企業、政府或國家而言，其可供使用的資源是相對稀少的，是有限的；因此，即使在現有的生產技術條件下，所有的經濟資源都按其比較利益加以配置使用，其可能生產出來的財貨數量仍是有限的；換言之，超過某些數量限度的財貨，是目前生產技術下無法達成的。在經濟學上，常將該限度的財貨數量，表現在平面圖形上，而形成一條非凸向原點的線，並以該線與兩軸圍起來的區域，來表示各種可能的財貨組合點。直言之，在現有的生產技術下，若所有的有限資源僅能用於兩種財貨的生產，則全部可能實現的財貨組合的邊界線，稱為**生產可能曲線** (Production Possibilities Curve)。

在圖 1–1 中，兩軸分別表示 A、B 財貨的數量。其中，OC、OE 分別表示資源全數用於生產 A、B 財貨時的最大產量；至於 CDE 曲線上的點，則分別表示固定 A（或 B）財貨的產量時，B（或 A）財貨的最大產量。因此，多邊形 $OCDE$ 所涵蓋的區域，就是現有生產技術下全部可能實現的財貨組合，而 CDE 曲線是這些組合的邊界線，即所謂的生產可能曲線。至於線外的點（如 H 點）所表示的財貨組合，是無法在現有技術以及資源條件下，所能生產出來的；至於線內的點（如 F 點），則表示有些資源沒有加以充分利用，可能是沒有按比較利益原則配置資源，

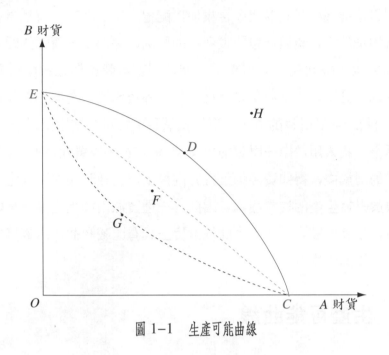

圖 1-1　生產可能曲線

也可能是有些資源閒置在那裡了。

　　生產可能曲線 *CDE* 上的每一點，都同時滿足兩個要求，即按比較利益原則配置資源以及資源全部都用到了。生產可能曲線除圖 1-1 所示的凹向原點的 *CDE* 曲線以外，在特殊的條件下，也可能出現直線 *CE* 的情形；但絕不至於出現一條凸向原點的生產可能曲線，如圖 1-1 的虛線 *CGE*（詳下文說明）。

　　從生產可能曲線 *CDE* 的形狀，當可以瞭解到若要增加一種財貨的產量時，必然是會減少另一種財貨的產量。以多生產一單位的 *A* 財貨為例，就得將原用於生產 *B* 財貨的資源挪一些出來，才能辦得到；而挪出這一些資源以後，將使得 *B* 財貨的產量變少了。換言之，多生產一單位的 *A* 財貨，其機會成本就相當於 *B* 財貨的減少量。如果增產一單位 *A* 財貨的機會成本（一般稱為邊際成本），並不隨著 *A* 財貨總產量的逐漸增多而遞增時，而是固定常數的情況下，則生產可能曲線就呈現出直線的走勢（如 *CE* 直線所示）；其次，如果 *A* 財貨的邊際成本隨著 *A* 財貨總產量的增多而遞增時（在比較利益原則下，不會出現遞減的情形），則生產可能曲線就會呈現出凹向原點的曲線（如 *CDE* 曲線所示）。

生產可能曲線是用於描繪資源的相對稀少性，因而引申出來的最大可能實現的財貨組合軌跡。因此，除整個經濟體系有其生產可能曲線以外，個人、家庭、企業或任何團體組織，也都可以據以畫出其自己的生產可能曲線。而利用生產可能曲線的概念，除了把資源按比較利益原則來配置的理念包含進來以外，從生產可能曲線的形狀與走勢，也將資源使用的機會成本概念，轉換為利用財貨生產的機會成本概念來加以呈現。

觀念研習

13.經濟資源歸為哪四類? 請說明。

14.機會成本的意義是什麼?

15.請說明資源配置的比較利益原則。

16.請說明生產可能曲線的意義，以及它隱含哪些概念?

第五節　經濟制度簡介

在上一節關於經濟資源配置的討論中，我們強調資源使用的機會成本，以及按機會成本較小的比較利益原則，來配置經濟資源，以生產財貨。這些討論都集中於兩種財貨的生產面，不但與多種財貨的實際情形不符，而且亦未考慮財貨的需求面因素。首先，在多種財貨以及多種經濟資源的情況下，通常是用貨幣單位來表示機會成本的大小，而不可能直接以實物單位的多寡來比較機會成本的高低。同時，在使用貨幣的經濟體系下，每一種資源或每一種財貨總是以貨幣單位來表示其絕對價格。其次，有了絕對價格以後，就能以相對價格的方式，把機會成本的概念表達出來，並據以討論經濟資源的配置問題；不過，其中是否必然把需求面因素，乃至於機會成本等概念納入作為資源配置的依據，則尚須視該經濟體系

所採行的經濟制度而定。

簡單地說，**經濟制度** (Economic System) 是一個經濟體系用以配置其經濟資源，並解決其基本經濟問題的整體架構或設置。一般而言，可以按價格機能在整個社會經濟資源配置上，扮演程度的全面性、部分性與退位或缺席，分為市場經濟制度、混合經濟制度與控制或計畫經濟制度三種。有關價格機能意義及其運作方式、條件的詳細討論，請參閱第二章第五節的內容，在此僅就其意義扼要加以說明。

如果一個經濟體系的生產、消費、分配等經濟活動的進行，其參與者或相關聯的每一個個體，都把財貨與資源的價格，作為其考量的唯一或關鍵因素的話，就表示價格機能在該經濟體系資源配置上的全面性或部分性。進而言之，價格機能除了表現在利用價格的高低，在市場上作為引導資源的配置，以生產財貨以外，亦表現在市場的任何衝擊，將全部或部分的藉由價格的調整或改變，來加以疏導或解決。當價格不再具有上述機能時，就稱為價格機能的退位或缺席；此時，將以計畫或行政命令的方法，由計畫部門或行政單位直接來指揮安排資源的配置，而價格僅僅用來作為核算的依據而已。

那麼，要在什麼環境裡，價格機能才能充分發揮呢？必然是要建構一個自由且競爭的市場環境。其中，一方面要求經濟決策權的分散化，一方面要求所得分配的合理化。經濟決策權的分散化，表示個人或個體的消費、生產、就業等決策有完全的自主權；所得分配的合理化，表示資源的所有者因提供資源而分得之報酬，要同時考慮到全部資源所有者的意願以及社會的公平與正義。如此，才可能建構出一個行為主體可以自由進出，且願意參與競爭的市場環境；而由此種市場環境所反映的價格水準，才能具有且亦能充分發揮所謂的價格機能。

當然，如果所有的經濟決策權完全集中在計畫當局的手中，由其統籌所有資源的配置與財貨的生產、調配等工作的話，則價格就只是一個標籤而已，已不具備上述的引導資源配置的功能。其中，計畫當局為求經濟計畫的精確可行，在相關資訊的掌握上，將花相當的心血與努力；而如何提高每一個人或個體的工作意願的問題，就與所得分配的合理與否密切相關。

也因此瞭解到，若就財產權的觀點來看，與市場經濟制度較相搭配的為私有

產權或近乎私有的產權制度，而與控制經濟制度較相搭配的為公有產權或近乎公有的產權制度。

　　在當今的世界上，一方面由於市場的運作，仍有其缺陷存在，有待政府扮演部分經濟職能；另一方面由於計畫的實施，導致蘇聯、東歐與中共經濟的落後，終於促成其經濟的改革，並引進市場機能。因此，可以說混合經濟制度已是世界的主流，而各國的經濟制度中，價格機能在資源配置上的比重，也隨其經濟發展的歷程與經濟發展的程度而不一致。

觀念研習

17. 請說明經濟制度的意義。
18. 請說明經濟制度的種類，其劃分的標準是什麼？
19. 何以說混合經濟制度是當今世界的主流呢？

第六節　應用分析

　　如本章所述，經濟學是一門有效利用相對稀少性資源，以使生活願望獲得最大滿足的學問；因此，經濟學的理念、理論以及其思考問題的方法，不但已在教育、法律、政治、社會、心理等許多人文社會學科領域中加以應用，而且不斷受到新經濟環境的衝擊，持續在檢討、反省與精進。本節將提供幾個例子，來說明與機會成本概念相關的應用。

應用例子一：在家開伙或外食的分析

　　如何解決晚餐的問題，也是經濟問題之一。為什麼呢？每一個人或每一個家庭都會考慮以最經濟實惠的方式，來面對平常的晚餐或是具特別意義的晚餐（如

生日、結婚紀念日、同學會等日子）。通常是在特別的情形下，選擇到餐館用餐，而平日多是在家開伙。不過，此一平日在家開伙的現象，其普遍性已隨著雙薪家庭的增加而有逐漸減弱的趨勢。這又是為什麼呢？一方面是因為外食方便性的提高、外食菜色的多樣性，以及外食的花費並不高；另一方面是因為家庭的人口數不多，以及自行開伙的菜色變化有限，同時在做菜及餐後整理等方面占用太多的時間，且廚餘垃圾的清潔與處理也要花錢，甚至是油煙的不利身體健康。換言之，在家開伙的成本花費，除了菜錢以外，尚有時間、健康、水電瓦斯、清潔、垃圾等項目的花費也要加進來；其中，時間與健康因素的考量，隨著雙薪家庭的增加及個人所得的提高，將更顯得其在決定外食或自行開伙上的重要性。

應用例子二：一寸光陰一寸金

常言道：「一寸光陰一寸金，寸金難買寸光陰。」這句話的意義，是說明要愛惜光陰與善用時間。為了要延續一個瀕臨死亡的生命，讓他多活一段時間，可能要花上許多的費用，而這些花費遠遠超過「一寸金」的價錢。至於趕搭飛機，為了爭取一點時間，可能超速開車受罰。就一個學生而言，接近期中考、期末考時，就會越覺得時間的可貴，有些人願意犧牲睡眠或健康，來爭取一些念書的時間；有些人可能是把握平常的溫書時間，而不用臨時抱佛腳。換言之，學生如何善用自己的時間，做最有效的利用，以增進學問，獲取高分，並充實未來的工作能力，將是學生所須面對的經濟問題之一。

應用例子三：山難的社會成本

登山是許多人所愛好的休閒健身活動之一。在報紙上，偶爾會出現登山山難的報導，且已有人呼籲要注意山難所引起的社會成本。在此，所謂**社會成本** (Social Cost)，是指社會因處理山難所要花費的機會成本。因為山難的處理，必然會占用一部分的經濟資源，使得這些資源無法投入具有生產性的活動，這些資源的浪費就是處理山難的機會成本；那麼，何以這些成本是「社會」成本，而不是山難者的私人成本呢？主要是因為這些成本是由整個社會來共同承擔的，而非由山難者私人來負擔。如果能由山難者負擔其山難救援行動的部分經費的話，登山客將會

比較謹慎從事登山活動，而減少山難的發生。

觀念研習

20.試分別列舉一個你個人的、家庭的與班級的經濟問題，並嘗試從資源稀少性的觀點與利用機會成本的觀念，來加以說明。

本 章 摘 要

1. 經濟知識包括了經濟觀念、經濟理論及其研究方法。因此，經濟知識除了能增強對周遭財經環境的瞭解以外，也教導我們如何思考並解決有效利用資源問題的方法。

2. 經濟問題的根源，在於資源的相對稀少性；即相對於人類的慾望而言，可供使用的資源太少了。

3. 四個基本經濟問題就是生產什麼、如何生產、為誰生產以及如何消費等問題。

4. 經濟學是研究人類如何有效利用相對稀少性資源，以使生活願望獲得最大滿足的一門社會科學。

5. 經濟學可以按其研究對象的不同，分為個體經濟學與總體經濟學；也可以按其內容的主觀與客觀性質，分為規範經濟學與實證經濟學。

6. 經濟資源或生產要素按其特性分為土地、資本、勞動與企業能力等四種。

7. 使用該單位經濟資源的機會成本，可以「該單位資源因放棄用於生產其他財貨的機會中，其最大的損失」來加以核算；或以「該單位資源用於生產其他財貨中的最大價值」，來作為使用該資源的機會成本。

8. 如果甲資源用於生產一單位 A 財貨的平均機會成本較低時，則稱甲資源在生產 A 財貨上具有比較利益。同時，資源的配置，將根據其比較利益來進行。

9. 在現有的生產技術與有限資源之下，若僅考慮兩種財貨的生產，則全部可能實現的財貨組合的邊界線，稱為生產可能曲線。

10. 經濟制度是一個經濟體系用以配置其經濟資源，並解決其基本經濟問題的整體架構；可以按價格機能在整個社會經濟資源配置上，扮演程度的全面性、部分性與退位等三種情形，分為市場經濟制度、混合經濟制度與控制經濟制度等三種。

習　題

1. 常言道：「知識就是力量。」那麼，可以說經濟知識就是經濟力量嗎？請說明理由。

2. 你覺得小學生或是國中生，也應該具備一些經濟常識嗎？請分別說明你的意見。

3. 經濟問題來自於資源的相對稀少性。那麼，倘若一個國家或是一個家庭的人口太多了，是否也算是一個經濟問題呢？請加以說明。

4. 如果王同學與李同學畢業後的願望分別是就業與升學。那麼，他們二個將面對什麼樣的基本經濟問題？你認為他們的答案會是什麼？請加以解釋。

5. 請問房屋仲介公司所提供的「仲介服務」，是一件什麼性質的財貨？

6. 出國旅遊是一件什麼性質的財貨呢？

7. 甲、乙兩人看 50 頁的漫畫書分別花 10 分鐘、20 分鐘，但背 10 個英文單字，則分別花 20 分鐘與 15 分鐘，請問：
   (1) 甲、乙看 50 頁漫畫書的機會成本是多少個英文單字？
   (2) 甲、乙背 20 個英文單字的機會成本是多少頁的漫畫？
   (3) 甲做哪一件事情有他的絕對優勢？
   (4) 乙做哪一件事情有他的絕對優勢？
   (5) 兩人的比較利益在於哪一件事情上？

8. 若甲、乙每天都有二個小時的時間可以看漫畫書及背英文單字，請根據上一題提供的資訊：(1) 分別畫出兩人的生產可能曲線；(2) 畫出兩人加總起來的生產可能曲線。

附錄：經濟學的成立與發展

關於經濟學的研究範圍已經在本章扼要說明了，不過，在歷史的長河裡，經濟學研究重點逐漸獲得共識，乃至於成立一門所謂的經濟學門，其形成的經過如何？以及形成之後的發展情形，在此僅扼要地加以介紹。

(一)經濟學的成立

一般公認經濟學是奠基於 1776 年**亞當斯密**（Adam Smith, 1723～1790，英國）出版了《國富論》（*An Inquiry into the Nature and Causes of the Wealth of Nations*）這本書。在此之前，並無系統性的經濟學專著，而僅是對於經濟問題提出片斷性的一些想法。其中，較受重視的見解是**重商主義**(Mercantilism) 與**重農主義**(Physiocracy)。

1.重商主義

重商主義為一個在十五世紀末到十八世紀中葉，支配歐洲各國的經濟思潮。該主義認為金、銀等貴金屬為一國最重要的財富，也代表一國的國力；因此，主張採行貿易保護主義，以鼓勵出口及限制進口的方式，創造貿易順差，達到累積金銀財富的目的。其結果造成了若干國家的物價高漲、物資缺乏，民眾有錢卻買不到東西的窘象。

2.重農主義

法國奎內 (F. Quesnay, 1694～1774) 建議其國王路易十五採行自由放任的經濟政策，開啟重農主義的思潮。該主義認為土地為一國財富的泉源，生產物是從土地生長出來的，農業為唯一的生產事業；基於此一理念，進一步認為人類社會也存在著所謂的「自然秩序」與「自然法則」，凡事應任其自然，不必強求與干預。因此，乃主張自由放任，反對政府的經濟干預，並啟發了後續古典學派的自由經濟思想。

綜觀重商主義與重農主義的主張，均偏重於經濟政策方面，而對於經濟體系

的運行及其背後的道理，則少有討論，故未能被認為是經濟學的起源。一直到亞當斯密融合當時的各種學說，於出版的《國富論》中，才提出一個有系統且完整的經濟理論，經濟學才正式成為一門獨立的學科。

㈡經濟學的發展

經濟學於 1776 年成立迄今，已有二百多年。在這段期間中，隨著歐美及其他世界各國經濟發展的推動，不斷有當時的經濟理論無法圓滿解釋的經濟現象或新經濟問題的出現，使得經濟理論推陳出新，不斷有新學說的提出。經濟學這些年來的發展，已達相當穩定的狀況，其觸角已延伸到政治、法律、社會、歷史、教育等學科，在此僅按年代的先後順序，簡單介紹經濟學的發展情形，大體上分為四個時期來討論。

1. 古典學派 (Classical School) 時期 (1776 ～ 1890 年)

此一時期經濟學發展的主流，係以亞當斯密的理論體系為主，至 1848 年約翰·司徒·密爾 (John Stuart Mill, 1806 ～ 1873) 出版其名著《政治經濟學原理》(*Principles of Political Economy*)，可謂達到頂峰。隨後，於 1848 年至 1890 年間出現所謂的反古典學派時期。當時有主張廢除私有制度以解決貧富不均、勞工生活困苦等社會問題的馬克思社會主義 (Marxian Socialism)，有認為經濟學的研究應由經濟史著手的德國歷史學派 (Historical School)，還有以邊際效用原理分析價值法則的邊際效用學派，分別就當時的社會問題，就經濟學採用的演繹法以及就價值法則等方面，對於古典學派的理論提出批評與質疑；不過，截至 1890 年英國馬歇爾 (A. Marshall, 1842 ～ 1924) 出版《經濟學原理》(*Principles of Economics*) 以前，經濟學的發展仍以亞當斯密的理論所發展出來的古典學派為主。

在此一時期是以整個國家所面臨的經濟問題為研究對象，並以增加國家財富為目的，當時尚無經濟學 (Economics) 一詞，而通稱為「政治經濟學 (Political Economy)」。

古典學派與重農主義一樣，主張自由放任，反對政府的介入；不過，古典學派的上述主張，是基於利己心在價格機能下，能使私利與公眾利益相互調和的認識所引導出來的。因此，該學派特別重視自由競爭，並認為干預最少的政府是最

好的政府。

2. 新古典學派 (Neoclassical School) 時期 (1890～1936 年)

馬歇爾在 1890 年出版的《經濟學原理》，一反古典學派以整個國家為研究對象，而是綜合古典學派的自由競爭理念，以及邊際效用學派的價值理論，著重分析個人消費、廠商生產與市場運作的行為，建立個體經濟理論的體系，故該書乃首先以「經濟學」一詞代替過去的「政治經濟學」的說法。

於 1929 年發生的經濟大蕭條，造成歐美各國出現大量的失業問題，使得認為充分就業為常態的古典學派，因無法解釋此一經濟大蕭條的原因，而遭受嚴重的挫折。其間，馬歇爾的門生**皮古** (Arthur C. Pigou) 試圖以工會勢力過於龐大，使得工資失去調整彈性，導致經濟體系無法自動回復均衡的論點，作為解釋此一經濟大蕭條的理由；但此一個體經濟角度的說法並不被大家所認同，反而是**凱因斯** (J. M. Keynes, 1883～1946) 對此一經濟大蕭條現象的解釋，得到當世更大的回響。

3. 凱因斯學派 (Keynesian School) 時期 (1936～1970 年)

英國凱因斯在 1936 年出版《就業、利息與貨幣的一般理論》(*The General Theory of Employment, Interest and Money*) 一書，係由總體經濟角度出發，建立就業的有效需求理論，並強調政府在經濟活動中所扮演的角色，以彌補民間需求的不足或不穩定。據此，凱因斯認為 1930 年代發生大量失業的原因，主要是因為民間需求（包括消費與投資活動）的波動太大，而只要民間需求不足，就會發生失業問題，而無法處於充分就業的情況下。

4. 新經濟學派時期 (1970 年以後)

1970 年代以來，受到中東戰爭以及能源危機的影響，出現了高失業率與高物價上漲率同時並存的**停滯性膨脹** (Stagflation) 現象，凱因斯理論對此一現象的解釋，並不為大家普遍接受，因而對於總體經濟的運行，進一步提出了不同的新看法。其中，較重要的簡介如下：

⑴**重貨幣學派** (Monetarism)：**傅利曼** (Milton Friedman, 1912～) 認為影響總體經濟趨勢的關鍵因素是貨幣數量，而非政府的財政政策，並建議維持貨幣供給的穩定增長，以及主張尊重市場價格機能，去除有礙市場競爭的種種設置。

⑵**供給面學派** (Supply-side School)：**拉佛爾** (A. B. Laffer, 1940～) 認為降低稅率可以增進勞工的工作、個人的儲蓄以及廠商的投資等方面的意願，達到提高生產力、增加社會總產出與稅收，以及進而降低或消除物價膨脹的目標，同時解決經濟停滯與物價膨脹的問題。

⑶**新興古典學派** (New Classical School) 或**理性預期學派** (Ration Expectation School)：**盧卡斯** (R.E. Lucas, Jr., 1937～) 認為經濟個體都會利用各種可能得到的情報，對於未來的經濟變數、經濟政策或經濟現象等進行所謂的理性預期。因此，政府的貨幣政策，將因人民的理性預期與採取必要的因應對策，使得被預期到的貨幣供給增加量不具有實質產出擴張效果，此一貨幣中立性的結果與古典學派的結論類似。另一方面，在理性預期的前提下，新興古典學派的貨幣政策的建議，和重貨幣學派類似；即遵循貨幣供給穩定增長的法則，而不宜採取權衡性的措施。

除上述三個學派以外，尚有試圖解釋勞動市場的均衡調整何以較為緩慢，以及貨幣工資何以具有僵固性的**新興凱因斯學派** (New Keynesian School)，以及強調以技術變動及其他影響供給面的實質因素（如石油危機、水災等）來解釋景氣波動現象的**實質景氣循環理論** (Real Business Cycle Theory)。

第二章

需求、供給與均衡

從上一章緒論中，瞭解到如何將稀少性資源，加以最有效率的使用，是經濟學探討的課題；並進一步認識到，資源的配置要有效率的話，其前提是要能符合或不違背比較利益原則。資源使用是否具有比較利益，是要由其機會成本是否較低來判斷；也就是說，資源使用的機會成本，將成為引導資源使用的指標。

資源的使用或配置，是為了生產財貨；因此，如上一章所述，可以進一步利用生產可能曲線的概念，將資源使用的機會成本，轉化表現為財貨生產的機會成本。為什麼呢？例如以 A、B 兩財貨的生產可能曲線來看，其負斜率就表示多生產 ΔA 單位的 A 財貨時，就得減少一些 B 財貨的生產，而這些 B 財貨的損失（以 ΔB 表示），也就是多生產 ΔA 單位 A 財貨的機會成本，而平均多生產一單位 A 財貨的機會成本為 $\frac{\Delta B}{\Delta A}$ 單位的 B 財貨。如果 A、B 財貨的價格為 P_A、P_B 時，則多生產 ΔA 單位 A 財貨的機會成本為 $P_B \cdot \Delta B$（元），而平均多生產一單位 A 財貨的機會成本為 $\frac{P_B \cdot \Delta B}{\Delta A}$，多生產一單位 A 財貨的利益是 P_A；因此，將會在兩者相等的情況下（即 $P_A = \frac{P_B \cdot \Delta B}{\Delta A}$ 或 $\frac{P_A}{P_B} = \frac{\Delta B}{\Delta A}$），來分配資源的使用。換言之，可以利用**相對價格** (Relative Price) $\frac{P_A}{P_B}$ 的大小，來表示多生產一單位 A 財貨的機會成本或利益；同理，也可以相對價格 $\frac{P_B}{P_A}$ 的值，表示多生產一單位 B 財貨的機會成本或利益。

根據上述說明，可以經由財貨的價格及其相對價格，來瞭解資源使用的機會成本，進而就能按比較利益原則，以進行資源的有效配置。接下來感興趣的問題是，財貨的價格是如何決定的呢？此一問題正是本章想要探討的問題。

在市場經濟制度下，一種財貨的價格，基本上是由市場的買賣雙方所共同決定的。本章將首先由描述買方行為的「需求」概念，以及由表達賣方行為的「供給」概念著手，分別介紹其意義及其決定因素；然後將供給與需求結合起來，討論市場均衡的意義，以及價格機能的運作方式；最後，從較廣泛的財貨市場概念，補充說明市場與均衡等概念的應用。

第一節　需求與需求法則

就任何一種財貨而言，其購買者最關心的是物美價廉。首先，所謂物美，是指在價格相同的情況下，財貨的品質合乎一般的標準之上；其次，所謂價廉，是指在品質相當的情況下，財貨的價格落在一般的水準之下。俗語說，一分錢一分貨；也就是說，同一種財貨的價格，將隨其品質等級而不同。在此，本書除非特別說明以外，均假設每一種財貨具有同一等級的品質。

相信大家都看到了，於市面上陳列著各式各樣的財貨，其售價高高低低。令人好奇的是：財貨的價格是如何決定的呢？何以有些財貨的價格高，有些財貨的價格低？同時，何以有些財貨的價格總是忽高忽低的？而有些財貨的價格總是不見有什麼變化？有些價格則逐漸上升，而有些則逐漸下降？

誠如上述，大致上，財貨的價格是由其買賣雙方共同決定的。不論是買方或賣方，都是在自願的基礎上，各自評估買或不買、賣或不賣的決定，何者對自己較為有利之後，最終在雙方都同意接受的價格下，才得以完成交易的。

在經濟學上，分別利用「**需求**」(Demand) 與「**供給**」(Supply) 這兩個概念，來描繪市場中的買方或個別購買者的行為與賣方或個別供應者的行為。首先，本節將就需求的意義、種類以及**需求法則** (Law of Demand)，加以討論。

一、需求的意義

就所有的家庭或全部的購買單位而言，有哪些因素或條件會影響他們在某一固定期間內，對於特定財貨（以下稱為 X 財貨）的購買量呢？大致上有以下八個因素或條件：⑴固定期間的長短；⑵ X 財貨價格（以 P_X 表示）的高低；⑶可供使用預算額度或所得的多寡；⑷其他相關財貨價格的變動情形；⑸本期的偏好傾向；⑹對於下一期或未來各期的預期（在價格、所得、偏好等方面）；⑺ X 財貨的消費屬性；⑻人口的多寡。

　　就適當的固定期間來看，購買者的預算額度、偏好傾向、未來的預期、對於 X 財貨消費屬性的認定，以及人口數，將不致於改變；同時，經濟學家進一步在其他相關財貨價格不變的假設下，來討論購買者對於 X 財貨的購買量與其自身價格 (P_X) 之間的關係，並將此種財貨價格與其購買量之間的對應關係，稱為需求，而此時之購買量稱為**需求量** (Quantity Demanded)。

　　明白地說，所謂 X 財貨的（市場）需求，是指在一定期間內，且在除了 X 財貨價格以外的其他因素或條件不變下，市場的全部購買者，對 X 財貨的願意且有能力的購買量與其價格的對應關係。此一需求量與價格的對應關係，可以函數、表格或圖形來加以呈現出來：

1. 需求函數 (Demand Function)

　　$Q_X^D = f(P_X; \overline{O}_d)$；式中，$Q_X^D$ 為全部購買者對於 X 財貨的需求量，P_X 為 X 財貨的價格，$\overline{O}_d$ 表示其他所有的因素或條件均保持不變。

2. 需求表 (Demand Schedule)

　　如表 2–1 所示，以 $Q_X^D = 50 - 2P_X$ 為例，該需求表列舉出在不同的價格下，全部購買者對於 X 財貨的需求量，兩者之間的對應關係。

表 2–1　X 財貨的市場需求表（在一定期間內）

X 財貨的價格 (P_X)	X 財貨的需求量 (Q_X^D)
0	50
5	40
10	30
15	20
20	10
25	0

說明：本表係根據需求函數 $Q_X^D = 50 - 2P_X$ 所求算出來的。（僅供參考）

3. 需求曲線 (Demand Curve)

　　如圖 2–1 所示，同樣以 $Q_X^D = 50 - 2P_X$ 為例，需求曲線呈現出在不同的價格下（表現在縱軸上），全部購買者對於 X 財貨的需求量（表現在橫軸上），兩者之間的對應關係。

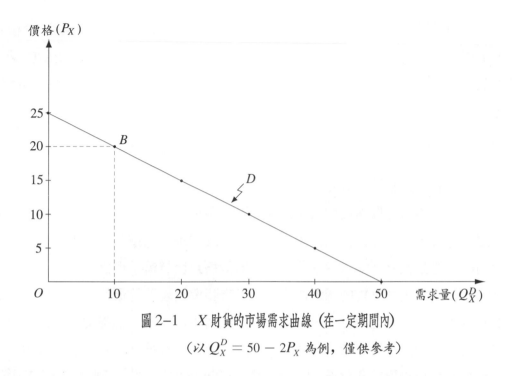

圖 2-1 X 財貨的市場需求曲線 (在一定期間內)

(以 $Q_X^D = 50 - 2P_X$ 為例，僅供參考)

　　至於需求、需求表或需求曲線所呈現出來的財貨價格與其需求量之間的對應關係，可以分別從價格或購買量的任何一個方面來瞭解。以圖 2-1 市場需求曲線 D 上的 B 點為例，表示在 P_X 為 20 (元) 時，全部購買者所願意購買的最大數量是 10 個 (單位)；或者表示在購買第 10 個單位時，購買者願意支付的最高價格是 20 元。在此，為什麼說購買第 10 個單位，而不說購買 10 個單位呢？一方面是價格是以一個單位來計價的，另一方面是消費者係一單位一單位地評估，看最後一單位值得或願意花費多少錢購買，而不是一下子就決定總共要花費多少錢來購買多少的數量。在經濟學上，一般稱購買者願意支付的最高價格為**需求價格** (Demand Price)。同時，所謂「值得」或「願意」，也就是消費者認為購買該單位帶給他的價值、利益或好處 (簡稱**邊際利益** (Marginal Benefit))，是與其須付的價錢或價格 (即其邊際機會成本) 相當的意思；因此，在邊際利益不低於價格的情況下，消費者才願意購買該單位的財貨。

　　於上文中，提及價格與機會成本的關係，在此再一次舉例子補充說明，以加深讀者的印象。假設有 X、Y 兩個財貨，其價格 P_X 為 20 元、P_Y 為 2 元；那麼，若

多購買一單位的 X 財貨的話，就得放棄多少單位 Y 財貨的購買呢？答案是 10 個單位的 Y 財貨（即 20 元 ÷ 2 元 = 10 個）。同理，若多購買一單位的 Y 財貨的話，就得放棄 0.1 個 X 財貨的購買（即 2 元 ÷ 20 元 = 0.1 個）。因此，任何一個財貨的絕對價格（以 P_X 為例）若有變化時，而在其他財貨的絕對價格（以 P_Y 為代表）不變下，就表示其相對價格（即 $\frac{P_X}{P_Y}$）或購買該財貨的機會成本（以放棄多少單位的 Y 財貨來表示）也隨著改變。

於上述說明財貨價格與需求量之間的對應關係時，係在其他財貨價格均不變的前提下進行的；因此，得知需求、需求表以及需求曲線這些概念中，在表面上是說明財貨絕對價格（即以貨幣單位表示的價格）與其需求量之間的對應關係，而其實質上是強調該財貨的**相對價格**（即以實物單位表示的價格）或購買該財貨的**機會成本**、**邊際利益**與其需求量之間的對應關係。同理，於後文「供給」的概念中，也要把握此一絕對價格背後所具有的相對價格或機會成本的實質內涵。

最後，就價格與**實質所得** (Real Income) 的關係加以說明。同樣以 X、Y 兩個財貨為例，其價格 P_X 為 20 元、P_Y 為 2 元，在貨幣所得為 100 元時，其購買量 Q_X、Q_Y 分別為 4 個單位、10 個單位；此時，這 100 元的貨幣所得的**購買（能）力** (Purchasing Power)，就可以 4 個單位的 X 財貨與 10 個單位的 Y 財貨的實物加總來表示。現在，若 P_X、P_Y 以及貨幣所得都增為原來的 2 倍，即 40 元、4 元以及 200 元，可以求出此時之 200 元的貨幣所得，其購買力並沒有增加，仍是僅能購買 4 個單位的 X 財貨與 10 個單位的 Y 財貨。但當只有 X 財貨的價格增加為原來的 2 倍，即 P_X 為 40 元時，而 P_Y 以及貨幣所得都不改變時，則可以求出 100 元的貨幣所得的購買力，降低為只能購買較少的 2 個單位的 X 財貨與原數量的 10 個單位的 Y 財貨；此一情形，說明貨幣所得的購買力，會隨著財貨價格（P_X 或 P_Y）的增加而降低，同時也會隨著財貨價格的減少而提高。一般也將貨幣所得的購買力，稱為**實質所得**，以便於與貨幣所得有所區別。此一價格與實質所得的反向關係，將應用在下文中對於「需求法則」的說明中。

二、需求的種類

　　所謂需求，是指在其他條件不變下的財貨購買量與其本身價格之間的對應關係。在經濟學裡，通常會就財貨的購買目的、使用功能以及購買者多寡等三個方面，區別出不同種類的需求，簡單說明如下：

　　1.按購買財貨的目的劃分，有直接需求與間接需求兩種

　　直接需求 (Direct Demand) 是指購買的財貨是直接供消費之用的一種需求，例如對於衣服、食物、日常用品的購買。**間接需求** (Indirect Demand) 是指購買的財貨（含生產要素）是用於生產之用的一種需求，例如對於肥料、種子、工具、原料、零件、半成品的購買或勞動的僱用，是為了從事生產財貨，非直接供消費之用；間接需求亦稱**引申需求** (Derived Demand)，也就是說，為了生產財貨所引申出來的一種需求。

　　2.按財貨的使用功能劃分，有競爭性需求與補充性需求兩種

　　當購買的財貨可以單獨發揮其使用功能，以滿足消費慾望或完成生產程序者，稱為**競爭性需求** (Competitive Demand) 或獨立需求；例如搭公車與計程車、穿西裝與便裝、吃素食與葷食、唱 KTV 與打保齡球等消費項目，於同一時間內只能擇其一來做。反之，當購買的財貨無法單獨使用以發揮功能，而須與其他財貨配合、聯合使用，始能發揮功能者，稱為**補充性需求** (Complementary Demand) 或聯合需求；例如汽車與汽油、電腦的硬體與軟體、照相機與軟片等項物品，均須一同使用，始能發揮功能。

　　3.按購買者的多寡劃分，有個別需求與市場需求兩種

　　當僅就個別的購買者，在其他條件不變下，描述其購買量與財貨價格的對應關係時，就稱為**個別需求** (Individual Demand)。當就整個市場的全部購買者，在其他條件不變下，來呈現他們的全部購買量與財貨價格的對應關係時，就稱為**市場需求** (Market Demand)。相應於不同的價格時，全部購買者的購買量就是個別購買者的購買量的加總。因此，市場需求相當於全部購買者的個別需求，在相應不同價格下的個別需求量的加總。

三、需求法則

就市場需求而言，一般常見的現象是財貨的價格較高時，需求量較少；反之，價格較低時，需求量較多。於經濟學上，將這種普遍存在的，財貨價格與其需求量兩者所呈現出來的反向變化關係，稱為需求法則。此一需求法則，若以需求曲線來表現的話，就為一條由左上方向右下方傾斜的線；亦即隨著需求量的增加，價格出現逐漸降低的情形；或者是隨著價格的提高，需求量出現逐漸減少的情形，如圖 2-1 所示。

那麼，為什麼會出現需求法則呢？基本上，需求法則可以從兩個方面來說明，分別是財貨價格變動所引起的**替代效果** (Substitution Effect) 與**所得效果** (Income Effect)。

(一)替代效果

購買者為了獲致一定的滿足程度，或為了有效使用固定的實質所得，總是會增加購買比較便宜的財貨，以及減少購買比較高價財貨，即出現以較便宜的財貨替代較貴財貨的調整情況。因此，當其他財貨的價格沒有改變時，若本財貨價格上漲的話，則本財貨變得比以前貴；因此，購買者將調整其當初的財貨購買量組合，而出現多購買其他財貨，少購買本財貨的結果。反之，若本財貨價格下降的話，則出現多購買本財貨，以替代少購買的其他財貨的結果。在經濟學上，就將上述在一定滿足程度下或在固定的實質所得下，純粹係因本財貨價格的上升或下降，而引起購買量的減少或增加的變化情形，稱為替代效果。

值得一提的是，此種替代效果的出現，無非是購買者考量財貨價格的變化，將促使該財貨相對價格或其購買機會成本跟著改變。購買者的購買選擇，與其他種選擇一樣，均試圖降低機會成本，因而將跟隨著調整財貨的購買量。

(二)所得效果

當實質所得提高時，對於一般所謂的**正常財貨** (Normal Goods) 的購買量，將

有所增加；但實質所得的提高，對於**劣等財貨** (Inferior Goods) 的購買量，卻是減少的。例如，實質所得提高時，可能減少購買一些低級品、少吃路邊攤的食物、少搭公車，則低級品、路邊攤食物、搭公車就是劣等財貨。從上述說明，可以瞭解到：當本財貨為一正常財貨時，若本財貨的價格上漲，將使實質所得降低，而減少購買量；但當本財貨為一劣等財貨時，則本財貨價格的上漲，反而會增加購買量。因此，因本財貨價格的變動，促成實質所得的反向變化，進而引起購買量變化的實質所得效果，或簡稱所得效果，其呈現出來的價格變動與購買量變動兩者間之關係，是同向或反向，將視本財貨為一劣等財貨或正常財貨而定。

　　經由上述替代效果與所得效果的說明，就可以瞭解到，當本財貨為一正常財貨時，若價格降低，則根據替代效果與所得效果，都會增加購買量，而出現需求量增加的結果；反之，價格提高，將減少需求量。因此，正常財貨的需求，是合乎需求法則的。

　　但是，當本財貨為一劣等財貨時，若價格降低，則根據替代效果將增加購買量，而根據所得效果將減少購買量，故需求量的增加或減少，將視替代效果大於或小於所得效果而定。如果此時需求量增加，則此一劣等財貨的需求仍合乎需求法則；如果此時需求量減少，則此一劣等財貨的需求，就與需求法則不符，而稱此種劣等財貨為**季芬財貨** (Giffen Goods)。例如，在交通不便、醫療衛生條件極差的住房，以及流浪漢或貧民對於充飢的食物、保暖衣物等財貨，都可能是季芬財貨。

 觀念研習

1. 購買者對於任一財貨的購買，通常會關注哪些因素？
2. 請說明實際購買量、需求量與需求三者的區別。
3. 請說明財貨購買價格與機會成本的關係。
4. 試比較直接需求與間接需求的異同。
5. 何謂需求法則？

6.何謂替代效果?

第二節　需求量變動與需求變動

　　如第一節所述，所謂需求，是指在其他條件不變下，財貨價格與其購買量之間的對應關係。本節將繼續討論那些可能影響購買量的因素，瞭解這些因素對於購買量的影響方向；至於其影響程度的大小，則留在第三章再行講解。

　　若從需求的意義來看，相關因素對於購買量的影響，可分為兩個層面來瞭解，其中一個是需求量的變化，另一個是對於整個需求關係的衝擊。於經濟學上，前者稱為**需求量變動** (Change in the Quantity Demanded)，後者稱為**需求變動** (Change in Demand)。以下本節將就這兩種變動，作進一步的討論。

一、需求量變動

　　根據需求的意義，在其他條件不變下，與不同財貨價格相對應的需求量，有可能出現三種變化情形；其中一種是需求量不隨著價格的改變而調整，第二種是需求量隨著價格的改變而呈相反方向的變動，第三種是需求量隨著價格的改變而呈相同方向的變動。第二種情況剛好與需求法則相符，而第三種情況剛好說明該財貨為一季芬財貨。就絕大多數的財貨而言，較為普遍存在的是第二種情況，也就是說在其他條件不變下，需求量將隨著財貨價格的提高或降低，而呈現減少或增加的符合需求法則的變動。

　　上述這種符合需求法則的需求量變動情況，若以需求曲線的圖形來呈現時，如圖 2–2 所示，就需求曲線 D 上的 A、B 及 C 三點來看，分別表示與價格 P_1、P_0 及 P_2 相對應的需求量 Q_1、Q_0 及 Q_2。因此，得知當價格從 P_0 提高為 P_1 時，需求量變動是從 Q_0 減少為 Q_1；而當價格從 P_0 降低為 P_2 時，需求量變動是從 Q_0 增加為 Q_2。

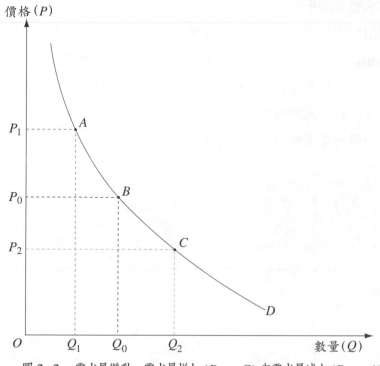

圖 2-2　需求量變動：需求量增加 $(B \to C)$ 與需求量減少 $(B \to A)$

　　根據上述的說明，瞭解到所謂需求量變動，是沿著同一條需求曲線，隨著價格水準的高低，而出現需求量減少或增加的變動。

二、需求變動

　　影響購買量的因素中，除了本財貨的價格以外，在一定期間內尚有⑴消費者的所得；⑵其他相關財貨的價格；⑶消費者的偏好；⑷未來的預期；⑸消費者對於本財貨消費屬性的認定，以及⑹消費者的人數等六個因素；同時，於需求的意義中，並將此六個因素視為其他條件，而在其他條件不變的前提下，討論財貨價格與其需求量之間的對應關係。

　　那麼，如果這六個因素有變化，如何經由其對於購買量的衝擊，進而影響到財貨價格與其需求量之間的對應關係呢？或者說，進而引起需求變動呢？這是本小節想回答的問題；不過，在逐一說明這六個因素對於需求變動的影響之前，將

先來討論需求變動的種類。

就單一個因素的變化，可能引起的需求變動，有需求增加與需求減少兩種。所謂需求增加，是指相應於每一個財貨價格水準，其需求量均有所增加；或相應於購買量的最後那個單位，消費者所願意支付的價格（即需求價格）均有所提高。同理，需求減少是表示相應於每一個財貨價格水準，其需求量均有所減少；或相應於購買量的最後那個單位，其需求價格均有所降低。

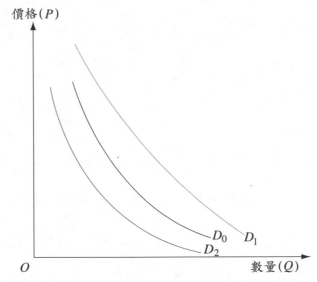

圖 2-3　需求變動：需求增加 $(D_0 \rightarrow D_1)$ 與需求減少 $(D_0 \rightarrow D_2)$

若以需求曲線的圖形來表現需求變動時，如圖 2-3 所示。當需求曲線整條往右或向上移動時，如由原來之 D_0，移至 D_1，是表示需求增加的情況；而當需求曲線整條往左或向下移動時，如由原來之 D_0 移至 D_2，是表示需求減少的情況。要特別注意的是，線的移動並不一定是平行的方式。

現在，分別根據前述的六個因素，扼要說明在如下的變化情形，將獲致需求增加的變動結果：

⑴消費者所得的提高，使得正常財貨的需求增加；而所得的降低，也使得劣等財貨的需求增加。

⑵**替代財貨** (Substitute Goods) 價格的提高，將多買本財貨而少買此種替代財

貨，故使得本財貨的需求增加；而**互補財貨**(Complementary Goods) 價格的降低，將多買此種互補財貨，因而也多買與此種互補財貨互相配合使用的本財貨，使得本財貨的需求增加。

⑶消費者對於本財貨偏好程度的提高，將多買本財貨而少買其他財貨，使得本財貨的需求增加。

⑷預期本財貨未來價格的提高，將在本期多買本財貨而於未來少買本財貨，使得本期本財貨的需求增加。另一方面，若預期未來所得的提高，將在本期及在未來多買正常財貨，使得本期正常財貨的需求增加；而預期未來所得的降低，將使得本期劣等財貨的需求增加。

⑸當本財貨的消費屬性，在某一特定價格以下，由劣等財貨提升為正常財貨時，將改變所得效果的作用方向，使得本財貨的需求增加；而若在某一特定價格以上，由正常財貨降為劣等財貨時，則亦將使得本財貨的需求增加。於圖 2-4 中的四條需求曲線 AB、BC、EB 及 BF；其中，AB 曲線與 BC 曲線表示正常財貨的需求曲線，而 EB 曲線與 BF 曲線表示劣等財貨的需求曲線。同時，假設在價格 P_0 以上，本財貨原為正常財貨，若隨著價格的提高，使得消費者將本財貨的消費屬性，由正常財貨降為劣等財貨時，則需求曲線將由原來之 AB 曲線，右移至 EB 曲線，表示需求增加的變動情形。至於在價格 P_0 以下，則是隨著價格的降低，使得本財貨的消費屬性，由原來之劣等財貨升為正常財貨，亦表示出需求曲線由原來之 BF 曲線，向右移為 BC 曲線的需求增加的變動情形。

⑹消費者人數的增加，在不至於降低個人所得的情況下，如經濟的成長率高於人口的成長率或國外市場的擴展等，將使得本財貨的需求增加。

同理，讀者應可比照上述的說明，反向推得前述六個因素的變化，而獲致需求減少的變動結果。另外，在二個因素同時發生變化時，有可能出現一個因素使得本財貨的需求增加，但另一個因素使得本財貨的需求減少，而最終使本財貨的需求曲線的移動結果，出現與原需求曲線相交的情況。以圖 2-5 為例來說明，本財貨為正常財貨，其原來之需求曲線為 D_0，當消費者所得提高時，該財貨的需求增加，其需求曲線往右上方移到 D_1；此時若消費者對於該財貨的偏好降低的話，

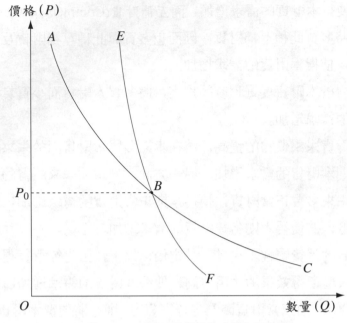

圖 2-4　財貨消費屬性的改變與需求增加

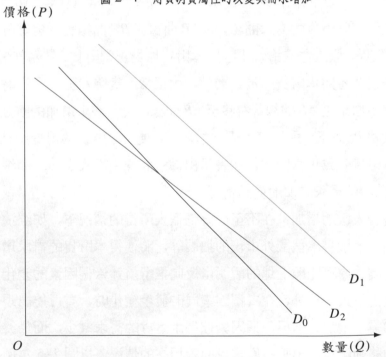

圖 2-5　需求增加與需求減少同時出現的可能情況之一 $(D_0 \rightarrow D_1 \rightarrow D_2)$

將使得需求減少，而需求曲線從 D_1 往左下方移到 D_2，可能出現與最初的 D_0 曲線相交的情況。

7. 試以圖形來說明需求量變動的意義以及可能情況。

8. 試以圖形來說明需求變動的意義以及可能情況。

9. 為什麼在冬季時，鮮奶都會降價促銷，或者附贈其他物品呢？

10. 為什麼在經濟不景氣時，會有比較多人失業呢？這種現象與何種變動有關呢？

第三節　供給與供給法則

在經濟學上，利用「供給」的概念，來說明市場中的賣方或個別商家的行為。本節將就供給的意義、種類以及**供給法則** (Law of Supply)，加以探討。

一、供給的意義

就整個市場或所有的商家來看，有哪些因素或條件會影響他們在某一固定期間內，對於 X 財貨的供應量呢？一般而言，有下述八個因素或條件：(1)固定期間的長短；(2) X 財貨價格 (P_X) 的高低；(3)生產技術的水準；(4)生產要素的價格；(5)其他相關財貨的價格；(6)未來的預期；(7)廠商的家數；(8)其他經營環境或條件。

在與討論「需求」情況一致的固定期間下，先假設在除了 X 財貨價格以外的其他因素或條件均不變下，僅就全部廠商對於 X 財貨的供應量與其自身價格 (P_X) 之間的關係，進行討論。一般將在此種其他因素不變下的財貨價格與其供應量之間的對應關係，稱為供給，而此時之供應量稱為**供給量** (Quantity Supplied)。

明確地說，所謂 X 財貨的（市場）供給，是指在一定期間內，且在除了 X 財貨價格以外的其他因素或條件不變下，市場的全部廠商，對 X 財貨的**願意且有能力**的供應量與其價格的對應關係。此一供給量與價格的對應關係，可以函數、表格或圖形來加以呈現出來：

1. 供給函數 (Supply Function)

$Q_X^S = g(P_X; \overline{O_S})$；式中，$Q_X^S$ 為全部廠商對於 X 財貨的供給量，P_X 為 X 財貨的價格，$\overline{O_S}$ 表示其他所有的因素或條件均保持不變。

2. 供給表 (Supply Schedule)

如表 2–2 所示，以 $Q_X^S = -10 + 2P_X$ 為例，該供給表列舉出在不同的價格下，全部廠商對於 X 財貨的供給量，兩者之間的對應關係。

表 2–2　X 財貨的市場供給表（在一定期間內）

X 財貨的價格 (P_X)	X 財貨的供給量 (Q_X^S)
0	0
5	0
10	10
15	20
20	30
25	40
30	50

說明：本表係根據供給函數 $Q_X^S = -10 + 2P_X$ 所求算出來的。（僅供參考）

3. 供給曲線 (Supply Curve)

如圖 2–6 所示，同樣以 $Q_X^S = -10 + 2P_X$ 為例，供給曲線呈現出在不同的價格下（表現在縱軸上），全部廠商對於 X 財貨的供給量（表現在橫軸上），兩者之間的對應關係。

同需求意義的說明一樣，可以分別從價格或供應量的角度，來瞭解上述供給、供給表或供給曲線所呈現出來的財貨價格與其供給量之間的對應關係。以圖 2–6 市場供給曲線 S 上的 C 點為例，表示在 P_X 為 15（元）時，全部廠商所願意供應的最大數量是 20 個（單位）；或者表示在供應第 20 個單位時，廠商能夠接受的最低價格是 15 元。為什麼說第 20 個單位而不說 20 個單位呢？

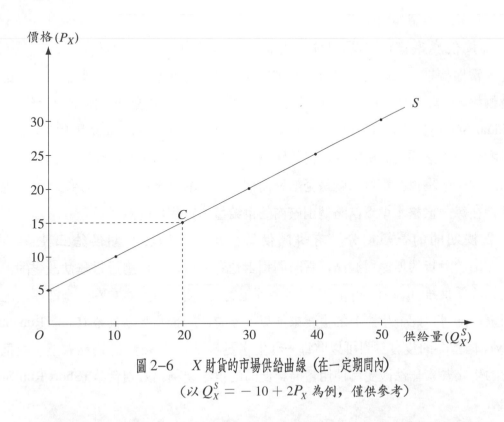

圖 2-6　X 財貨的市場供給曲線（在一定期間內）

（以 $Q^S_X = -10 + 2P_X$ 為例，僅供參考）

因為精明的廠商總是一個單位一個單位地核算其是否值得供應該單位的財貨。價格是廠商供應該單位財貨的收益（即邊際收益），而廠商供應該單位財貨的成本即邊際機會成本（或直接稱邊際成本）；而只有當邊際收益不低於邊際成本時，廠商才願意供應該單位的財貨。換言之，邊際成本是廠商供應該單位財貨時，其能夠接受的最低價格，即所謂的**供給價格** (Supply Price)；也就是說，廠商將在至少回收該單位的或邊際的成本下，才願意供應。進而言之，若從供給量的角度來看時，供給曲線也就是該財貨的邊際成本線，或供給價格線。

🕐 二、供給的種類

所謂供給，是指在其他條件不變下的財貨供應量與其本身價格之間的對應關係。通常可以按財貨供應廠商的多寡以及期間的長短等二個方面，區別出不同種

類的供給，簡單說明如下：

1. 按供應廠商的多寡劃分，有個別供給與市場供給兩種

當僅就某一家廠商來看時，該家廠商在其他條件不變下，其對應於不同的財貨價格，所願意且有能力的供應量，兩者之間的關係，就是所謂的**個別供給** (Individual Supply)。同理，若係就市場範圍內的全部廠商來看，則該財貨的供應量與其本身價格之間的對應關係，就是所謂的**市場供給** (Market Supply)。因此，可以瞭解到，市場供給實質上就是全部廠商個別供給的水平加總；而所謂水平加總，係指在每一價格水準下，將個別廠商的供給量進行相加的意思。

2. 按期間的長短劃分，有瞬間供給、短期供給與長期供給三種

由於財貨的增產與減產，當時間相對地緊迫時，其供應量是無法改變的，就稱為**瞬間供給** (Instant Supply)；而當時間足夠長，使得與生產有關的全部要素的使用量，都可以配合生產上的需要來加以改變時，就稱為**長期供給** (Long Run Supply)。但當時間沒有長到可以將每一種生產要素加以調整時，即仍然有至少一種以上的生產要素無法改變其使用量時，此時的供給就稱為**短期供給** (Short Run Supply)。

以一個栽種橘子的果農為例，其供應橘子的能力，除了要看其田地的大小、橘子樹的多寡，以及使用的人工、農機具、肥料與農藥的數量以外，還要看氣候與時節。其中，就某一年的採收期來看，其橘子的產量，相對地說是固定的，即所謂的瞬間供給；不過，如就一年的期間來看時，是可以改變人工、農機具、肥料與農藥的使用量，而調整橘子的產量的（假設氣候保持不變），此時是所謂的短期供給。至於長期供給，則需要有幾年的時間，使得田地的大小以及橘子樹的數量都可以做相應的改變才行。

三、供給法則

就市場供給來看，一般常見的現象是財貨的價格較高時，在其他條件不變下，其供給量較多；反之，價格較低時，供給量較少。於經濟學上，將這種普遍存在的，財貨價格與其供給量兩者所呈現出來的**正向變化關係**，稱為供給法則。此一

供給法則，若以供給曲線來表現的話，就為一條由左下方向右上方傾斜的線，亦即隨著數量的增加，價格出現逐漸上升的情形，或者是隨著價格的降低，數量出現逐漸減少的情形，如圖 2-6 所示。

那麼，為何會出現供給法則呢？我們可以從廠商的行為來瞭解。就廠商的立場來看，在其他條件不變下，若財貨的價格上升了，就表示其產品售價的提高，將有利於增加產量；反之，財貨價格的下降，則表示其產品售價的降低，將有利於減少產量。為什麼呢？以下分為三點來說明。

第一、廠商的增產，會增加其總成本；而廠商的減產，會減少其總成本。一般稱產量平均變動一單位時，引起總成本的變動量為**邊際成本** (Marginal Cost)；同時，邊際成本具有隨產量的增加而逐漸上升的特性。有關邊際成本的遞增性質，將留待第五章討論。第二、基於追求最大利潤的考量，廠商的最適產量，總是決定在其生產最後一單位的收益 (簡稱**邊際收益** (Marginal Revenue)) 與邊際成本相等時，才會停下來。同時，邊際收益的大小，決定於財貨售價的高低。有關邊際收益與財貨售價的關係，將留在第六章討論。第三、當財貨價格上升時，廠商生產的邊際收益跟著提高，而在原產量下，將出現邊際收益高於邊際成本的狀況；此時表示增產將可以提高利潤，而促使廠商增加產量，一直到提高後的邊際收益，再次與增產後（較高）的邊際成本相等為止。反之，當財貨價格下降時，廠商的邊際收益跟著降低，因而在原產量下，將出現邊際收益低於邊際成本的狀況；此時表示減產將可以避免虧損，而促使廠商減少產量，一直到降低後的邊際收益，再次與減產後（較低）的邊際成本相等為止。

值得一提的，上述對於市場供給法則的說明，主要是以前述的短期供給為對象，同時是以完全競爭市場的廠商行為為依據的；至於長期的情況下，以及在不完全競爭的市場環境下，這種表現財貨價格與供給量之間的同向變化關係的供給法則，將不再適用。有關完全競爭市場與不完全競爭市場的意義及上述觀點，請參閱第六、七章的討論。

觀念研習

11.廠商在財貨的供應上，通常會注意哪些因素或條件?

12.請說明實際供應量、供給量與供給三者的區別。

13.請說明財貨供給價格與邊際成本的關係。

14.試以水果攤販為例，說明瞬間供給、短期供給與長期供給的意義。

15.何謂供給法則?

16.何謂邊際收益?

第四節　供給量變動與供給變動

如第三節所述，所謂供給，是指在其他條件不變下，財貨價格與其供應量之間的對應關係。本節將進一步說明那些可能影響供應量的因素，以瞭解這些因素對於供應量的影響方向；至於其影響程度大小的問題，則留待第三章解說。

若從供給的意義來看，影響供應量的相關因素，可分為兩個層面來討論，一個是供給量的變化，另一個是對於整個供給關係的衝擊。於經濟學上，前者稱為**供給量變動** (Change in the Quantity Supplied)，後者稱為**供給變動** (Change in Supply)。以下將就這兩種變動，作進一步的探討。

一、供給量變動

根據供給的意義，在其他條件不變下，與不同的財貨價格相對應的供給量，有可能出現三種變化情形；其中，第一種是供給量不隨價格的改變而調整，第二種是供給量隨著價格的改變而呈相反方向的變動，第三種是供給量隨著價格的改變而呈相同方向的變動。第三種情況剛好與供給法則相符；第二種情況於討論勞

動供給以及長期供給時，是可能出現的，將留在本書相關章節中再行討論；至於第一種情況，則於上述所謂瞬間供給時已有所說明，除此之外，尚有如土地等自然稟賦或古人先賢留下來的作品，其供給量也是固定不變的。

　　就一般較受大家關注的財貨來看，是第三種情況，也就是說在其他條件不變下，供給量將隨著財貨價格的提高或降低，而出現增加或減少的符合供給法則的變動。此一情況，若以供給曲線的圖形來呈現時，如圖 2-7 所示，就供給曲線 S 上的 A、B 及 C 三點來看，分別表示與價格 P_1、P_0 及 P_2 相對應的供給量 Q_1、Q_0 及 Q_2。因此，得知當價格從 P_0 提高到 P_1 時，供給量變動是從 Q_0 增加為 Q_1；而當價格從 P_0 降低為 P_2 時，供給量變動是從 Q_0 減少為 Q_2。

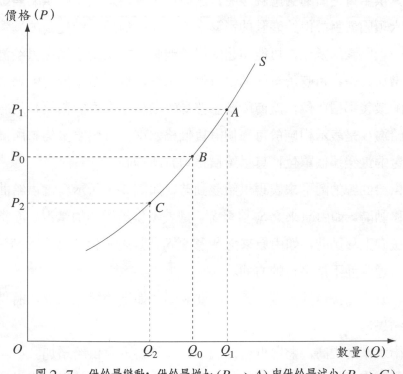

圖 2-7　供給量變動：供給量增加 $(B \rightarrow A)$ 與供給量減少 $(B \rightarrow C)$

　　根據上述的說明，瞭解到所謂供給量變動，是沿著同一條供給曲線，隨著價格水準的高低，而出現供給量增加或減少的變動。

二、供給變動

影響供應量的因素中，除了本財貨的價格以外，在一定期間內，尚有(1)生產技術的水準；(2)生產要素的價格；(3)其他相關財貨的價格；(4)未來的預期；(5)廠商的家數；(6)其他經營環境或條件等六項因素；同時，於供給的意義中，是將此六項因素視為其他條件，而在其他條件不變的前提下，討論財貨價格與其供給量之間的對應關係。

如果這六項因素有了變化，將如何經由其對於供應量的衝擊，進而影響到財貨價格與其供給量之間的對應關係呢？或簡單地說，進而引起供給變動呢？在逐一說明這六項因素對於供給變動的影響之前，先來討論供給變動的種類。

就單一項因素的變化，可能引起的供給變動，有供給增加與供給減少兩種。所謂供給增加，是指相應於每一個財貨價格水準，其供給量均有所增加；或相應於供應量的最後那個單位，廠商所願意接受的價格（即供給價格）均有所降低。同理，供給減少是表示相應於每一個財貨價格水準，其供給量均有所減少；或相應於供應量的最後那個單位，其供給價格均有所提高。

若以供給曲線的圖形來表現供給變動時，如圖 2-8 所示。當供給曲線整條往右或向下移動時，如由原來之 S_0 移至 S_1，是表示供給增加的情況；而當供給曲線整條往左或向上移動時，如由原來之 S_0 移至 S_2，是表示供給減少的情況。其中，線的移動，通常並不是平行的方式。

現在，分別根據前述六項因素，扼要說明在如下的變化情形，將獲致供給增加的變動結果：

(1)技術水準的提高，將降低生產成本，而使得財貨供給增加。

(2)生產要素價格的降低，同樣也會降低生產成本，而使得財貨供給增加。

(3)當相關財貨價格的變化，足以引起本財貨生產要素價格的降低時，將使得本財貨供給增加。如軍用飛機價格下降時，將減產並釋出其生產要素，而使得商用飛機的生產要素價格跟著下降，導致商用飛機生產成本的降低及其供給增加。

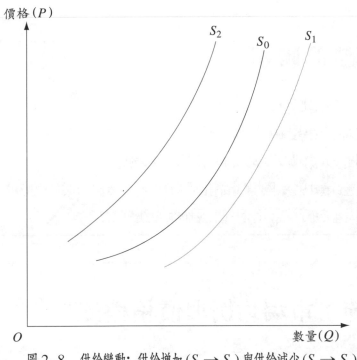

圖 2–8　供給變動：供給增加 $(S_0 \rightarrow S_1)$ 與供給減少 $(S_0 \rightarrow S_2)$

⑷若預期未來價格有下降趨勢時，將減少存貨數量，而增加目前的供應量，
　使得出現供給增加的情形。

⑸廠商的家數增加時，將在每一財貨價格水準下，增加供給量，即出現供給
　增加的情形。

⑹其他經營環境或條件的變化，若有利於廠商成本的降低或收益的提高，例
　如減稅、補貼、保護措施的提供，都將降低供給價格，而使得供給增加。

　同理，讀者可以比照上述的說明，反向推得前述六項因素的變化，而導致供
給減少的變動結果。另外，在二項因素同時發生變化時，則變動後的供給，將可
能出現比較複雜的結果，甚至出現變動後的供給曲線與變動前的供給曲線彼此相
交的情況。

觀念研習

17.試以圖形來說明供給量變動的意義以及可能情況。

18.試以圖形來說明供給變動的意義以及可能情況。

19.為什麼颱風過境以後,蔬菜價格總是有一段時間是較高的呢?

20.試問開放農產品進口以後,國內農產品將出現供給增加或供給量增加的變動情形呢?那麼,若政府對於農產品的生產給予補貼,是否也會出現相同的變動情形呢?

第五節　市場均衡與價格機能

在上述各節的內容裡,已就一個財貨市場的買賣雙方行為,分別利用市場的需求與供給的概念,來加以表現。接著,本節將應用需求與供給的概念,來討論市場價格與銷售量或購買量的決定問題。本節分為三部分,首先,說明**市場均衡**(Market Equilibrium) 的意義;其次,討論市場均衡如何受到需求變動與供給變動的影響;最後,說明**價格機能** (Price Mechanism) 的意義。

 ## 一、市場均衡的意義

所謂均衡,為一物理學概念,其意義是指當同時來自不同方向力量的作用,而這些力量正好處於勢均力敵時,將使得力量所作用的物體維持穩定平衡的一種狀態。而市場均衡,是指一財貨市場中,各種影響市場價格或銷售量的力量或因素,正好處於勢均力敵時,使得市場價格與銷售量維持穩定平衡的一種狀態;通常,稱市場均衡狀態下的市場價格為**均衡價格** (Equilibrium Price),以及稱市場均衡狀態下的銷售量為**均衡數量** (Equilibrium Quantity)。

從上文中，當可以瞭解到在經濟學上，是將影響市場價格的力量或因素，分成兩類，一類是與需求量的大小有關的因素，另一類是與供給量的大小有關的因素。如果都暫時不考慮需求變動或供給變動的那些其他因素，或者說在一定的其他條件下，那麼，就可以分別從需求量與價格的需求對應關係，以及供給量與價格的供給對應關係中，一方面瞭解到價格是影響需求量與供給量的共同因素；另一方面也瞭解到銷售量的多寡，是決定需求價格與供給價格的共同因素。因此，市場均衡的意義，可以利用供給與需求的概念來說明。換言之，所謂市場均衡，是指在其他條件不變下，出現使得供給量與需求量相等的均衡價格的一種狀況，或出現使得供給價格與需求價格相等的均衡數量（或銷售量）的一種情況。

為更明確起見，現在以需求曲線及供給曲線的圖形，來說明市場均衡的意義。如圖 2-9 所示，S 與 D 分別是市場的供給曲線與需求曲線，兩者的交點 E，稱為市場均衡點，表示此時出現均衡價格 P_0，使得需求量與供給量相等，均為 Q_0；或出現均衡數量，使得需求價格與供給價格相等，均為 P_0。至於在其他價格（如 P_1 或 P_2）下，其需求量與供給量不等，表示尚未達到均衡狀態；同理，在其他銷售量（如 Q_1 或 Q_2）下，其需求價格或供給價格也不等，表示還不是所謂的均衡狀態。

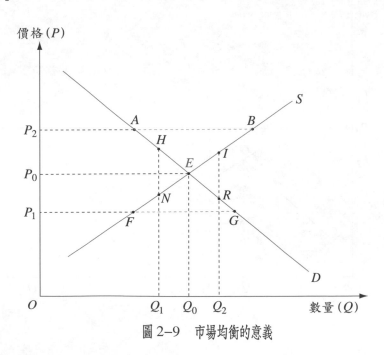

圖 2-9 市場均衡的意義

二、供需變動對於市場均衡的影響

於圖 2-9 中，是在一定的其他條件下，說明市場均衡的意義。接著，也可以利用圖形，來大致瞭解這些其他條件改變時，市場均衡所受到的影響情形。由於這些其他條件的改變，必然導致供給或需求的變動，可能增加或減少；因此，可以分別在不同的供需變動情況下，來瞭解市場均衡所受到的影響。

(一)供給不變，需求變動

如圖 2-10 所示，當供給不變，而需求增加時，需求曲線往右上方移動至 D_1，使得市場均衡點移至 F 點，其均衡價格與數量，均同步增加；反之，當需求減少時，需求曲線往左下方移動至 D_2，使得市場均衡點移至 G 點，其均衡價格與數量，均同步減少。

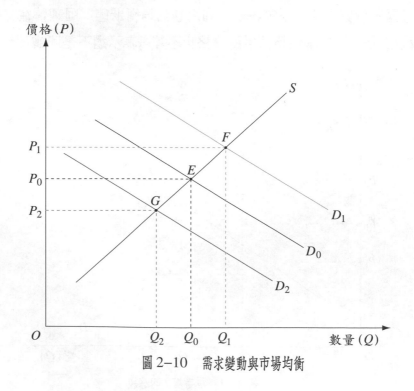

圖 2-10　需求變動與市場均衡

(二)需求不變，供給變動

如圖 2-11 所示，當需求不變，而供給增加時，供給曲線往右下方移動至 S_1，使得市場均衡點移至 F 點，其均衡價格下降至 P_1，均衡數量增加至 Q_1；反之，當供給減少時，使得供給曲線往左上方移動至 S_2，均衡點移至 G 點，即均衡價格上升至 P_2，均衡數量減少至 Q_2。

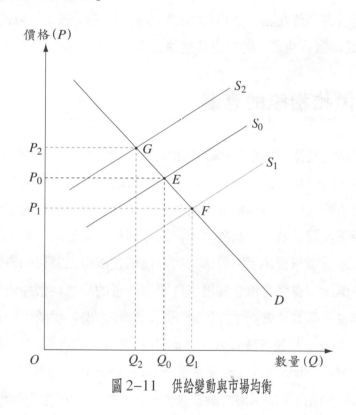

圖 2-11　供給變動與市場均衡

(三)供給及需求同時變動

當供給與需求同時變動時，均衡點所受到的影響，就得看何者的變動居於主導地位。如果需求變動相對較大的話，則其結果與上述只出現需求變動的情況相當；即均衡點將隨需求的相對增加，而往右上方移動，或隨需求的相對減少，而往左下方移動。相反地，如果供給變動相對較大的話，則其結果與上述只出現供

給變動的情況相當；即均衡點將隨供給的相對增加，而往右下方移動，而隨供給的相對減少，而往左上方移動。

那麼，如果供需的變動相等時，其均衡點會如何移動呢？此時可以分四種情形來說明：⑴當供需同時增加時，則均衡點水平往右移動；⑵當供需同時減少時，其均衡點水平往左移動；⑶當供給增加，而需求減少時，其均衡點垂直往下移動；⑷當供給減少，而需求增加時，其均衡點垂直往上移動。

關於上述供需同時變動，所引起均衡點的移動情形，讀者可以比照圖 2–10 及圖 2–11 的方式，自行練習，將有更清楚的認識。

三、價格機能的意義

對於供需發生變動，引起均衡點移動的各種可能情況，有了初步的認識以後，接著想要回答的問題是：是什麼力量或有什麼機制，能夠使得當初的均衡，因供需變動的破壞，而又出現一個新的均衡呢？答案是：透過價格機能的運作，在供需法則的引導下，可以讓不均衡的市場，回復到均衡狀態。

那麼，什麼是價格機能呢？簡單地說，價格在市場上兼具兩方面的角色，一方面是提供一個讓買賣雙方決定其需求量與供給量的訊息，價格扮演調節供需量的角色，是作為一個調節者。依據供需法則，在高價時，供給量大於需求量，會出現**剩餘** (Surplus) 或**超額供給** (Excess Supply) 的情形；在低價時，供給量小於需求量，會出現**短缺** (Shortage) 或**超額需求** (Excess Demand) 的情形。

另一方面，價格是作為一個被調節者的角色。當市場出現超額供給的情況時，買方有可能因預期降價而延遲購買，但賣方或廠商因無法如願出售產品，將降價求售；而當市場出現供不應求的超額需求情況時，賣方有可能因預期漲價而惜售，但買方則因無法如願購買到商品，將主動提高價格或願意接受較高價格，以達到購買的目的。

因此，所謂價格機能，也就是說買賣雙方基於自身利益的考量，使得價格兼具調節者與被調節者的雙重角色，而能透過價格的上下調整，以達到市場均衡。價格機能就好像是一隻**看不見的手** (Invisible Hand)，具有引導以及配置社會資源

的功能。

　　現在，以供不應求的情況為例，來說明價格機能的意義，以及如何啟動價格機能，以回復均衡的狀態。如圖 2-12 所示，在 D_0 與 S_0 所決定的均衡點 E 下，其均衡價格 P_0；而在 P_0 下，購買量與供應量都等於均衡數量 Q_0，沒有出現供不應求或供過於求的情況。此時的價格，所顯現出來的角色，只是一個調節者，純粹是提供訊息，使得買賣雙方來決定其各自之需求量與供給量而已。接下來，當需求增加為 D_1 時，則在 P_0 下，價格除了扮演前述提供訊息的調節者以外，也因此時之需求量 (Q_2) 大於供給量 (Q_0)，出現供不應求的不均衡情況，而成為一個被調節者。隨著價格的提高，依據需求法則與供給法則，買方的需求量有所降低，而賣方的供給量有所提高，使得供不應求的情況，逐漸獲得紓解；最後，於 P_1 時，供不應求的情況獲得解決，而市場再度回復均衡狀態。

　　同理，若出現供過於求的不均衡情況時，則可以啟動價格機能，經由價格的降低，讓市場再度回復均衡的狀態。

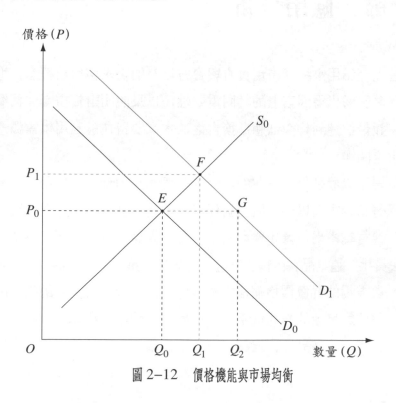

圖 2-12　價格機能與市場均衡

觀念研習

21.何謂市場均衡？

22.何以市場均衡的意義，可以利用供需曲線來說明呢？

23.請問在哪幾種供需變動的情況下，可以使得市場均衡價格與數量，出現同時增加的後果？

24.請問在哪些供需變動的情況下，可以使得市場出現均衡價格降低，而均衡數量提高的後果？

25.何謂價格機能？

26.請說明市場均衡與價格機能的關係。

第六節　應用分析

　　本章首先介紹用來描述市場買方與賣方行為的需求與供給概念，進而突顯財貨價格在眾多影響供需因素上的共同重要性，以及說明財貨市場如何經由價格機能的發揮，並最終達到均衡狀態；換言之，本章要旨在於利用供需概念，說明財貨價格的決定問題。

　　財貨市場可以說是無所不在的，除了一般熟知的食品、日用品、股票、房地產、電信、勞動等市場以外，只要對任何一項物品或勞務，存在有買賣雙方的地方或場合，就有其市場，譬如學校招生、公務人員考試、補習、職業球賽、地下錢莊、司法黃牛、違禁品、色情、旅遊、民意代表選舉、人體器官等方面的市場。

　　同時，當市場的買賣價格無法完全根據供需情況進行充分的調整時，市場均衡的取得，將依靠其他的方式或手段，例如採用配給、排隊、賄賂、靠關係、抽籤、考試、減產、提高品質、促銷、改善工作環境、立法等方式來調整。

觀念研習

27.請以「大學聯招」市場為例，說明該市場的供給、需求以及市場均衡、均衡價格等概念的意涵。

本章摘要

1. 本章重點在介紹市場均衡與價格機能的意義，以進一步瞭解市場在資源配置上所扮演的角色。其中，關於市場中買賣雙方行為的說明，則以市場需求與市場供給的概念來概括。

2. 一財貨的市場需求，是指在一定期間內，在其他條件不變下，市場上的全部購買者，其願意且有能力的購買量與該財貨價格之間的對應關係。這些其他條件，包括其他財貨的價格、所得預算的高低、偏好的結構以及對於未來的預期等。

3. 一般常見的財貨，其市場需求合乎所謂的需求法則；也就是說，一財貨的市場需求量與其價格之間，具有反向的關係。需求法則，可以替代效果與所得效果來加以說明。

4. 需求量變動，是表示在其他條件不變下，因該財貨價格變化，所引起購買量的變動。需求變動，是表示因其他條件的變化，所引起購買量與價格之間對應關係的變動。

5. 一財貨的市場供給，是指在一定的期間內，在其他條件不變下，市場上的全部生產者，其供應量與該財貨價格之間的對應關係。這些其他條件，包括生產技術的水準、生產要素的價格、其他相關財貨的價格以及對於未來的預期等。

6. 所謂供給法則，是表示一種財貨的供給量與其價格之間，呈現正向關係的普遍現象。

7. 供給量變動，是表示在其他條件不變下，因該財貨價格變化，所引起供應量的變動。供給變動，是表示因其他條件的變化，所引起供應量與價格之間對應關係的變動。

8. 市場均衡，是指在其他條件不變下，出現使得供給量與需求量相等的均衡價格的一種狀況,或出現使得供給價格與需求價格相等的均衡數量的一種情況。

9.供給面或需求面的變動，將引起市場均衡的變動。

10.所謂價格機能，是指在買賣雙方基於自身利益的考量下，使得價格兼具調節者與被調節者的雙重角色，而能透過價格的上下調整，以達到市場均衡。價格機能就好像是一隻看不見的手，具有引導以及配置社會資源的功能。

習 題

1. 近年來，電腦價格一直在降低，且其銷售量亦年有成長，請利用供需圖形，配合說明其可能原因。

2. 設 X 財貨的市場需求函數為 $Q^D = 50 - 2P_X$，供給函數為 $Q^S = 20 + P_X$；式中，P_X 表示 X 財貨的價格。請回答下列問題：

   (1)請分別畫出需求曲線與供給曲線。

   (2)請求出均衡價格與均衡數量。

   (3)當政府把價格設定在 12 元時，將出現何種情形？

3. 請利用供需圖形，就下列事件，討論其對於相關市場的均衡，所可能造成的影響：

	事　件	相關市場
(1)	開放牛肉進口	國內豬肉市場 國內牛肉市場
(2)	發生水災	蔬菜市場 水果市場 電視機市場
(3)	調降電腦產品的營業稅	電腦市場 電話市場

第三章

供需彈性
的分析與應用

在第二章中，討論了影響需求量變動、需求變動、供給量變動與供給變動的各種因素，以及影響方向的問題；本章要進一步探討的是，這些因素分別對於需求（量）或供給（量）的影響程度有多大的問題。在這些因素中，較能以明確數據來表示其大小與變化幅度者，有該財貨的價格、其他相關財貨的價格以及買方的所得等三項；因此，本章將就這三項因素的變化，分別討論其對於需求（量）與供給（量）的影響大小。

以該財貨價格的變動，對於其需求量的影響程度大小為例。首先想到的評量方法是，可以利用需求量的變動量與價格的變動量兩者相除，得到的商數或其絕對值來表示。例如，以表 2–1 的 X 財貨為例，當 X 財貨的價格由每單位（以公噸為例）10 元升為 15 元時，X 財貨的需求量由 30 公噸降為 20 公噸；因此，可以得知價格的變動量為每公噸 5 元，需求量的變動量為 10 公噸，並算出 X 財貨價格平均每變動 1 單位（元／公噸），對於需求量的影響是 2 單位（公噸）。

值得注意的是，利用上述方式來呈現某項因素（如價格）的變動，對於需求量影響程度的大小時，是與採用的衡量單位（如元或公噸）相關的；另一方面，由於使用單位的不一致，該影響程度難以對不同衡量單位的財貨，直接進行比較，而失去計算影響程度大小的用意。因此，於經濟學上，在計算影響程度的大小時，通常不直接觀察變動的絕對量，而是考慮變動的百分比，以避開並解決上述難題；例如，不直接看價格或需求量的變動量，而是看價格或需求量的變動百分比；同時，將利用變動百分比的概念，來表現財貨需求量相應於某項因素的變動，稱為需求的該項因素**彈性** (Elasticity)，以描述需求量變動相對於該項因素變動的敏感性。

如前所述，在本章中，將首先逐一討論財貨本身價格、其他財貨價格以及消費者所得等三項因素的變化，分別對於需求量與供給量的影響大小，即**需求的價格彈性** (Price Elasticity of Demand)、**交叉彈性** (Cross Elasticity)、**所得彈性** (Income Elasticity) 以及**供給的價格彈性** (Price Elasticity of Supply) 等四個概念，以及說明這些彈性大小的決定因素。其次，本章亦將利用均衡變動的概念，來瞭解政府干預市場均衡價格的若干方式與困難度。最後，本章將提供幾個供需彈性概念的應用方向或例子。

第一節　需求的價格彈性

在此，首先討論價格彈性的意義與測量問題，其次是說明價格彈性的類型，第三是價格彈性與總支出的關係，最後是探討價格彈性大小的決定因素。

一、價格彈性的意義與測量

在其他條件不變下，相應於財貨本身價格的相對變動，導致財貨需求量的相對變動，稱為需求的價格彈性。換言之，需求的價格彈性是描述需求量與價格兩者間變動的相對敏感度。至於價格彈性的大小，可以價格平均變動百分之一，引起需求量變動百分比值的大小，即價格彈性係數（或直接稱為價格彈性）來表示；明白地說，價格彈性係數（以 E_d 來表示）可以下式來定義並進行計算：

$$價格彈性係數\,(E_d) = \frac{需求量變動的百分比}{價格變動的百分比}$$

接著，說明如何計算變動的百分比。以價格變動的百分比為例，當價格由 10 元升為 15 元時，價格的變動量（以 ΔP 來表示）為 5（$= 15 - 10$）元。至於價格的相對變動或價格變動的百分比，若以變動前的價格來看時，5 元的變動，就相當於價格變動 50 ％（$= 5 \div 10 \times 100 \%$）；若以變動後的價格來看時，就相當於價格變動 33 ％（$= 5 \div 15 \times 100 \%$）。以表 2–1 的數據為例，當價格由 10 元升為 15 元時，其需求量由 30 單位減為 20 單位；因此，根據變動前的價格與需求量所計算出來的變動百分比，所得到的彈性係數（以絕對值來看）為 $\frac{2}{3}$，而根據變動後的價格與需求量所計算出來的變動百分比，所求得的彈性係數為 $\frac{3}{2}$，兩者並不一致。因此，一個折衷的做法，是以變動前與變動後的平均價格水準與平均需求量水準，作為計算變動百分比的依據，因而剛才的例子，價格變動百分比為 40 ％（$= 5 \div 12.5 \times$

100％），需求量變動百分比亦為 40％（＝ 10 ÷ 25 × 100％），其彈性係數變成 1，而不再是 $\frac{2}{3}$ 或 $\frac{3}{2}$。當然，當變動前與變動後的價格或需求量，其水準幾乎不變時，則以變動前的水準或以變動後的水準所計算出來的 E_d 值，將極為接近。

另外，提醒大家注意的是，根據需求法則，財貨的需求量變動是與其價格變動呈相反方向的，因而價格彈性係數將為負值；不過，通常經濟學在不至於造成誤解的情況下，於價格彈性的討論時，為便於直接比較其大小，多不考慮其負值，而取其絕對值，以論其大小。

表 3-1 係根據表 2-1 的資料所計算出來的彈性係數 (E_d)。

表 3-1　財貨的價格彈性係數 (E_d)

價格的平均水準	需求量的平均水準	價格彈性係數 (E_d)
−2.5	55	−
0	50	0
2.5	45	0.11
5	40	0.25
7.5	35	0.43
10	30	0.67
12.5	25	1.00
15	20	1.50
17.5	15	2.33
20	10	4.00
22.5	5	9.00
25	0	無窮大（∞）
27.5	−5	−

說明：　1.價格的平均水準是以變動前價格與變動後價格相加的和，再除以 2 所計算而得；需求量的平均水準，其算法相同。

2.本表係以價格變動量 5 元與相應需求量變動量 10 單位為例，求算 E_d 的值。

資料來源：同表 2-1。

二、價格彈性的類型

在表 3-1 的例子中，知道具傾斜性質的直線型需求曲線或需求函數，其價格彈性係數，隨著財貨價格的逐漸提高，價格彈性係數也逐漸變大，乃至於無限大。在經濟學中，通常將價格彈性依其係數的大小，分為五種類型，說明如下：

1. 完全無彈性 $(E_d = 0)$

當價格的任何改變，均無法引起需求量的相應變化時，稱該需求為完全無（價格）彈性 (Perfectly Inelastic)。此一情況，可以垂直於橫軸的需求曲線來表示，如圖 3-1 的需求曲線 D_0 所示，其需求量保持在 Q_0 的水準，並不隨價格的升降而增減。

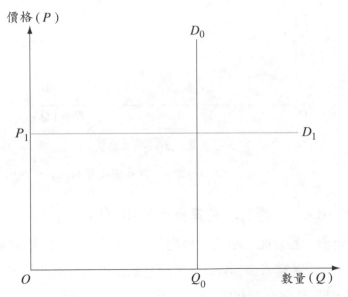

圖 3-1　完全無彈性的需求曲線 (D_0) 與完全彈性的需求曲線 (D_1)

2. 完全彈性 $(E_d = \infty)$

當需求量的任何改變，均不至於造成需求價格的相應變化，稱該需求為完全彈性 (Perfectly Elastic)。此一情況，可以平行於橫軸的需求曲線來表示，如圖 3-1 的需求曲線 D_1，其價格水準保持在 P_1 的固定水準上，並不隨需求量的增減而有所變

化。

3.單一彈性 ($E_d = 1$)，又稱恆一彈性

當需求量變動百分比與價格變動的百分比恆等時，稱該需求為**單一彈性** (Unitary Elasticity)。此一情況的需求曲線為一直角雙曲線的一支（位於第一象限），其價格彈性恆為 1，如圖 3-2 所示。

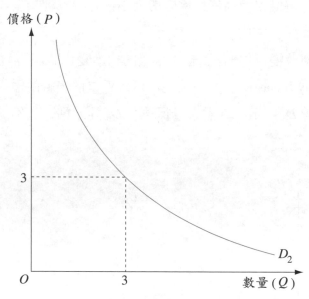

圖 3-2 單一彈性的需求曲線

（以 $PQ = 9$ 為例之雙曲線，$P > 0$，$Q > 0$）

4.缺乏彈性 ($0 < E_d < 1$)，或彈性比較小（即小於 1）

當需求量變動的百分比，小於價格變動的百分比時，則稱該需求為**缺乏彈性** (Inelastic)。此一情況的需求曲線，是介於完全無彈性的需求曲線 D_0 與單一彈性的需求曲線 D_2 之間，如圖 3-3 的 D_3 曲線或 D_4 曲線的 AB 線段（但不含 A、B 點，A 點為 D_4 曲線的中點，A 點之彈性為 1，且 B 點的彈性為 0）。由圖 3-3 知，缺乏彈性的 D_3 曲線較單一彈性的 D_2 曲線，更為陡峭。

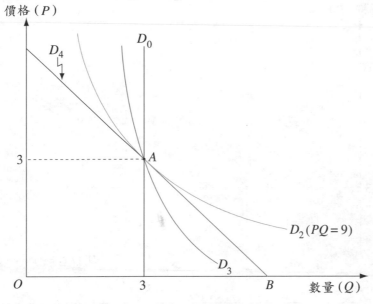

圖 3–3　缺乏彈性的需求曲線 D_3 或 AB 線段

（不含 A、B 點，D_4 曲線剛好與 D_2 曲線相切於 A 點）

5. 富於彈性 $(1 < E_d < \infty)$，或彈性比較大（即大於1）

當需求量變動的百分比，大於價格變動的百分比時，則稱該需求為**富於彈性** (Elastic)。此一情況的需求曲線，是介於完全彈性的需求曲線 D_1 與單一彈性的需求曲線 D_2 之間，如圖 3–4 的 D_5 曲線或 D_4 曲線的 AC 線段（但不含 A、C 點，A 點為 D_4 曲線的中點，A 點之彈性為 1，且 C 點的彈性為無限大）。由圖 3–4 知，富於彈性的需求曲線 D_5 較單一彈性的 D_2 曲線，更為平坦。

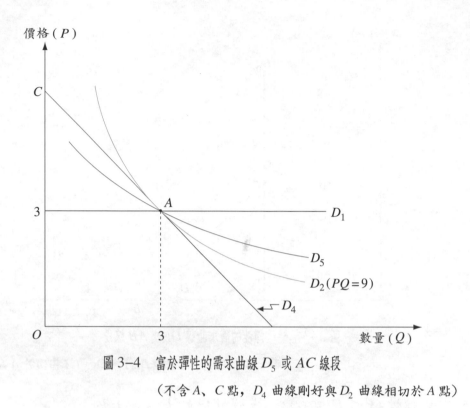

圖 3-4　富於彈性的需求曲線 D_5 或 AC 線段

（不含 A、C 點，D_4 曲線剛好與 D_2 曲線相切於 A 點）

三、價格彈性與總支出（或總收益）的關係

　　上述關於需求的價格彈性係數的大小，是直接利用需求價格與需求量的相應變動百分比來求算的。由於需求價格（P）與需求量（Q）的乘積，剛好就是全部的消費者在市場上購買該財貨的**總支出**（Total Expenditure, TE），或是供應該財貨的所有廠商，在市場上售貨的**總收益**（Total Revenue, TR）。即 TR 與 P、Q 三者之間的關係，可以下式來表示：

$$TR(Q) = P(Q) \times Q$$

　　上式中，$P(Q)$ 表示消費者在市場上購買第 Q 個單位的需求價格，即需求函數的逆函數。以圖 2-1 的需求函數 $Q_X^D = 50 - 2P_X$ 為例，其逆函數即為 $P_X^D = 25 - 0.5Q_X$。另外，上式中的 $TR(Q)$ 稱為總收益函數，說明總收益（或總支出）與銷售

量（或需求量）之間的關係。同時，根據上式，也瞭解**平均收益**(Average Revenue, AR) 就等於售價或需求價格，即

$$AR = \frac{TR}{Q} = P(Q)$$

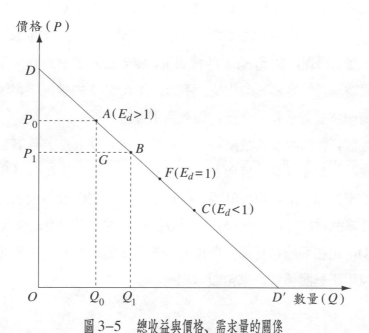

圖 3–5　總收益與價格、需求量的關係

（當 $E_d > 1$ 時，總收益的變動方向與價格的變動方向相
反，但與需求量的變動方向一致）

接著，以需求函數的圖形，來表示總收益的大小。當價格為 P_0 時，總收益 (TR_0) 剛好是四邊形 OP_0AQ_0 的面積，如圖 3–5 所示。根據上一小節的討論，圖中之 F 點為需求曲線 DD' 的中點，其價格彈性為 1；在 DF 線段中間的點（如 A、B），其價格彈性大於 1；在 FD' 線段中間的點（如 C），其價格彈性小於 1。

根據需求法則，當價格下降時，需求量提高，那麼總收益的變動是減少或增加呢？那就要看價格與需求量的相對變化了。如果價格下降的幅度，相對上比需求量提高的幅度來得小時，此時的價格彈性大於 1，則總收益將會有所增加；反之，如果價格下降的幅度，相對上比需求量提高的幅度來得大時，此時的價格彈性小

於 1，則總收益將會有所減少。當然，如果價格下降的百分比，與需求量提高的百分比一樣時，即在 E_d 等於 1 時，總收益則維持不變。於圖 3-5 中，A、B 點的 E_d 大於 1，當價格由 P_0 下降為 P_1 時，需求量由 Q_0 提高為 Q_1，那麼總收益將由 TR_0（以 □ OP_0AQ_0 的面積表示）變為 TR_1（以 □ OP_1BQ_1 的面積表示）。於圖中，知道 □ Q_0GBQ_1 的面積大於 □ P_0AGP_1 的面積，故推得 $TR_1 > TR_0$ 的結果；此一結果，說明在 $E_d > 1$ 的情況下，總收益的變動方向與價格的變動方向相反，但與需求量的變動方向一致。同理，在 $E_d < 1$ 的情況下，總收益的變動方向與價格的變動方向一致，但與需求量的變動方向相反。不過，在 $E_d = 1$ 的情況下，總收益維持不變，即不跟隨價格或需求量的變動，而有所增減。

更明白地說，就總收益函數來看，在 $E_d > 1$ 時，總收益將隨著需求量的提高而增加；其次，在 $E_d = 1$ 時，總收益達到最高點；然後，於 $E_d < 1$ 時，總收益將隨著需求量的提高而下降。換句話說，在 $E_d > 1$ 時，邊際收益大於零；在 $E_d = 1$ 時，邊際收益等於零；在 $E_d < 1$ 時，邊際收益小於零。而所謂**邊際收益** (Marginal Revenue, MR)，是指平均每變動一單位的銷售量或需求量時，所引起的總收益的變動量；可以用下述關係式，來定義 MR：

$$MR \equiv \frac{\Delta TR}{\Delta Q}$$

上式中，ΔTR 與 ΔQ 分別表示總收益與銷售量的變動量。

上述需求的價格彈性 (E_d) 與 MR 及 TR 的關係，可以圖 3-6 來說明。於圖中，需求曲線 DD' 是直線的，其對應之邊際收益曲線 DQ_1G 也是直線的；而後者除 D 點以外，均落在前者的下方，其主要原因是，若要增加銷售量，必然要降低價格，而降價的影響，不僅是增加出來的銷售量售價較低，連帶以前賣較高價格的銷售量，亦須以低價來賣，因此邊際收益 (MR) 總是比售價（即平均收益）來得低。F 點為 DD' 曲線的中點，其 $E_d = 1$，此時之 $MR = 0$；當需求量較 F 點的需求量 Q_1 來得少時，$E_d > 1$，此時之 $MR > 0$；而當需求量比 Q_1 多時，$E_d < 1$，此時之 $MR < 0$。換言之，在 Q_1 的時候，$E_d = 1$，TR 達到最高點；當 $Q < Q_1$ 時，$E_d > 1$，TR 隨著銷售量的提高，呈遞增走勢；當 $Q > Q_1$ 時，$E_d < 1$，TR 則隨著銷售量的提高，呈遞減的走勢。

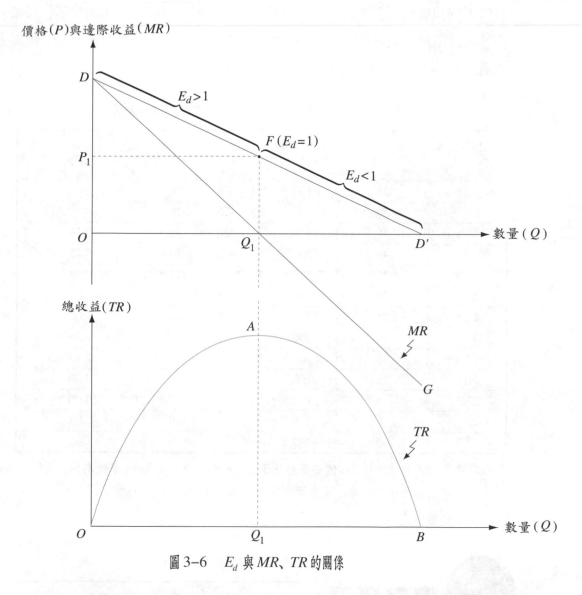

圖 3-6　E_d 與 MR、TR 的關係

事實上，根據數學的推導，需求的價格彈性可以利用 MR 以及平均收益 AR（即售價或需求價格）來加以計算，如下式所示：

$$E_d = \frac{P}{P - MR}$$

為避免上述公式的 P，以變動前或變動後的價格水準代入所造成之困擾，於

計算時 P 仍以變動前與變動後的平均價格代入。現在根據表 3-1 的例子，重新利用上述公式所計算之結果列於表 3-2 中。該表之 E_d 值與表 3-1 完全一致，同時亦可以看出 E_d 與 MR、TR 的變化對應關係。

表 3-2　X 財貨的 E_d 及其與 MR、TR 的變化對應關係

價格的平均水準(P)	需求量的平均水準(Q)	總收益($TR=P\times Q$)	邊際收益(MR)	$P-MR$	$E_d=\dfrac{P}{P-MR}$
-2.5	55	-137.5	-	-	-
0	50	0	-25	25	0
2.5	45	112.5	-20	22.5	0.11
5	40	200	-15	20	0.25
7.5	35	262.5	-10	17.5	0.43
10	30	300	-5	15	0.67
12.5	25	312.5	0	12.5	1.00
15	20	300	5	10	1.50
17.5	15	262.5	10	7.5	2.33
20	10	200	15	5	4.00
22.5	5	112.5	20	2.5	9.00
25	0	0	25	0	無窮大（∞）
27.5	-5	-137.5	-	-	-

說明：本表同表 3-1 一樣，以價格變動量 5 元與相應需求量變動 10 單位為例，進行計算表中之價格的平均水準、需求量的平均水準、MR 及其 E_d 值。

資料來源：同表 3-1。

 觀念研習

1. 請說明需求彈性的意義，及常提到的三個需求彈性概念。

2. 請說明需求的價格彈性的意義，及其分為哪五種類型？

3. 當需求價格彈性大於 1 時，何以消費者的總支出，會隨價格的下降而增加呢？

4. 當需求價格彈性小於 1 時，何以消費者的總支出，會隨價格的上漲而增加呢？

第二節 需求的交叉彈性與所得彈性

比照需求的價格彈性的作法，也可以討論其他財貨價格與消費者所得等兩項因素的變動，對於需求量影響的方向與大小；亦即討論所謂的交叉彈性與所得彈性。在此，首先要澄清的是，根據第二章的說明，我們瞭解到其他財貨價格與消費者所得等兩項因素的變化，將對需求造成影響，而使整條需求曲線移動；那麼，何以說討論交叉彈性與所得彈性時，僅提及對於需求量的影響，而非對於需求的影響呢？其原因在於，在經濟學上為了便於分析問題起見，通常在討論某一項因素對於另一項變數的影響時，多係假設在其他因素不變的情況下來進行的；例如，在討論價格彈性時，也是假設除了財貨本身的價格在變動以外，其他因素是不變的。同理，在交叉彈性與所得彈性的討論時，都係在財貨本身價格不變的前提下所進行的；而在既定的財貨本身價格下，與其對應的是需求量，而非整條需求曲線。這也就是交叉彈性與所得彈性，係針對需求量的影響進行分析的理由。

一、需求的交叉彈性

如前所述，所謂需求的交叉（價格）彈性，係在 X 財貨本身的價格（以 P_X 表示）以及消費者所得等因素均不變的前提下，當一項其他財貨價格（以 P_Y 表示）平均變動百分之一時，造成 X 財貨需求量（以 Q_X 表示）變動百分比值的大小；或稱為 X 財貨需求的 Y 財貨價格彈性係數，以 E_{XY} 來表示。換言之，E_{XY} 可以下式來定義並進行計算：

$$X \text{ 財貨需求的 } Y \text{ 財貨價格彈性係數} (E_{XY})$$

$$= \frac{X \text{ 財貨需求量變動的百分比}}{Y \text{ 財貨價格變動的百分比}} = \frac{\frac{\Delta Q_X}{Q_X} \times 100\%}{\frac{\Delta P_Y}{P_Y} \times 100\%} = \frac{\Delta Q_X}{\Delta P_Y} \times \frac{P_Y}{Q_X}$$

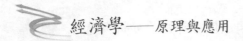

在上式中，ΔQ_X 及 ΔP_Y 分別表示 X 財貨需求量的變化量及 Y 財貨價格的變化量；Q_X 及 P_Y 分別表示 X 財貨需求量及 Y 財貨價格，均以 P_Y 變動前與變動後的 X 財貨需求量的平均水準及 Y 財貨價格的平均水準，作為計算的依據。

當 X 財貨是 Y 財貨的替代品時，Y 財貨價格的提高（或降低），將引起 X 財貨需求量的增加（或減少）；即 P_Y 與 Q_X 的變動是同方向的，得知 $\dfrac{\Delta Q_X}{\Delta P_Y}$ 為正值。因此，當 X 財貨是 Y 財貨的替代品時，E_{XY} 大於零。相反地，當 X 財貨是 Y 財貨的互補品時，P_Y 與 Q_X 的變動是反方向的，可以推知此一情況的 E_{XY} 小於零。而當 P_Y 的變動，不至於引起 X 財貨需求量的變動時，稱 X 財貨與 Y 財貨無關，則此時之 E_{XY} 等於零。

值得一提的是，隨著經濟環境、消費者消費條件的改變，X 財貨與 Y 財貨的替代或互補關係，也不是一成不變的。例如，高麗菜與豬肉之間，隨著所得的高低，可能是互補品，也可能是替代品。

二、需求的所得彈性

所謂需求的所得彈性，係在財貨本身的價格以及其他相關財貨的價格等因素均不變的前提下，當消費者的所得平均變動百分之一時，造成財貨需求量變動百分比值的大小；或稱為需求的所得彈性係數，以 E_I 來表示，可以寫成下式，以利於計算的進行：

$$需求的所得彈性係數\,(E_I) = \frac{需求量變動的百分比}{所得變動的百分比}$$

$$= \frac{\dfrac{\Delta Q_X}{Q_X} \times 100\,\%}{\dfrac{\Delta I}{I} \times 100\,\%} = \frac{\Delta Q_X}{\Delta I} \times \frac{I}{Q_X}$$

關於需求量變動百分比及所得變動百分比的計算，仍以所得變動前與變動後的平均需求量水準及平均所得水準為依據。

就正常財貨而言，由於其需求量的變動與所得的變動同方向，可以推知其 E_I 大於零。相反地，就劣等財貨而言，由於其需求量的變動與所得的變動呈反方向，故得知其 E_I 小於零。

5.請說明需求的交叉彈性及所得彈性的意義，及其值小於零時，所表示的財貨性質是什麼?

第三節　需求彈性大小的決定因素

就上述論及的需求彈性，有價格彈性、交叉彈性與所得彈性三種，在此依序說明其彈性大小的決定因素。

一、價格彈性大小的決定因素

依據價格彈性的意義，瞭解到價格彈性是用來進一步闡釋需求法則的內涵，亦即將需求價格與需求量間的互動關係，更為精確地呈現出來。同時，於第一節有關價格彈性類型的討論中，我們也瞭解到，有些財貨是整條需求曲線具有相同的價格彈性係數值；有些財貨的彈性係數值，在需求曲線的各點上並不一致。

若就不同財貨的需求關係加以比較，其價格彈性係數大小的決定因素，可以分別說明如下。在說明這些決定因素之前，有必要交代如何進行比較的問題。由於各財貨的價格彈性係數值，通常不是一個固定的常數；那麼，到底要以哪一個值來相互比較呢? 一般採用的方式有二種，一種是以各財貨的市場均衡價格作為比較的基點；另一種是就同一財貨在不同市場（如國內與國外市場、一般民眾與學生的客運市場）的需求關係來看時，可以各該市場的售價作為比較的基點。在

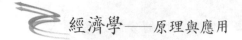

本節的討論，由於是比較不同財貨市場的價格彈性係數，故採用第一種的以個別財貨市場均衡價格作為基點的方式來進行。

根據價格彈性係數 (E_d) 的定義，可以利用數學式子，將 E_d 的定義表示如下：

$$E_d \equiv -\frac{\dfrac{\Delta Q}{(Q_1 + Q_2)}}{\dfrac{\Delta P}{(P_1 + P_2)}} = -\frac{\Delta Q}{\Delta P} \times \frac{P_1 + P_2}{Q_1 + Q_2}$$

上式中，ΔP、ΔQ 分別表示價格與需求量的變動，兩者符號剛好相反，故其前面加一負號，以表示成正值；P_1、Q_1 分別表示變動前的價格與需求量，P_2、Q_2 分別表示變動後的價格與需求量，用以求算價格與需求量的平均水準。

根據上式，瞭解到決定價格彈性係數大小的因素，表面上大致可以分為二類，一類是與 $-\dfrac{\Delta Q}{\Delta P}$ 有關的因素，一類是與 $\dfrac{P_1 + P_2}{Q_1 + Q_2}$ 有關的因素。由於 $-\dfrac{\Delta Q}{\Delta P}$ 與 $\dfrac{P_1 + P_2}{Q_1 + Q_2}$ 兩者的大小，與財貨單位的採用，存在一增一減的變化關係；如前者的單位若由 $\dfrac{公斤}{元}$ 變成 $\dfrac{公斤}{百元}$ 時，$-\dfrac{\Delta Q}{\Delta P}$ 的值增加為 100 倍，此時後者的單位亦相應的由 $\dfrac{元}{公斤}$ 變成 $\dfrac{百元}{公斤}$ 時，$\dfrac{P_1 + P_2}{Q_1 + Q_2}$ 的值，則縮小為原來的 $\dfrac{1}{100}$ 倍。因此，決定價格彈性係數大小的因素，並不能如上述的分為二類因素來討論，而須合起來一起討論。

一個可行的方式，是將每一財貨的 $\dfrac{P_1 + P_2}{Q_1 + Q_2}$ 的值均等化，即透過單位的調整，分別將不同財貨的 $\dfrac{P_1 + P_2}{2}$ 與其 $\dfrac{Q_1 + Q_2}{2}$ 兩個平均水準值，取得一致；如此，可以在圖形上將兩財貨的價格與需求量的平均水準表現在同一點上。如 X 財貨（如稻米）與 Y 財貨（如蘋果）的 $\dfrac{P_1 + P_2}{2}$ 值分別為 2 元及 20 元，若以 X 財貨作為基準，則 Y 財貨的單位若增加為原來的 10 倍時，則 Y 財貨的價格平均水準值就可以變成 2 元；其次，若 X 財貨與 Y 財貨的 $\dfrac{Q_1 + Q_2}{2}$ 值分別為 10 萬公斤與 5 千個時，則在

仍以 X 財貨作基準的前提下，可以將 20 公斤的長度與 1 個的長度取得一樣長。經由上述兩步驟的調整，就完成將兩財貨的價格與需求量的平均水準值，置於圖形上同一點的位置上。不過，在上述過程中，對於 Y 財貨使用單位進行調整時，其 $-\dfrac{\Delta Q}{\Delta P}$ 的值，也要應單位的調整而呈相反方向的變化。

經由財貨單位的轉換，對於不同財貨價格彈性的大小，就可以直接由其 $-\dfrac{\Delta Q}{\Delta P}$ 值的大小來比較，$-\dfrac{\Delta Q}{\Delta P}$ 的值愈大時，表示 E_d 愈高。$-\dfrac{\Delta Q}{\Delta P}$ 的值愈大，於圖形上就表示需求曲線更為平緩或其斜率（以 $\dfrac{\Delta P}{\Delta Q}$ 表示）的絕對值愈小。如圖 3-7 中的 D_X、D_Y 分別表示 X、Y 財貨的需求曲線，E 點表示兩財貨的平均價格與平均需求量，在 E 點時 D_X 較 D_Y 更為平坦，表示當價格同樣變動 $\dfrac{\Delta P}{2}$ 時，X 財貨引起的需求量變化較 Y 財貨來得大，故 X 財貨的 E_d 較高。

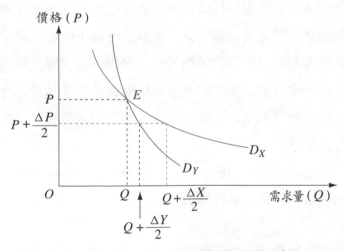

圖 3-7　D_X 與 D_Y 需求曲線的價格彈性比較

由上述說明，瞭解到可以作圖的方式，來比較不同財貨價格彈性係數的大小。接下來，我們進一步來討論決定彈性大小的因素。如上文所述，價格變動對於需求量變動的影響，可以分為替代效果與所得效果；因此，決定價格彈性大小的因素，大致可以歸為兩類，其中一類是與替代效果有關的因素，另一類是與所得效

果有關的因素。

首先，討論與替代效果有關的因素。

1. 替代品的多寡或替代程度的高低

若一財貨有許多的替代品，或即使替代品不多，但其中存在與其替代程度很高的財貨時，該財貨的價格彈性就比較大；反之，則價格彈性將比較小。例如各種水果之間或各種飲料之間，不但替代品多且替代程度很高；而偏食者想吃的各種食物之間，其替代品不多且替代程度低。又如與食鹽相互替代的替代品少，且即使有的話，其替代程度也很低，故食鹽的價格彈性低；與原子筆相互替代的替代品也不多，不過其與鉛筆、鋼筆間的替代程度很高，故原子筆的價格彈性仍高。

2. 用途的多寡

財貨的用途愈廣，其價格彈性愈高；反之，則愈低。例如維他命的用途極廣，故其價格彈性高；而專治某一項疾病的藥材，其價格彈性必低。

3. 時間的長短

從較長的時間下來看需求關係時，消費者將更能增加或接受較多的替代品，或增強與其他財貨的替代程度。換言之，在較長時間下的偏好結構，將存在更大的替代性，故能普遍提高各財貨的價格彈性。例如，當水費大幅提高時，可能一時因習慣使然，尚不會改變太多的用水量；但隨著時間的拉長，有些省水的裝置或省水的方式，將會應運而生，而能大幅度的減少用水量。

4. 風俗習性的影響

屬於節慶的商品，如中秋月餅、情人節禮物、拜拜燒的冥紙、葬禮儀式的用品、流行性的玩具等，其價格彈性極低。

5. 耐用程度

就短期間來看，耐用程度大的財貨，對於已購買的消費者而言，因降價而增購的機會不大；對於尚未購買的消費者而言，因提高價格而打消購買的情況也不多。例如冰箱、電視機、洗衣機等家電用品，可使用多年，其在短期間內的價格變化，不太會影響消費者的購買量，故其價格彈性低。至於耐用程度小的財貨，因必須經常替換，其在短期間內，常隨價格漲跌而調整購買量，故其價格彈性高。例如，眼鏡、隨身聽、毛巾等物品，因其耐久性小，故其價格彈性較高。

不過，如就超過該耐久財貨的正常使用期限的長期間來看時，在必須增購或添購的情況下，其價格彈性將比短期間的情況大幅提高許多。

其次，討論與所得效果相關的因素。

6.該財貨的購買支出占所得的比例

若一財貨的購買支出占所得的比例較高時，則此一財貨價格的變化，對於消費者實質所得的影響，將較為顯著；反之，若一財貨的購買支出占所得的比例較低時，則此一財貨價格的變化，對於消費者實質所得的影響，將較不明顯。因此，可以瞭解到，購買支出占所得比例較高的財貨，其價格改變而引起的所得效果較大，故其價格彈性較高；而購買支出占所得比例較低的財貨，其價格彈性較低。例如日常用品中的衛生紙與原子筆，或食品中肉類與米飯，其兩者中的前者的價格彈性均較後者來得大。

7.生活水準的高低

在生活水準比較高地區的消費者，對於一種財貨是否為劣等財貨或正常財貨；以及一種正常財貨的必需性或非必需性，甚至是奢侈性的看法，與在生活水準比較低或比較落後地區的人們不同。通常生活水準比較高之地區的消費者，或許已經把有些財貨歸為劣等財貨了，但在生活水準比較低之地區的人們，還將這些財貨視為是正常財貨；而有些財貨在高生活水準地區已經是必需性財貨了，卻在低生活水準地區還當作是非必需品，或甚至是奢侈品。

因此，在高水準地區被認為是劣等品的財貨，其價格的變動，所引起的所得效果剛好相反，則其在此一地區的價格彈性，將比在被認為是正常品的地區低；同時，在高水準地區被視為必需品的財貨，其價格的變動，所引起的所得效果較小，則其在此一地區的價格彈性，也將比在被認為是非必需品，或甚至是奢侈品的地區低。例如，電話或家電製品、汽車或機車、低品質的財貨、對健康不利的食物，這些物品在高生活水準地區，可能已經是必需品，或劣等財貨了，但在低生活水準地區，還被當作是奢侈品或非必需品，或仍是正常財貨。

二、交叉彈性大小的決定因素

影響交叉彈性的大小，基本上與兩財貨之間的替代性有關。當兩財貨之間有比較高的替代性時，交叉彈性就比較大；而兩財貨之間的替代性高低，可以直接由決定任一財貨價格彈性大小的因素中，就與替代效果有關的因素來進行瞭解。

如上所述，交叉彈性大小的決定因素，可以分別說明如下：

1.替代品的多寡或替代程度的高低

當兩財貨之間的替代程度高，且其他替代品不多時，則一財貨價格變動時，將由此兩財貨來進行替代，故其交叉彈性就高；反之，當兩財貨之間的替代程度低，或其他替代品多時，則兩財貨的交叉彈性就低。前者例如汽車貨運與鐵路貨運；後者例如牛肉麵與菠菜。

2.用途的多寡

當兩財貨分別有多種用途，且存在許多共通的用途時，則一財貨價格變動時，由此兩財貨來進行替代的機會就多，故其交叉彈性大；反之，當兩財貨各自的用途不多，且存在共通的用途更少，則兩財貨的交叉彈性小。前者例如鋼鐵與塑膠；後者例如輪椅與腳踏車。

3.時間的長短

如同前述，在較長的時間下，消費者將可以接受較多的替代品，或增強與其他財貨的替代程度；因此，隨著時間的拉長，兩財貨之間的交叉彈性是否變得比較大，就要看與其他財貨替代程度的相對增加程度，以及是否接受更多的替代品而定。如果兩財貨之間的替代程度相對增加較快，以及接受其他財貨作為替代品相對增加不多，則兩財貨之間的交叉彈性，其在長期時，將較短期高；反之，則長期的交叉彈性將變小。前者例如不同品牌的電腦之間；後者例如在高品質的某一項健康食品與較低品質的某一項食物之間。

4.風俗習性的影響

兩財貨之間的替代關係，若合乎風俗習性的要求，則其交叉彈性相當高；否則，交叉彈性就相當低。前者例如拜拜常用的物品之間；後者例如結婚喜慶的物

品與葬禮儀式用品之間。

5.耐用程度

當兩財貨之間的用途屬性相同時，若其耐用程度相當，則交叉彈性大；但若其耐用程度不一致時，則交叉彈性低。前者例如相同等級的不同品牌汽車之間；後者例如新車與十年以上車齡的舊車之間。

 ## 三、所得彈性大小的決定因素

同樣地，可以由決定需求價格彈性大小的因素中，就其與所得效果有關的因素，來瞭解所得彈性大小的決定因素。分別說明如下：

1.該財貨的購買支出占所得的比例

一財貨的購買支出占所得的比例的大小，與所得彈性並沒有直接關連。若隨著所得的增加，此一比例仍持續或相當，甚至有所上升，那當然表示其所得彈性接近 1，或大於 1；不過，若此一比例降低，則表示其所得彈性小於 1。

2.生活水準的高低

生活水準的高低，與一財貨的所得彈性大小，亦沒有必然關係，而主要是看該財貨在消費者心目中，是屬於何種性質的商品而定。如為一劣等財貨，則其所得彈性小於 0；若為一正常財貨，則其所得彈性大於 0。若為一必需品，則其所得彈性低，而非必需品或奢侈品的所得彈性高。

 觀念研習

6.請列舉並扼要說明有哪些因素會影響需求價格彈性的大小？

7.請就需求的價格彈性與交叉彈性大小的決定因素中，說明有哪些因素是相同的？

8.請就決定需求價格彈性大小有關的所得效果因素，來說明與所得彈性大小的關係。

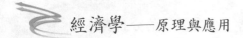

第四節　供給彈性

本節將比照需求價格彈性的概念，分三部分來討論供給的價格彈性（或直接稱為供給彈性）的概念。首先，說明供給彈性的意義與測量；其次，討論供給彈性的類型；最後，分析供給彈性大小的決定因素。

一、供給彈性的意義與測量

從供給法則中，瞭解到在其他條件不變下，一財貨的市場供給量與其價格之間，具有同方向的對應關係。與需求的價格彈性一樣，擬引入供給彈性的概念，來明確掌握價格的變動，對於供給量的影響情形。

所謂供給彈性，是指在其他條件不變下，相應於財貨本身價格的相對變動，導致財貨供給量的相對變動的意思。也就是說，供給彈性是描述供給量與價格兩者間變動的相對敏感度。

至於供給彈性的大小，可以價格平均變動百分之一，引起供給量變動百分比值的大小，即供給彈性係數來表示；明白地說，供給彈性係數（以 E_S 來表示）可以利用下式來定義，並進行計算：

$$供給彈性係數\,(E_S) = \frac{供給量變動的百分比}{價格變動的百分比}$$

上式中，是以變動前與變動後的供給量平均水準與價格平均水準，作為計算變動百分比的依據。

於表 3–3 中，係根據表 2–2 的資料，所計算出來的彈性係數 (E_S)。

表 3–3　X 財貨的供給彈性係數 (E_S)

價格的平均水準	供給量的平均水準	供給彈性 (E_S)
0	0	–
2.5	0	無窮大 (∞)
5	2.5	4
7.5	5	3
10	10	2
12.5	15	1.67
15	20	1.50
17.5	25	1.40
20	30	1.33
22.5	35	1.29
25	40	1.25
27.5	45	1.22
30	50	1.20
32.5	55	1.18

說明：1.價格的平均水準是以變動前價格與變動後價格相加的和，再除以 2 所
　　　　計算而得；供給量的平均水準，其算法相同。
　　　2.本表係以價格變動量 5 元，與相應供給量變動量 10 單位為例，求算
　　　　的 E_S 值。
資料來源：同表 2–2。

二、供給彈性的類型

　　就表 3–3 的例子來看，知道此一具傾斜性質的直線型供給曲線或供給函數，
其供給彈性係數，隨著財貨價格的逐漸提高，供給彈性係數從無窮大，逐漸降低，
但仍大於 1 的情形（於下文中，可以瞭解到具傾斜性質的直線型供給曲線，其供
給彈性係數的走勢未必都是如此）。與需求價格彈性一樣，可以按彈性係數的大小，
將供給彈性分為五種類型，說明如下：

1.完全無彈性 ($E_s = 0$)

當價格的任何改變，均無法引起供給量的相應變化時，稱該供給為完全無彈性。此一情況，可以垂直於橫軸的供給曲線來表示，如圖 3-8 的供給曲線 S_0 所示，其供給量保持在 Q_0 的水準，並不隨價格的升降而改變，例如古物。

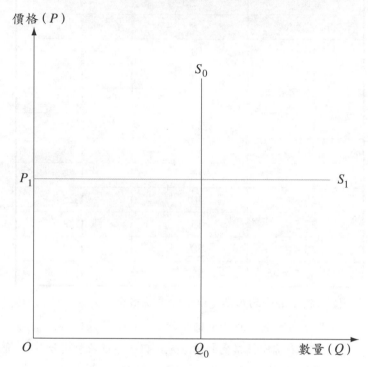

圖 3-8　完全無彈性的供給曲線 (S_0) 與完全彈性的供給曲線 (S_1)

2.完全彈性 ($E_s = \infty$)

當供給量的任何改變，均不至於造成供給價格的相應變化，稱該供給為完全彈性。此一情況，可以平行於橫軸的供給曲線來表示，如圖 3-8 的供給曲線 S_1，其價格水準保持在 P_1 的水準上，並不隨供給量的增減而改變。

3.單一彈性 ($E_s = 1$)，又稱恆一彈性

當供給量的變動的百分比與價格變動的百分比恆等時，稱該供給為單一彈性。此一情況的供給曲線，為一從原點出發的一條直線，如圖 3-9 所示的 S_2 曲線。

4. 缺乏彈性 $(0 < E_s < 1)$，或彈性比較小（即小於1）

當供給量變動的百分比，小於價格變動的百分比時，則稱該供給為缺乏彈性。此一情況的供給曲線，是介於完全無彈性的供給曲線 S_0，與單一彈性的供給曲線 S_2 之間的直線或曲線，如圖 3-9 的 S_3 曲線或 S_4 曲線（不含 A、B 點，因此兩點的彈性為零）；其中，S_4 曲線上每一點的切線都先交於橫軸上，且沒有通過原點。由圖知，缺乏彈性的 S_3 或 S_4 曲線，均較單一彈性的 S_2 曲線，更為陡峭。

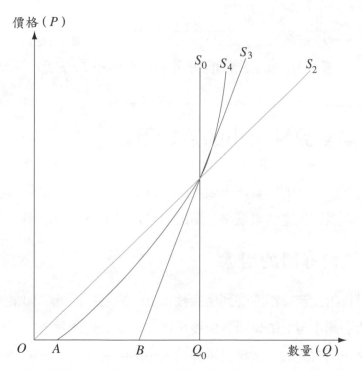

圖 3-9　單一彈性的供給曲線 S_2 與缺乏彈性的供給曲線 S_3 或 S_4（不含 A、B 點）

5. 富於彈性 $(1 < E_s < \infty)$，或彈性比較大（即大於1）

當供給量變動的百分比，大於價格變動的百分比時，則稱該供給為富於彈性。此一情況的供給曲線，是介於完全彈性的供給曲線 S_1，與單一彈性的供給曲線 S_2 之間的直線或曲線，如圖 3-10 的 S_5 線與 S_6 線（不含 E、F 點，因此兩點的彈性為無限大）；其中，S_6 曲線上每一點的切線都須先交於縱軸上，且沒有通過原點。由圖知，富於彈性的供給曲線 S_5 或 S_6 曲線，均較單一彈性的 S_2 曲線，更為平坦。

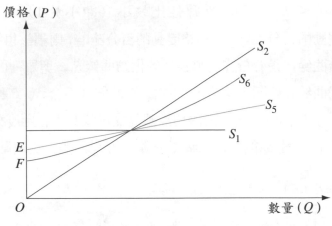

圖 3–10　富於彈性的供給曲線 S_5 或 S_6（不含 E、F 點）

三、供給彈性大小的決定因素

決定供給彈性大小的因素，大致可以分為兩類，其中一類是與生產技術有關的因素，另一類是與生產要素價格有關的因素，以下分別來說明。

(一)與生產技術有關的因素

任何一財貨的生產，都將受到生產技術上的限制；因此，如果財貨價格有所變動時，其所引起市場上的供給量的變化，亦將受到生產技術的影響。接下來，就討論與生產技術有關的，決定供給彈性大小的因素。

1.考慮時間的長短

一般可以將時間的長短，按其對於生產的意義，分為瞬間、短期與長期三種。其中，瞬間是表示一段相當短暫的，以致於無法改變供給量的時間；短期是表示一段可以經由調整部分生產要素的使用量，以有限度改變供給量的時間；而長期是表示一段可以調整全部生產要素的使用量，以有限度改變供給量的時間。因此，在瞬間時的供給彈性係數為零，而在短期與長期時的供給彈性係數大於零，且長期的供給彈性係數比較大。

2.生產該財貨的生產要素，其供應量的多寡

　　若生產該財貨所須投入的生產要素，有足夠的供應量時，則該財貨的供給彈性係數將較大；否則，將因受到生產要素供應上的限制，而使得供給彈性係數較小。

3.生產該財貨的生產要素，其移轉用於生產其他財貨的可能性

　　如果生產該財貨的生產要素，容易移轉用於生產其他財貨時，則隨該財貨價格的起伏，要增減產量就比較容易，故此時之供給彈性係數將較大；不然的話，供給彈性係數將較小。

4.生產該財貨的生產過程，其控制的困難度

　　當該財貨的生產過程易於掌控時，則其供給彈性係數較大；反之，當生產過程不易控制時，其供給彈性係數較小。例如，一般的農產品，其生產過程受到氣候的影響，不易加以控制，故其供給彈性係數較一般的工業產品低。

5.該財貨產量的高低

　　一財貨受到技術的限制，通常在短期時，高產量下的生產成本較低產量時增加得更快速；因此，就該財貨的不同產量下來看，於低產量下的供給彈性係數較大，而高產量下的供給彈性係數較小，如表 3–3 的例子所示。

(二)與生產要素價格有關的因素

　　接著討論與生產要素價格有關的，決定供給彈性大小的因素。

1.生產該財貨的生產要素，其價格的高低

　　當生產該財貨的生產要素，其價格較高時，則其生產成本較高，且其供給價格亦將較高；因此，該財貨的供給減少，其供給曲線往左上方移動，而其對於供給彈性有正面影響，其供給彈性係數將變大。為什麼呢？如圖 3–11 所示，當供給曲線因生產要素價格較高，而由供給曲線 S_0 往左上方移動到 S_1 時，就 P_0 價格下的 A、B 點來看，顯然 B 點的供給彈性較 A 點來得大（可以由 $Q_1 < Q_0$ 及彈性的定義來瞭解）；因此，知道 S_1 曲線的供給彈性較大。

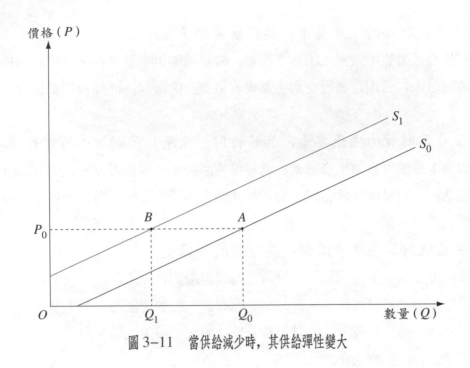

圖 3-11　當供給減少時，其供給彈性變大

2.生產該財貨的生產要素，其價格與該財貨產量之間的關係

　　如果隨著該財貨產量的增加，生產要素的價格變得比較低時，則此時之供給彈性係數會變大；反之，如果生產要素的價格變得比較貴時，則供給彈性係數會變小。如圖 3-12 所示，S_0 曲線表示一財貨的生產要素價格與該財貨的產量無關，S_1 曲線表示要素價格與該財貨的產量有正向關係，而 S_2 曲線表示要素價格與該財貨的產量有負向關係；由圖知，S_2 的供給彈性較 S_0 大，但 S_1 的供給彈性較 S_0 小。

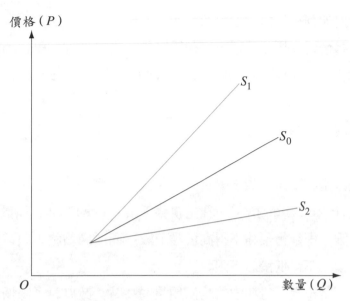

圖 3-12　生產要素價格與該財貨產量的關係，對於供給彈性的影響

9. 請說明供給彈性的意義與測量方法。

10. 請以圖形來配合說明供給彈性的類型。

11. 請從生產技術的層面，討論供給彈性大小的決定因素。

12. 請從生產要素價格的觀點，探討供給彈性大小的決定因素。

13. 請問一財貨的供給彈性係數，何以隨價格的上升而遞減呢?

第五節　政府對市場均衡價格的干涉

截至目前，本章已就供需彈性的概念及其決定因素，利用供給與需求的圖形，來加以解釋，相信大家已有了清楚的認識。接下來，本節將利用供需彈性的概念，

來討論有關政府如何干涉財貨價格的問題。

政府可能基於財貨價格的穩定、鼓勵財貨的生產或抑制財貨的生產等方面的考量,而介入財貨價格的決定問題,其常見的方式有三種,即限價、課稅與補貼。

一、限 價

所謂限價,是指限定或規定財貨的銷售或購買價格。限價可以分為兩種,一種是**價格上限** (Price Ceiling),另一種是**價格下限** (Price Floor)。所謂價格上限,是把價格訂個上限,即銷售價格不得高於該上限;而所謂價格下限,是把價格訂個下限,即購買價格不得低於該下限。

一般而言,當市場自行決定的均衡價格過高時,政府為了降低其售價,而以行政命令的方式,規定價格上限。如圖 3–13 所示,當均衡價格 P_0 過高時,政府規定一較低水準的價格上限 P_1。在 P_1 下,供給量 Q_1 小於需求量 Q_2,市場將出現供不應求的短缺現象。因此,在價格上限下,必須要有其他的配套措施,才能實質地降低售價;否則,消費者將花許多時間在排隊購買上,或是高價從黑市購買財貨。價格上限的例子,如政府對於戰時民生物資價格的管制。

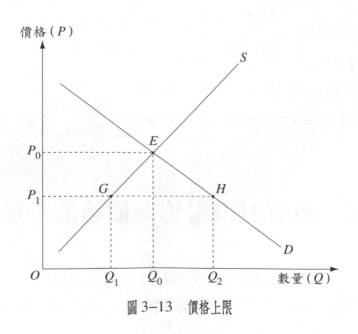

圖 3–13　價格上限

同理，當市場自行決定的均衡價格過低時，政府為了提高售價，而以行政命令規定價格下限。如圖 3-14 所示，當均衡價格 P_0 過低時，政府規定一較高水準的價格下限 P_2。在 P_2 下，供給量 Q_2 大於需求量 Q_1，市場將出現供過於求的剩餘現象。因此，在價格下限下，必須要有其他的採購措施以增加需求，或限制生產的措施以減少供給，才能實質地提高售價；否則，生產者將剩下許多無法出清的存貨。價格下限的例子，如政府對於部分農作物的按保證價格收購。

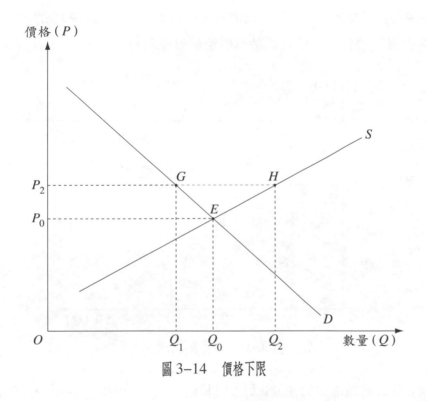

圖 3-14　價格下限

同時，從上述說明亦知，當供給或需求曲線較為平坦時，即供需彈性較大時，則為達一定降價或提價的目標，限價所引起的短缺或剩餘現象將更為嚴重，其運作成本將較高，也較難以持久或成功。

二、課稅與補貼

政府為了降低或提高財貨的價格，除了規定價格上限或價格下限以外，也可

以經由**補貼** (Subsidy) 或**課稅** (Taxation) 的方式，經由供給面與需求面的變動，來達到目的。下文中，將主要由供給面來說明。

當政府按財貨的售價或銷售量，對於財貨的生產者課稅時，將提高其生產成本；因此，此一財貨的市場供給將減少，其供給曲線往左上方移動。一方面，表示在相同產量下，其供給價格提高了；另一方面，表示在相同的價格下，其供給量降低了。如圖 3-15 所示，課稅之後，供給曲線由 S_0 移至 S_1；其中，在 Q_0 產量下，課稅使得其成本增加，故其供給價格提高為 P_1。同時，若按 P_0 的價格出售時，因課稅使得其稅後價格小於 P_0，故其供給量減少為 Q_1。

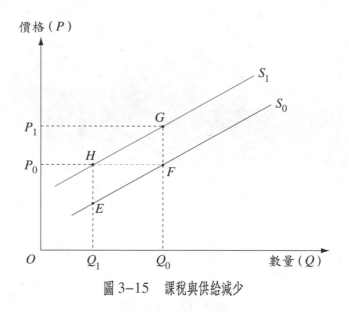

圖 3-15　課稅與供給減少

同理，當政府按財貨的產量，對於財貨的生產者補貼時，將減少其生產成本；因此，該財貨的供給將增加，其供給曲線往右下方移動。一方面，表示在相同產量下，其供給價格降低了；另一方面，表示在相同的價格下，其供給量提高了。如圖 3-16 所示，補貼之後，供給曲線由 S_0 移至 S_2；其中，在 Q_0 產量下，補貼使得其成本降低，故其供給價格降低為 P_2。同時，若按 P_0 的價格出售時，因補貼使得其補貼後的價格大於 P_0，故其供給量增加為 Q_2。

如前所述，當需求不變，而供給因課稅而減少時，其均衡價格將提高，而均衡數量將減少；反之，當需求不變，而供給因補貼而增加時，其均衡價格將降低，

而均衡數量將增加。因此，政府若欲提高財貨價格或抑制生產時，可以採行課稅的措施；而若欲降低財貨價格或鼓勵生產的話，則可採行補貼的方式。

　　相較於限價的方式而言，課稅與補貼的著眼點，似乎主要是擺在數量上的調整，而非在價格上；同時，根據上述說明亦知，當供給或需求曲線較平坦時，即供需彈性較大時，則為取得一定量的減產或增產目標，其所需課稅或補貼的額度均較低，其運作容易度較高，將較易成功；最後，課稅與補貼的方式，其所需的配套措施也較少。

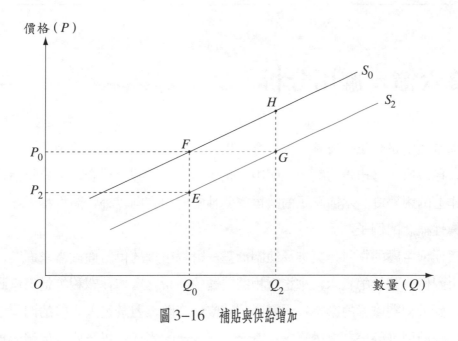

圖 3-16　補貼與供給增加

　　除了上述三種方式以外，政府亦可以藉由對於銷售量或供應量的直接管制，即所謂限量的方式，來影響市場的均衡價格；不過，這種管制方式仍須有其相應的配套措施的配合實施，才能順利的運作。同理，其運作成本的高低，亦與該市場的供需彈性大小有密切的關係。

14.何謂限價？其與均衡價格之間有何種關係？

15.課稅何以會使財貨的市場供給減少？

16.補貼何以會使財貨的市場供給增加？

17.當供給彈性較大時，若想提高市場售價，採用價格下限或課稅中的哪一種方式較容易進行呢？

第六節　應用分析

　　本章主要是介紹供需彈性的概念，以及說明政府干預市場均衡的一些手段；其中，在政府干涉市場均衡的說明中，也應用了供需彈性概念，來分析這些手段在操作上的困難度。本節除了討論供需彈性的應用方向以外，將再提供幾個應用供需彈性概念的例子。

　　當任何主題的探討，其涉及範圍涵蓋一財貨市場的供給面或需求面時，都可以應用到供需彈性的概念，來進行相關問題的剖析。譬如，關稅等進出口政策的調整，對於相關產業的影響；大學聯招制度的廢除，對於進入大學的門票價格的影響；開放引進外勞，對於臺灣工資水準與就業的影響；以及廣告促銷效果的評估、廠商提價或降價策略的研擬等課題，都是供需彈性概念可以應用的方向之一。

　　至於供需彈性概念的實際應用，舉例說明如下：

⑴當廠商想降價或提價時，首先要瞭解消費者對於其商品的需求彈性是否大於1？根據上文分析，當需求彈性大於1時，則降價會有提高收益的效果，才能真正發揮「薄利多銷」的功效。

⑵當政府想抑制消費（如減少醫療資源的浪費）時，可能採取「以價制量」的方式；即試圖提高財貨價格，以收減少消費量的效果。那麼，政府必須要先瞭解此一財貨的需求彈性大小，才能評估此一措施的可行性。當此一

財貨的需求價格彈性很小時，則「以價制量」的效果將極為有限。

(3)當政府想繼續在目前管制學費的情況下，來鼓勵學校要多招收學生時，若學校文憑供給的彈性不高時，則採用對學校直接補貼的方式，其效果雖然與採用對學生直接補貼的方式相當，但可能都不如直接放開對於學費的管制來得有效。

(4)當農作物豐收時，為什麼農民收入反而是減少而不是增加呢？此就是所謂的「穀賤傷農」的意思。因為農作物豐收造成其價格的下降，且一般農作物的需求彈性小於 1；故當價格下降時，農民雖然多賣了其豐收的作物，但其收益反而是減少的。

(5)誠如上述，當政府課稅時，財貨的銷售價格有所提高；那麼，這些稅是由廠商或是由消費者負擔呢？有關此種稅負最終由誰負擔的問題，則要從供需彈性的相對大小來瞭解。如圖 3-17 所示，課稅前的均衡點是 E，稅後的均衡點是 F；並知消費者因課稅關係而使得其所須支付的價格由 P_0 上升至 P_1，生產廠商實際得到的稅後價格也由 P_0 降為 P_2。亦即稅（相當於 $P_1 - P_2$）由消費者與廠商共同負擔一部分，其中前者負擔 $P_1 - P_0$ 的部分，而後者負擔 $P_0 - P_2$ 的部分。

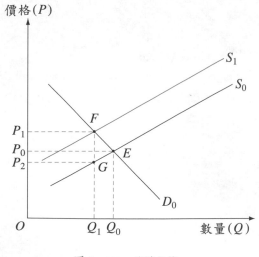

圖 3-17　稅的負擔

　　根據上述說明與利用圖 3–17，讀者將不難發現當供給曲線較平坦或其彈性較大時，則廠商所負擔稅的比例會減少；反之，當需求曲線更有彈性時，則消費者所負擔稅的比例也會減少。因此，可以瞭解到稅的負擔，到底是由消費者或由廠商中的何者占較大的比例，是要看供需彈性的相對大小來決定的。當供給彈性相對需求彈性較大時，則廠商負擔較小比例的稅賦；反之，則是消費者負擔較小比例的稅賦。

觀念研習

18. 請問大學聯招制度的廢除，對於高中生進入大學的門票價格，會有什麼影響呢?

本章摘要

1. 需求的價格彈性，是在其他條件不變下，描述需求量相對於其價格變動的相對敏感度，其大小可以價格彈性係數來表示。所謂價格彈性係數 (E_d)，是指價格平均變動百分之一，所引起需求量變動的百分比值。

2. 需求的價格彈性，可以按其係數的大小，分為五種，即完全無彈性 ($E_d = 0$)、完全彈性 ($E_d = \infty$)、單一彈性 ($E_d = 1$)、缺乏彈性 ($0 < E_d < 1$) 以及富於彈性 ($1 < E_d < \infty$)。

3. 需求的價格彈性係數，也可以利用邊際收益 (MR) 及平均收益 (AR) 來加以計算。同時，價格彈性係數是否大於1，也可以由總收益 (TR) 的變化走勢來瞭解。

4. 需求的交叉彈性，是在其他條件不變下，描述一財貨的需求量相對於其他財貨價格變動的相對敏感度，其大小亦可以所謂的交叉彈性係數來表示。

5. 需求的所得彈性，是在其他條件不變下，描述一財貨的需求量相對於消費者所得變動的相對敏感度，其大小亦可以所謂的所得彈性係數來表示。

6. 需求的價格彈性，其決定因素有：(1)替代品的多寡或替代程度的高低；(2)該財貨用途的多寡；(3)時間的長短；(4)風俗習性的影響；(5)耐用程度；(6)該財貨的購買支出占所得的比例；(7)生活水準的高低。

7. 供給彈性，是在其他條件不變下，描述供給量相對於其價格變動的相對敏感度，其大小可以供給彈性係數來表示。所謂供給彈性係數 (E_S)，是指價格平均變動百分之一，所引起供給量變動的百分比值。

8. 供給彈性亦可以按其係數的大小，分為五種，即完全無彈性 ($E_S = 0$)、完全彈性 ($E_S = \infty$)、單一彈性 ($E_S = 1$)、缺乏彈性 ($0 < E_S < 1$) 以及富於彈性 ($1 < E_S < \infty$)。

9. 供給彈性的決定因素，有(1)時間的長短；(2)生產該財貨的生產要素的供應量；(3)生產該財貨的生產要素，移轉用於生產其他財貨的可能性；(4)生產該財貨

的生產過程，其控制的困難度；⑸該財貨產量的高低；⑹生產要素價格的高低；⑺生產要素的價格與該財貨產量之間的關係。

10.政府對市場均衡價格的干涉，常見的方式有三種，即限價、課稅與補貼。同時，每一方式的運作都有其困難度，且這些困難度與市場供需彈性的大小有密切相關。

11.稅賦負擔比例的大小，由供需彈性的相對大小來決定。

習 題

1. 某一地區的電視機市場，當價格為 1 萬元時，每月的需求量為 2,000 臺；而當價格為 1 萬 1 千元時，每月的需求量降為 1,800 臺。請問電視機的需求價格彈性係數多大？

2. 若政府為了限制消費，而將採行一直接管制財貨供應量的方式時，請問：(1)此一限量方式對於市場均衡有什麼影響；(2)為了使此一限量方式能順利運作，需要有哪些配套措施呢？(3)這些運作成本的高低，是否與此一財貨的供需彈性大小有關？請列舉說明之。

第四章

消費行為的研究

在第二章討論市場均衡的概念與價格機能的運作方式時，是建立在市場供給與市場需求等兩個重要分析工具的瞭解上；同時，我們也知道市場的供給與需求，是來自於該市場所有廠商的供給與所有消費者的需求。那麼，廠商的供給與消費者的需求，又是來自何方呢？關於廠商供給的分析，由於與該廠商所處的市場環境條件有關，將利用第五章到第七章的篇幅來介紹；本章將只針對消費者的需求來自何處的問題，加以釐清。

本章的重點在於利用所謂的**消費者均衡** (Consumer's Equilibrium) 的概念，來導出消費者的需求函數或需求曲線。詳言之，本章首先介紹消費的意義；其次是說明「效用」的意義與法則；第三是討論消費者均衡的概念，並利用此一概念將消費者個別的需求曲線推導出來；第四是介紹消費者剩餘的概念，以及解答所謂的「價值矛盾」的問題；最後是提供應用本章的一些概念與分析方法的例子。

第一節　消費的意義

簡單地說，所謂**消費者** (Consumer)，是消費財（商品或勞務）的購買者與享用者。**消費財** (Consumption Goods) 與**生產財** (Production Goods) 不同，前者是直接供最終消費使用的，如家用的冷氣機、汽車、食物等項；而後者是供生產其他商品的中間投入品，如餐館的冷氣機、食物或出租的汽車、送禮用的水果等項。另一方面，如水果、棉被等消費財的購買，非自行使用，而轉送他人，作為送禮或救濟之用時，則此一購買者並非其享用者，亦不能稱為該財貨的消費者。進一步講，該財貨若非自行購買，而是免費由他人轉送的，則此一受贈者亦不能稱為該財貨的消費者；不過，若非完全免費取得該財貨的話，仍可以稱為該財貨的消費者。

因此，所謂**消費** (Consumption)，就是消費者對於消費財的購買與享用的意思。據此，我們瞭解到消費是消費者具有目的性質的選擇行為，此一選擇行為是要花錢的（購買），也是有效果的（享用）。有些財貨的購買，並不能直接享用，仍需消費者進行處理加工以後，才能供其享用。例如，菜、肉的購買，仍需等煮熟或

適當處理後才能吃；又如，布也要經剪裁縫製成衣服後才能穿。

那麼，消費者何以會從事消費活動呢？既然消費是一種選擇行為，消費者是如何決定其最適的財貨購買組合的呢？在此，僅先就第一個問題提出說明，至於第二個問題是消費者的核心問題，將於第二及第三節中再來回答。

與其他經濟活動類似，如果會進行消費活動，必然是此一消費活動能夠帶給該消費者的好處，大於或不小於其花費支出在別的用途上所可能獲得到的好處。就每一個消費者而言，基於其個人的學習成長經驗以及接觸到的社會經濟環境，截至目前，已逐漸形成一種消費的**偏好** (Preferences) 習性與結構（見第二節）；當然，隨著時間的推移、經驗知識的累積，此一偏好結構也將逐步完善。因此，根據消費者個人現有的生活狀況與其偏好結構，假設消費者能夠清楚地瞭解到，所有的財貨組合的好處的大小或滿足程度的高低。

例如，分別在富有家庭與在貧窮家庭的兩個消費者，由於其生活狀況不一致，前者已有齊全的家電用品，而後者尚無；因此，可以想見，兩者給予家電用品的偏好順位將有相當出入。

消費者對於財貨的購買，通常是按市價來支付的。如果增加購買一單位的 X 財貨，其單價為 10 塊錢，就得拿出 10 元。這一購買行為，一方面表示該消費者多了一單位可供現在享用的財貨，另一方面也表示該消費者放棄了可供用於購買其他財貨的 10 塊錢。如果這 10 塊錢不花掉的話，現在可以用來購買其他財貨，也可以留起來，在未來再拿來購買財貨之用。因此，是否值得該消費者現在花 10 塊錢來購買一單位的 X 財貨，就得將其因此得到的好處，與其因此而放棄掉的最大好處（可能改買別的財貨，或暫時儲蓄起來），兩相比較之後，在前者大於或不小於後者的情況下，消費者才會在現在花 10 元來購買一單位的 X 財貨。

根據以上說明，可以將消費者的**消費問題** (Consumption Problems)，理解為如何將其有限的所得，用於最適財貨組合的購買與享用上，以得到最大的好處或最高的滿足程度的問題。據此，我們瞭解到消費問題，不只是對於現在財貨的選擇，也是對於未來財貨的選擇。換言之，儲蓄的問題，其實是包含在廣義的消費問題中的。為簡化說明起見，本章關於消費行為的討論，都以現在財貨為對象；不過，其中的道理，也將適用於未來財貨的分析上。

觀念研習

1. 何謂消費者?

2. 何謂消費?

3. 消費財與生產財的區別何在?

4. 如何描述消費者所面對的消費問題?

5. 消費者何以會從事消費活動呢?

 第二節　效用的意義與法則

　　於上一節關於消費意義以及消費問題的陳述中，提及消費者個人的偏好習性與偏好結構，以及財貨組合帶給消費者的好處的大小或滿足程度的高低。在經濟學上，存在兩種描繪消費者偏好結構的方式，其中較易理解的一種是以**效用** (Utility) 的概念，來表示財貨組合帶給消費者的好處或滿足程度；且以效用值的大小，來直覺的表示滿足程度多少。(另一種是以**無異曲線** (Indifference Curve) 的概念，抽象地表示財貨組合在消費者偏好結構中的順位次序，且基本上不認同可以數值的大小作為排序的依據；換言之，無異曲線的概念，與效用概念不同，不再要求「效用具可測性」的假設，而直接看偏好的順序結構。)本章將主要依據效用概念，來描述消費者的偏好結構，並用以分析消費者的選擇問題。本節將依序說明效用、**邊際效用遞減法則** (Law of Diminishing Marginal Utility) 以及**等效用曲線** (Iso-utility Curve) 等概念的意義。

一、效用的意義與邊際效用遞減法則

　　所謂效用，是指消費者購買並享用消費財，所得到的好處或帶給他的滿足程度。假設消費者個人可以完全主觀的設定效用的單位，以及該單位的衡量標準，以測量效用的大小；因此，可以利用效用的概念，來分析消費者的選擇問題。

　　就消費者個人而言，效用的大小，完全依據其心中的一把尺來衡量；因此，消費者個人可以利用該尺寸標準，來測量所有的財貨組合，並貼上其效用值。換言之，消費者的偏好結構，就可以利用效用概念，加以完整的呈現出來。就該消費者個人而言，不同財貨組合之間，效用大小的比較是有意義的。不過，由於不同消費者之間，其使用作為衡量效用的單位與標準，並不一致；因此，效用的大小，是無法用於不同消費者之間的比較。

　　在只有兩種消費財貨的情況下，分別稱為 X 財貨與 Y 財貨，則所有財貨組合 (X, Y) 的效用大小，可以**效用函數** (Utility Function) $U(X, Y)$ 來表示；換言之，每一消費者個人的偏好結構，均可以其效用函數來表示。因此，每一偏好結構的特性，也將由其效用函數來呈現出來。

　　首先，在 Y 財貨的消費量不變下（設 $Y = \overline{Y}$），來看 X 財貨與效用函數 $U(X, \overline{Y})$ 的關係。在一定時間內，隨著 X 財貨消費量的增加，通常會使消費者的**總效用** (Total Utility) 水準 $U(X, \overline{Y})$ 也跟著提高；不過，若 X 財貨消費量持續增加下去的話，該消費者的總效用水準，將出現如下之變化：由最初的較快增速變為較慢增速，其次是不再增加，最後反呈現降低的走勢。

　　上述總效用水準的走勢，也可以利用**邊際效用** (Marginal Utility) 的概念來加以陳述。所謂 X 財貨的邊際效用（以 MU_X 表示），是指當其他財貨（在此為 Y 財貨）消費量不變時，平均每變動一單位的 X 財貨的消費量，所引起總效用水準的變化量。例如，當 $U(5, \overline{Y}) = 20, U(8, \overline{Y}) = 50$，則 $MU_X = (50-20) \div (8-5) = 10$。

　　因此，上述總效用水準隨 X 財貨消費量的增加，呈現出先遞增，其次是不變，最後是遞減的走勢關係，若用邊際效用的概念來說，也就是：在一定時間內，當其他財貨消費量不變時，則 X 財貨的邊際效用 (MU_X)，將隨著 X 財貨消費量的持

續增加，呈現如下之變化：最初的 MU_X 是正值，逐漸下降，先變為零，最後變為負值。此種 MU_X 隨 X 財貨消費量增加而遞減的現象，由於具有普遍性，是絕大多數的消費者都具有的性質，在經濟學上乃稱之為邊際效用遞減法則。

以喝咖啡、打撞球、看電影、唱 KTV、打保齡球為例，在最初的消費量（以杯、時數、場次計算）將帶給消費者正的邊際效用，而邊際效用會隨著消費量之增加而遞減，接著是出現不想繼續喝或玩下去的局面。

明白地說，當 X 財貨消費量持續增加時，總效用與邊際效用的變化呈現如下之走勢對應關係：

首先，總效用之增加由快到慢，此時之邊際效用為正值，但逐漸變小。其次，總效用達到最大，不再增加，此時之邊際效用為零。最後，總效用之減少由慢到快，此時之邊際效用為負值，亦逐漸變小（其絕對值變大）。

值得在此補充說明的是，邊際效用遞減法則並不排斥存在如下之可能性：即在最初的消費量，有可能出現邊際效用遞增的情況；不過，隨著消費量的持續增加，終將出現邊際效用遞減的情形。

為清楚瞭解邊際效用遞減法則，與總效用變化趨勢的互動關係，請參閱表 4-1 的範例。在表 4-1 中，首先在不同的 Y 值下，瞭解 X 財貨的邊際效用值 (MU_X)，均隨著 X 財貨消費量的增加，而呈現遞減的走勢，最後並出現負值的情況。同理，在不同的 X 值下，也可以見到 MU_Y 都隨著 Y 財貨消費量之增加而遞減的變化。

由表 4-1 中，也瞭解到 MU_X 的值，一方面受其本身（X 財貨）消費量的影響，另一方面也受其他財貨消費量的左右。在表 4-1 的例子中，MU_X 的值的變化剛好與 Y 消費量的變化相反，即當 Y 財貨的消費量增加時，MU_X 的值變得比較小。此種關係，一般出現在 Y 財貨與 X 財貨為替代財貨的情形下，在消費者心中歸為同一類商品，具有滿足同一慾望的效用，例如作為充飢之用的米飯與麵條、解渴之用的礦泉水與汽水。

其次，根據表 4-1 的資料，可以求得在不同的財貨組合下的總效用水準，如表 4-2 所示。在表 4-2 中，可以看到總效用水準隨著 X 財貨或 Y 財貨的持續增加，出現先提高，然後是達到最高點，接著出現降低的走勢，甚至出現負值的情況。

同時，表 4–2 中更可以清楚的看到 X 財貨與 Y 財貨之間的完全替代關係，彼此的替代比例是 1 比 1。以總效用水準 54 為例，共有下述四個組合，即（3 單位的 X，0 單位的 Y）、（2 單位的 X，1 單位的 Y）、（1 單位的 X，2 單位的 Y）及（0 單位的 X，3 單位的 Y），都能創造 54 單位的效用水準；由這四個組合的變化中，瞭解到以 1 單位的 X，替換掉 1 單位的 Y，或 1 單位的 Y 來替換 1 單位的 X，仍能維持效用水準的不變。一般當兩財貨可以按固定比例替換，而仍能維持效用水準不變時，稱兩財貨具有**完全替代** (Perfect Substitutes) 關係。進一步的討論，將放在下一小節中。

表 4–1　在不同 Y 值下的 MU_X 與在不同 X 值下的 MU_Y

X財貨 Y財貨	0	1	2	3	4	5	6	7	8	9	10	11	12	備註（從橫列來看）
0	–	20	18	16	14	12	10	8	6	4	2	0	-2	當 $Y=0$ 時的 MU_X 值
1	20	18	16	14	12	10	8	6	4	2	0	-2	-4	當 $Y=1$ 時的 MU_X 值
2	18	16	14	12	10	8	6	4	2	0	-2	-4	-6	當 $Y=2$ 時的 MU_X 值
3	16	14	12	10	8	6	4	2	0	-2	-4	-6	-8	當 $Y=3$ 時的 MU_X 值
4	14	12	10	8	6	4	2	0	-2	-4	-6	-8	-10	當 $Y=4$ 時的 MU_X 值
5	12	10	8	6	4	2	0	-2	-4	-6	-8	-10	-12	當 $Y=5$ 時的 MU_X 值
6	10	8	6	4	2	0	-2	-4	-6	-8	-10	-12	-14	當 $Y=6$ 時的 MU_X 值
7	8	6	4	2	0	-2	-4	-6	-8	-10	-12	-14	-16	當 $Y=7$ 時的 MU_X 值
8	6	4	2	0	-2	-4	-6	-8	-10	-12	-14	-16	-18	當 $Y=8$ 時的 MU_X 值
9	4	2	0	-2	-4	-6	-8	-10	-12	-14	-16	-18	-20	當 $Y=9$ 時的 MU_X 值
10	2	0	-2	-4	-6	-8	-10	-12	-14	-16	-18	-20	-22	當 $Y=10$ 時的 MU_X 值
11	0	-2	-4	-6	-8	-10	-12	-14	-16	-18	-20	-22	-24	當 $Y=11$ 時的 MU_X 值
12	-2	-4	-6	-8	-10	-12	-14	-16	-18	-20	-22	-24	-26	當 $Y=12$ 時的 MU_X 值
備註（從直行來看）	當 X 為 0 時的 MU_Y 值	當 X 為 1 時的 MU_Y 值	當 X 為 2 時的 MU_Y 值	當 X 為 3 時的 MU_Y 值	當 X 為 4 時的 MU_Y 值	當 X 為 5 時的 MU_Y 值	當 X 為 6 時的 MU_Y 值	當 X 為 7 時的 MU_Y 值	當 X 為 8 時的 MU_Y 值	當 X 為 9 時的 MU_Y 值	當 X 為 10 時的 MU_Y 值	當 X 為 11 時的 MU_Y 值	當 X 為 12 時的 MU_Y 值	

表4-2　在不同 X、Y 財貨組合下的總效用水準 $U(X, Y)$

Y財貨 \ X財貨	0	1	2	3	4	5	6	7	8	9	10	11	12
0	0	20	38	54	68	80	90	98	104	108	110	110	108
1	20	38	54	68	80	90	98	104	108	110	110	108	104
2	38	54	68	80	90	98	104	108	110	110	108	104	98
3	54	68	80	90	98	104	108	110	110	108	104	98	90
4	68	80	90	98	104	108	110	110	108	104	98	90	80
5	80	90	98	104	108	110	110	108	104	98	90	80	68
6	90	98	104	108	110	110	108	104	98	90	80	68	54
7	98	104	108	110	110	108	104	98	90	80	68	54	38
8	104	108	110	110	108	104	98	90	80	68	54	38	20
9	108	110	110	108	104	98	90	80	68	54	38	20	0
10	110	110	108	104	98	90	80	68	54	38	20	0	−22
11	110	108	104	98	90	80	68	54	38	20	0	−22	−46
12	108	104	98	90	80	68	54	38	20	0	−22	−46	−72

資料來源：根據表4-1。

 ## 二、等效用曲線

對於消費者個人的偏好結構情形，於上一小節中，我們曾利用表格的方式（表 4–1 及表4–2），將不同財貨組合下的總效用水準、邊際效用水準以及其變化趨勢，加以呈現出來。本小節將利用等效用曲線圖形的方式，來描繪消費者個人偏好結構的另一個側面。接下來，將依序說明等效用曲線的意義、相關性質與類型。

(一)等效用曲線的意義

在此，仍然假設只有 X、Y 兩種財貨，並假設財貨的消費量可以細分為小數點以下的單位。同時，除非特別說明以外，均假設邊際效用始終大於零，且呈遞減的變化走勢；因此，不至於出現總效用水準達到最高點的情形。

所謂等效用曲線，是由帶給消費者個人同等效用水準的所有財貨組合，一般若將這些財貨組合表現在平面座標上時，剛好可以串聯成一條曲線，故稱為等效用曲線。等效用曲線一方面描述在該效用水準下的所有財貨組合情形；另一方面也將消費者對於整個財貨組合的全貌，利用不同效用水準的等效用曲線，加以分門別類的表現出來。因此，完整的等效用曲線圖，就能具體地描繪出消費者個人的偏好結構情形。

於圖 4-1 中，X 軸與 Y 軸分別表示 X 財貨與 Y 財貨的消費量，A 點的座標 (3, 4)，表示 X 財貨 3 單位，Y 財貨 4 單位，即 A 點表示一個財貨組合情形。假設 A 點的財貨組合帶給消費者有 10 單位的效用水準，而除 A 點以外，尚有其他的組合點，也可以帶給消費者 10 單位的效用水準。那麼，這些與 A 點具等效用的組合點，將會是哪些點呢？根據 MU 均大於零的假設下，我們瞭解到這些點不可能落在 $X =$ 3 與 $Y = 4$ 的兩條線上，也不可能落在甲區與丙區，有可能落在乙區或丁區上（詳下一段說明）。於圖中，試著畫出一條 $U = 10$ 單位的等效用曲線，其中的 B、C 點均在該線上，該曲線是凸向原點的。而 B 點表示的 X 財貨比 A 點少，但 Y 財貨比 A 點多；C 點的 X 財貨比 A 點多，但 Y 財貨比 A 點少。

於圖 4-1 中的 A 點與 D 點相比，D 點與 A 點的 X 財貨同樣是 3 單位，但 D 點的 Y 財貨較 A 點的 4 單位還多；因此，根據邊際效用大於零的假設，知道 D 點帶給消費者的效用水準將比 A 點的 10 單位還高。也因此，瞭解到若要維持 10 單位的效用水準，且其 Y 財貨要保持 D 點的水準時，則 X 財貨就得適度的減少才能辦到，乃以圖中的 B 點來呈現上述的推理，故 B 點的 X 財貨較 D 點（或 A 點）的 3 單位來得少。同理，亦可以推得 C 點的財貨組合，相應於 A 點財貨組合的變化情形。

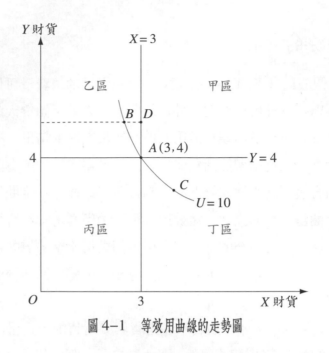

圖 4-1　等效用曲線的走勢圖

　　至於等效用曲線何以呈現為凸向原點的性質，與邊際效用遞減法則有密切的關連，將留在下文再來討論。

(二)等效用曲線的相關性質

　　在 X 財貨與 Y 財貨的邊際效用大於零，且遞減的前提下，可以推知等效用曲線具有下述性質：

1. 等效用曲線的斜率是負的

　　從數學上，我們瞭解曲線上任何一點的斜率，是定義在該點的切線與 X 軸的夾角，而斜率即為該夾角的正切值。於圖 4-1 中，瞭解到等效用曲線的走勢是由左上方向右下方傾斜，故其上任何一點的切線與 X 軸的夾角均大於 90°，其正切值為負數，其斜率為負值。若以等效用曲線二點的連線，來近似描述二點間的斜率時，如圖 4-2 所示，在效用水準為 n 的等效用曲線上，A、B 兩點連線的斜率，可以表示為 $\frac{\Delta Y}{\Delta X}$；其中，$\Delta Y$、$\Delta X$ 分別表示 Y 財貨與 X 財貨的變動量。若由 A 變為 B 時，$\Delta Y < 0, \Delta X > 0$；若由 B 變為 A 時，$\Delta Y > 0, \Delta X < 0$；因此，知 $\frac{\Delta Y}{\Delta X}$ 為一負值。

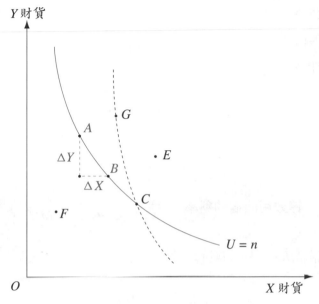

圖 4-2　等效用曲線的斜率為負值

　　至於何以 ΔX 與 ΔY 兩者的符號剛好相反的理由，已於圖 4-1 說明等效用曲線的走勢時，有所說明，在此不再重複。在經濟學上，稱等效用曲線的斜率的絕對值為**邊際替代率** (Marginal Rate of Substitution, MRS)，其道理在於，為了維持消費者的效用水準不變時，在消費者心中是存在兩財貨互為替代的可行性的；其中，平均每一單位的 X 財貨的變動，可以取代多少單位的 Y 財貨變動量，就稱為以 X 財貨替代 Y 財貨的邊際替代率，並以 MRS_{XY} 來表示。明確地說，可以下式來定義 MRS_{XY}：

$$MRS_{XY} = -\left.\frac{\Delta Y}{\Delta X}\right|_{U\,為一常數}$$

上式中多了一個負號，是為了讓 MRS_{XY} 以正值出現而加上去的。例如，當 MRS_{XY} ＝ 2 時，表示增加（或減少）1 單位的 X 財貨，消費者願意以減少（或增加）2 單位的 Y 財貨來進行替換，如此並不會影響到消費者的效用水準。

　　進一步說，我們可以將等效用曲線的斜率，利用邊際效用的比值來表示。以圖 4-2 中的 A 點變到 B 點為例，一方面表示 X 財貨增加了 ΔX 單位，其帶給消費

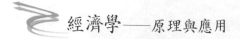

者增加的效用水準有 $MU_X \cdot \Delta X$；另一方面表示 Y 財貨減少了 $-\Delta Y$ 單位 (因為 ΔY < 0)，將使消費者減少 $MU_Y \cdot (-\Delta Y)$ 的效用水準。由於 A、B 點的效用水準一樣，因此得知上述效用水準變動的一增一減，剛好抵消，亦即

$$MU_X \cdot \Delta X = MU_Y \cdot (-\Delta Y)$$

移項整理後，變成

$$\text{等效用曲線的斜率} = \frac{\Delta Y}{\Delta X}\bigg|_{U\text{為一常數}} = -\frac{MU_X}{MU_Y}$$

換言之，也可以將 MRS_{XY} 表示為邊際效用的比值，即

$$MRS_{XY} = \frac{MU_X}{MU_Y}$$

根據邊際效用遞減法則，隨著 X 消費量的持續增加，MU_X 會遞減；反之，隨著 Y 消費量的持續減少時，MU_Y 將遞增。因此，在不考慮 X 消費量的增加對於 MU_Y 的影響，以及 Y 消費量的減少對於 MU_X 的影響下，可以得到 $\frac{MU_X}{MU_Y}$ 的比值，將隨 X 消費量之增加而遞減，此一現象，稱為**邊際替代率遞減法則** (Law of Diminishing Marginal Rate of Substitution)。

2.等效用曲線凸向原點

　　如同上述，當邊際替代率遞減法則存在時，則等效用曲線的斜率的絕對值，隨著 X 財貨之增加而遞減，此一走勢，即表示等效用曲線是凸向原點的，如圖 4-2 所示的等效用曲線。其中，B 點的斜率絕對值較 A 點小，但較 C 點大。

3.等效用曲線不會相交 (或任何一個財貨組合點，將只有一條等效用曲線通過該點。)

　　如圖 4-2 的 C 點，若同時有二條等效用曲線經過時，則會得到 G 點的效用水準一方面與 A 點一樣，而另一方面又比 A 點來得大的矛盾現象。

4.等效用曲線愈往右上方，效用愈大

　　等效用曲線右上方的財貨組合點，表示其效用水準較 n 大，如圖 4-2 的 E 點；而等效用曲線左下方的財貨組合點，表示其效用水準較 n 小，如圖 4-2 的 F 點。

㈢等效用曲線的類型

　　誠如上述，在邊際效用大於零，且遞減的前提下，同時在不考慮 X 財貨對於 MU_Y 的影響以及 Y 財貨對於 MU_X 的影響下，等效用曲線將會是一條凸向原點的線，如圖 4-2 所示。

　　另外，還有兩個極端情形下的類型，一為兩財貨是完全替代的關係，二為兩財貨是**完全互補** (Perfect Complements) 的關係。首先，說明兩財貨是完全替代的情形，如表 4-2 的例子中，於上文中曾提及兩財貨的邊際替代率始終不變，維持 1 比 1 的固定替換比例。因此，當兩財貨的邊際替代率保持固定常數時，則其等效用曲線為一直線，其斜率就是該邊際替代率的負值。於圖 4-3 中，以 $MRS_{XY} = 2$ 為例，畫出一條效用水準為 n 的等效用曲線。

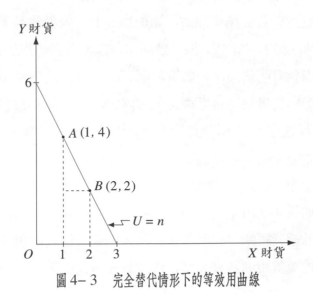

圖 4-3　完全替代情形下的等效用曲線

　　出現完全替代的情形，是由於 X 財貨的變動對於 MU_Y 是有影響的，同時 Y 財貨的變動對於 MU_X 也是有影響的，且都是負向的影響。

（以圖4-3為例，在完全替代的情形，1單位的 X 財貨始終等同於2單位的 Y 財貨，而 A 點與 B 點的 MRS_{XY} 都等於2，亦即

$$MU_X(1,4) = 2MU_Y(1,4) \text{ 且 } MU_X(2,2) = 2MU_Y(2,2)$$

同時，由邊際效用遞減法則知

$$MU_X(1,4) > MU_X(2,4) \text{ 且 } MU_Y(1,4) < MU_Y(1,2)$$

且進一步可以推知

$$MU_X(2,4) < MU_X(2,2) \text{ 且 } MU_Y(1,2) > MU_Y(2,2)$$

上式說明 Y 的減少將使得 MU_X 增加，X 的增加將使得 MU_Y 減少。否則，將出現矛盾的情形。因為如果上式不成立時，即表示

$$MU_X(2,4) \geq MU_X(2,2) \text{ 且 } MU_Y(1,2) \leq MU_Y(2,2)$$

則利用上式與前二式的關係，可以得出下述結果：

⑴ $MU_X(1,4) > MU_X(2,4) \geq MU_X(2,2) = 2MU_Y(2,2) \geq 2MU_Y(1,2) > 2MU_Y(1,4)$

⑵ $MU_X(2,2) \leq MU_X(2,4) < MU_X(1,4) = 2MU_Y(1,4) < 2MU_Y(1,2) \leq 2MU_Y(2,2)$

此一結果與 $MU_X(1,4) = 2MU_Y(1,4)$ 且 $MU_X(2,2) = 2MU_Y(2,2)$ 的關係相互矛盾。）

其次，說明兩財貨是完全互補情形下的等效用曲線。當兩財貨完全不能替換時，如圖4-4所示，效用水準為 n 單位的等效用曲線 BAC，呈一 L 型。在 A 點的財貨是 (X_1, Y_1)，當 Y 財貨有所增加時，如增加到 Y_2，若欲維持原 n 單位的效用水準，是無法替換掉任何的 X 財貨，如 B 點所示，其 X 財貨仍須保持原來之 X_1 的水準；同理，當 X 財貨有所增加時，如增加到 X_2，也是無法替換掉任何的 Y 財貨，如 C 點所示，其 Y 財貨仍須保持原來之 Y_1 的水準，才能維持該消費者的 n 單位效用水準。此一情況，說明 X、Y 財貨是完全不能互相替代，而為一完全互補的財貨，且其搭配比例固定為 $OX_1 : OY_1$；例如：一隻左鞋配一隻右鞋，一個蘿蔔一個坑。

不過，就一般的情形而言，通常是介於完全替代與完全互補之間的情形居多，而等效用曲線將如圖4-2所示的，為一凸向原點的曲線。同時，根據上述等效用曲線相關性質的瞭解，得知可以將消費者個人的偏好結構，用許多條不互相相交的，且凸向原點的等效用曲線來描述，而離原點愈遠的等效用曲線，其表示的效用水準也愈高。

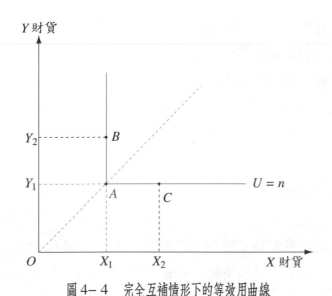

圖4-4　完全互補情形下的等效用曲線

觀念研習

6.何謂效用? 兩人之間的效用水準可以加以比較嗎?

7.何謂邊際效用遞減法則?

8.請說明等效用曲線的意義。

9.等效用曲線的斜率與邊際替代率間有何關係?

10.邊際效用遞減法則與邊際替代率遞減法則之間有何關係?

11.等效用曲線為什麼是不會相交的呢?

第三節　消費者均衡與個別需求曲線

就消費者個人來說，如何在其偏好結構下，將其計畫花用的所得，用在刀口

上，以使得其滿足程度達到最高點，或獲得最大的效用水準，是消費者行為研究的基本假設，也是最基本的選擇問題。本節將首先說明消費者選擇其最適的財貨消費組合，所面對的所得**預算限制** (Budget Constraint) 條件，並以圖解方式介紹**預算線** (Budget Line) 的概念；其次，說明消費者均衡的意義與條件；最後，則利用消費者均衡的概念，導出消費者個別的需求曲線。

一、預算線

在此，仍以兩財貨 X 與 Y 的情形來說明。假設 P_X 與 P_Y 分別表示 X 與 Y 財貨的單價，而 I 表示消費者準備用於消費的所得預算金額。因此，該消費者所能購買到的財貨組合 (X,Y)，必然是那些在花費上不至於超過 I 的財貨組合；換言之，其花費支出將小於或等於 I，如下式所示：

$$P_X X + P_Y Y \leq I$$

式中的 $P_X X$ 與 $P_Y Y$ 分別表示購買 X 單位的 X 財貨與 Y 單位的 Y 財貨的花費。

舉例來說，假定消費者的所得 I 為 100 元，X 財貨的單價為 10 元，Y 財貨的單價為 20 元；因此，該消費者有能力購買到的財貨組合 (X,Y)，可以表示如下式：

$$10X + 20Y \leq 100$$

而所謂預算線，是指在現有的價格下，其購買花費剛好等於所得預算的所有可能財貨組合。明言之，所謂預算線是指合乎下式的所有財貨組合 (X,Y)：

$$P_X X + P_Y Y = I$$

至於滿足上式要求的財貨組合中，X 財貨與 Y 財貨的關係，可以表示為：

$$Y = \frac{I}{P_Y} - \frac{P_X}{P_Y} X$$

換言之，當 $X = 0$ 時，$Y = \dfrac{I}{P_Y}$，表示全部所得用於購買 Y 財貨，剛好購買 $\dfrac{I}{P_Y}$ 單位的 Y 財貨，如圖 4-5 中的 A 點所示；而當 $Y = 0$ 時，$X = \dfrac{I}{P_X}$，說明全部所得用於購買 X 財貨，所能買得到的單位數，如圖 4-5 中的 B 點。至於 A、B 點連線中的任何一點 C，也是表示剛好其花費等於 I 的購買組合。一般就稱合乎上述關係的直線為預算線，其在 X 軸與 Y 軸的截距分別為 $\dfrac{I}{P_X}$ 與 $\dfrac{I}{P_Y}$，其斜率為 $-\dfrac{P_X}{P_Y}$；同時，稱 $P_X X + P_Y Y \leq I$ 為預算限制式。

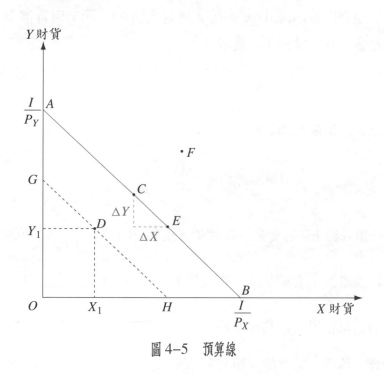

圖 4-5　預算線

另外，圖 4-5 中的 D 點，係落在 AB 線的左下方；那麼，購買 D 點的財貨組合 (X_1, Y_1) 的花費是多少呢？是否比 I 來得小呢？購買 D 點的花費或其預算線，可以經過 D 點做 AB 線的平行線 GH 來獲得，而 GH 線表示的購買花費相當於 I 的 $\dfrac{OH}{OB}$ 倍，由圖知 $OH < OB$，亦即 $\dfrac{OH}{OB} < 1$；也就是說購買 D 點的財貨組合，並不需要將所得 I 全部用完。換言之，落在預算線左下方的財貨組合，也是消費者有

能力購買的；只是若購買這些財貨組合，將會剩下一些錢。

同理，圖 4–5 中的 F 點，係落在 AB 線的右上方，則是表示消費者所得 I 所無法購買到的財貨組合；因此，若在所得預算為 I 的情況下，在 AB 線右上方的財貨組合，則是消費者沒有能力購買得起的範圍，當然其最適的消費組合點也就不可能落在這一個範圍內。

接著，說明預算線的斜率 $-\dfrac{P_X}{P_Y}$ 的意義。根據預算限制式的意義，瞭解到預算線上的不同財貨組合，其購買花費都一樣等於 I。因此，就圖 4–5 中的 C 點與 E 點所表示的財貨組合來看，E 點比 C 點的 X 財貨增加 ΔX，而 Y 財貨減少 ΔY；因此，在維持購買花費一樣的前提下，表示

$$\Delta X \cdot P_X = -\Delta Y \cdot P_Y$$

根據斜率的定義，瞭解到預算線的斜率，即

$$預算線的斜率 = \dfrac{\Delta Y}{\Delta X}\bigg|_{AB\,線} = -\dfrac{P_X}{P_Y}$$

也就是說，在預算線上，若變動一單位的 X 財貨，則可以 $-\dfrac{P_X}{P_Y}$ 單位的 Y 財貨來交換；或者說，當增加（或減少）$\dfrac{P_X}{P_Y}$ 單位的 Y 財貨時，剛好可以減少（或增加）一單位的 X 財貨，以使得購買花費維持不變。換言之，在市場上，消費者可以用 $\dfrac{P_X}{P_Y}$ 單位的 Y 財貨，換得一單位的 X 財貨；而預算線的斜率的絕對值，剛好說明此兩財貨的市場交換比例關係。簡單的說，若少買一單位的 X 財貨，消費者省下 P_X 的錢，而利用 P_X 的錢，剛好可以多買 $\dfrac{P_X}{P_Y}$ 單位的 Y 財貨。

基於預算線斜率的絕對值，剛好是兩財貨價格 P_X、P_Y 的比值，因而在經濟學上，亦有將預算線稱為**價格線** (Price Line)，以突顯此一關連性。

最後，利用預算線的數學式，說明預算線如何受所得或價格改變的影響。當

所得 I 增加時，則預算線在 X 軸與 Y 軸的截矩 $\dfrac{I}{P_X}$ 與 $\dfrac{I}{P_Y}$，將跟著變大；因此，當

所得增加為 I' 時，預算線將平行向右上方移動，如圖 4-6 的 AB 線平行移到 $A'B'$

線。同理，當所得減少時，預算線將平行向左下方移動。

　　當 X 財貨的價格 P_X 增加為 P_X' 時，則預算線在 X 軸的截距 $\dfrac{I}{P_X'}$ 將變小，也因

此預算線將變得更陡峭，其斜率的絕對值 $\dfrac{P_X'}{P_Y}$ 更大了，如圖 4-6 的 AB 線變為 AD

線。同理，當 P_X 降低時，則預算線變得更平坦一點。至於 P_Y 改變對於預算線的
影響，讀者可以比照自行演練。至於 P_X、P_Y 同時改變時，其預算線的移動情形，
讀者也可以自行練習。

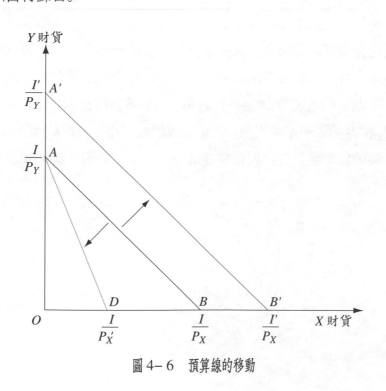

圖 4-6　預算線的移動

二、消費者均衡

　　首先，說明消費者均衡的意義。在消費者以其效用水準之最大化作為其行為目標的前提下，並知消費者的偏好結構及其預算限制式或預算線；那麼，將存在或可以找得到最適的財貨組合，使得消費者的效用水準，是合乎預算限制式要求下的最大化。所謂消費者均衡，是指消費者最後將選取令其效用水準最大化的財貨組合；如此，消費者才沒有再調整其財貨購買組合的意願與行動，有如處於穩定平衡狀況一樣。

　　接著，討論消費者均衡的條件。在上述關於等效用曲線性質的介紹中，瞭解到離原點越遠的等效用曲線，其效用水準越高。同時，也知道預算線的點，都是代表其購買花費剛好等於所得預算的財貨組合。於圖 4-7 中，於預算線上的任何一點，最多將只有一條等效用曲線經過；其中，有可能出現三種情況：⑴如 C 點所示，等效用曲線 U_1 在 C 點的斜率絕對值，較預算線的還大；⑵如 D 點所示，等效用曲線 U_2 在 D 點的斜率絕對值，較預算線的來得小；⑶如 E 點所示，等效用曲線 U_3 在 E 點的斜率絕對值，與預算線的一樣，即等效用曲線與預算線相切於 E 點。

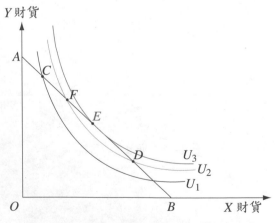

圖 4-7　預算線上的點與等效用曲線的關係

首先，就 C 點來看，C 點是否為一消費者均衡點？C 點顯然不是消費者均衡點。因為，當在預算線上，從 C 點往 E 點的方向來調整購買的財貨組合時，如 F 點所示，並沒有使花費增加，但卻使得滿足程度有所提高 $(U_2 > U_1)$；由此可知，C 點並不是一個使消費者效用水準極大化，且滿足預算限制下的消費均衡點。

何以 C 點並非一消費均衡點呢？如圖所示，在 C 點時，等效用曲線的斜率絕對值，大於預算線的斜率絕對值。而根據等效用曲線的斜率絕對值，也就是消費者的邊際替代率 MRS_{XY}，表示在消費者的心中，其主觀上的 X 財貨與 Y 財貨的替換關係，即一單位的 X 財貨相當於 MRS_{XY} 單位的 Y 財貨；另一方面，預算線斜率的絕對值 $(\frac{P_X}{P_Y})$，則是表示消費者在市場上，X 財貨與 Y 財貨的交換關係，即一單位的 X 財貨，可以透過市場，與 $\frac{P_X}{P_Y}$ 單位的 Y 財貨互相交換。因此，在 C 點時，消費者為了多獲得一單位的 X 財貨，其心中願意放棄的 Y 財貨的單位數 (MRS_{XY})，較在市場上所必須付出的 Y 財貨單位數 $(\frac{P_X}{P_Y})$ 還來得大。所以，消費者將可以透過市場，以較少的 $\frac{P_X}{P_Y}$ 單位的 Y 財貨，來換得一單位的 X 財貨，如此將可以提高其滿足程度；亦即，由 C 點沿預算線，往 E 點的方向調整其購買組合，同時使得其效用水準不斷增加。

由於 MRS_{XY} 也可以 MU_X 與 MU_Y 的比值來表示，故在 C 點時，MRS_{XY} 大於 $\frac{P_X}{P_Y}$，也就是

$$\frac{MU_X}{MU_Y} > \frac{P_X}{P_Y}$$

上式兩邊同乘以 MU_Y，除以 P_X，得到

$$\frac{MU_X}{P_X} > \frac{MU_Y}{P_Y}$$

上式表示在 C 點時，平均花一塊錢用於購買 X 財貨所得到的邊際效用，比用於購

買 Y 財貨所得到的邊際效用來得大。因此，消費者將會調整所得的花用方式，少花在購買 Y 財貨，其省下來的錢，多用於 X 財貨的購買上；如此，將使得該消費者的效用水準有所提升。換言之，只要上述不等式仍存在時，消費者的消費均衡就尚未達到，而一直有調整購買組合的空間，即增加 X 財貨的購買，減少 Y 財貨的購買，以得到更高的滿足程度。

同理，讀者也可以比照討論在 D 點的情況下，亦非消費均衡點。此時，則將由 D 點沿預算線，往 E 點的方向調整購買組合，亦即增加 Y 財貨的購買，減少 X 財貨的購買，以得到更高的效用水準。

最後，可以推知 E 點是消費者的均衡點所在。因為，在預算線上，不可能有其他的點，其效用水準會比 E 點的效用水準（以等效用曲線 U_3 來表示）還高。同時，根據上述討論，知道等效用曲線與預算線相切在 E 點，亦即其斜率的絕對值相等；因此，推知在 E 點時，下式成立：

$$\frac{MU_X}{P_X} = \frac{MU_Y}{P_Y}$$

上式說明，在消費均衡點 (E) 時，平均花一塊錢用於購買 X 財貨所得到的邊際效用，與用於購買 Y 財貨所得到的邊際效用相等。此一消費者均衡的條件，在經濟學上稱為**邊際效用均等法則** (Law of Equi-marginal Utility)。

明白地說，消費者均衡的條件有二：⑴把所得預算悉數用完；⑵滿足邊際效用均等法則。以兩財貨為例，上述消費者均衡的二條件為：

⑴ $P_X X + P_Y Y = I$；

⑵ $\dfrac{MU_X}{P_X} = \dfrac{MU_Y}{P_Y}$。

其中，P_X、P_Y 分別表示 X 財貨與 Y 財貨的價格，X、Y 分別表示其購買量，MU_X、MU_Y 分別表示其邊際效用；I 為消費者的所得預算金額。

三、消費者的需求曲線

現在，我們要應用消費者均衡的概念，來導出消費者個別的需求曲線。如同市場需求曲線一樣，所謂消費者的需求、需求函數或需求曲線，是在其他條件不變下，消費者對於某特定財貨的需求量與該財貨價格之間的對應關係。而這些影響消費者個別需求曲線的其他條件，包括有消費者個別的偏好結構、所得預算、其他財貨的價格與未來的預期等項目在內。

延續上述討論消費者均衡的方式，僅就兩財貨 X、Y 的情況來看，說明如何利用消費者均衡概念，以導出消費者對 X 財貨的需求曲線。假設消費者的偏好結構、所得預算 I 及 Y 財貨的價格 P_Y 都維持不變，當 X 財貨的價格下降時，消費者的均衡點將如何調整，或 P_X 變動後的新均衡點，有可能出現哪幾種變化方式呢？

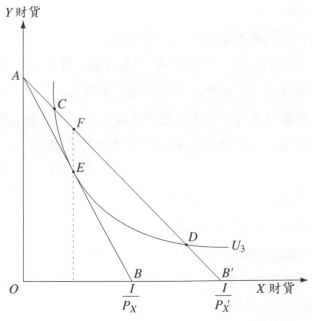

圖 4-8　當 P_X 下降時，新均衡點的落點位置

如前所述，當 P_X 降低為 P_X' 時，預算線將由原來之 AB 線，變成較為平坦的 AB' 線，如圖 4-8 所示。相對於原均衡點 E 而言，預算線的移動，代表二種意義；

其一是，在新的預算線 AB' 下，E 不再是均衡點了，為什麼呢？因為 E 不在 AB' 線上，表示 E 點財貨組合的花費，以新的 X 財貨價格 P'_X 來核算時，並沒有把所得預算用完；同時，在 E 點的等效用曲線斜率的絕對值，已不等於新預算線斜率的絕對值，而出現前者大於後者的情形；即在 E 點時，因為 $P'_X < P_X$，所以下式成立：

$$MRS_{XY} = \frac{U_X}{U_Y} = \frac{P_X}{P_Y} > \frac{P'_X}{P_Y}$$

或者說，在 E 點時，下式成立：

$$\frac{MU_X}{P'_X} > \frac{MU_Y}{P_Y}$$

上式說明，在 E 點時，已不滿足邊際效用均等法則。這二個事實，都說明在新的預算下，E 點不再是均衡點了。

第二個意義，表示新的均衡點將落在新預算線上的線段 CD 上。為什麼呢？因為在新預算線上，可以分為 AC、CD 及 DB' 三個線段；其中，AC 及 DB' 兩線段的財貨組合點，帶給消費者效用水準，不但沒有比原均衡點 E 高，反而更低（不含 C，D 點）。同時，經過原均衡點 E 的等效用曲線，與新預算線 AB' 相交的 C 點與 D 點，根據前述的說明，也不滿足邊際效用均等法則的要求，故 C、D 兩點也不是均衡點。因此，可以推知新的均衡點，必然落在線段 CD 的中間。

到此，初步可以得到以下的結論，即當 P_X 價格下降時，消費者的新均衡點將落在線段 CD 的中間（如圖 4-8 所示）；因此，得知對於 X 財貨的購買量有可能出現三種變化情形：(1) X 財貨的購買量減少（如新均衡點落在線段 CF 的中間）；(2) X 財貨的購買量不變（如新均衡點為 F 點時）；(3) X 財貨的購買量增加（如新均衡點落在線段 FD 的中間）。

當 P_X 降低時，X 財貨的購買量何以會出現三種變化的可能情況呢？可以利用在討論市場需求法則時，提到的替代效果與所得效果，來做進一步的說明。

以 X 財貨價格變動為例，在其他條件不變下，當 X 財貨的價格 (P_X) 降低（或

增加）時，表示 X 財貨相對於其他財貨（以 Y 財貨表示）的相對價格（$\frac{P_X}{P_Y}$）有所降低（或提高），則消費者將增加較便宜 X 財貨（或 Y 財貨）的購買，以替代或減少較昂貴 Y 財貨（或 X 財貨）的購買。此種在其他條件不變下，消費者增加較便宜財貨的購買，以替代較昂貴財貨的購買；或減少較昂貴財貨的購買，並以增加較便宜財貨的購買作為替代，都表現出消費者在財貨購買上的替代現象；其中，純粹因財貨本身價格變動，對於該財貨購買量的影響，稱為替代效果。

更精確地說，在其他條件中，與替代效果有關的，除了是其他財貨的價格不變以外，就是消費者的實質所得維持不變。經濟學上，在價格變動情況下，對於何謂「實質所得不變」的說法有二種，一種是以新價格仍能購買到原均衡的消費組合為準。以圖 4-9 為例，AB 線及 AB' 線分別表示 P_X 變動前及變動後（在此為 P_X 下降的情形）的預算線，E 點為原均衡消費組合點；現在，經過 E 點，可以畫出一條與 AB' 線平行的一條 LM 線，LM 線表示在新價格下，其購買花費為 AB' 線購買花費（I）的 $\frac{OM}{OB'}$ 倍。換言之，當 P_X 下降時，若欲維持仍能購買到原均衡點的「實質所得」的話，該實質所得比原所得預算（I）來得少，兩者的差距可以圖 4-9 中的 LM 線與 AB' 線的距離來表示。因此，上述說明，也表示了當 P_X 下降時，實際上等同於是使得消費者的實質所得，由 LM 線增加為 AB' 線。

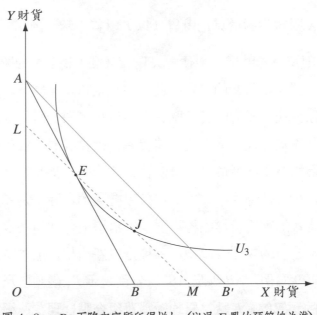

圖4-9　P_X 下降與實質所得增加（以過 E 點的預算線為準）

　　另一種表達實質所得不變的說法，是以新價格仍能購買到與原均衡點相同滿足水準的消費組合為準。以圖 4-10 為例，AB 線與 AB' 線也是表示 P_X 價格下降前與下降後的預算線，E 點為原均衡點，U_3 線為具原均衡點滿足水準的等效用曲線；現在，可以沿著 U_3 線，畫出一條與 AB' 線平行的一條 GH 線，GH 線表示在新價格下，其購買花費為 AB' 線購買花費 (I) 的 $\dfrac{OH}{OB'}$ 倍。同樣地，當 P_X 下降時，若欲維持購買原均衡點相同效用水準的消費組合的「實質所得」的話，該實質所得比原所得預算 (I) 來得少，兩者的差距可以圖 4-10 的 GH 線與 AB' 線的距離來表示。此種說法，仍能瞭解到，當 P_X 下降時，消費者的實質所得實際上相當於是增加了，由 GH 線外移為 AB' 線。

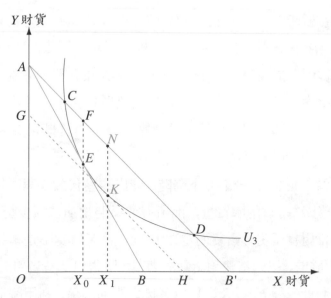

圖 4-10　P_X 下降與實質所得增加（以過 E 點的等效用曲線為準）

當清楚知道 P_X 下降時，維持實質所得不變的意思以後，可以得知在替代效果下，消費者的新均衡點，將會是在實質所得不變下的預算線上，如圖 4-9 的 LM 線或圖 4-10 的 GH 線，找出能讓他滿足程度最大的消費組合點；進而言之，該新均衡點將落在圖 4-9 的 LM 線上的 EJ 線段中間，或在圖 4-10 的 U_3 線上的 ED 線段中間。相較於原均衡點 E 而言，新均衡點對於 X 財貨的購買將增加；以圖 4-10 為例，均衡點由 E 點移到 K 點，對於 X 財貨的購買量由 X_0 增加為 X_1，就說明了 P_X 下降的替代效果。

在瞭解 P_X 下降的替代效果，將會增加 X 財貨的購買量之後，接著探討 P_X 下降的所得效果。所謂所得效果，是指在其他條件不變下，消費者純粹因實質所得或購買能力的變動，對於財貨購買組合的影響。就一般正常財貨而言，所得的提高或降低，其購買量將呈同方向之變動，即增加或減少。但就劣等財貨而言，所得的提高或降低，其購買量反而朝相反方向變動，即減少或增加。

同時，在圖 4-9 或圖 4-10 的討論中，得知 P_X 下降，將提高消費者的實質所得；至於實質所得的提高，是否更進一步增加或減少對 X 財貨的購買，則要看 X 財貨在消費者心目中，是屬於正常財貨或劣等財貨而定。以圖 4-10 為例，若 X 為

正常財貨，則當實質所得由 GH 線提高為 AB' 線時，則其均衡點的落點將會在 ND 線段中間，表示所得效果的正向作用，進一步增加對 X 財貨的購買量。若 X 為劣等財貨，則當實質所得提高為 AB' 線時，則其均衡點的落點將會在 CN 線段中間，表示所得效果的負面作用，減少了對 X 財貨的購買；其中，當均衡點落在 CF 線段中間時，則 X 財貨的購買量反而比原均衡點 E 時的購買量 X_0 為少，一般稱此種財貨為**季芬財貨** (Giffen Goods)。

綜合來說，當 X 財貨的價格 P_X 下降時，將出現替代效果與所得效果；其中，替代效果將增加對 X 財貨的購買量，而所得效果將增加或減少對 X 財貨的購買（視其是否為正常財貨或劣等財貨而定）。因此，若 X 財貨不是季芬財貨時，則可以得知，當 P_X 下降時，引起消費均衡點的調整，呈現出消費者對 X 財貨的購買量增加的情形。若將此一種 P_X 與 X 財貨購買量之間的關係，利用圖形來表示，則可以得出消費者個人對於 X 財貨的個別需求曲線 d，如圖 4-11 所示。值得再次強調的是，消費者的需求曲線上任何一點，表示財貨價格與財貨需求量的一個組合點，其背後都是表示消費者處於均衡狀況；也就是說，消費者已將其所得預算做最有效率的使用，同時滿足所得預算線以及邊際效用均等法則的要求。

與第二章討論市場需求的情形類似，可以針對消費者個別的需求曲線，說明其需求量的變動與需求的變動；其中，消費者需求變動的因素，除前述提及之其他財貨價格、所得預算以外，尚有消費者偏好結構、考慮時間的長短以及未來預期等因素。

至於在第二章討論的市場需求量與價格的關係，基本上是由所有消費者個別的需求曲線，在每一個價格下，將個別的需求量加總而成的；換言之，市場需求曲線是由消費者個別的需求曲線，進行水平橫向加總而成。如圖 4-12 所示，若市場上只有二個消費者時，在價格 P_1 下，其需求量分別為 q_1 與 q_2；那麼，市場的需求量就等於 $Q_1(= q_1 + q_2)$；因此，依此類推，就可以在各種價格下，得到對應的市場需求量，也就可以將整條的市場需求曲線求出來。

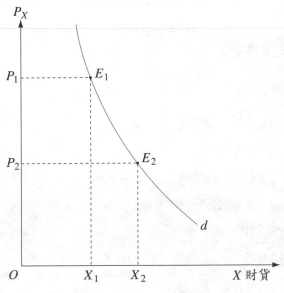

圖 4–11　消費者的 X 財貨需求曲線

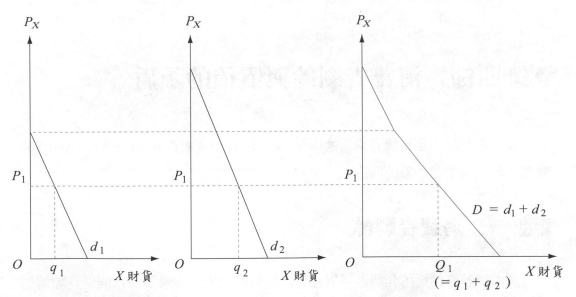

(一)第一個消費者的需求曲線　　(二)第二個消費者的需求曲線　　(三)市場需求曲線

圖 4–12　消費者個別需求曲線與市場需求曲線

12.請說明預算線的意義。

13.請問預算限制式與預算線數學式兩者有何異同之處?

14.說明預算線的斜率所代表的意義。

15.請繪圖說明有哪些因素會引起預算線的移動。

16.何謂消費者均衡? 並解釋該均衡的條件及其意義。

17.何謂替代效果? 請繪圖說明。

18.何謂所得效果? 請繪圖說明。

19.請問季芬財貨一定是劣等財貨嗎? 為什麼?

20.消費者個別的需求曲線若要符合需求法則的要求,則必須是正常財貨的情形才可以嗎?

21.請問市場需求曲線與消費者個別需求曲線二者間,有何種關係? 有何異同之處?

第四節　消費者剩餘與價值的矛盾

本節將繼續利用消費者均衡的條件,來說明**消費者剩餘** (Consumer Surplus) 的概念,並討論價值矛盾的問題。

 ## 一、消費者剩餘

經由消費者均衡的介紹,可以推導出消費者個別的需求曲線;同時,瞭解到在不同的價格下,消費者係重新調整其購買財貨組合 (即找到新的均衡點),以達其效用水準的最大化。

而消費均衡的條件之一,就是花在各財貨的最後一塊錢,其帶給消費者的邊際效用是均等的。以 X、Y 財貨的情形為例,此一條件為:

$$\frac{MU_X}{P_X} = \frac{MU_Y}{P_Y}$$

式中，P_X、P_Y 分別表示 X、Y 財貨的價格，MU_X、MU_Y 分別表示其邊際效用水準。

現在將上式改為下式：

$$MU_X = (\frac{MU_Y}{P_Y}) \cdot P_X = MU_Y \cdot (\frac{P_X}{P_Y})$$

此式左邊表示，多購買一單位的 X 財貨帶給消費者效用水準的增加量，即 MU_X；而右邊則表示多購買一單位 X 財貨的機會成本，此一機會成本是以犧牲掉的效用水準來表示。為什麼呢？因為多購買一單位 X 財貨的花費是 P_X，若 P_X 用於購買 X 財貨，就得放棄用於購買 Y 財貨，總共放棄了 $\frac{P_X}{P_Y}$ 單位的 Y 財貨的購買，也就是犧牲了由 Y 財貨的購買上所能得到的效用，即 $MU_Y \cdot \frac{P_X}{P_Y}$ 那麼多的效用損失。

根據此一式子，可以瞭解到當 P_X 下降時，則購買 X 財貨的機會成本會降低；因此，消費者將多購買 X 財貨。而當 X 財貨的購買量增加了，根據邊際效用遞減法則，MU_X 也會降低。最終的情形是，上式將因 X 財貨購買量及 Y 財貨購買量組合的調整，而恢復成立等式關係。

以上的說明，是從 P_X 的變動，來看其相應 X 財貨需求量的調整關係；如前所述，一般是會得到符合所謂的需求法則的需求曲線。

接下來，我們想從購買量的變動，來看其相應需求價格的調整，並想瞭解需求價格的意義。在此，將邊際效用均等的均衡條件式，改寫成下式：

$$P_X = (\frac{MU_X}{MU_Y}) \cdot P_Y$$

此式左邊表示多購買一單位的 X 財貨，所須花費的代價，即其單價 P_X；而右邊則表示多消費一單位的 X 財貨，所得到的利益（以金錢來衡量）。為什麼呢？因為多消費一單位的 X 財貨，帶給消費者的效用增加量有 MU_X；而根據消費者的偏好結

構，此一 MU_X 水準可以折算成 $\dfrac{MU_X}{MU_Y}$ 單位的 Y 財貨。若以金錢來衡量時，即此一 MU_X 的效用水準，相當於（或按 Y 財貨的市價折算）$P_Y \cdot \dfrac{MU_X}{MU_Y}$ 那麼多的利益。也就是說，消費者對於最後一單位的 X 財貨的購買，**願意支付的最高價格** (Willingness to Pay) 或一般所謂的**保留價格** (Reservation Price) 為 $\dfrac{MU_X}{MU_Y} \cdot P_Y$。因此，當 X 財貨的購買量增加時，其 MU_X 會降低，也因此其願意付出去的最高價格或保留價格或需求價格，也將同步降低。換言之，若要提高消費者的購買量時，則須降低市場價格才能辦得到，亦即消費者的需求量是與其需求價格或市場價格成反向關係的。

簡單的說，若從需求量的變動來看需求曲線時，與不同的需求量相對應的是需求價格，也就是其保留價格，表示消費者對於該最後一單位的購買，所願意支付的最高價格。接著，我們將從需求曲線的此一角度出發，來討論消費者剩餘的概念。

所謂消費者剩餘，是表示消費者在從事消費活動時，其願意支付的最高金額，比其實際支付的金額，所高出來的差額部分。為什麼會出現這個差額呢？可以從兩方面來看，一方面是消費者實際支付的金額，一般是按財貨的市價來給付的，該市價大多不因購買量的多寡而有不同；為簡化說明起見，在此先不考慮單價隨購買量調整的情形。另一方面，從上述消費者需求價格或保留價格的瞭解，若消費者購買量是 2 個單位時，表示市價必然比第 1 個單位的保留價格或願意支付的最高價格低；同理，若消費者購買 3 個單位時，表示市價不但比第 1 個單位的需求價格低，也比第 2 個單位的需求價格低。試舉一例說明，假設消費者共買 5 個單位的 X 財貨時，其第 1 個單位願意付的最高價格為 10 元，第 2 到第 5 個單位分別為 9、8、7 及 6 元，故其購買 5 個單位時，願意支付的最高支出為 40 元；同時，由消費者僅買 5 個 X 財貨的決定，亦可以推知 X 財貨的單價不會比 6 元高，若以 6 元來算，則消費者購買 5 個單位的實際支出為 30 元。故在此一情況下，該消費者的剩餘有 10 元。

就 X 財貨而言，假設 X 財貨可不以整數一個單位一個單位的買賣，即可以無限制分割成細小單位來買賣時；那麼，就可直接以消費者的 X 財貨需求曲線來表示消費者剩餘的概念。如圖 4–13 所示，d 曲線為消費者的 X 財貨需求曲線，當 P_X 為 P_1 時，需求量為 Q_1，故消費者的實際支出 P_1Q_1，可以四邊形 OQ_1EP_1 的面積來表示；至於消費者購買 Q_1 的 X 財貨，其願意支付的最高支出，則可以 OQ_1 購買區間對應的需求曲線下面的面積來表示，即四邊形 OQ_1EA 的面積。換言之，購買 Q_1 的 X 財貨，該消費者的剩餘，可以 $\triangle AP_1E$ 的面積來表示。

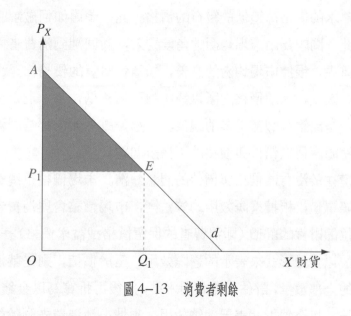

圖 4–13　消費者剩餘

　　當消費者進行消費活動時，若其能經由市場，按市價購買到他想要的數量時，表示消費者可以經由市場獲得交易上的淨利益（表示比實際支出多出來的部分），也表示其效用水準的提昇。此種交易淨利益或效用水準的提高，是消費者剩餘概念想要去說明與衡量的。因此，消費者剩餘的概念，在經濟學上是相當的重要，且應用相當廣泛。

　　以上是由消費者個別的需求曲線，來說明消費者剩餘的概念；至於所有消費者的消費者剩餘，也可以比照由市場的需求曲線來加以呈現，其道理是一樣的。

🕐 二、價值的矛盾

如同上述，根據消費者均衡條件中的邊際效用均等法則，瞭解到需求價格或保留價格也就是以金錢形式表示的邊際效用。在此，將繼續利用此一觀點，來討論市場價格與財貨價值間的矛盾問題。就常理瞭解，有價值的財貨，其價格應較高；但是，以水與鑽石為例，兩者間卻出現矛盾。對於人類來說，水的價值遠高於鑽石；但是，水的價格卻遠低於鑽石的價格。此一矛盾如何破解呢？

基本上，此一問題要由市場均衡的角度切入，並回溯到消費者需求價格的邊際效用意涵。首先，根據市場均衡的意義，知道各財貨的價格，是由其供給與需求所共同決定。因此，水的價格之所以遠比鑽石價格低，基本上是反映水的供給相對於其需求，是比鑽石豐富得多的現象。不過，既然大家都認同兩者價格的懸殊，卻還是無法瞭解何以價值與價格的不搭調問題。

問題的關鍵在於沒有將價格與價值的觀念釐清。市場價格是消費者購買財貨所須支付的實際單價，根據邊際效用均等法則，市場價格會與消費者對於購買進來的最後一單位的財貨的評價（即消費者的保留價格或需求價格）一樣；換言之，市場價格會等於以金錢形式來表示的邊際效用。至於價值，則是就消費者所購買並消費該財貨的全部數量，評估其總效用水準，然後再折算為以金錢形式來表示；換言之，價值等於以金錢形式表示的總效用。根據上述消費者剩餘的圖形解釋方式，瞭解到價值就相當於消費者購買此一數量財貨，所願意支付的最高金額。

茲以水為例，來解釋價格與價值的差別。於圖 4–14 中，D、S 曲線分別表示水的市場需求、供給曲線，相對於需求，水的供給相當多，其市場均衡點 E，決定市場的均衡價格 P 與均衡數量 Q。此一 P 的高低，剛好表示水的最後一單位的消費，帶給消費者的邊際效用；至於水的價值，則可以 OQ 對應的需求價格的加總來表示，即四邊形 $OQEA$ 的面積，其背後意義為帶給消費者的總效用。至於鑽石的高價格低價值的情形，亦可比照圖 4–14 的方式，來加以呈現，請讀者自行練習。

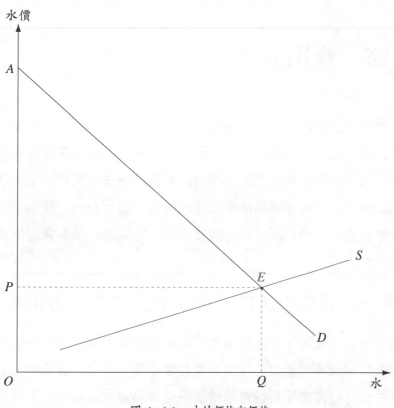

圖 4-14　水的價格與價值

 觀念研習

22.何謂消費者的需求價格或保留價格?

23.何謂 (市場) 價格? 其與保留價格的意義一樣嗎?

24.何謂消費者剩餘? 為什麼會出現消費者剩餘呢?

25.請說明價格、價值與效用概念的關係。

26.請比照圖 4-14, 畫圖說明高價格與低價值的現象。

第五節　應用分析

　　本章的重點是討論消費者均衡的概念，除了用此一概念來說明消費者的選擇行為以及導出其個別需求曲線以外，也利用此一概念來說明消費者剩餘的涵意，並解答價格與價值之間不對等的困惑問題。本節將補充提供在日常生活中，消費者實際碰到的例子，利用本章的概念來加以描繪或進行分析。同時，於附錄中，也利用本章的概念，討論有關「家庭消費定律」的問題，請有興趣的讀者自行參閱。

應用例子一：獎學金或圖書禮券中，何者較為實惠呢？

　　家長或師長為了鼓勵子女或學生多用功求學，較常見的獎勵方式有兩種，一種是給獎學金，另一種是給贈品或圖書禮券等實物。那麼，就學生的立場來看，到底哪一種方式比較實惠呢？通常是給獎學金較為實惠，為什麼？因為給獎學金的方式，使學生的零用金增加，因而學生可以將其用於購買自己認為最值得的物品上；相反地，給實物的方式，則有強迫學生接受師長認為最值得的物品，其中極有可能出現學生並不喜歡的贈品，因而失去實質鼓勵的作用。

　　上述問題，可以利用本章介紹的消費者均衡概念來清楚的表現。假設學生的零用金通常用於圖書文具（以 X 表示）與非圖書文具（以 Y 表示，如吃喝玩樂、儲蓄等項）等兩類財貨的花費，如圖 4-15 所示，此一學生的零用金可以購買到的財貨組合，如△ AOB，其中的 AB 線為其「預算線」。當學生得到可以買得起 BB' 單位的 X 財貨（或 AA' 單位的 Y 財貨）的獎學金時，則其預算線變成 $A'B$；因此，其購買的財貨組合擴大為△ $A'OB'$，較△ AOB 多出梯形 $ABB'A'$ 的部分。反之，當學生得到的贈品是 BB' 單位的 X 財貨時，則其預算線僅變成為 CB'，即其購買的財貨組合僅擴大為四邊形 $AOB'C$，雖較△ AOB 大，但卻比△ $A'OB'$ 小一部分（即△ $A'AC$）。

　　換言之，當學生得到獎學金時，其可以選擇的空間會較大，因而其得到的實

質獎勵也較高；因此，當家長或師長在選擇獎勵的方式時，宜從學生的立場加以考量，多採用給獎學金的方式，相信更能發揮其獎勵效果。

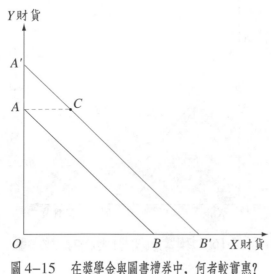

圖 4-15 在獎學金與圖書禮券中，何者較實惠？

應用例子二：超量購買享有折扣

有些廠商為了促銷，可能採取不同的方式，其中之一是：超過某一購買量之後，享有折扣優惠。此種促銷方式對於消費者的選擇會有多大的影響，或對於廠商的業績會有多大的幫助呢？首先，就消費者的選擇問題來看。假設消費者僅購買 X、Y 兩種財貨，其中 X 財貨的購買若超過 X_0 單位時，售價降為 8 折，則此一消費者的預算線將不再是一條直線，而是在 X_0 單位以後，會變成較為平坦的線段。如圖 4-16 所示，AB 線為原有的預算線，而 AEB' 線為超過 X_0 購買量後，享有 8 折優惠的預算線；因此，當此一消費者當初的購買點是落在 EB 線段時，則將受益於此一優惠方案，其購買點將會調整到 EB' 線段上，一方面表示其對於 X 財貨的購買，將比優惠之前更多；另一方面，表示其滿足程度亦將有所提高。當然，若此一消費者當初的購買點是落在 AE 線段時，則不受此一優惠方案的影響。

其次，此一方案對於廠商在業績上的影響，則要由其所面對的需求曲線以及其本身的供給條件等兩方面，來綜合評估。此一問題，將留在後文討論過廠商的

供給曲線以及市場結構的內容後，再來分析。

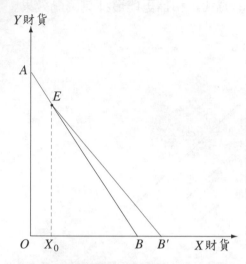

圖 4-16　超量購買享有折扣對於預算線的影響

應用例子三：吃到飽的自助式用餐

　　時下有些餐廳是採用按人頭收取固定價錢的、不限量的自助用餐方式，容易發現一般的消費者，常抱持吃夠本的消費行為，為什麼呢？其實這種收費方式，相當於採取一票玩到底的遊樂園區一樣，只收取入門票，而對於園區設施的使用就完全免費。從消費者的立場來看，只有在其認為這種包裹式的消費是值得的情況下，才會選擇自助式用餐。以一人份 500 元為例，表示其認為此種自助式用餐帶給他的總效用水準，不低於 500 元。通常，可以利用消費者剩餘的概念，來說明此一固定價錢的訂定問題，此一問題亦將留在後文討論廠商的行為時再談；在此，擬僅就選擇自助式用餐的消費者，何以都具有吃夠本的心態來討論。

　　如同上述，消費者希望在付固定價錢的情況下，使自己的效用最大化，他一旦選擇此一自助式用餐以後，接下來的問題，是在其肚子的最大限度之下，如何組合各種食物，以實現其效用的最大化。由於免費享用各種食物，因此，這些消費者都將充分發揮其肚量，一直到各種食物帶給他的邊際效用都等於零，且都吃到撐肚子為止。

觀念研習

27.請問在富有家庭的學生與窮困家庭的學生中,相對而言,哪一種學生會更偏好於獎學金的獎勵方式,而較不喜歡實物性的獎勵方式呢? 為什麼?

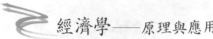

本章摘要

1. 消費是消費者具有目的性質的選擇行為，其目的在於獲得最高的滿足程度。

2. 所謂效用，是指消費者購買並享用消費財，所得到的好處，或帶給他的滿足程度。

3. 在一定時間內，隨著財貨消費量的增加，通常會使消費者的總效用水準跟著提高。換言之，財貨的邊際效用通常為正值。另外，若財貨消費量持續增加下去的話，其邊際效用終將出現遞減的走勢，一般稱此一極為普遍的現象為邊際效用遞減法則。

4. 等效用曲線是表示不同財貨組合的軌跡，而這些財貨組合都能帶給消費者相等的效用水準。因此，消費者的偏好結構，可以利用不同效用水準的等效用曲線所構築而成的圖形來加以描繪。

5. 等效用曲線有下列性質：(1)其斜率是負的，而斜率的絕對值，正好說明兩財貨在消費者心目中的交換比例，該比例稱為邊際替代率；(2)在邊際替代率遞減法則下，等效用曲線凸向原點；(3)等效用曲線不會相交；(4)在邊際效用為正值的前提下，離原點愈遠的等效用曲線，其效用水準愈高。

6. 預算線是表示不同財貨組合的軌跡，而這些財貨組合的購買花費剛好等於消費者的所得預算。預算線的斜率絕對值，表示兩財貨在市場上的交換比例，此一交換比例可以兩財貨的相對價格來表示；因此，預算線又稱為價格線。

7. 所謂消費者均衡，是表示在財貨價格、所得預算、偏好結構等因素已知的情況下，財貨組合的選取，能使得消費者的滿足程度達於最高的狀態；此時，稱該滿足程度最高的財貨組合為消費者均衡點。

8. 消費者均衡的條件有二：(1)把所得預算悉數用完；(2)滿足邊際效用均等法則。

9. 在其他財貨價格、所得預算、偏好結構與未來預期等其他條件不變下，消費者個人對於某特定財貨的需求量與其價格之間的對應關係，此一關係描繪在圖形上，就形成所謂的消費者需求曲線。

10. 消費者需求曲線的走勢，可以財貨本身價格變動，所引起的替代效果與所得效果來加以說明。除非在季芬財的情況下，一般財貨的需求曲線仍與需求法則相符合，而呈現負斜率的走勢。

11. 當消費者對於財貨的購買，其願意支付的最高金額比實際支付金額多出來的額度，稱為消費者剩餘。

12. 價值與價格是兩個不同的概念。價值是以金錢來表示，財貨能帶給消費者的總效用水準；而價格是以金錢來衡量，財貨的最後購買單位所能得到的邊際效用。因此，並不存在所謂的價值矛盾問題。

習 題

1. 為了健康的理由，小寶對於青菜類食物的偏好程度，比以前增加了許多。請以等效用曲線的概念，畫圖來說明此一偏好結構改變的意義，及其可能對於青菜類食物購買量的影響。

2. 設王五有所得預算 500 元，準備用於購買 X、Y 財貨，其價格分別為 10 元與 20 元，請回答下列問題：

   (1) 請列出王五的預算限制式。

   (2) 請列出王五的預算線的式子，並在圖上畫出預算線，說明其截距與斜率的意義。

   (3) 當 X 財貨的價格增加為 20 元時，預算線會如何移動？請畫圖說明之。

   (4) 當 X 財貨的價格下降為 5 元時，預算線會如何移動？請畫圖說明之。

   (5) 當所得預算增加為 1,000 元時，預算線會如何移動？請畫圖說明之。

   (6) 當所得預算增加為 1,000 元，且 X、Y 財貨的價格亦增加為 20 元與 40 元時，預算線會如何移動？請畫圖說明之。

3. 張三對蘋果每個月的需求表如下：

價格（元）	300	200	150	120	100	90	85	80	75	70	68	66	64	60	50	40	30	20	10	5
需求量(個)	1	2	3	4	5	6	7	8	9	10	11	12	13	14	15	16	17	18	19	20

   請回答下列問題：

   (1) 若市價每個 20 元時，張三的購買量是多少？

   (2) 其願意支付的最高金額是多少？

   (3) 其實際支付的金額是多少？

   (4) 其消費者剩餘是多少？

4. 每一個人均同意母愛親情的重要性以及其偉大，卻為何仍有許多人不懂得珍惜呢？請利用價值與價格兩者的差異性質來剖析此一困惑現象。

附錄：家庭消費定律

本附錄擬繼續從消費者偏好結構的改變，以及其所得預算的變動，看看其對於財貨需求的影響，並用以說明**家庭消費定律** (Law of Family Expenditure) 或**恩格爾法則** (Engel's Law)，與**恩格爾係數** (Engel's Coefficient) 的意義。

一、消費者所得預算與其需求變動的關係

於本章第三節中討論財貨價格降低的所得效果時，曾提及實質所得提高，對於均衡點的影響情形；此一情況下，實質所得之所以有增減變化，是在其所得預算不變下，由於財貨價格的降低或提高，導致其預算線變得更加平坦或陡峭，使得其以原所得預算能夠購買到的財貨組合點，較原財貨價格下，來得多或來得少的結果，以致於呈現出實質所得的增加或減少的現象。

另一種使實質所得增減變化的情形，是在財貨價格不變下，消費者的所得預算有了增加或減少的結果。例如，當所得預算增加時，如圖 4–17 所示，預算線 AB 將往右上方水平移動到 A′B′，使得消費者能夠購買得到比原所得預算更多數量的財貨組合點，此一情況即說明消費者的實質所得確有所提高了。

可是，當所得預算增加時，原均衡點並不在新的預算線上，故不再是均衡點了。如圖 4–17 所示，新均衡點將會在新的預算線 A′B′ 上，且在 CD 線段中間；其中，C、D 點是經過原均衡點 E 的等效用曲線 U_3 與 A′B′ 線的交點。此一事實，說明新均衡點不管落在 CD 線段中間的哪一點，消費者的效用水準都將比 U_3 線的效用水準還高。

與圖 4–10 討論所得效果一樣，就 X 財貨而言，可能因其在消費者心目中的**屬性**，而出現兩種不同的落點位置。就 X 是一般的正常財貨來看，所得預算的提高，將增加對 X 財貨的購買；因此，新均衡點將落在 ND 線段的中間上。如果 X 是劣等財貨，所得預算的提高，反而減少對 X 財貨的購買；因此，新均衡點將落在 CN

線段的中間上。

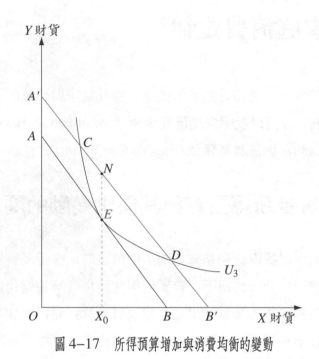

圖 4-17　所得預算增加與消費均衡的變動

　　根據上述說明，瞭解到所得預算的提高，將使消費者對於正常財貨需求的增加，而該財貨需求曲線將出現整條往右移動的情況；相反地，所得預算的提高，將使消費者對於劣等財貨需求的減少，而令該財貨需求曲線整條往左移。至於所得預算的降低，對於消費者均衡點以及需求曲線的變動情形，可以比照推知，請讀者自行練習。

二、消費者偏好結構與需求變動的關係

　　依常理瞭解，對某一財貨（以 X 財貨為例）的喜好程度降低時，相較於另一個財貨（以 Y 財貨為例）而言，消費者將修正其兩財貨之間的邊際替代率，願意以較少的 Y 財貨來替換一單位的 X 財貨，即 MRS_{XY} 的降低，也就是等效用曲線的斜率（為負值）變得更大了。以圖 4-18 的等效用曲線 U_3 上的 E 點為例，若消費者對於 X 財貨的喜好程度降低了；那麼，新的偏好結構下，其經過 E 點的等效用

曲線 U'_3，將變得更平坦一些。

　　同時，從圖4-18中，也瞭解到就新偏好結構下，E 點的 MRS_{XY} 與預算線的斜率絕對值不再相等，而是前者小於後者；因此，消費者將重新調整其財貨購買組合，新的均衡點將沿預算線往 F 的方向移動，最後會落在 EF 線段的中間。在新的均衡點，消費者雖然減少了 X 財貨的購買，但卻增加 Y 財貨的購買，而最後使得其效用水準，較原均衡點 E 的情況下（即 U'_3），有所提升。

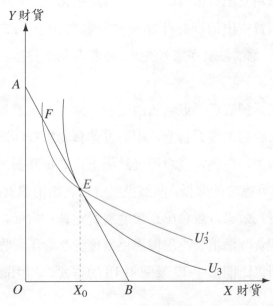

圖4-18　X 財貨喜好程度降低與消費者均衡的變動

　　從上述消費者均衡變動的分析，瞭解到消費者對於喜好程度降低之財貨購買的減少。因此，可以進一步推知，喜好程度降低之財貨的需求曲線，將由偏好結構未改變前的原需求曲線，往左移動而得。同理，喜好程度提高的財貨，其需求曲線將落在原需求曲線的右方。

 ## 三、家庭消費定律

在一般的家庭消費支出結構上，大致可以分為食物類與非食物類等兩大項目。

在這兩個大分類的財貨上,食物與非食物都屬於正常財貨;換言之,隨著經濟發展,提高個人或家庭的實質所得以後,通常會增加這二種財貨的購買。不過,這二種財貨購買量的增長速度或百分比,卻有不同;其中,食物類購買量的增長速度,通常較實質所得的增長速度來得小。因此,如果以食物類支出在所得中所占的比例來看時,該比例也將隨所得的增加而降低。

由於上述有關食物類消費支出與所得之間的變動關係,即食物類支出隨所得的增加而提高,而該項支出占所得的比例,卻隨所得的增加而降低,此一普遍反映出個人或家庭的消費支出的行為表現,一般稱為家庭消費定律或**恩格爾**(Ernst Engel,1821 ~ 1896,德國統計學家)法則,並將食物類支出占所得的比例稱為恩格爾係數。

我們可以利用所得預算與偏好結構的改變,來說明家庭消費定律。當所得增加後,消費者對於食物類的喜好程度,相對於非食物類有所降低時,則隨著家庭或個人實質所得的增加,首先,在原偏好結構下,將提高對於食物類的購買量;其次,由於食物類喜好程度的降低,將減少對於食物類的購買。如果前者(所得)效果大於後者(偏好)效果,就會出現家庭消費定律;當然,如果前者效果小於後者效果,則會出現食物類消費支出與恩格爾係數都隨所得增加而下降的情形。有興趣的讀者,亦可以比照圖 4-17 及圖 4-18 的方式,利用圖形來說明恩格爾法則。

第五章

生產技術
與生產成本的探討

截至目前，本書已就市場中的買方（即消費者）的消費行為，加以說明與分析，並導出其個別需求曲線，相信大家已能清楚瞭解如何利用市場需求曲線，來綜合呈現一財貨購買的買方行為特性。從本章開始，到第七章的篇幅，是對於生產者或廠商行為的研究。在不同的市場環境以及現有技術條件下，生產者如何選擇其生產何種產品與採用何種生產技術，以使得其能在成本最節約的情況下，提供市場上的消費者所需要的商品，以賺取最大利潤，是本書對於廠商行為的研究重點。

本章將首先對於生產者面對的技術層面問題，進行瞭解。詳言之，係利用所謂的生產函數，分別在不同的時空條件下，來呈現與認識生產要素投入量與產出量之間的技術關係。其次，係討論在成本最小化的前提下，廠商如何選擇最適生產技術的問題，並最終利用所謂的（生產）成本函數，來呈現產出量與最小成本之間的關係。在下兩章中將進一步利用成本函數概念，來分析廠商的行為。最後，本文將介紹幾個應用本章概念的方向與例子。

第一節　生產的意義與種類

本節將分別說明生產的意義、生產的種類與生產要素。

一、生產的意義

消費者享用的財貨中，除非是那些大自然提供的免費物品，如陽光、空氣、水、森林、土地與景觀等項以外，可以說都來自人類的供應。

就消費者個人所享用的財貨中，其取得的方式，無非是靠自己的生產來直接供應，或是靠別人的生產所間接供應。例如，農戶一方面享用自己種植的作物，另一方面從市面上購買日用商品，或來自親朋贈送的物品。

在現代的社會，消費者享用的財貨，可以說絕大部分從市場中購買得來的。這些財貨在到達消費者手中之前，經歷一連串的過程，這些過程包括半成品、成

品的製造過程，以及大盤商、中盤商、零售商等業者的運銷、儲存的流通過程，甚至包括售後服務及資源回收等過程在內。經由這些過程的逐一完成，使得財貨的最終消費，能帶給消費者效用水準的提高，而創造了財貨的價值。

於經濟學上，一般將能夠創造價值或增加效用的活動或過程，稱為生產。因此，不論是半成品或成品的製造過程、物品的流通過程，其最終目的都在於創造該過程的附加價值，也就是提高財貨的效用水準，都是所謂的生產活動。

明白地說，生產者或廠商從事任何生產活動，其本身並非目的所在，而只是一個獲取報酬的手段；因此，與消費活動一樣，生產活動也是一個具目的導向的行為。不過，生產活動須能生產出獲消費者認同的財貨，才能真正的創造正面價值；否則將出現虧損，而創造負的價值。

二、生產的種類

源於生產過程的複雜性以及財貨成品的型態，可以進行生產的分類，以顯示其區別。

首先，就生產過程的複雜性來討論。任何生產過程的進行，所使用的人工與器具、設備、廠房、土地的多寡不一。最原始的方式，是只有使用人工，而不使用任何工具，或僅使用很簡單的工具，稱為**直接生產** (Direct Production)；例如，在荒山野外採摘野菜野果，在溪流中抓魚蝦等事項。

隨著人類科技文明的進步，在生產過程中，使用了各式各樣的工具或精密儀器，甚至以大量的資本設施，配合生產組織型態的不斷精進，所從事的生產活動，稱為**間接生產** (Indirect Production)。此種經由工具或器械等資本財間接生產財貨的方式，能進一步體現分工與專業化的優勢，通常分成許多步驟或程序，按部就班地進行，又稱為**迂迴生產** (Roundabout Production)。同時，這種迂迴生產的方式，已不限由單一的廠商來完成，可能是由許多家廠商共同建立生產上的垂直上下游或聯盟關係，生產各自擅長的零配件後，再行組裝成消費性產品。

其次，就消費性財貨的型態來看，對於實物的生產，如農作物、日用品等項目，稱為**有形物質的生產** (Material Production)；對於勞務的提供，如公務人員的

服務、各種諮詢服務、金融業提供的金融服務等項目，稱為**無形勞務的生產** (Immaterial Production)。

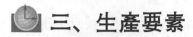 **三、生產要素**

在財貨的生產過程中，其投入品或使用的**生產要素** (Factors of Production)，即使用所謂的經濟資源，一般可以分為四種：⑴勞動；⑵資本；⑶土地；⑷企業能力。這四種生產要素的意義，已在第一章做了說明，請讀者自行參閱。

1. 何謂生產?
2. 請說明間接生產的意義。

 **第二節　短期生產函數與邊際報酬遞減法則**

在已知的技術條件下，財貨的產量與其投入生產要素之間的對應關係，稱為**生產函數** (Production Function)。在考慮勞動（以 L 表示）及資本（以 K 表示）兩種要素投入的情況下，可以將產量（以 Q 表示）與投入量之間的關係，以生產函數（以 f 表示）的形式，表現成下式：

$$Q = f(L,K)$$

就一般的情形來看，生產要素投入量的多寡，將隨著產量的增減需求而調整；

不過，有些生產要素可以馬上加以調整，而有些要素的調整則需有較長的時間。就勞動與資本兩種要素投入量的調整而言，勞動通常比資本所需花的調整時間來得短。例如，只要按目前的或稍優惠的工資水準，就可以在很短的時間內增僱或少僱所需的勞動投入量，但若要增加或減少資本（含廠房設施等）的投入量，就得花上較長的一段時間。

　　針對調整生產要素所需時間長短的不一致，經濟學上將生產函數分別在**短期** (Short Run) 與**長期** (Long Run) 下來討論。所謂長期，是描述一段足以讓所有生產要素作調整的時間長度；而短期，是指比長期稍短或短許多的一段時間，但也不能短到連其中一種生產要素都不能調整的長度。因此，在短期時，可以將生產要素分為可以作調整的**變動生產要素** (Variable Factors)，以及不能作調整的**固定生產要素** (Fixed Factors)，而此時的生產函數即短期生產函數；在長期時，就不存在固定生產要素的情形，全部都是變動生產要素，而此時的生產函數就是長期生產函數。

　　以上述僅考慮兩種生產要素的生產函數來看，在短期時，L 為變動生產要素，K 為固定生產要素，並令其投入量為 $\overline{K}$，則短期生產函數（以 g 表示）可以表示如下式：

$$Q = f(L, \overline{K}) = g(L, \overline{K})$$

至於長期生產函數的表示方式，則如前所述的 f 函數。

　　本節將說明短期生產函數的一般性質，尤其是以**邊際報酬遞減法則**(Law of Diminishing Marginal Returns) 為討論的中心；同時，探討三個常用的產量概念及其彼此間的關係，並據以說明生產的三階段。

一、邊際報酬遞減法則

　　就短期生產函數的一般性質而言，可以分別從**總產量**（Total Product，以 TP 表示）、**平均產量**（Average Product，以 AP 表示）及**邊際產量**（Marginal Produc-

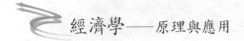

t，以 MP 表示）等三個產量概念切入，來進行討論，以瞭解此三個產量隨變動生產要素增減的變化趨勢。

接下來，我們仍以只考慮一個變動生產要素（即勞動投入量 L）的短期生產函數 g，作為討論的對象。首先，我們扼要說明 TP、AP、MP 三個產量的概念。

所謂總產量 (TP) 是指與勞動投入量 L 對應的產量，即

$$TP \equiv Q = g(L, \overline{K})$$

而平均產量 (AP) 是表示當勞動投入量為 L 時，平均每一勞動投入量的產量，即

$$AP = \frac{TP}{L} = \frac{Q}{L}$$

至於邊際產量 (MP) 是表示當勞動投入量變動 ΔL 時，平均每一勞動投入變動量，引起總產量的變動（以 ΔTP 或 ΔQ 表示），即

$$MP = \frac{\Delta TP}{\Delta L} = \frac{\Delta Q}{\Delta L}$$

關於 TP、AP 及 MP 三者的關係，稍後再來探討。在此，擬特別強調的是，三者實際上是一體的三面，只要從其中的一面進行瞭解的話，就可以推知其他兩面。由於 MP 的概念，直接掌握到生產要素變化與總產量變化兩者間的對應關係；因此，我們就由 MP 的概念切入，以瞭解短期生產函數的一般性質。

隨著勞動投入量 L 的增加，一般的短期生產函數是具有如下之性質的：

⑴ $MP > 0$，表示總產量跟著增加。

⑵ $MP = 0$，表示總產量維持固定，不再增加。

⑶ $MP < 0$，表示總產量在下降中。

就一般的情況，廠商比較有興趣的情況，是當短期生產函數處於 $MP > 0$ 的性質時。就上述 MP 的從大於零，到等於零，最後出現小於零的走勢，本身就指出了短期生產函數的一個通性，即**邊際報酬遞減現象**。所謂邊際報酬就是多僱用一單位的生產要素（勞動）投入量，所能增加的回報；在此的回報即是產量的增加，亦即邊際報酬就相當於邊際產量的意思。

不過，邊際報酬遞減的現象，也出現在 $MP > 0$ 的那一段勞動投入量區間。明確的說，當勞動投入量逐步增加時，可能出現一時的 MP 遞增的階段；但隨著勞動投入量達於某一水準之後，必然出現 MP 遞減的現象。上述 MP 遞增的情形，可能適用於某些財貨的短期生產函數，而不適用於其他財貨上；可是，MP 的遞減現象，卻是可以普遍適用於任何財貨的短期生產函數上，故一般就稱為邊際報酬遞減法則。

換言之，所謂邊際報酬遞減法則，是指短期生產函數具有如下之通性：在已知的生產技術下，短期時由於存在固定的生產要素，因此，若不斷增加變動生產要素的投入，即使初期可能出現邊際產量遞增的情形，但終將出現邊際產量遞減的現象。

那麼，何以短期的生產函數，均具有邊際產量遞減的性質呢？因為在某些固定生產要素的使用量不變的前提下，隨著變動生產要素的不斷增加，平均與每一變動生產要素所能搭配到的固定生產要素的使用量，將逐漸的減少，使得最終出現相對不足的情形，導致 MP 不可能無限制遞增下去，而終究出現 MP 的遞減走勢。至於變動生產要素剛開始其投入量尚處於較少的初期階段，可能還未能充分發揮其在分工或專業化上的效益；因此，初期有可能出現邊際產量遞增的情形。

二、總產量 (TP) 與邊際產量 (MP) 的關係

根據上述 MP 的定義，瞭解到總產量的變動 (ΔTP) 與 MP 之間的關係，如下式所示：

$$\Delta TP = MP \cdot \Delta L$$

因此，根據上式可以從 MP 與 ΔL 的乘積，先求出 ΔTP；然後，根據 ΔTP 值的大小，及假設勞動投入量為零時，產量等於零，就可以推知對應在不同勞動投入量下的總產量 (TP)。

以勞動投入量變動 $\Delta L = 1$ 為例，其對應之 MP 值如表 5-1 之第三欄所示，呈

現先遞增後遞減的走勢。首先，根據 ΔL 可以求出對應的勞動投入量 (L)，如第二欄所示。其次，根據 MP 及 ΔL 可以求出 ΔTP，如第四欄所示。最後，根據 ΔTP，求算 TP 值，如第五欄所示。

同理，若已知第二欄與第五欄的短期生產函數，即勞動投入量 (L) 與總產量 (TP) 的對應關係的話，亦可以求出第四欄的 ΔTP 及第一欄的 ΔL，並據以求算第三欄的 MP 值。

為清楚的瞭解 TP 與 MP 的隨勞動投入量增加的變化趨勢，及兩者間之互動關係，現在將表 5-1 的 MP、TP 與 L 的對應關係，表現在圖 5-1 中，即可以得出邊際產量曲線、總產量曲線。特別說明的是在畫 MP 曲線時，其 MP 值所對應的勞動投入量，要落在增加前與增加後的中點上。

表 5-1　TP、AP 與 MP 的關係（假設 $K = 4$ 單位）

勞動投入量變動 (ΔL)	勞動投入量 (L)	邊際產量 (MP)	總產量變動 (ΔTP)	總產量 (TP)	平均產量 (AP)
-	0	-	-	0	-
1	1	4	4	4	4
1	2	7	7	11	5.5
1	3	9	9	20	6.7
1	4	10	10	30	7.5
1	5	9.5	9.5	39.5	7.9
1	6	8.5	8.5	48	8
1	7	7	7	55	7.9
1	8	5	5	60	7.5
1	9	2.5	2.5	62.5	6.9
1	10	0	0	62.5	6.3
1	11	−3	−3	59.5	5.4

對照表 5-1 的 TP 與 MP 值，以及圖 5-1 的 TP 曲線與 MP 曲線，瞭解到 MP 與 TP 具有如下之關係：

(1)當 $MP > 0$，且遞增時（即當 $L < 4$ 時），TP 曲線的坡度愈來愈陡峭。

(2)當 $MP > 0$，且達到最大值時（即當 $L = 4$ 時），TP 曲線剛好在反曲點或轉折點上。

(3)當 $MP > 0$，且遞減時（即當 L 介於 4 與 10 之間時），TP 曲線的坡度變得愈來愈平緩。

⑷當 $MP = 0$ 時（即當 $L = 10$ 時），TP 達到最大值。

⑸當 $MP < 0$ 時（即當 $L > 10$ 時），TP 呈現遞減的走勢。

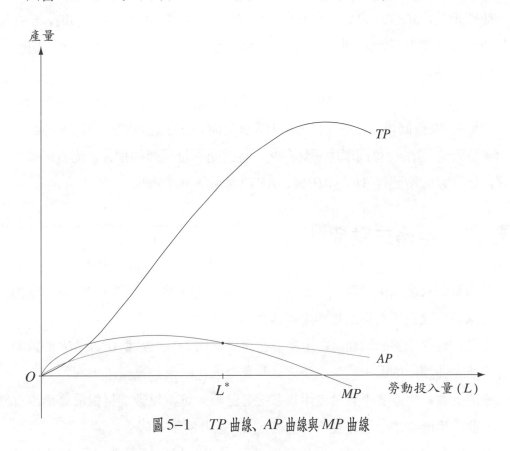

圖 5-1　TP 曲線、AP 曲線與 MP 曲線

🕐 三、平均產量 (AP) 與邊際產量 (MP) 的關係

　　根據平均產量的定義，可以由 TP 與 L 相除，得到 AP 的值。同樣以表 5-1 的例子來看，可以第五欄的 TP 值除以第二欄的 L 值，而得到第六欄的 AP 值，並將 AP 曲線畫在圖 5-1 上。

　　同理，根據表 5-1 的 AP 與 MP 值，以及圖 5-1 的 AP 曲線與 MP 曲線，可以獲知 MP 與 AP 具有如下之關係：

⑴當 $L < L^*$ 時，$AP < MP$，且 AP 遞增。

(2)當 $L = L^*$ 時，$AP = MP$，且 AP 達到最大值。

(3)當 $L > L^*$ 時，$AP > MP$，且 AP 遞減。

簡單地說，MP 與 AP 之間具有以下之關係，即當勞動投入量增加時，且在邊際報酬遞減的情況下，MP 曲線將從 AP 曲線的左上方，往右下方的方向，通過 AP 曲線的最高點。

至於 $AP < MP$ 時，將出現 AP 有所提高的情形，可以從下述例子來瞭解。當班上的原有 40 位同學，其平均身高是 168 公分時，現在若新來一位同學的身高高於 168 公分時，則 41 位同學的平均身高，將因此一位同學的加入，而有所增加。同理，也可以瞭解到在 $AP > MP$ 時，AP 將有所下降的道理。

四、生產三階段

經由邊際報酬遞減法則，以及 TP、AP 與 MP 等三者互動關係的瞭解，我們已能充分認識生產者所面對的短期生產函數的一般性質。

接著，想要回答的問題是，生產者在面對整條 TP 曲線或 AP 及 MP 曲線時，最有可能在曲線中的哪一段，來決定其利潤最大化的最適產量水準呢？

一般而言，生產者不致於使用過多的勞動投入量，以致使其對於產量沒有幫助；因此，生產者的最適產量不可能落在 $MP \leq 0$ 的那一段中。

其次，當 $MP > 0$，且 MP 曲線呈遞增到最高點的那一段，也不是生產者最適產量的落點位置。為什麼呢？因為此時的生產者，會持續增加使用更多的勞動投入量，以享有報酬遞增的好處。假設多使用一單位的勞動投入量，要花一單位的工資（以 W 表示），而在 MP 遞增時，此一新增勞動投入量能增加的產量，將較舊的或先前的勞動投入量來得多；因此，此一新增的勞動投入量的使用，所能增加的收益也較高。即花同樣一單位的工資，新增勞動投入量卻有較高的收益或報酬。

那麼，當 MP 遞減，且 $MP > AP$，即 AP 曲線呈遞增的那一段，有可能是生產者最適產量的落點位置嗎？答案是不可能。為什麼呢？因為當 $MP > AP$ 時，也就是

$$\frac{\Delta TP}{\Delta L} > \frac{TP}{L}$$

經運算後，上式可以變成

$$\frac{\Delta TP}{TP} > \frac{\Delta L}{L}，\text{ 或 } \frac{P \cdot \Delta TP}{P \cdot TP} > \frac{W \cdot \Delta L}{W \cdot L}$$

上式中，P 及 W 分別表示財貨的售價與勞動工資。

　　換言之，當 $MP > AP$ 時，表示總產量增加的速度大於勞動投入量增加的速度；也就是收益或報酬增加的速度，大於僱用勞動花費增加的速度。因此，當 $MP > AP$ 時，生產者仍將會繼續增加僱用較多的勞動，以享有報酬增加速度，較勞動投入量增加速度更快的好處。

　　綜合起來，生產者利潤最大化的最適產量水準，將落在 $MP > 0$，且 $MP \leq AP$ 的那一段中。明白地說，可以按勞動投入量，將生產函數分為三段，即一般所稱的**生產三階段** (Three Stages of Production)。首先，令 AP 曲線最高點所對應的勞動投入量為 L_0，$MP = 0$ 時的勞動投入量為 L_1，則可以將生產三階段明白地表示為：⑴生產的第一階段，是指 $L < L_0$ 所對應的生產函數；以 AP 曲線來看時，即 AP 曲線呈現遞增的那一段。⑵生產的第二階段，是指 $L_0 \leq L < L_1$ 所對應的生產函數；以 MP 及 AP 曲線來看時，即 $MP \leq AP$，且 $MP > 0$ 時的 MP 曲線及 AP 曲線均呈現遞減的那一段。⑶生產的第三階段，是指 $L \geq L_1$ 所對應的生產函數；以 MP 曲線來看時，即 $MP \leq 0$ 時的 MP 曲線。於圖 5-2 中，利用 AP 曲線及 MP 曲線，將生產三階段描繪出來。誠如上述，生產者最適產量水準，將落在生產第二階段中，而不可能在第一階段或第三階段上。

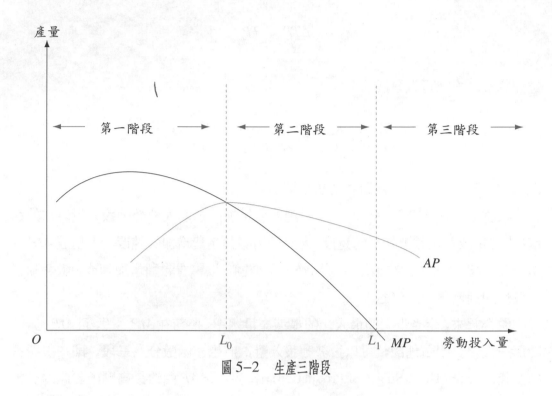

圖 5-2　生產三階段

 觀念研習

3. 何謂短期? 何謂長期?

4. 何謂邊際報酬遞減法則?

5. 試說明總產量 (TP) 與邊際產量 (MP) 的關係。

6. 請說明平均產量 (AP) 與邊際產量 (MP) 的關係。

7. 請說明生產者的最適產量, 何以不會落在生產的第一及第三階段?

第三節　長期生產函數與規模報酬

　　如第二節所述，長期生產函數，是在長期的情況下，將現有生產技術下的要素投入量與產量之間的對應關係，以函數的形式表示出來。其與短期生產函數的區別，在於短期生產函數所使用的生產要素中，因時間不夠長，故至少尚有些生產要素的使用量，還無法加以調整；而長期生產函數所涉及的生產要素，都是可以變動的。

　　不過，就長期生產函數而言，若僅就一種要素（以資本為例）的使用量持續增加時，亦將出現邊際報酬遞減現象，即資本的邊際產量最終也將呈現遞減的走勢。

　　在把握邊際報酬遞減法則的前提下，以勞動(L)及資本(K)兩種生產要素的長期生產函數為例，如圖 5-3 所示。

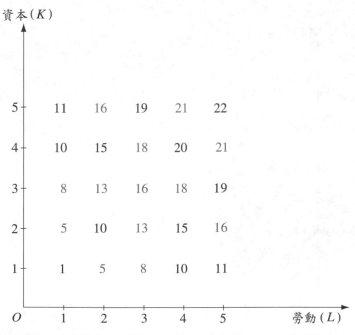

圖 5-3　長期生產函數 $f(L,K)$：總產量與 L、K 之對應關係

可以根據圖5-3的例子，就下述幾點，來說明長期生產函數的一般性質。

1. 存在邊際報酬遞減現象

以 L 固定在 4 單位為例，隨著 K 使用量的增加，其邊際產量呈遞減現象，依序為 10、5、3、2、1。至於其他的情況，也都符合邊際報酬遞減法則的意義。

2. 生產要素之間存在替代性

在圖5-3的例子中，若要生產 16 單位的產量，可以使用不同的要素組合來進行，例如以 2 單位的 L 配合 5 單位的 K（以 (2,5) 來表示），也可以 (3,3)、(5,2) 的組合來生產。由這個例子，獲知若要生產某一固定的產量時，兩生產要素間的搭配存在有許多種組合；也就是說要素間在生產上具有替代性，可以一個要素替代另一個要素，而維持同等的產量。

在經濟學上，將生產相同產量的不同要素組合，畫於圖形上，其軌跡稱為**等產量曲線** (Isoquant Curve)。以上述生產 16 個單位的產量為例，如圖5-4 中的 A、B 及 C 三點，分別表示 L 與 K 的要素組合為 (2,5)、(3,3) 及 (5,2)；而將這些能生產 16 個單位產量的要素組合點串連起來，就得到一條等產量曲線。

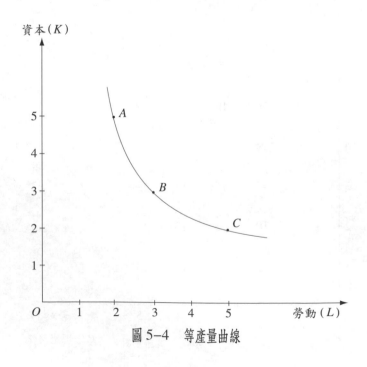

圖5-4　等產量曲線

當生產者以生產的第二階段作為其最適產量的選擇區間時，即在邊際產量遞減且大於零的前提下，其所對應的等產量曲線，必然是一條負斜率的線；而斜率的絕對值，剛好說明兩要素的替代比例，一般稱為**邊際技術替代率** (Marginal Rate of Technical Substitution)，以 *MRTS* 來表示。以圖 5–4 中的 *A* 點變到 *B* 點為例，增加一單位的 *L*，替代了（或減少了）2 單位的 *K*，得知以 *L* 替代 *K* 的 *MRTS* 值等於 2；同理，可以算出 *B* 點到 *C* 點的 *MRTS* 值等於 $\frac{1}{2}$。

　　上述 *MRTS* 隨著替代要素 (*L*) 的持續增加，以及被替代要素 (*K*) 的逐漸減少，所出現遞減的結果（由 2 變成 $\frac{1}{2}$），主要是由於邊際報酬遞減法則的作用，使得 *L* 的邊際產量降低，*K* 的邊際產量提高。因此，必須增加更多的 *L*，才能替換一單位的 *K*；或一單位的 *L* 的增加，只能替換較少單位的 *K*。這就是 *MRTS* 遞減現象出現的理由。據此，可以瞭解到，等產量曲線不但是負斜率，且是凸向原點的。

　　根據數學運算，可以將 *MRTS* 以兩要素邊際產量的商數來加以計算，如下式所示：

$$MRTS_{LK} \equiv -\left.\frac{\Delta K}{\Delta L}\right|_{\text{等產量曲線}} = \frac{MP_L}{MP_K}$$

上式中，MP_L、MP_K 分別表示 *L*、*K* 的邊際產量；而式中的負號，是為了要將 *MRTS* 表現為正值（絕對值）所加上去的。

3.規模報酬的類型

　　所謂**規模報酬** (Returns to Scale)，是一個描述長期生產函數的概念，表示當生產要素按同一比例一起變動（用以表示生產規模的變動）時，所引起的產量變動。根據兩者相對變動的大小，可以分為三種類型。當生產要素變動的比例，小於產量變動的比例時，稱為**規模報酬遞增** (Increasing Returns to Scale)；當兩者比例一樣時，稱為**固定規模報酬** (Constant Returns to Scale)；當前者大於後者時，稱為**規模報酬遞減** (Decreasing Returns to Scale)。

　　以圖 5–3 的例子來說明，當要素投入組合，由 (1,1) 增加一倍為 (2,2) 時，其產量由 1 單位增加為 10 單位，增加幅度超過一倍，故此時呈現規模報酬遞增的情形；

但若由 (2,2) 增加一倍為 (4,4) 時，其產量由 10 單位增加為 20 單位，增加幅度剛好一倍，故此時為固定規模報酬的情形。不過，若由 (4,4) 增加 25％ 為 (5,5) 時，其產量由 20 單位增加為 22 單位，增加幅度僅為 10％，小於 25％，故此時呈現出規模報酬遞減的情形。至於其他各種要素投入組合的變動與產量的相應變動情況，讀者可以自行練習與瞭解。

綜合來說，經由上述參照圖 5-3 的例子，對於長期生產函數一般性質的瞭解與掌握，獲知可以利用等產量曲線的圖形，畫出在各種產量水準下的等產量曲線，並從等產量曲線的斜率、凸向原點的程度以及曲線間相隔距離的變化，將能對於任何長期生產函數做詳盡的認識。

觀念研習

8. 長期生產函數仍具有邊際報酬遞減的現象嗎？

9. 何謂等產量曲線？其斜率的大小表示什麼意義？

10. 邊際技術替代率何以會出現遞減呢？

11. 何謂規模報酬？有幾種類型？

第四節　成本的意義與種類

截至目前，本章已針對廠商所面對的生產技術問題，利用生產函數的關係來呈現與掌握；接著，於下文中，將把此一投入量與產量的關係，利用要素使用或僱用價格，轉化為生產成本與產量的關係，以便作為後續進一步討論廠商生產行為的基礎。本節將首先依序說明成本的意義與成本的種類，並就相應的利潤觀念加以釐清。

一、成本的意義

在第一章討論經濟問題發生的原因，以及經濟資源的配置等一般性課題時，都涉及資源的相對稀少性與如何有效使用資源的事實與選擇問題。同樣地，在第四章討論消費者的消費行為時，消費者也面臨所得預算上的限制，因而必須認真思考如何選購財貨，以得到最大滿足程度的選擇問題。

至於從本章開始針對生產者生產行為的討論，也同樣面臨限制與選擇的問題。其中，生產者一方面受到來自產品銷路的市場或需求面限制，另一方面受到來自現有生產技術面上的限制。因此，面對來自產品銷路上的限制時，生產者就會有選擇入哪一行，選擇生產哪一種產品以及生產多少的問題；而面對來自生產技術上的限制時，就會有選擇採用哪一種生產方法的選擇問題。

所有的選擇問題，不管最後的決定如何，都是要花代價的。例如，消費者若把錢用於多買一些財貨，他就得放棄用於買其他財貨的機會。又如，廠商若把其資金用於生產一種產品，他就得放棄用於生產別種產品的機會；同理，若選擇採用一種生產技術，就得放棄採用其他生產技術的機會。

在經濟學上，一般將選擇問題所引發的代價，稱為該決定的機會成本。明白地說，該決定的機會成本，是選擇此一決定的代價，並以放棄掉的各種機會中的最大好處，來表示此一代價的大小。

在廠商以追求最大利潤為目標的前提下，廠商總是會選擇進入能賺取最高利潤的行業，來從事生產活動；否則，廠商會一直往最高利潤的行業，來調整其生產行為。

不過，廠商不管進入哪一種行業，都要弄清楚利潤是如何算出來的。簡單地說，利潤是由產品銷售的總收益，扣除掉成本，最後剩下來的餘數。總收益的高低，與產品的銷售價格及銷售量有直接關係；而銷售價格與銷售量的決定，與廠商所處市場的競爭程度及市場的需求面，都有關連，將留在下兩章，再行詳細討論。本節及後兩節將先就決定利潤的成本項，進行分析。

廠商從事生產活動有關的成本，一般稱為**生產成本** (Cost of Production)。如前

所述，我們將從機會成本的概念，來討論生產成本的決定，其詳細的討論將放在下兩節中。本節將主要在於釐清經濟觀點的成本，與一般常見到的會計觀點的成本，兩者的區別所在；同時，由於廠商在生產過程中，所排放出來的廢氣、廢水或廢物，對於環境造成的污染或破壞，也是生產成本要納入的項目，本節中也有簡單的說明。

二、成本的種類

關於生產成本的分類，可以從個別廠商的私人觀點與從整個社會觀點，分別討論。首先，就廠商的私人觀點來看。

(一)會計成本、隱藏成本與經濟成本

就個別廠商的私人觀點，如何看待其生產的機會成本或經濟成本呢？基本上，可以就該廠商從事此一生產活動時，所使用的各種資源數量，在其放棄掉的各種其他機會中，所犧牲的最大價值或利益，作為其生產的機會成本。

廠商的生產機會成本，或簡稱生產成本，包含**外顯成本** (Explicit Cost) 與**隱藏成本** (Implicit Cost) 兩項。所謂外顯成本，係指廠商因生產上的需要，對於使用非他自有的生產要素，並實際以金錢支付的花費，包括工資、租金、利息及各項支出項目。通常這些對外的支出項目，都可以依據會計原則，明顯的登錄在會計報表上，故又稱為**會計成本** (Accounting Cost)。

至於隱藏成本，係指那些未明顯表現在會計帳上的成本，有如隱藏在帳目下面一樣。隱藏成本通常發生在以下三種生產性資源的使用上，即資本、存貨與業主自己的勞動資源。

1. 資本的成本

當廠商以自有資金購買其資本設施時，那麼，如何來計算使用該資本設施的機會成本呢？通常包括該資本設施的**經濟折舊**與自有資金的利息兩項。所謂經濟折舊是指在經過一段時間後，資本設施的市場價值的變化，其與按購買金額分年攤提的會計折舊不同。其次，以自有資金購買資本設備，也要計算使用自有資金

的機會成本（即利息）。

2.存貨的成本

存貨包括原材料、半成品及成品的庫存。當廠商使用這些存貨時，要以當時的市價來核算其機會成本，其與按放入庫存時的價格來計算使用成本的會計方法不同。

3.業主自己的勞動資源的成本

廠商的所有人或業主投入自己的勞動資源，從事生產經營的工作，其機會成本包括**工資所得**及**正常利潤**兩項。其中，工資所得是該業主勞動放棄到其他地方工作的代價，而正常利潤是該業主放棄經營其他行業的代價。

上述三項成本，有些是與會計帳的處理方式不同，有些是會計帳所忽略掉的項目，故都稱為隱藏在會計帳下的隱藏成本。一般而言，生產的機會成本或經濟成本，包含外顯成本及隱藏成本兩項，通常是大於會計成本或外顯成本的。換言之，會計成本通常是低估了生產（機會）成本。

其次，就整個社會的觀點，來看生產成本。

㈡私人成本、外部成本與社會成本

誠如上述，廠商的生產活動過程中，除了上述從個別廠商的私人觀點來看的機會成本，即**私人成本** (Private Costs)，或一般所稱的生產成本以外，尚使用到廠商外部的其他資源，例如排放的廢氣、廢水、廢物以及產生的噪音、溫水、地層下陷等大自然資源的過度使用，導致環境污染，甚至破壞自然景觀以及生態環境，影響附近居民的健康以及生命財產的安全。通常將這些未計入或未完全計入廠商私人成本的部分，稱為該廠商從事生產活動的**外部成本** (External Costs)。

因此，若就整個社會的觀點來看，廠商從事生產活動的成本，是包括其私人成本與外部成本兩項的所謂**社會成本** (Social Cost)。當然，對於外部成本不存在的生產活動，其社會成本就等於其私人成本，也就是一般所稱的生產成本。不過，更為常見的生產活動，都是存在外部成本的情況；換言之，一般的生產成本，由於未完全計入使用整個社會資源的機會成本，大多存在低估的現象。

三、利潤的意義與種類

所謂利潤，是指收益扣除掉成本後的餘數。其中，可以按成本種類的不同，分為下述幾種利潤觀念：

1.會計利潤

會計利潤 (Accounting Profit) 是按會計成本或外顯成本所計算出來的利潤，亦即

$$會計利潤 = 收益 - 會計成本（或外顯成本）$$

2.經濟利潤

經濟利潤 (Economic Profit) 是經濟學上所稱的利潤，即按機會成本或經濟成本所計算出來的利潤，亦即

$$經濟利潤 = 收益 - 機會成本$$
$$= 會計利潤 - 隱藏成本$$

第二式是利用機會成本包括外顯成本與隱藏成本兩項，所換算出來的。因此，當隱藏成本大於零時，會計利潤總是比經濟利潤來得大；此一事實，說明一般的會計概念所計算出來的利潤，大多存在高估的情況。

另一方面，由於隱藏成本中包括了**正常利潤** (Normal Profit) 在內；因此，如果會計利潤剛好與隱藏成本相等，而出現沒有經濟利潤時，該廠商還是賺有正常利潤的。一般將經濟利潤大於零的情形，稱為**盈餘**，此時是獲有比正常利潤還多的超額利潤；而小於零的情形，稱為**虧損**。

3.社會利潤

同理，按社會成本所計算出來的利潤，可以稱為**社會利潤** (Social Profit)；不過，此時的收益概念，宜換為**社會利益** (Social Benefits)。與社會成本的考慮外部成本一樣，社會利益是要把私人利益與外部利益加總在一起的。所謂外部利益，是指因廠商從事生產活動，於其銷售產品的收益中，並未全部反映出該生產活動

帶給社會的全部利益。例如，新產品的開發及產品的改良，可能帶動其他廠商的模倣與競爭，或吸引相關廠商的設廠，帶動地方經濟的繁榮等方面。

換言之，可以將社會利潤表示成下兩式：

$$社會利潤 ＝ 社會利益 － 社會成本$$
$$＝ 經濟利潤 ＋（外部利益 － 外部成本）$$

因此，當外部利益大於外部成本時，則經濟利潤就低估了該生產活動所帶給社會的總利潤了。反之，如果外部成本大於外部利益時，經濟利潤就高估了該生產活動所帶來的社會利潤。

觀念研習

12. 何謂機會成本或經濟成本？

13. 何謂生產機會成本？

14. 何謂外顯成本與隱藏成本？兩者的主要差異是什麼？

15. 隱藏成本通常發生在哪些生產性資源的使用上？

16. 正常利潤在什麼情況下是一種機會成本概念？而在什麼情況下是一種利潤概念？

17. 何謂外部成本與社會成本？兩者的關係如何？

18. 何謂經濟利潤？其與會計利潤、正常利潤及社會利潤之關係如何？

第五節　短期成本分析

在瞭解了生產的機會成本或經濟成本之後，本節將從短期的情況下，來討論廠商觀點的生產成本，並主要以所謂的**短期成本函數** (Short-run Cost Function) 作為分析的對象。所謂短期成本函數，是描述短期成本與產量之間的對應關係。本

節將分為三部分來介紹，首先，說明短期成本的意義；其次，介紹一些常用的短期成本概念；最後，扼要說明短期成本的影響因素。

 ## 一、短期成本的意義

在短期下，表示廠商使用的生產要素中，存在無法調整的固定生產要素。因此，即使廠商不生產任何的產量，在短期仍須支付僱用固定生產要素的費用，即支付所謂的**固定成本**(Fixed Cost)。當然，如果開始生產，隨著產量的增加，廠商將依據短期生產函數的技術要求，增加變動生產要素的使用量。換句話說，當產量大於零時，廠商除了支付固定成本以外，仍須支付隨產量變動而使用變動生產要素的費用，此種費用稱為**變動成本**(Variable Cost)，是與產量變動有正向關係的一項支出項目。

簡單地說，當產量為零時，短期成本是指固定成本；當產量大於零時，短期成本（以 TC 來表示）包括固定成本（以 FC 來表示）與變動成本（以 VC 來表示）兩項。亦即 $TC = FC + VC$。

同時，變動成本將隨著產量的增加，因其使用的變動生產要素跟著增加，而呈同方向的提高。同理，短期成本也感受來自變動成本的影響，而隨著產量的增加而上升。

為清楚瞭解短期成本與產量之間的對應關係，即一般所謂的短期成本函數關係，以使用固定生產要素 $\overline{K}$（資本）及變動生產要素 L（勞動）為例的短期生產函數（以 f 來表示）來看，則產量 (Q) 與 $\overline{K}$、L 之關係為：

$$Q = f(L, \overline{K})$$

若已知資本及勞動的要素價格，分別為 r 及 w，則固定成本與變動成本分別為：

$$FC = r \cdot \overline{K}$$
$$VC = w \cdot L$$

因此，短期成本為：

$$TC = r \cdot \overline{K} + w \cdot L$$

接下來，利用圖形來瞭解短期成本函數與短期生產函數之間的關係。首先，就變動成本函數來看。為簡化起見，假設 $w = 1$，則 $VC = L$；因此，可以直接從生產函數的產量與勞動投入量之間的關係，換成產量與變動成本之間的變動成本函數關係。如圖 5-5 所示，將短期生產函數的勞動投入量畫在縱軸上，而將產量畫在橫軸上，可以瞭解到產量隨勞動投入量增加而上升的走勢，並於勞動量為 L_0 時，產量達到最高的 Q_0。現在，也可以從圖 5-5 所畫出的線，瞭解為短期的變動成本曲線。因為，在 $w = 1$ 的情況下，勞動投入量就等於變動成本。因此，若從變動成本與產量的對應關係來看時，短期生產曲線就是變動成本曲線。

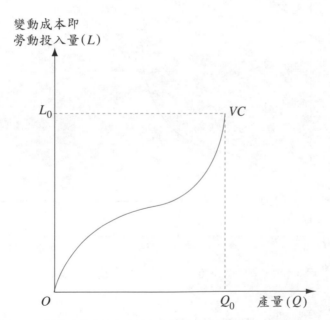

圖 5-5　短期的變動成本曲線與短期生產函數的關係（當 $w = 1$ 時）

當然，在 $w \neq 1$ 時，則只要將縱軸的單位加以轉換，仍能直接由短期生產函數，得出變動成本曲線。因此，可以瞭解到，當 $w \neq 1$ 時，並不影響如圖 5-5 所

呈現出來的變動成本隨產量變動的變化走勢；亦即隨產量的持續增加，變動成本首先是緩慢上升，然後才快速上升。至於變動成本何以呈現此一變化走勢，當然是取決於短期生產函數的性質，將於下一小節再來討論。

其次，就固定成本來看。由於固定成本的大小，直接由固定要素使用量 $\bar{K}$ 及其價格 r 所決定，與產量的多少無關；因此，若以圖形來表示時，則 FC 曲線為一條平行於橫軸（產量軸）的直線，其截距剛好等於 $r\bar{K}$，如圖 5–6 所示的 FC 曲線。

最後，根據 FC 及 VC 曲線，可以在每一產量水準下，垂直加總 FC 及 VC，而得到 TC 曲線，如圖 5–6 的 TC 曲線。其中，TC 與 VC 曲線的垂直距離，剛好是 FC 的值。同時，也瞭解到產量為零時，TC 等於 FC；以及 TC 曲線的走勢，基本上是取決於 VC 曲線的走勢，而直接與短期生產函數連繫在一起。

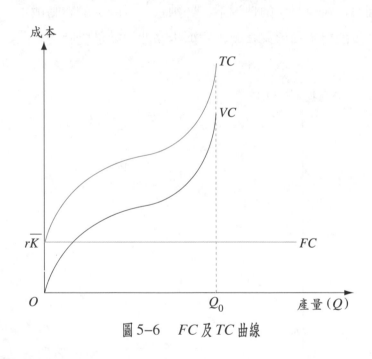

圖 5–6　FC 及 TC 曲線

二、短期平均成本與短期邊際成本

對應於短期成本或**總成本** (Total Cost)，可以得到**平均成本** (Average Cost) 與**邊際成本** (Marginal Cost) 等常用的成本概念。所謂平均成本，係就全部的產量來看的，其中每一單位產量平均花費的固定成本、變動成本及總成本；其中，所謂的**平均固定成本**（Average Fixed Cost，以 AFC 表示）、**平均變動成本**（Average Variable Cost，以 AVC 表示）及**平均總成本**（Average Total Cost，以 ATC 表示），亦可以列式子來定義，並說明三者之關係：

$$AFC \equiv \frac{FC}{Q}$$

$$AVC \equiv \frac{VC}{Q}$$

$$ATC \equiv \frac{TC}{Q} = \frac{FC}{Q} + \frac{VC}{Q} = AFC + AVC$$

就 AFC 來看，FC 為一固定常數，故隨著 Q 的增加，AFC 將逐漸減少，其走勢如圖 5–7 的 AFC 曲線所示。其次，就 AVC 來看，VC 與 Q 之間具有同向變化關係，當 VC 上升的速度比 Q 增加的速度慢時，則 AVC 將呈現下降的走勢；反之，當 VC 上升的速度較 Q 快時，則 AVC 會呈遞增的走勢；而當兩者的速度一樣快時，AVC 曲線剛好落在最低點的位置。如圖 5–7 中的 AVC 曲線，當產量小於 Q_1 時，AVC 曲線是遞減的；於 Q_1 時，AVC 曲線達到最低點；但當產量大於 Q_1 時，AVC 曲線呈上升的走勢。

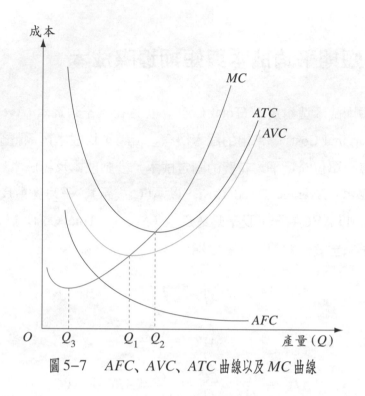

圖 5-7　　*AFC、AVC、ATC* 曲線以及 *MC* 曲線

　　關於 *AVC* 曲線的走勢，何以先遞減後遞增呢？可以由短期生產函數的平均產量的變化來瞭解。於本章有關生產技術的說明中，瞭解到隨著勞動投入量的增加，平均產量首先呈遞增，到達其最高點以後，就呈遞減的走勢。因此，當平均產量呈遞增時，表示產量的增加速度快於勞動投入量的增加速度，也就是說產量的增加速度快於變動成本的增加速度，就等於說 *AVC* 呈遞減的走勢；同理，當 *AP* 遞減時，*AVC* 則呈遞增的走勢。

　　上述 *AVC* 曲線走勢與 *AP* 變化的關係，可以從下式來瞭解：

$$AVC = \frac{VC}{Q} = \frac{w \cdot L}{Q} = \frac{w}{Q / L} = \frac{w}{AP}$$

由上式知，當 *AP* 上升時，*AVC* 下降；而當 *AP* 下降時，*AVC* 上升。

　　最後，就 *ATC* 來看，*ATC* 是由 *AFC* 及 *AVC* 兩者相加而成。當 *AFC* 及 *AVC* 都呈遞減時，*ATC* 也會呈遞減，且 *ATC* 與 *AVC* 兩者的距離，也逐漸因 *AFC* 的變小而拉近。但當 *AVC* 開始出現遞增的走勢時，其初期的上升力道並不是太強，將比

AFC 下降的力道小，此時 *ATC* 將仍繼續呈現遞減，不過，其遞減的速度已放慢了。當 *AVC* 上升的力量與 *AFC* 下降的力道相當時，*ATC* 曲線將達到其最低點的位置；而後，則因 *AVC* 上升的力道，大過 *AFC* 下降的力量，而使得 *ATC* 呈現遞增的走勢。如圖 5-7 中的 *ATC* 曲線，當產量小於 Q_2 時，*ATC* 曲線是遞減的；於 Q_2 時，*ATC* 曲線達到最低點；而當產量大於 Q_2 時，*ATC* 曲線呈遞增的走勢。同時，由上述說明，也瞭解 *ATC* 曲線最低點的產出水準 Q_2，必將大於 *AVC* 曲線最低點的產量水準 Q_1，即 $Q_2 > Q_1$。而 *ATC* 與 *AVC* 兩曲線間的距離，就是 *AFC*，故隨著產量的增加，兩曲線愈來愈接近。

那麼，所謂邊際成本（以 *MC* 表示），係就變動的產量來看，平均每變動一單位的產量，所引起總成本的變動量；同時，由於固定成本不變，故總成本的變動量也就等於變動成本的變動量。同前，可以將邊際成本定義如下式：

$$MC \equiv \frac{\Delta TC}{\Delta Q} = \frac{\Delta VC}{\Delta Q}$$

式中之 ΔTC、ΔVC 及 ΔQ 分別表示總成本、變動成本及產量的變動量。

根據短期生產函數，得知產量的變動 (ΔQ) 是來自於勞動投入量的變動 (ΔL)；而勞動投入量的變動，將引起變動成本的變動 (ΔVC)，即

$$\Delta VC = w \cdot \Delta L$$

將上式關係代入後，可以得出 *MC* 與 *MP* 的關係如下：

$$MC = \frac{\Delta VC}{\Delta Q} = \frac{w \cdot \Delta L}{\Delta Q} = \frac{w}{\Delta Q \ / \ \Delta L} = \frac{w}{MP}$$

從上式中，瞭解到 *MC* 的走勢剛好與 *MP* 相反。當 *MP* 呈遞增時，*MC* 是遞減的；而當 *MP* 因邊際報酬遞減法則而出現遞減時，*MC* 是遞增的。

同時，*MC* 與 *AVC* 的關係，可以比照 *MP* 與 *AP* 的關係來瞭解。即當在生產的第一階段時，$MP > AP$，表示 *AP* 在遞增階段，故知 *AVC* 在遞減階段。*AVC* 之所以會遞減，表示 *VC* 增加的速度比產量慢，即

$$\frac{\Delta VC}{VC} < \frac{\Delta Q}{Q}$$

經整理後，變成下式

$$\frac{\Delta VC}{\Delta Q} < \frac{VC}{Q}$$

上式左邊即 MC，右邊即 AVC；亦即當 AVC 遞減時，表示此時之 MC 小於 AVC。

同理，當在生產的第二階段時，$MP > 0$，且 $MP < AP$，表示 AP 在遞減階段，故知 AVC 在遞增階段，亦可以推知此時之 MC 大於 AVC。

當然，當 $MP = AP$ 時，MC 等於 AVC。因此，根據上述說明，瞭解到 MC 曲線將隨著 MP 的變化走勢，首先呈現遞減，於達到最低點以後，再呈現遞增的走勢；同時，MC 將在其遞增階段，從 AVC 曲線的左下方，穿過 AVC 曲線的最低點。即在 AVC 最低點的產量水準之前，MC 曲線是在 AVC 曲線的下方；但在該產量水準之後，MC 曲線在 AVC 曲線的上方。如圖 5-7 中的 MC 曲線，於 Q_1 時，經過 AVC 曲線的最低點；至於 MC 曲線的最低點對應的產量水準 Q_3，是比 Q_1 小。

至於 MC 與 ATC 的關係，也可以比照前述之推理方式，得出 MC 曲線會從 ATC 曲線的左下方，穿過 ATC 曲線的最低點。例如，當 ATC 遞減時，表示 TC 增加的速度比產量慢，即

$$\frac{\Delta TC}{TC} < \frac{\Delta Q}{Q}$$

經整理後，得到下式：

$$\frac{\Delta TC}{\Delta Q} < \frac{TC}{Q}$$

上式左邊即 MC，右邊即 ATC；亦即當 ATC 遞減時，表示此時之 MC 小於 ATC。於圖 5-7 中，也看到了 MC 曲線，於 Q_2 時，經過 ATC 曲線的最低點。

最後，提醒讀者們注意的是，於圖 5-7 中，可以瞭解到 AVC 及 ATC 曲線通常

會呈 U 字形。至於 MC 曲線是否呈 U 字形，則要看短期生產函數的 MP 曲線，是否存在遞增的階段而定；如果有的話，MC 曲線也會呈 U 字形。

三、短期成本的影響因素

於本節有關短期成本函數的討論，都是在資本投入量 (K)、生產要素價格（如 w、r) 以及現有生產技術 (f) 等三項因素不變下所進行的。因此，當這三項因素有了變化時，將造成整條短期成本曲線的移動。茲扼要說明如下：

1. 資本投入量

當資本投入量較多時，一方面直接使固定成本增加；另一方面可能使勞動的邊際產量增加以及延後出現邊際報酬遞減現象，因而有助於 MC、VC 及 AVC 的降低。因此，資本投入量較多時，對於 TC 及 ATC 的影響並不確定。

2. 生產要素價格

當資本的使用價格增加時，將拉高固定成本；當勞動的僱用價格提高時，將增加變動成本。因此，生產要素價格的提高，都會使得總成本跟著往上調高。

3. 生產技術

當生產技術有所進步時，表示相同的投入，其產量比以前多。因此，雖然技術進步不至於影響固定成本，但卻可以降低變動成本，而使得總成本跟著向下調低。

 觀念研習

19. 何謂短期成本？其與產量之關係如何？

20. 何謂短期平均成本？其與產量之關係如何？

21. 何謂短期邊際成本？其與產量之關係如何？

22. 請畫圖說明 AVC 及 ATC 分別與 MC 之關係。

23. 請問有哪些因素會影響短期成本函數？為什麼？

第六節　長期成本分析

就廠商的長期成本方面，我們也希望瞭解長期生產成本與其產量之間的對應關係，即所謂的**長期成本函數**(Long-run Cost Function)。本節將分為三部分，首先，討論長期成本與短期成本之間的關係；其次，說明長期成本函數與短期成本函數之間的關係，以及**規模經濟**(Economies of Scale)與**規模不經濟**(Diseconomies of Scale)的概念；最後，扼要解析長期成本的影響因素，以及**外部經濟**(External Economies)與**外部不經濟**(External Diseconomies)的概念。

一、長期成本與短期成本之間的關係

所謂長期與短期之間的最大區別，在於長期時，已不存在固定生產要素，全部的要素都是可以調整改變的；而在短期時，則至少存在一種無法調整其使用量的固定生產要素。因此，以生產某一數量的產品來看，在短期間，由於無法按成本最小化的方式，充分調整其生產要素的組合；所以，除非在很湊巧的情況，剛好使用了該產量下的最小成本的固定生產要素，否則的話，短期成本一定高於長期成本。

本小節將利用**等成本線**(Isocost Line)的概念，以圖解的方式，來清楚地解析上述短期成本與長期成本之間的關係，及其中的推理過程。本小節將分為三部分，首先，介紹等成本線的意義；其次，討論最小成本的生產要素組合及其成本；最後，則依據前述最小成本的架構，來比較說明長期成本與短期成本的大小關係。

(一)等成本線的意義

所謂等成本線，是指廠商花相等的花費（即成本），所能購買到的全部的生產要素組合。其與消費者理論中的所得預算線，有異曲同工之妙；只不過，現在的等成本線是畫在（兩個）生產要素軸的圖形上，而非畫在消費性財貨軸的圖

形上。

以討論資本 (K) 及勞動 (L) 兩個生產要素為例，若其價格分別為 r 及 w；那麼，花費 C_0 所能購買到的全部的要素組合 (L,K)，即等成本線 IC_0 可以表示成下式：

$$wL + rK = C_0$$

或改寫成下式：

$$K = \frac{C_0}{r} - \frac{w}{r}L$$

現將等成本線 IC_0 畫在 K 及 L 軸的圖形上，如圖 5-8 的 AB 線。其中，A 點表示 C_0 所能購買到的資本量有 $\frac{C_0}{r}$ 單位，而 B 點表示 C_0 所能購買到的勞動量有 $\frac{C_0}{w}$ 單位。換言之，可以從等成本線在 K 軸或 L 軸截距（OA 或 OB）的長短，來間接瞭解該成本線所花費成本的多寡。例如，與 AB 平行的另一條等成本線 CD，若其離原點愈遠，或其截距愈長（如圖 5-8 的 CD 線），就可以瞭解到其所代表的成本花費，比 AB 線來得高。同理，若 CD 線在 AB 線的左下方時，則其所代表的成本額度，就比 AB 線小。因此，可以直接從圖上的許多條相互平行的等成本線，瞭解其各自代表的成本的大小；其中，離原點愈遠的，或落在右上方的，其成本花費就愈高或較高。

其次，就等成本線的斜率來看，其值等於負的 $\frac{w}{r}$，其負值說明了生產要素的購買，在花費固定的前提下，只能是一個要素買多了，另一個要素就得少買；至於 $\frac{w}{r}$ 的大小，即說明多（或少）買一單位的勞動，其所需增加（或省下來）的花費 w，就得少買（或可增買）$\frac{w}{r}$ 單位的資本。換言之，等成本線斜率的絕對值，說明兩要素在市場上的交換比例。

當然，當要素價格發生變化時，$\frac{w}{r}$ 的值也可能改變，而影響到等成本線的斜率。讀者們可以比照第四章討論所得預算線的方式，自行練習有關要素價格變化，對於等成本線的影響的問題，在此不再多談。

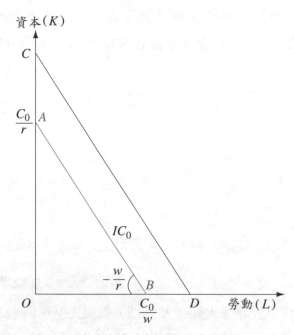

圖 5-8　等成本線及其所代表成本的高低

(二)最小成本的要素組合

就某一固定的產量 Q_0 來看，其生產的最小成本是多少？以及其最適的要素組合是如何找到的呢？

在本章有關長期生產函數的討論中，提到等產量曲線的概念，瞭解到就某一固定產量的生產，是存在有很多種要素組合的可能性，而這些要素組合就串聯成一條等產量曲線。因此，可以產量 Q_0 的等產量曲線作基礎，就其可能的要素組合，畫出經過該組合的等成本線，然後找出一條最左下方的一條等成本線，其所代表的花費就是生產 Q_0 的最小成本；換言之，在等產量曲線與該等成本線相切的點，也就是我們要找的最適要素組合了。

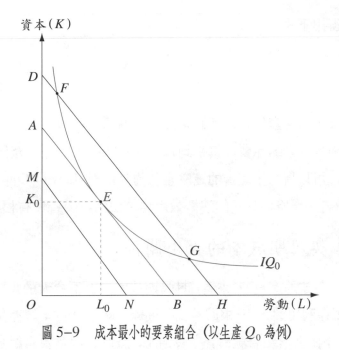

圖 5-9　成本最小的要素組合（以生產 Q_0 為例）

　　現在利用圖形方式，來說明上述的推理過程與結果。於圖 5-9 中，首先畫出產量 Q_0 的等產量曲線 IQ_0；然後，根據要素價格的比值（$\frac{w}{r}$）的大小，畫出負 $\frac{w}{r}$ 斜率的等成本線，如 DH、AB 及 MN 等等，這些等成本線所代表的花費，可以由其截距的長短來表現。其中，MN 線的成本雖然較小，但 MN 線並沒有與等產量曲線相交，表示 MN 線上的要素組合，無法生產出 Q_0 的產量。DH 及 AB 線都與等產量曲線相交，其交點的要素組合（如 E、F、G）都可以生產出 Q_0 的產量。至於這些要素組合點的花費大小比較，就可以由經過這些組合點的等成本線的位置來判斷；從圖中得知，過 E 點的 AB 線，是在生產 Q_0 產量下，其成本最小的等成本線，其成本等於 $w \cdot OB$ 或 $r \cdot OA$，而 E 點是等產量曲線與此一等成本線的切點，也就是我們要找的最適要素組合，即 (L_0, K_0)。

　　另一方面，在 E 點時，等產量曲線與等成本線的斜率相等，也就是下式成立：

$$\frac{MP_L}{MP_K} = \frac{w}{r}$$

上式中，左邊及右邊分別表示等產量曲線及等成本線的斜率絕對值。將上式稍作

整理後，可以得出下式：

$$\frac{MP_L}{w} = \frac{MP_K}{r}$$

此式表明成本最小的要素組合，所必須滿足的關係式；即勞動及資本的使用，要滿足最後對這兩種要素的花費，其平均每一塊錢所得到的邊際產量剛好相等的條件。上式條件，可以稱為生產者的**邊際產量均等法則** (Law of Equi-marginal Product)，其與消費者均衡條件之一的邊際效用均等法則，兩者具有相同的旨趣。

㈢長期成本與短期成本的大小關係

同樣就某一特定的產量 Q_0 來看，其長期成本是否不會大於短期成本呢？其答案是肯定的，現在利用圖 5-10 來回答此一問題。圖 5-10 中，等產量曲線 IQ_0 表示產量在 Q_0 水準下的要素組合軌跡，在長期時，廠商會調整要素組合，使其成本最小化，即選用 E 點的要素組合 (L_0, K_0)，來生產 Q_0 的產量，而其所花費的成本，是由過 E 點的等成本線 AB 來表示，即 $w \cdot OB$ 或 $r \cdot OA$。

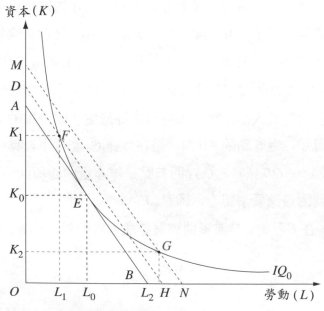

圖 5-10　長期成本與短期成本的比較（以生產 Q_0 為例）

但是，在短期時，若其固定生產要素 K 不等於 K_0，可能大於 K_0，如 K_1；亦可能小於 K_0，如 K_2。那麼，就 K_1 的情形來看，如 F 點所示，必須搭配 L_1 的勞動量才能生產出 Q_0 的產量；此時，雖然 $L_1 < L_0$，但其總花費如等成本線 DH 所示，是比 AB 線來得高，即 $w \cdot OH > w \cdot OB$，高出 $w \cdot HB$ 那麼多，其原因在於其固定成本（以 $FL_1 \cdot r = L_1H \cdot w$ 表示）的大幅增加所致。至於 K_2 的情形，亦可以比照得出，其總花費比 AB 線高出 $w \cdot NB$ 那麼多。

所以，利用圖 5-10 的解說，我們清楚地瞭解到，就生產 Q_0 的產量來說，在短期時，除非其固定生產要素 (K) 的使用量，剛好與長期時的最適量一樣，此時之短期成本與長期成本相等；否則，短期成本必然大於長期成本。

二、長期成本函數與規模經濟

所謂長期成本函數，是指在長期下，廠商的生產成本與產量之間的對應關係。其與短期成本函數的關係如何呢？其與短期成本函數之間，有何相似點或不同點呢？本小節將準備來回答這二個相關問題。

上一小節係在產量固定在某一水準 Q_0 的情況下，來討論短期成本的大於或等於長期成本的關係。同理，若就某一固定生產要素使用量（以 K_0 的資本量為例）的短期成本函數來看，其與長期成本函數之間的大小關係，又將是如何呢？其答案也是類似，即在不同的產量水準之下，除非短期的固定生產要素使用量，剛好與其在某一長期時的最適使用量一致，此時短期成本與長期成本相等；否則，短期成本均大於長期成本。現在利用圖 5-11，就可以更清楚地瞭解其中的道理。

在圖 5-11 中，畫出三條不同產量水準的等產量曲線 IQ_0、IQ_1 及 IQ_2，其對應之產量分別為 Q_0、Q_1 及 Q_2，且 $Q_0 < Q_1$，$Q_0 > Q_2$。當短期的資本投入固定在 K_0 時，其相應於 Q_0、Q_1 及 Q_2 的產量下，其要素組合點為 E、F 及 G；因此，其相應的短期成本，就可以由經過這三個要素組合點的等成本線 EB、FD 及 GM 來表達。至於相應於 Q_0、Q_1 及 Q_2 時的長期成本，則由與等產量曲線 IQ_0、IQ_1 及 IQ_2 相切的等成本線 EB、HN 及 JR 來表達。由圖中，很容易瞭解到，在 Q_0 時，短期成本與長期成本相當；而在其他的產量水準下，短期成本都大於長期成本。

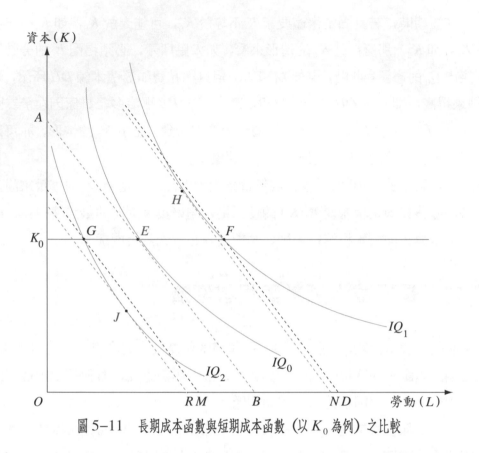

圖 5-11　長期成本函數與短期成本函數（以 K_0 為例）之比較

從圖 5-11 中，也瞭解到在不同產量水準下的長期成本，是由這些最小成本的要素組合點 (L^*, K^*) 所計算出來的。而針對每一個要素組合點內的最適資本使用量 (K^*)，就可以找到一個以該資本量作為其固定生產要素使用量的短期成本函數。換句話說，長期成本函數是綜合體現了所有的使用最適固定生產要素 (K^*) 的短期成本與產量之間的關係。此一關係，可以利用**長期平均成本曲線** (Long-run Average Cost Curve) 及使用最適生產要素的短期平均成本曲線，做進一步的呈現。

首先，說明長期平均成本曲線的意義。所謂長期平均成本（以 LAC 表示），是指就全部的產量而言，平均每一單位產量所花費的長期成本（以 LTC 表示）；即可以下式來定義 LAC：

$$LAC \equiv \frac{LTC}{Q}$$

一般而言，LAC 可能隨著產量的增加，而出現三種不同的變化趨勢，即遞減、不變與遞增等三種走勢。當 LAC 呈現遞減的走勢時，表示隨著規模（可以由生產要素的投入量或由產量來衡量）的增加，其 LAC 降低了，通常稱為規模經濟（現象）；當 LAC 呈現遞增時，稱為規模不經濟；而當 LAC 不增不減時，稱為**固定規模經濟** (Constant Economies of Scale)。

當長期生產函數處於規模報酬遞增的階段時，長期平均成本比較有可能出現遞減的走勢，而表現出規模經濟現象；而當長期生產函數處於規模報酬遞減的階段時，則較容易出現規模不經濟的現象。因此，規模經濟現象的出現，除了可以從長期生產函數的規模報酬遞增因素去瞭解，如專業與分工、大型資本設備的不可分割性等因素以外，也可能因大規模採購生產要素享有折扣優惠、可以創造副產品的價值，可以回收資源再利用、可以請到較優秀的經營或技術人才等因素，而使得 LAC 出現遞減的走勢。至於規模若過分擴張膨脹以後，不但會出現規模報酬遞減的因素，也可能廠商內部員工增加，其管理與訊息傳遞上逐漸出現困難；這些因素都將使得 LAC 不可能一直降低下去，最後總是會出現 LAC 的遞增走勢。

因此，當產量夠大時，其 LAC 曲線，將如圖 5-12 所示的，出現遞減、水平及遞增等三種不同的走勢，與短期平均成本曲線一樣呈 U 字形。而其與採用最適資本量的短期平均成本函數之間的關係，如圖 5-12 所示。以 Q_0 產量下的最適資本量 K_0 為例，使用 K_0 的短期平均成本曲線 ATC_0，剛好在 Q_0 時與 LAC 曲線相切，而在其他產量下，ATC_0 都大於 LAC。至於在 Q_1、Q_2 的產量下，其情形也一樣。通常也由於 LAC 曲線與各短期平均成本曲線之間的相切及 LAC 小於或等於任一 ATC 的關係，而稱長期平均成本 (LAC) 曲線為短期平均成本 (ATC) 曲線的**包絡線** (Envelope Curve)。

同時，如圖 5-12 中，LAC 曲線於 Q_1 產量下，是處於最低點 B，一般稱 LAC 最低時的產量水準 (Q_1) 為**最適規模** (Optinal Scale)（產量）。根據長期平均成本曲線與各短期平均成本曲線之間的相切關係，可以推得出長期邊際成本 (LMC) 曲線，是由與切點對應的各該短期邊際成本所連接而成，如圖的 E、B、F 點都在 LMC 曲線上（於圖中並未繪出 LMC 曲線）。

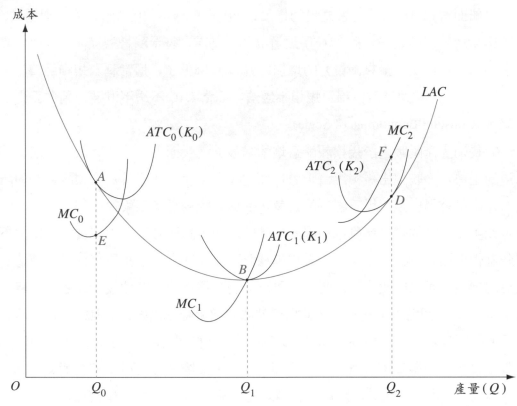

圖 5-12　長期平均成本曲線與短期平均成本曲線之間的關係

三、長期成本的影響因素與外部經濟

　　依據上述長期成本函數與短期成本函數之間關係的說明，當可以瞭解到，影響短期成本的因素中，如生產要素價格與生產技術，也都將是長期成本的影響因素；這些因素的變動，將使得長期成本曲線出現整條移動的情形。

　　於經濟學上，將非企業本身所能控制的外在因素的變動，如生產要素價格、生產技術及其他影響生產環境的因素的改善或惡化，最終使得廠商的長期平均成本曲線，出現整條往下移動的現象，稱為外部經濟；反之，若出現整條長期平均成本曲線往上移動的現象，則稱為外部不經濟。

觀念研習

24.何謂長期成本? 其與短期成本之間的大小關係如何?

25.何謂等成本線? 其截距與斜率各具什麼意義?

26.就某一產量水準而言, 廠商將依據什麼法則來使用生產要素, 方能使成本最小呢?

27.何謂長期平均成本? 其與規模經濟及規模不經濟的關係如何?

28.長期平均成本曲線與任何一條短期平均成本曲線之間的關係如何?

29.長期平均成本曲線與各條短期平均成本曲線之間的關係如何?

30.何謂外部經濟及外部不經濟?

第七節　應用分析

　　本章首先利用生產函數概念, 來介紹產量與生產要素投入量間的關係, 瞭解到在生產技術上一般都具有邊際報酬遞減法則的通性, 且在規模報酬上也可能同時具有遞增、固定不變或遞減的性質。其次, 本章亦利用要素使用價格, 將生產技術關係轉換成生產成本函數; 其中, 除了表明生產函數與成本函數的對應關係以外, 亦介紹規模經濟、規模不經濟、外部經濟與外部不經濟等概念。本節將進一步說明應用上述概念的方向與例子。

　　首先, 就是否存在所謂的長期生產函數的問題加以討論。就長期生產函數來看, 在現有生產技術下, 比較有可能受生產者採用的規模報酬型態, 應是固定規模報酬。為什麼呢? 第一、如果規模過大, 以致於出現規模報酬遞減, 那麼, 該生產者必然採取縮小規模, 多增設分廠或分公司的方式, 否則無法與其他生產者競爭。第二、如果規模不過大, 而仍處於規模報酬遞增階段時, 該生產者必然加速擴充規模, 以獲取規模報酬遞增的好處, 否則亦必然被其他的競爭者所淘汰。

　　問題的關鍵在於, 在現實的經濟環境下, 各廠商的生產要素中, 特別是在高

層或中層的管理人才與研發技術人才方面，其特質與經驗是無法複製與傳承，也無法抄襲的。甚至各企業的品牌、商譽、銷售通路、企業文化、經營團隊的默契及關鍵技術與原材料的掌握等無形資產或軟體資本，這些生產要素也很難在所謂的「長期」內搭配進行調整的。因此，是否真正存在所謂的生產要素均可以變動的長期生產函數，仍令人懷疑。

另一方面，如果長期所涵蓋的時間相當長，而生產技術發生變動的時間沒那麼長，或生產技術的進展速度，也是可以透過研發投入去推動的話，那麼，上述在生產技術不變下，來討論「長期」生產函數，也就不太具有意義了。

根據以上說明，瞭解到在現實上，一般仍以短期生產函數的實用性較大。不過，在短期內，其變動生產要素的種類，除了勞動之外，甚至也可能包括資本、土地、企業能力與技術水準在內；至於固定生產要素則指該生產者或廠商所擁有的管理、研發、技術人才特質與經驗，或是一些無形資產或軟體資本。

其次，就邊際報酬遞減法則與人口論的意涵加以說明。如上所述，若從短期生產函數的角度來看，則邊際報酬遞減法則的意義，就更為明顯。**馬爾薩斯**(Thomas Robert Malthus, 1766～1834) 曾將邊際報酬遞減法則的意義，作為其《人口論》（*An Essay on the Principle of Population*，1798 年出版）專著的推理依據。

馬爾薩斯首先說明人口數的生產與糧食生產兩種方式的差別。就人口數的成長或生產而言，在糧食充分供應以及婚姻制度不變的前提下，他推測人口數每隔25 年將增加一倍，即將按照幾何級數的倍數增加，如 1、2、4、8、16、32、……。

就糧食的生產而言，由於土地面積固定不變，勞動投入量的持續增加，將出現邊際報酬遞減現象；因此，他推測糧食產量每隔 25 年，至多按算術級數的倍數增加，如 1、2、3、4、5、6、……。

其次，馬爾薩斯根據人口數與糧食增加趨勢的推測，認為如果不從晚婚與節慾等婚姻制度與道德節制上著手，來控制人口的增長的話，最後終有一天因糧食的無法充分供應，而被迫透過貧困、天災、戰爭、瘟疫、飢餓等方式，來減少人口的增加。

人口論對於人口增長與糧食無法同比例增長的推論，給予人們瞭解報酬遞減法則的真實意義，並體會到經濟學研究的富於啟發性與對於政策走向的指導作用；

而人口論由於提出人口無限制增長以及糧食的有限制增長的困境，以及可能引發種種惡果的結論，也使得當時的經濟學被稱為「**憂鬱的科學**」(the Dismal Science)。

　　可能源於人口論提出的警訊，給予人類反省的空間。同時，也由於科技發展的突飛猛進；尤其是醫藥的發明對於疾病的控制，農業、生化等科技方面的發展以及家庭計畫的有效推行，婦女參與工作機會的增加，使得養育子女所需花費的時間與金錢，對於子女教育、健康等品質的要求，都大幅提升。這些發展，一方面提高糧食的有效供應量，一方面降低人口的增長率，以減緩或有效解決人口論所提出的困境問題。

　　不過，人口論的意涵，即人類面臨報酬遞減法則的挑戰，始終無法避免。其中，土地或大自然所賦予的森林、水、空氣、生態環境等方面的固定生產要素，由於人們不當或過度的使用，而受到破壞或污染的問題，正提供一個活生生的負面例子，以教育人類重新正視報酬遞減法則的普遍性。同時，也告訴我們，所謂生產的過程，應把消費的活動也包括在內，而生產的惟一產量就是消費者的滿足程度或效用水準，至於其在生產、消費等過程中，所涉及的生產要素，當不僅僅是土地、勞動、資本、企業能力而已，尚包括在生產過程中所使用的大自然資源，以及在消費過程中所產生的污水、垃圾等廢棄物的處理，所要使用的大自然資源在內。

　　簡單地說，任何生產函數若從使用社會資源的角度來看時，均將使用部分的大自然資源；因此，必然只具短期性質，也必然會受到邊際報酬遞減法則的限制。如果不對此一限制加以重視的話，將導致大自然資源的不當使用，或甚至造成破壞的結果；同時，此一惡果必然仍會由人類自行來承受。以上說法，正是人口論的現代意涵。

　　最後，利用等產量曲線來推導生產可能曲線。在第一章時，曾說明在一定的經濟資源與技術下，按比較利益原則來有效配置，可以得出一條所謂的生產可能曲線，用以描述全部可能實現的財貨組合的邊界線。以下，我們將利用等產量曲線的概念，來導出生產可能曲線。

　　如圖 5-13 所示，設有勞動與資本兩種生產要素，其數量已知為 $\overline{L}$ 與 $\overline{K}$，用以生產 A 與 B 兩種財貨。至於生產 A 與 B 財貨的生產技術，可以分別利用等產量曲

線來呈現；其中，生產 A 財貨的生產技術，以對應於原點 O_A 的等產量曲線 IA 來表示，而生產 B 財貨的生產技術，則以對應於原點 O_B 的等產量曲線 IB 來表達。在四邊形 $O_A\overline{L}O_B\overline{K}$ 中的點，均表示為可供使用的資源數量，以 E 點為例，表示 A 財貨的生產使用了 O_AL_1 的勞動與 O_AK_1 的資本，而 B 財貨的生產則可使用剩下的 $L_1\overline{L}$ 的勞動與 $K_1\overline{K}$ 的資本；如此，剛好可以生產 A_0 及 B_1 的兩財貨，如 IA_0 及 IB_1 所示。

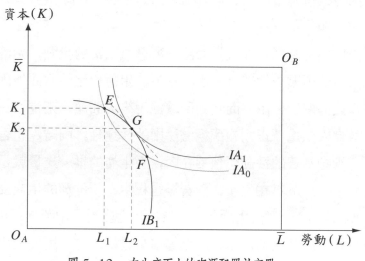

圖 5-13　在生產面上的資源配置效率點

在圖 5-13 中，知道 E 點所表示的 $MRTS^A$ 不等於 $MRTS^B$，說明資源的配置尚有改善的空間，為什麼呢？以維持 B_1 的產量為例，如圖所示，在 IB_1 線上的 EF 部分（不含 E、F 點），都表示生產出比 A_0 還多的配置點；其中，以 IA_1 曲線與 IB_1 曲線相切的 G 點，才是在生產面上的資源配置效率點，而此時的 $MRTS^A$ 與 $MRTS^B$ 相等。對應在生產可能曲線的圖形上，如圖 5-14 所示，G 點表示生產兩財貨的組合 (A_1,B_1)，將落在生產可能曲線上；至於 E 點（或 F 點）的財貨組合 (A_0,B_1) 是落在生產可能曲線的左下方中，表示資源尚未有效配置或未充分加以使用的情形。根據上述，可以將所有資源配置效率點（如圖 5-13 所示）所對應的財貨產量組合，畫在 A、B 財貨的兩軸上，就可以得到生產可能曲線（如圖 5-14）的 MGN 曲線。

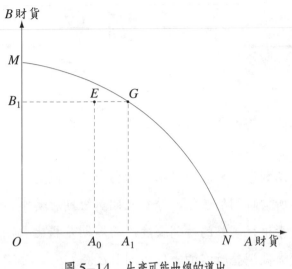

圖 5–14　生產可能曲線的導出

　觀念研習

31. 請說明生產函數具短期性質的現實意義。

32. 請說明人口論的立論基礎與主要內容。

33. 請說明人口論的現代意涵。

34. 請說明在生產面上的資源效率配置點上，兩財貨的 $MRTS$ 必然會相等的道理。

本章摘要

1. 所謂生產，係指能夠創造價值或增加效用的活動或過程；其投入物品稱為生產要素，可分為四類，即勞動、資本、土地與企業能力。

2. 生產函數是以函數形式來表示投入要素與產量之間的生產技術關係。可以按生產要素調整所需時間的長短，分為長期與短期。其中，長期是指一段足夠讓所有生產要素進行調整的時間長度；而短期是指比長期短，但仍足夠讓至少一種生產要素做調整所需的一段時間長度。

3. 就短期生產函數而言，其變動生產要素的邊際產量，隨著其投入量的持續增加，終究都會呈現遞減的走勢，一般稱為邊際報酬遞減法則。

4. TP、AP 與 MP 具有如下之關係：

   (1) 當 $MP > 0$，且遞增時，TP 曲線的坡度愈來愈陡峭，AP 曲線也呈遞增。

   (2) 當 $MP > 0$，且達到最大值時，TP 曲線剛好在轉折點上，AP 曲線仍呈遞增。

   (3) 當 $MP > 0$，且遞減時，若 $MP > AP$，則 TP 曲線的坡度愈來愈平緩，AP 曲線仍呈遞增。

   (4) 當 $MP > 0$，且遞減時，若 $MP = AP$，則 TP 曲線的坡度仍愈來愈平緩，而 AP 曲線達到最大值。

   (5) 當 $MP > 0$，且遞減時，若 $MP < AP$，則 TP 曲線的坡度仍愈來愈平緩，且 AP 曲線也呈遞減。

   (6) 當 $MP = 0$，且 $MP < AP$，則 TP 曲線達到最大值，而 AP 曲線仍呈遞減。

   (7) 當 $MP < 0$，且 $MP < AP$，則 TP 曲線及 AP 曲線均呈遞減。

5. 可以將生產函數按勞動投入量分為三階段；其中在 AP 曲線遞減且 $MP > 0$ 的階段，稱為第二階段；在 $MP < 0$ 的階段，稱為第三階段；在 AP 曲線遞增的階段（即 $MP > AP$），稱為第一階段。生產者最適產量水準，將落在第二階段，而不可能落在第一或第三階段。

6. 長期生產函數所表示的生產技術關係，可以利用等產量曲線圖形來描繪它。

其中，一條等產量曲線是表示那些能生產相等產量的要素組合的軌跡；等產量曲線的負斜率表示生產要素間具生產上的替代性，其斜率的絕對值表示兩生產要素相互替代的比例，一般稱為邊際技術替代率（以 *MRTS* 表示）；在邊際報酬遞減法則下，*MRTS* 將呈遞減現象，此一現象可以等產量曲線呈凸向原點的走勢來加以表現。

7. 規模報酬是描述長期生產函數性質的一個概念，用以說明生產要素同比例變動時（即表示規模變動），其產量的相應變動（即表示報酬的變動）情形。當要素變動比例與產量變動比例一樣時，稱為固定規模報酬；當前者大於後者時，稱為規模報酬遞減；當前者小於後者時，稱為規模報酬遞增。

8. 經濟意義的成本，都是所謂的機會成本，用以說明經濟決策者作選擇或決策時，所發生的代價。而生產成本就是生產者從事生產活動時，其所投入資源的機會成本，其大小可以這些資源在其他各種用途上的最大價值來衡量。

9. 從個別廠商的私人觀點來看，生產的機會成本包括會計成本（或外顯成本）與隱藏成本兩項。其中，隱藏成本通常發生在對於資本、存貨與業主自己的勞動資源等三種生產性資源的使用，其花費的核算上面。

10. 從整個社會觀點來看，廠商生產的社會成本包括其私人成本與外部成本兩項。

11. 按不同的成本及收益概念所計算出來的利潤，計有會計利潤、經濟利潤及社會利潤；而正常利潤是生產的機會成本之一，故當經濟利潤為零時，廠商還是有回收或賺到此一正常利潤的。

12. 短期成本包括固定成本與變動成本兩項。

13. 短期成本函數是表示短期成本與產量之間的對應關係。在生產要素價格已知的情況下，短期成本函數中的變動成本函數，實際上是短期生產函數的另一個側面而已。

14. 在邊際報酬遞減法則的作用下，使得短期的邊際成本曲線終將隨產量之增加而遞增，並於遞增階段，依次經過平均變動成本曲線及平均總成本曲線的最低點。換言之，短期平均變動成本曲線及短期平均總成本曲線，均呈 U 字形。

15. 短期成本曲線將因固定生產要素使用量的不同、生產要素價格的變動以及生產技術的變動，而出現整條移動的情形。

16. 長期成本函數是表示長期成本與產量之間的對應關係，其與短期成本函數的關係，可以由長期平均成本曲線是短期平均成本曲線的包絡線，來加以形象的描述。

17. 於長期時，廠商將依照邊際產量均等法則，來使用其最適生產要素組合，以使其生產成本之最小化。所謂邊際產量均等法則，是表示廠商在生產成本最小化的考量下，對任何要素的最後花費，都將使得其平均每一塊錢所能增加的產量均相等為準。

18. 等成本線是指以同等花費所能購買到的全部生產要素組合。

19. 當非企業本身所能控制的外在因素發生變動，使得廠商的長期平均成本曲線出現往下移動的情形時，稱為外部經濟；反之，出現往上移動的情形時，稱為外部不經濟。這些外在因素，包括生產要素價格、生產技術及其他影響生產環境的因素。

20. 馬爾薩斯利用邊際報酬遞減法則，說明糧食相對人口增長的緩慢，以提醒人們重視人口控制與糧食增產的問題。

21. 鑑於生產函數必將使用一部分固定的大自然資源，故從使用社會資源的角度來看，生產函數都具有短期性質，也必然受到邊際報酬遞減法則的限制，人們宜重視此一限制帶給人類的真正意涵。

22. 在所有的資源配置效率點上，兩財貨的 MRTS 均相等。

習　題

1. 短期生產函數何以具有邊際報酬遞減現象呢?

2. 試完成下表的各欄數字,並據以畫出 TP、AP 及 MP 曲線。

勞動投入量變動 (ΔL)	勞動投入量 (L)	邊際產量 (MP)	總產量變動 (ΔTP)	總產量 (TP)	平均產量 (AP)
—	0	—	—	0	—
2		1			
2		3			
2		4.5			
2		5			
2		5.5			
2		5			
2		4			
2		2.5			
2		0			
2		3			

3. 試繪圖說明生產的三階段。

4. 試利用等產量曲線圖形,說明規模報酬的三種類型。

5. 甲公司的短期總成本與產量之間的對應關係,如下表所示:

產量	0	1	2	3	4	5	6	7	8	9	10	11	12
總成本	100	120	130	135	138	140	145	155	168	188	208	238	288

請列表回答下列各題:

⑴其固定成本、變動成本、邊際成本是多少？

⑵其平均變動成本與平均總成本是多少？

⑶邊際成本曲線是否在遞增階段經過平均變動成本曲線與平均總成本曲線之最低點？請作圖說明。

6. 短期平均總成本曲線何以會呈 U 字形？其與長期平均成本曲線的呈 U 字形之間有何關係嗎？

7. 試以等成本線及等產量曲線的圖形，來說明邊際產量均等法則的意義。

8. 請利用生產三階段中的第二階段，來對照說明短期成本函數與短期生產函數之間的關係。

第六章

完全競爭市場產量
與價格的決定

　　廠商在核算其從事生產活動的利潤時，首先要瞭解其生產成本以及收益的大小。在第五章已對生產成本面進行了說明，特別是集中在生產成本與產量之間的對應關係上的討論。本章將繼續就廠商的收益面加以探討，並同樣把重點放在收益與產量或銷售量之間的對應關係上。

　　與生產成本主要決定於生產技術與要素價格不同，廠商收益的大小，主要決定於廠商所處的市場競爭環境。市場的競爭性如何、廠商在市場上是否具有關鍵角色，以及進入或退出市場的可能性與困難度，都將影響廠商銷售其產品的價格以及銷售量，並進而決定其收益。

　　因此，在討論廠商的收益之前，有必要先說明所謂的市場結構的類型，以便於釐清並瞭解不同類型下的市場競爭環境，以作為接續討論廠商收益的前提。

　　其次，本章將探討在完全競爭市場下的廠商與市場，如何決定其產量與價格的問題。在第三章曾討論由市場需求曲線與市場供給曲線，共同決定市場均衡價格與數量的問題。基本上，完全競爭市場的產量與價格，也是由此一市場的需求曲線與供給曲線所共同決定的。其中，在第四章已就市場的需求曲線，如何由市場中消費者個別需求曲線導出，以及如何獲得消費者個別需求曲線等問題，有了詳細的說明。至於完全競爭市場的供給曲線，如何由市場中廠商個別供給曲線導出，以及如何得到廠商個別供給曲線等問題的探討，也是本章的重要內容之一。

　　在市場需求面已知的情況下，本章分別從短期與長期的角度，來討論完全競爭市場裡的廠商，如何決定令其利潤最大的生產行為，以及其個別的供給曲線。同時，本章也分別說明短期情況下與長期情況下的市場供給曲線。

　　總括而言，本章將主要包括五節。第一節是說明市場結構的類型及特徵；第二節是討論廠商收益函數與市場結構類型之間的關係；第三節及第四節分別分析完全競爭市場廠商的短期及長期均衡，與如何導出市場供給曲線的問題；第五節為應用分析，提供幾個本章概念的應用方向與例子。

第一節 市場結構的類型及特徵

本節著重說明四種市場結構類型的意義、特徵及其在後續廠商生產行為中所具有的涵義。本節將分成三部分，首先，說明**市場**(Market) 的意義；其次，討論**市場結構** (Market Structure) 的分類指標及其標準；最後，介紹四種市場結構類型的意義、特徵及其對於廠商行為的涵義。

一、市場的意義

為了對於廠商所處市場環境的情況加以掌握與瞭解，有必要先釐清市場的意義。通常習慣按商品類別來稱呼不同的市場，如魚市場、肉品市場、菜市場、股票市場、勞動市場、金融市場、消費品市場、建材市場、食品市場、服飾市場、房地產市場、汽機車市場、電信市場、旅遊市場等不同財貨的市場。

明確的說，一個市場的存在，必然包括交易的**主體**（即買賣雙方）、交易的財貨以及交易的條件等三個要素。首先，所謂交易的條件，除了財貨數量與交易價格以外，也包括財貨的品質與規格、交貨方式（時間、地點、運輸）、付款方式以及賠償事宜、售後服務等項與交易有關的約定在內；在本書的討論中，交易條件多僅就交易價格與數量而言。

其次，在界定一個市場時，在經濟學上，通常是從消費者的觀點，而非生產者的產品類別，來說明哪些產品歸屬在同一市場的交易財貨內。例如，以用餐市場為例，其中的各種食物，如魚、蛋、肉菜類及水果、甜點、飲料等項，都可以供選用，彼此之間在提供餐食上具有相當的替代性；因此，以消費者的用餐觀點來看，就可以歸屬為用餐類財貨，而不必因不同產品的生產者分屬不同業別，而要細分成不同的產品市場。簡單地說，在經濟學上，通常是將在消費上具相當替代性質的產品，歸為同一類的財貨，並以此來界定該財貨市場的商品範圍。

當一個財貨市場的商品範圍界定清楚以後，市場上的買方及賣方的結構性質

就容易進行討論了。其中，在買方人數及賣方人數的多寡上，是時常被提到的，用以陳述結構性質的指標之一；其次，消費者個人購買量的多少，以及個別廠商銷售量的多少；以及有無存在購買大戶或超大戶，有沒有大型或特大型廠商，以至於存在操縱市場、左右價格的情況，則都是說明市場結構的重要指標。

至於市場的存在，並不要求有固定的場所或地區，也不要求有固定的時段；甚至也可以就未來的財貨（一般稱期貨），如石油、棉花、糧食等項，進行交易。同時，也存在對於違禁品等不合法商品，以及對於管制商品進行交易的黑市市場。

二、市場結構的分類指標及其標準

從上述市場意義的說明中，瞭解到可以由不同的指標，來描繪市場結構的差異性。在經濟學上，為了便於分析在不同市場結構下，其廠商相互間的競爭程度，如何影響其生產行為的問題；因此，一般可以從短期與長期的角度，瞭解市場競爭程度的差異情況，以作為市場結構分類的參考指標。

(一)市場競爭程度的短期性指標

就短期來看，不可能有新的廠商進入市場；同時，現有廠商規模的擴大，也不可能辦到。在短期時，現有廠商是否感受到來自同業的競爭壓力，或是否具有影響其產品售價的能力，可以分別從買方與賣方的情勢來分析。就買方來看，如果現有廠商所供應的商品，在消費者心目中，彼此間是完全一樣時，即生產**同質** (Homogeneous) 商品時；那麼，將較生產**異質** (Heterogeneous) 商品的情況下，更不具有價格的影響力，而廠商之間的競爭程度將較大。換言之，可以由產品在消費者心目中的同質或異質，其所呈現出來的相互替代性的差異，作為短期性指標之一。

再者，就賣方來看，除了從事異質產品的生產以外，現有廠商家數的多寡，也會影響廠商對於價格的操控能力。通常是廠商家數愈多，每一家的銷售量占整個市場的比例愈小，則廠商愈不具有價格的影響力，廠商之間的競爭程度也愈高；反之，當廠商家數極少時，則廠商將較具有價格的影響力，其間的競爭程度有可

能降低下來。因此，可以由廠商家數的多寡，來粗略掌握市場的競爭程度，故也作為短期性指標之一。

簡單地說，通常見到的市場競爭程度的短期性指標有二，即商品的相互替代性質（同質或異質）與廠商家數的多寡。

㈡市場競爭程度的長期性指標

在長期時，新廠商的進入，或舊廠商的退出市場，是可以辦到的。因此，當進出此一市場相當容易，沒有人為的，法律的或制度上的任何障礙時，當可以瞭解到，廠商不可能有長期經濟利潤的存在，而只有賺到正常利潤而已。

當然，如果進出市場有相當的困難，或許是工程、技術或規模上的考量，或許是法規制度上的限制，都將使市場上只有少數幾家廠商。

不過，若要看市場的長期競爭程度，仍不能由長期利潤的是否存在，或光由少數的廠商家數來判斷。基本上，仍要以進出市場的困難度或有無**障礙**(Barriers)，來作為市場競爭程度的長期性指標。

根據以上有關市場競爭程度指標的討論，可以依指標的不同標準，將市場結構分為七種類型，如表 6–1 所示。不過，一般經濟學的標準方式，是把表 6–1 中的第 3～6 種類型，通稱為**寡占** (Oligopoly) 市場；因此，得到四種不同的市場結構類型；其中，另外三種分別為，第一類型稱為**完全競爭** (Perfect Competition) 市場，第二類型稱為**獨占性競爭** (Monopolistic Competition) 市場，第七種類型稱為**完全獨占** (Monopoly) 市場。關於四種不同類型市場結構的進一步討論，放在下一節中。

表6-1 市場結構的類型及其分類指標與標準

類型	商品相互替代性質	廠商家數	進出市場的困難度	市場類型名稱
1	同質	極多	沒有困難	完全競爭市場
2	異質	極多	沒有困難	獨占性競爭市場
3	同質	少數	沒有困難	寡占市場
4	異質	少數	沒有困難	
5	同質	少數	有困難	
6	異質	少數	有困難	
7	獨一無二	一家	極度困難	完全獨占市場

三、四種市場結構類型的意義與特徵

在表6-1中，按照三個指標的不同標準，規範出在經濟學上常提到的四種市場結構類型；在此，擬補充說明每一市場類型的意義、特徵及其對於廠商行為的涵義。

(一)完全競爭市場

所謂完全競爭市場，是表示一個具有下述特徵的市場結構，以確保在該市場內的所有廠商，完全不具有影響價格的能力，都是市場**價格的接受者** (Price Taker)。

1. 買賣雙方人數眾多

除了賣方的廠商家數極多以外，買方的消費者人數也很多。一方面，表示每一個廠商的產品銷售量，只占市場銷售量的極微小比例；另一方面，也說明每一個消費者的商品購買量，相對於市場的銷售量而言，也是極微小。

2. 商品之間具有完全的替代性

在消費者的心目中，每家廠商所銷售的商品，完全同質，可以完全的相互替

代。一方面，表示廠商不必進行任何促銷活動，也無需降價求售；另一方面，表示消費者不必刻意購買哪一家廠商的產品，對任何一家廠商的產品，均給予同等對待。

3.買賣雙方均具有完全的訊息

除了產品的同質性具共識以外，買賣雙方對於市場價格、產品品質與規格等方面的市場訊息，都有充分而對等的掌握。一方面，表示廠商不至於具有任何訊息上的優勢地位，而至做出有損消費者的動作；另一方面，表示消費者在訊息上與廠商處於對等的地位，不至於接受對自己不利的交易條件，而受到損失。

4.進入或退出市場完全自由

就長期而言，當短期出現虧損時，有些廠商將自行退出此一市場；而當短期獲有正的經濟利潤時，將吸引新廠商的進入，或現有廠商的擴大生產規模。因此，當長期的進入或退出市場完全自由時，一方面表示廠商的長期經濟利潤會等於零，即只有賺到正常利潤而已；另一方面，表示消費者能確保得到長期的公平對待，不至於長期吃虧，也不可能長期占廠商的便宜。

從這些特徵中，當可以瞭解到，在完全競爭市場中的買賣雙方，其進行交易的唯一考量因素，就只剩下價格一項而已。詳言之，雙方都不把性別、宗教、種族、年齡、地理位置、所得高低等價格以外的因素，作為交易的決定因素。

同時，在完全訊息、同質商品及人數家數眾多等特徵下，將可以確保每一個在完全競爭市場裡的廠商與消費者，都是百分之百的市場價格的接受者。

就現實的社會中，根據以上特徵的要求來看，是不可能存在所謂的完全競爭市場。不過，經濟學所以設計出此一完全競爭市場的理由，是用於探討另外三種比較實際的市場結構時，作為其討論的基礎。雖然在現實中，找不出百分之百的完全競爭市場，但是卻有一些農產品市場，是極為接近完全競爭市場的，例如糧食、棉花、水果、蔬菜等項商品。

㈡完全獨占市場

所謂完全獨占市場，是指該市場中只有一家供應廠商，整個市場就由此一廠商所完全占有或壟斷的意思。因此，此一完全獨占市場具有下述特徵，以確保此

一獨占廠商對於市場價格具有完全決定的能力，而為一百分之百的市場價格決定者 (Price Maker)。

1.買方人數眾多，賣方只有一家廠商

一方面，表示整個市場的需求量，全部由一家廠商來供應；另一方面，說明每一個消費者只是購買極微小數量的商品，不具有與廠商談條件的能力。

2.商品具不可替代性

該獨占廠商所供應的商品，在消費者心目中是獨一無二的，無法用別的商品來加以替代。

3.買賣雙方在訊息上不對等

賣方在產品品質、生產成本、生產技術以及消費需求等方面的訊息，均較買方具有優勢；因此，此一獨占廠商可以善用此優勢地位，謀取更大的利潤。

4.加入市場幾乎不可能

由於種種人為的限制，例如法律上或行政上的規定，以及無法取得所需的生產原料、關鍵零組件或生產技術；或是來自市場的自然限制，例如市場不夠大，或規模經濟的作用不利於第二家廠商的加入或生存。在此種狀況下，不可能有新廠商的進入；因此，在長期時，獨占廠商仍可能有正的經濟利潤。

在現實的社會中，公用事業方面，存在由獨家廠商供應的例子較多，如自來水、電力、郵政、開放前的電信、菸酒等項商品的市場。不過，隨著經濟自由化的加快，完全獨占的例子將逐漸少見或甚至消失掉。

㈢獨占性競爭市場

所謂獨占性競爭市場，是具有完全獨占市場及完全競爭市場的雙重性格的市場；換言之，獨占性競爭市場是表示一個具有下述特徵的市場結構，以確保該市場裡的每一廠商，均具有決定其產品售價的部分能力；但單獨的一家廠商，卻不具有影響別家廠商商品價格的能力。

1.買賣雙方的人數眾多

此一特點與完全競爭市場一樣。

2. 商品之間不具有完全替代性

由於不同廠商所供應的商品,在消費者心目中不能加以完全相互替代;因此,消費者對於每一商品的偏好程度並不一致,使得每一商品在不同的價格下,其市場的需求量也不等,而呈現出合乎需求法則的對應關係,為一具負斜率的需求曲線。此一特點,一方面表示每一廠商將因其所生產的異質性產品,猶如此一異質性產品的唯一供應廠商,須單獨來供應此一產品,並面對該異質性產品市場的整條需求曲線。如就此一特點的這層意義來看,與完全獨占市場一樣。

不過,此一異質性產品並非獨一無二的,仍與其他廠商所生產的產品之間,存在有部分的相互替代性。因此,表示此一異質性產品,在低價時,將因替代效果的作用,出現較多的購買量;反之,在高價時,也因替代效果的關係,而出現較大幅度的減少購買量。換言之,當考慮產品的相互替代可能性時,此一異質性產品的需求曲線將變成更為平坦。同理,如果產品的異質性提高,相互替代性較低時,此一產品的需求曲線將沒有那麼平坦。

同時,由於廠商家數眾多,每一家廠商所供應的產量,只占整個市場供應量中的極微小部分。因此,即使單一廠商按其產品的需求曲線,可以更動其售價,而增減其銷售量;不過,由於此一銷售量增減的幅度仍極微小,而不至於影響到其他廠商的產品售價。此種單一廠商不具有影響其他家廠商的產品價格的意義,與完全競爭市場一樣。

3. 市場訊息相當充分,但不完全,也不對等

就賣方的各廠商之間,其訊息的掌握相當充分;不過,在各產品的異質性以及消費需求等方面,其生產廠商當較其他廠商有更完的訊息。同時,相較於廠商,買方所掌握的市場訊息,都較為不足與不對等。因此,獨占競爭市場裡的廠商,將會善用其訊息上的優勢地位,以謀取最大的利潤;此點意義,與完全獨占市場一樣。

4. 進出市場沒有困難或相當容易

進出獨占性競爭市場,雖不像完全競爭市場那麼完全無障礙,但基本上並沒有困難或相當容易。雖然現有廠商有其自己產品的客戶群,致使新廠商的加入,其初期在產品市場的開發上,要付出較多的努力與花費;但是,由於整個市場仍

具相當競爭性，不存在難以克服的障礙，特別當市場的遠景仍看好時，一時的困難並不足以阻擋新廠商的進入。

另一方面，若有些廠商由於虧損而想退出此一市場時，因其當初投入的資金並不多，而易於割捨。

在進出市場相當容易的情形下，廠商將難以在長期仍能得到正的經濟利潤，也不至於出現長期的虧損現象。亦即，獨占性競爭市場結構裡的廠商，其長期經濟利潤等於零；此點與完全競爭市場一樣。

就現實的經濟社會中，屬於獨占性競爭市場結構的例子較多，例如餐點、日用百貨、服飾等商品市場，都具有獨占性競爭市場的特徵。

(四)寡占市場

所謂寡占市場，是指一個存在少數幾家廠商的市場。詳言之，是表示一個具有下述特徵的市場結構，以確保每一個廠商都具有決定自己產品價格的能力，也具有影響別家廠商產品價格與市場價格的能力。

1.買方人數眾多，賣方廠商只有少數幾家

在廠商家數不多的情況下，每一家所供應的產量，在市場的總銷售量中，都具有舉足輕重的地位；因此，廠商之間的**相互依存** (Interdependent) 與互動關係，就極為緊密與重要。至於消費者個人所購買的商品數量不多，仍不足與任何一家廠商相抗衡。

2.商品之間的替代性，可能相當完全，也可能不完全

當廠商所供應的商品之間，在消費者心目中，其替代性相當完全時，稱為同質性商品，則廠商將不至於單獨提高自己產品的價格；反之，若其降價時，其他廠商將同步降價，以確保產品的銷售。不過，當商品之間的替代性不完全時，稱為異質性商品，則任一廠商的提價或降價行動，所引起其他廠商的關注程度，將有所降低。

3.買賣雙方的訊息不對等，也不完全

賣方在產品的品質、生產成本、生產技術及其產品的需求等方面所掌握的訊息，都遠較消費者個人完整；同時，各廠商之間在訊息的掌握上，並不完全對等，

都各有強弱之處。

4.進出市場相當不易

現有廠商在市場上都占有一席之地，一方面表示其規模相當大，若要退出市場，將付出相當的代價；另一方面，表示若有廠商想要進入此一市場，其初期的設廠資金及促銷費用將相當龐大,其產品的銷售網路是否可以在短期間建構完成，這些因素將阻礙市場的進入。

在現實的社會中,仍存在不少的寡占市場，尤其在需要投入相當資本的行業，例如鋼鐵、汽車、大百貨、電視、客運、水泥、保全、保險等產業。

1. 請說明市場的意義，其存在的要素有哪些?
2. 請說明市場競爭程度的短期性指標有哪些?
3. 有哪四種市場結構類型?
4. 完全競爭市場的特徵是什麼? 其對於生產行為具有什麼意涵?
5. 完全獨占市場有哪些特徵?
6. 請說明獨占性競爭市場所具有的完全獨占市場與完全競爭市場的雙重性格。
7. 寡占市場的進出，何以相當不容易?

第二節 廠商收益分析

本節將首先說明廠商收益的意義以及三個常用的收益概念，其次是討論完全競爭市場廠商的收益與銷售量之間的關係，最後是探討其他市場結構廠商的收益與銷售量之間的關係。

一、收益的意義及三個常用概念的介紹

廠商的收益，是指廠商在一定期間內，其在市場銷售產品所獲得的金額。一般常用的收益概念有三種，即**總收益** (Total Revenue，以 TR 表示)、**平均收益** (Average Revenue, AR) 及**邊際收益** (Marginal Revenue, MR)。茲分別說明如下：

1. 總收益 (*TR*)

總收益是指廠商銷售其產品的總收入。當全部的銷售量均按相同的價格出售時，則可以由產品的售價 (*P*) 與銷售量 (*Q*) 的乘積來表示；即可以下式來表示：

$$TR \equiv P \cdot Q$$

2. 平均收益 (*AR*)

平均收益是指平均每一單位產品的銷售，所得到的收入。當全部的銷售量都按一個價格 (*P*) 出售時，則由下式可以推知平均收益就等於此一售價：

$$AR \equiv \frac{TR}{Q} = \frac{P \cdot Q}{Q} = P$$

3. 邊際收益 (*MR*)

當銷售量變動時，平均每一單位的變動，所引起總收益的變動金額，稱為邊際收益；也可以用下式來定義 *MR*：

$$MR \equiv \frac{\Delta TR}{\Delta Q}$$

上式中，ΔTR 及 ΔQ 分別表示 *TR* 及 *Q* 的變動量。當 ΔQ 與 ΔTR 同為正號或同為負號時，*MR* 大於零；而當兩者不同號時，*MR* 小於零。

值得一提的是，廠商的收益大小，通常由售價與銷售量共同決定。當售價變化時，收益的大小跟著變化；當銷售量變動時，收益的大小也跟著變動。通常在經濟學中，常討論的是後者的關係，即銷售量與收益之間的關係，一般稱為**收益**

函數 (Revenue Function)；而此一收益函數將方便於與成本函數銜接起來，共同作為後續探討廠商最適產量決定的基礎。

二、完全競爭市場廠商的收益函數

完全競爭市場廠商是價格接受者，因此，在已知市場價格時，其總收益、平均收益與邊際收益分別與銷售量 (Q) 的關係，稱為總收益函數、平均收益函數與邊際收益函數，分別以 $TR(Q)$、$AR(Q)$ 與 $MR(Q)$ 來表示。令市價為 P_0 時，則上述三收益函數分別為：

$$TR(Q) \equiv P_0 \cdot Q = P_0 Q$$

$$AR(Q) \equiv \frac{TR(Q)}{Q} = \frac{P_0 \cdot Q}{Q} = P_0$$

$$MR(Q) \equiv \frac{\Delta TR(Q)}{\Delta Q} = \frac{P_0 \cdot \Delta Q}{\Delta Q} = AR(Q)$$

換言之，$TR(Q)$ 將隨 Q 的變化，而成同方向之變動；而 $AR(Q)$ 與 $MR(Q)$ 相等，且其值等於市價，為一常數，並不隨 Q 而變動。

現在，利用圖形來明白表示三個收益函數的關係。如圖 6-1 所示，TR_0 曲線為一條從原點出發的直線，其與橫軸之間的夾角的正切值剛好是 P_0；而 AR_0 曲線及 MR_0 曲線重疊，均為一條平行於橫軸的直線，其在收益軸的截距是 P_0。

同樣的，當市價由 P_0 提高為 P_1 時，其 TR 曲線變成更陡的 TR_1 曲線，其 AR 及 MR 曲線則上移至 AR_1 及 MR_1 曲線。

由於完全競爭廠商的 AR 曲線，為一條以市價為截距的水平線；因此，AR 曲線可以視為每一個完全競爭廠商所面對的需求曲線。亦即，在商品具有可以完全替代的同質性，以及每一廠商均只供應極微小銷售量的雙重考量下，每一廠商的產品所面對的需求曲線，其價格彈性無限大。

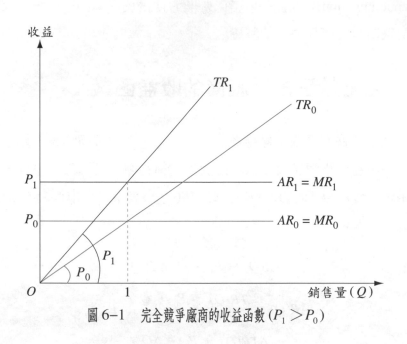

圖 6-1　完全競爭廠商的收益函數 $(P_1 > P_0)$

三、完全獨占及不完全競爭市場廠商的收益函數

在上述市場結構特徵的討論中，瞭解到完全獨占廠商是單獨面對整個市場的需求面，故其售價的高低，將受到其銷售數量的影響；而此種售價與銷售量的負向對應關係，就表現在市場的需求曲線上。同時，也瞭解到獨占性競爭市場廠商與寡占市場廠商，雖非面對整個市場的需求曲線，但亦均個別有其產品所面對的具負斜率性質的需求曲線。其中，獨占性競爭廠商的需求曲線所以呈現負斜率，是表現其產品的異質性；至於供應同質性商品的寡占廠商，其需求曲線的負斜率，則是表現其銷售量足以影響市場價格的性質（請參閱下一章）。

因此，在討論上述三種市場結構下廠商的收益函數時，由於其平均收益函數都是他們自己所面對的具負斜率的**逆需求函數** (Inverse Demand Function)，故可以放在一起來進行說明。令廠商所面對的逆需求函數，其需求價格（或售價）與需求量（或銷售量）之間的對應關係為 $P(Q)$；此一 $P(Q)$ 即是由數量軸的觀點，來瞭解需求函數的另一個側面。

於第三章討論需求價格彈性時，已就消費者購買財貨的總支出，亦即由廠商來看是總收益，有了相當詳細的介紹。其中，總收益函數、平均收益函數與邊際收益函數，可以下面三式來表示：

$$TR(Q) \equiv P(Q) \cdot Q$$

$$AR(Q) \equiv \frac{TR(Q)}{Q} = P(Q)$$

$$MR(Q) \equiv \frac{\Delta TR(Q)}{\Delta Q}$$

由上面第二式知，$AR(Q)$ 就是原來的逆需求曲線（即需求價格曲線），只是換個名稱而已；至於 $TR(Q)$ 及 $MR(Q)$，則請參閱第三章的說明，在此略過。

 觀念研習

8. 請說明三個常用的收益概念（即 TR、AR、MR）的意義。

9. 請繪圖說明完全競爭廠商的三個收益函數之間的關係。

10. 請繪圖說明完全獨占廠商的三個收益函數之間的關係。

第三節　完全競爭市場廠商的短期均衡與市場供給曲線

本節的最終目的是導出完全競爭市場的短期供給曲線，然後就可以與市場需求曲線，共同決定完全競爭市場的價格與銷售量。就其中的個別廠商而言，將接受市場所決定的價格，依據其個別的供給曲線，按其意願供應商品，以賺取最大利潤（可能小於零）。因此，本節的首要目的是得到廠商個別的供給曲線；而此一供給曲線所呈現的價格與供給量之間的對應關係，正是表示在不同價格下，能令廠商利潤最大的供給量，也就是其均衡所在。

本節將分為三部分。首先，討論廠商的短期均衡；其次，說明廠商的短期供給曲線與市場短期供給曲線之間的關係；最後，介紹**生產者剩餘** (Producer Surplus) 的概念。

 ### 一、廠商的短期均衡

所謂廠商的短期均衡，是指廠商在短期情況下，已將其生產資源加以最有效的利用，無法再做調整，以使得其獲利再增加或損失再減少的一種狀態。

就短期情況下，廠商在面臨來自生產技術以及市場經濟環境的雙重限制下，一方面，其產量與生產成本間的關係，就表現在短期成本函數上；另一方面，其銷售量與收益間的關係，就表現在收益函數上。其中，就短期成本函數來看，是廠商受到生產技術及生產要素價格等兩種限制的綜合表現，是廠商沒有能力去調整的，廠商能夠做的事情是，選擇產量水準。同時，就收益函數來看，完全競爭廠商是市場價格的接受者，僅能接受市場決定的價格，故其收益函數也是廠商沒有能力去改變的，也只能夠就銷售量的多寡加以決定而已。

換言之，完全競爭廠商在短期情況下，在既定的市場價格下，其可以選擇的

變數，就只是其產量或銷售量。因此，所謂的短期均衡，是指廠商在短期時，選擇其最適的產量，以使其利潤最大或損失最小。

　　為什麼會出現損失的情形？而在損失出現時，何以廠商不直接停止生產呢？問題就出在，在短期時，即使廠商不生產，但仍須負擔固定成本；也就是說，不生產時的損失金額，就相當於固定成本。因此，當在繼續生產的情況下，若能使其損失比固定成本還小時；那麼，廠商就值得繼續生產，而不是停止生產。當然，若繼續生產的損失反而比不生產的損失（即固定成本）還大時，就不值得繼續生產。因此，廠商的短期均衡，雖然表示其生產最適的產量水準，但是並不保證其一定得到正的經濟利潤，是有可能出現虧損的情形；不過，其虧損不會超過固定成本，否則就不生產。

　　接著利用短期成本曲線與收益曲線的圖形，配合說明短期均衡的意義與條件。由於利潤（以 π 來表示）是收益 (TR) 扣除成本 (TC) 後的剩餘，即

$$\pi \equiv TR - TC$$

因此，根據 TR 及 TC 曲線，可以求得**利潤曲線** (Profit Curve)。如圖 6-2 所示，當市場價格是 P_0 時，可以畫出總收益曲線 TR_0，其與總成本線 TC 相減，就得到利潤曲線 π。就 π 值來看，其在 Q_1 之前為負值，在 Q_1 及 Q_2 之間為正值，且由圖知在 Q_0 時，π 值最大，為 π_0。因此，當利潤曲線有存在正值的產量區間時，廠商可以就其中選擇其最大值時的產量以從事生產，亦即得到短期的均衡狀態。至於圖 6-2 中的 B 與 D 點，其對應之產量為 Q_1 與 Q_2，此時之總收益等於總成本，一般稱為**損益平衡點** (Break-even Point)。

　　但當市場的價格降低時，TR 曲線有可能均落在 TC 曲線的下方，而出現全面虧損的情況；如果價格持續下降時，就有可能出現如圖 6-3 所示的情況，此時的利潤線均落在負 FC 線的下方（FC 表示固定成本）；那麼，當此一種情況出現時，最佳的選擇就是不生產，但仍須負擔固定成本的損失。

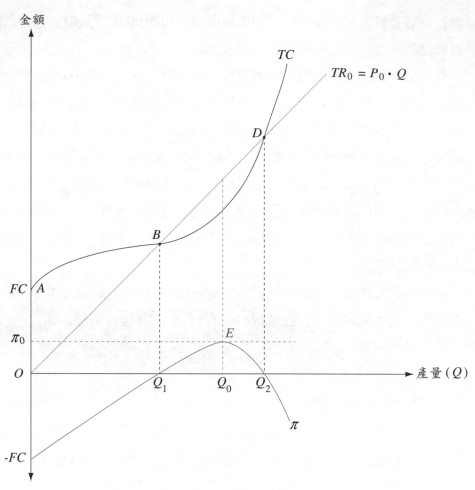

圖 6-2　廠商的短期均衡（當 π 存在正值時）

就數學的推導，可以得到利潤最大時，其最適的產量必須滿足邊際成本與邊際收益的條件，即

$$MR = MC$$

此一條件只是必要的條件，而非充分條件。因為當 $MR > MC$ 時，廠商若多生產一個單位所得到的收益 (MR)，將大於其成本 (MC)，而有利於其利潤的提高；也就表示此時的產量仍未能使廠商達到利潤最大，廠商仍有調整產量的空間，可以增加產量來提高其利潤。反之，當 $MR < MC$ 時，則廠商可以減少產量來提高其

利潤。因此，若存在利潤最大的產量時，將是一符合 $MR = MC$ 條件下的產量，而此一條件為廠商短期均衡的條件之一。

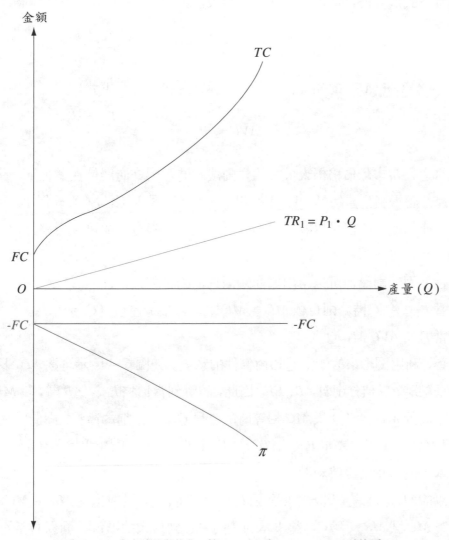

圖6-3　廠商的短期均衡（當 $Q > 0$ 時，$\pi < -FC$ 的情況）

不過，正如上述，光只有 $MR = MC$ 的條件，仍無法瞭解此一產量之下，廠商的盈虧情形。廠商的盈虧情況，除了可以由總收益與總成本的大小來看以外，也可以由平均收益與平均成本的大小來比較。完全競爭廠商的平均收益就等於市場價格，即 $AR = P$；因此，當 $P > ATC$ 時，表示有正的利潤，而 $P < ATC$ 時，

表示有虧損。

當出現虧損時，若其虧損不大於固定成本，或平均虧損不大於平均固定成本時，即當下式成立時，則仍有繼續生產的價值。

$$ATC - P \leq AFC$$

將 $ATC = AVC + AFC$ 的關係代入上式，並整理後，得到下式：

$$AVC \leq P$$

換言之，當市場價格仍大於平均變動成本時，則廠商縱使在虧損下，仍值得繼續生產。若繼續生產的話，其損失將比不生產的損失（即 FC）來得小。因為，此時若生產的話，不但可以收回全部的變動成本，尚有剩餘可以用來抵掉一些固定成本。

綜合上面的討論，可以得出廠商短期均衡的條件如下：

(1)當 $P \geq AVC$ 時，則可依 $MR = MC$ 來求得最適產量（Q^* 大於零）。

(2)當 $P < AVC$ 時，$Q^* = 0$。

接著，利用圖形來說明上述均衡條件的意義。如圖 6-4 所示，當 ATC 及 AVC 落在最低點時，其值分別為 AB、EF。因此，瞭解到當價格 $P_1 > AB$ 時，其 MR_1（完全競爭廠商的 $MR_1 = P_1$）與 MC 相等時的產量 Q_1，是最適的產量；即此時之 $P_1 = MC$，且 $MC > ATC$，表示 $P_1 > ATC$，即平均收益大於平均成本，說明總收益大於總成本，而有正的經濟利潤。

何以說 Q_1 是最適產量水準呢？因為當 $Q \neq Q_1$ 時，其對應之 $MR \neq MC$，不論是 $MR > MC$ 或 $MR < MC$，都表示利潤尚未達到最大的狀況，而只有當 $Q = Q_1$ 時，才是該廠商在 P_1 價格下的最適產量，而達到均衡。

其次，當價格 $P_2 = AB$ 時，其 $MR_2 = MC$ 之產量為 Q_2；此時之 $P_2 = MC$，且 $MC = ATC$，表示 $P_2 = ATC$，說明總收益等於總成本，其經濟利潤為零，廠商只得到正常利潤。

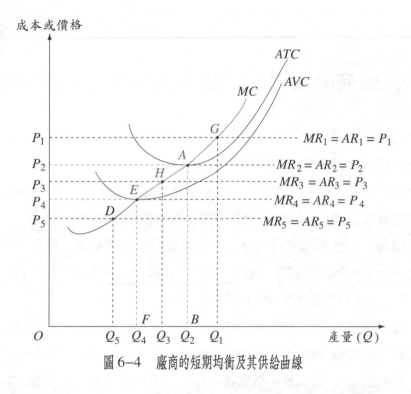

圖6-4　廠商的短期均衡及其供給曲線

第三，當價格 $P_3 < AB$，但 $P_3 > EF$ 時，其 $MR_3 = MC$ 之產量為 Q_3，此時之 $P_3 = MC$，且 $MC > AVC$，但 $MC < ATC$，即 $P_3 > AVC$，但 $P_3 < ATC$，說明平均收益大於平均變動成本，但小於平均總成本，其經濟利潤為負。表示廠商若在 P_3 價格下，生產 Q_3 的產量時，雖有損失，但其收益尚可回收變動成本，而使實際之虧損小於固定成本。

第四，當價格 $P_4 = EF$ 時，其 $MR_4 = MC$ 之產量為 Q_4；此時之 $P_4 = MC$，且 $MC = AVC$，表示 $P_4 = AVC$，說明平均收益等於平均變動成本，其經濟損失剛好等於固定成本。表示廠商若在 P_4 價格下，生產 Q_4 的產量，只回收其變動成本而已，仍有固定成本的虧損，此一情況與廠商不生產所需負擔的虧損一樣大。

最後，當價格 $P_5 < EF$ 時，其 $MR_5 = MC$ 之產量為 Q_5；此時之 $P_5 < AVC$，說明平均價格小於平均變動成本；表示若廠商在 P_5 價格下，生產 Q_5 的產量，雖然使其損失最小，但也因其變動成本尚無法全部回收，故其虧損將比固定成本還大，反而比不生產的情況還差。因此，在 P_5 價格下，廠商的最適產量等於零，即不生產。一般將 AVC 曲線最低點，如圖6-4之 E 點，稱為**停業點**或**歇業點** (Shut-down

Point)，表示當價格比 AVC 之最小值還小時，廠商在短期時就不願意繼續生產了。

二、廠商的短期供給曲線與市場的短期供給曲線

所謂廠商的短期供給曲線，是將廠商在短期時，不同市場價格與所願意提供的供給量之間的對應關係，加以描繪出來的一條曲線。

從上述廠商短期均衡的說明中，瞭解到市場價格若低於 AVC 的最小值，則廠商就不願意繼續生產，即其供給量等於零。而當價格不比 AVC 的最小值低時，則由圖6-4瞭解到，在不同市場價格下，其願意提供的供給量，剛好達到使其最後單位產量的生產成本（即邊際成本），能等於該市場價格為止，諸如落在 MC 曲線上的 E、H、A 及 G 各點所對應的產量 Q_4、Q_3、Q_2 及 Q_1。

換言之，當價格不比 AVC 最小值低時，其 MC 曲線的另一個側面，就是所謂的廠商短期供給曲線，如圖6-4的 E 點以上的 MC 曲線，也就是廠商的短期供給曲線。而當價格比 AVC 最小值來得小時，其供給量為零，故其曲線剛好在價格軸上的一段，如圖6-4的 OP_4 那一段。

完全競爭市場的短期供給曲線，其所描繪的價格與供給量的關係，是表示對應在不同價格下，所有廠商所願意提供的總供給量。因此，可以由個別廠商的短期供給曲線，就每一個價格所對應的供給量相加而得總供給量。此種加總方式，一般稱為水平方向的相加，於第四章說明個別需求曲線加總成市場需求曲線時，已介紹過，請讀者自行參閱。

三、生產者剩餘的意義

所謂生產者剩餘，是廠商的實際收益，與其從事生產所必須得到的最少補償之間的差額。此一概念，可以分別從個別廠商與所有廠商的立場來瞭解。

首先，就個別廠商來看。於本章的討論中，瞭解到完全競爭廠商的實際收益，就等於其售價與銷售量的乘積，即總收益。至於廠商從事生產，所必須得到的最少補償是多少呢？從上述有關廠商短期均衡意義的解說中，知道廠商最少的補償

是回收其變動成本，否則就不願意生產。因此，可以將生產者剩餘（以 PS 表示）的概念，表示成下列各式：

$$PS \equiv TR - VC$$
$$= (TR - TC) + (TC - VC)$$
$$= \pi + FC$$

從最後一式，瞭解到生產者剩餘的大小，就等於利潤與固定成本的加總。同時，當廠商願意生產時，將至少回收變動成本，即 PS 不至於小於零。

從上述有關廠商短期供給曲線，就是 MC 曲線在上升階段中，位於 AVC 曲線最小值以上的線段部分的討論中，可以瞭解到廠商若要增加一單位產量的產出，其增加的變動成本的回收，就是所謂的邊際成本的回收，是廠商多提供此一新增單位產量時，所能接受的最低補償額度。因此，若從產量的角度來看廠商的短期供給曲線時，其邊際成本也就是其供給價格，表示廠商願意供給該最後一單位的產量時，其所能接受的最低價格，也就是供給的保留價格。

在瞭解廠商短期供給曲線也是表示其供給量與供給價格之間的對應關係之後，我們就可以利用供給表或供給曲線來計算生產者剩餘的大小。假設甲廠商的短期供給表如下：

供給量	0	5	6	7	8	9	10	11	12
供給價格（元）	< 3	3	3.5	4.5	6	8	10.5	13.5	17

從此一供給表（表中第 13 個單位以後的數據沒有列出，是省略的關係）瞭解廠商供給第 5 個單位的價格為 3 元，亦表示此時之 AVC 及 MC 都等於 3 元；而在供給第 8 個單位時，其邊際成本是 6 元，故其供給價格也是 6 元；其餘情況，依此類推。

根據上表，若市場價格是 8 元時，則甲廠商只願意生產到第 9 個單位，其願意接受的最少補償額度為 $3 \times 5 + 3.5 + 4.5 + 6 + 8 = 37$ 元，而其總收益為 $8 \times 9 = 72$ 元，故其生產者剩餘為 35 元。

若利用圖形來表示生產者剩餘概念時，則可以短期供給曲線與價格軸，以及

在市價與 AVC 最小值的區間所圍起來的面積，來表示生產者剩餘的大小。如圖 6–5 所示，S 曲線為短期供給曲線，當市場價格是 P_1 時，廠商的供給量是 Q_1，其總收益（$= P_1 \times Q_1$）就可以由四邊形 OQ_1GP_1 的面積來表示。而廠商能接受的最少補償金額，就可以由四邊形 OQ_4EP_4 及四邊形 Q_4Q_1GE 兩個面積的和來表示；其中，前者表示生產 Q_4 的變動成本，而後者表示從 Q_4 增加到 Q_1，所增加的變動成本。因此，可以推算出生產者剩餘可以由四邊形 P_4EGP_1 的面積來表示（與前例供給表對照時，$P_4 = 3$，$P_1 = 8$，$Q_4 = 5$，$Q_1 = 9$）。

當市價變動時，很容易從圖形瞭解生產者剩餘的變動；同時，從上述知道 $PS = \pi + FC$ 的關係，以及 FC 是常數，故瞭解到 PS 的變動，就相當於廠商利潤的變動。

同理，也可以很容易由市場的短期供給曲線，來描述全部廠商的生產者剩餘的概念與大小，讀者可以自行練習。

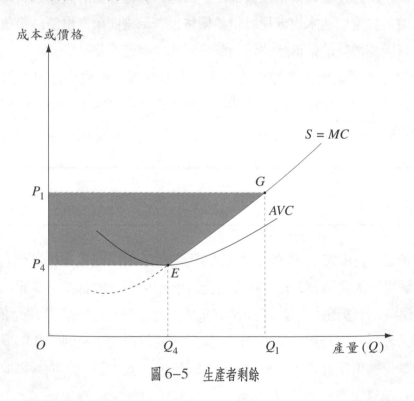

圖 6–5　生產者剩餘

11. 請說明廠商短期均衡的意義。

12. 為什麼廠商在短期下，有可能出現虧損，但仍值得繼續生產下去呢？

13. 何以利潤最大時，其最適產量會滿足 $MR = MC$ 的條件？

14. 何以說市價要不低於 AVC 時，才值得生產呢？

15. 為什麼廠商的短期供給曲線會是 MC 曲線位於 AVC 曲線上方的線段部分？

16. 何以可以利用短期供給曲線，來說明廠商供應商品的保留價格？

17. 請從個別廠商的角度，說明生產者剩餘的意義，其與利潤之間有什麼關係？

第四節　完全競爭市場廠商的長期均衡與市場供給曲線

　　本節討論在長期時，完全競爭市場的供給及價格的決定問題。在長期時，廠商有足夠的時間，調整使用其生產要素的投入量，以使其成本最小，並達利潤的最大；而在長期時，市場的需求面，也有發生改變的可能。

　　本節將分三部分來進行。首先，說明廠商的長期均衡；其次，在市場需求面不變的前提下，討論廠商的長期供給與市場長期供給的關係；第三，是在市場需求面改變的前提下，繼續探討廠商的長期供給與市場長期供給的關係。

一、廠商的長期均衡

　　完全競爭市場下的廠商，在長期時，將比短期時面臨更大的來自市場環境的限制。其中，以來自同業廠商間的競爭，最為明顯與徹底，而集中表現為長期的

經濟利潤為零。在短期均衡下，可能因市價偏高，在大於平均總成本的情況下，出現正的經濟利潤；此時，將可能誘使現有廠商擴大生產規模，也可能引來新廠商的進入。其結果，將使市場的短期供給曲線往右下方移動，促使市場價格往下調整，一直到廠商不再有正的或超額利潤為止。反之，在短期均衡下，可能市價偏低，而有負的經濟利潤時，將可能誘使現有廠商縮減生產規模，或甚至退出市場；其結果將使市場的短期供給減少，而拉高市場價格，一直到廠商不再有負的利潤或虧損消失為止。

根據上述說明，以及對於短期均衡與各成本曲線的瞭解，可以綜合將長期利潤等於零的條件，細分成下面關係式與幾點說明：

⑴市場價格 $(P) = AR = LAC$ 的最小值；而在 LAC 最小值時，$LMC = LAC$，故亦知 $MR (= P = AR) = LMC$。上述關係，一方面表示長期利潤等於零，同時也滿足長期利潤最大化的條件式。

⑵在 LAC 最小值對應下的產出水準，是所謂的最適規模產量，且其生產將投入最適的生產要素組合；若由使用該組合中的最適固定生產要素，所對應的短期平均成本來看時，下述關係也成立：

$$P = AR = ATC \text{ 的最小值} = MC = MR$$

上述關係，一方面表示短期利潤等於零，同時滿足短期利潤最大化的條件要求；簡單地說，上述關係，表示一個利潤等於零的短期均衡。

為清楚表示完全競爭市場廠商的長期均衡概念，可以利用圖形來加以呈現出來。如圖 6-6 所示，A 點為長期均衡所在，亦為短期均衡之一。

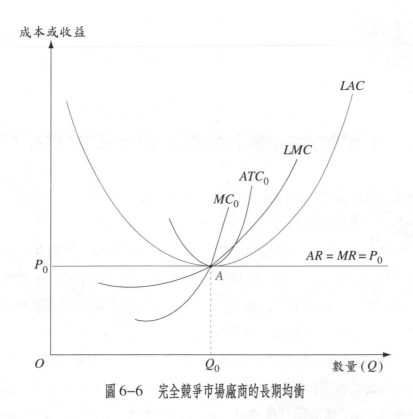

圖6-6 完全競爭市場廠商的長期均衡

二、市場需求不變下的長期供給與廠商長期供給

從上述完全競爭市場廠商均衡的討論中，瞭解到市場的價格，終將要等於 LAC 的最小值，才能確保長期利潤等於零。因此，廠商 LAC 的最小值，一方面決定了市場價格 (P_0)，另一方面決定了廠商的最適產量，即最適規模產量 (Q^*)。

同時，在市場需求面不變的前提下，可以知道在 P_0 價格水準下的市場需求量 (Q^*)；因此，若每一家廠商的規模產量都一樣時，則可以由下式推知市場上的廠商家數為 n：

$$n = \frac{Q^*}{Q_0}$$

換言之，在市場需求不變下，在長期時，廠商只有一個由其 LAC 最小值所決

定的供給價格與供給量的組合點；而就整個市場而言，也只有一個由廠商 *LAC* 最小值所決定的供給價格，及由市場需求曲線所對應的需求量作為市場供給量，所組合而成的一個市場供給點。

三、市場需求改變下的長期供給與廠商長期供給

如果市場需求改變了，廠商的長期供給點以及市場的長期供給點，會出現什麼樣的變化呢？本節將以市場需求增加的情形為例來討論。

當市場需求增加了，將使價格出現一時的上漲；價格上漲以後，現有廠商就有正的經濟利潤，並提高產量。長期時，除了現有廠商可能擴充生產規模以外，新廠商也可能加入；其結果是，市場的生產量將大幅提高，有可能會導致廠商的生產成本，出現增加、降低或不變的影響。

一般說來，隨市場或整個產業的擴張，大幅增加對生產要素或原材料的採購，因而帶動生產要素或原材料價格的上漲，最後反映在產品生產成本的提高；此一情況比較容易瞭解，通常稱這種產業為**成本遞增產業** (Increasing-cost Industry)，例如紡織業。

不過，也可能出現隨產業擴張，而降低生產成本的情況。因為，隨產業擴張產量的結果，有可能促使這些生產要素、零組件及原材料的供應商，相互競爭，或採取大規模生產的方式（如衛星工廠的設立），願意以更低的價格來供應，因而出現降低該產業的生產成本。這種產業，稱為**成本遞減產業** (Decreasing-cost Industry)，例如資訊業。

當然，也可能出現產業擴張的結果，並不影響生產成本的情況。此時，該種產業稱為**成本不變的產業** (Constant-cost Industry)。

就成本遞增產業來看，市場生產量的擴張，將使廠商的 *LAC* 曲線往上移動，表示廠商的 *LAC* 最小值提高了，也就是供給價格提高了；至於對應之最適規模產量，其大小變化並未確定。而市場的供給量，將在較高的供給價格下，由此一改變後的市場需求曲線所決定。因此，由圖 6-7 知道，當市場需求由 D_1 增加為 D_2 時，使得 LAC_1 上移至 LAC_2，故廠商的長期供給點，由 *A* 點變成 *B* 點；而市場的長期

供給點，由 E 點變成 F 點。其中，F 點所對應的產量大於 E 點的；但 B 點所對應的產量，就未必大於 A 點的。故市場的長期供給曲線，可以由 E、F 等供給點，串連而成一條正斜率的線，如 LS 線所示。

同理，就成本遞減產業來看時，可以得到一條負斜率的市場長期供給曲線；而成本不變的產業，則可以得出一條水平的市場長期供給曲線。

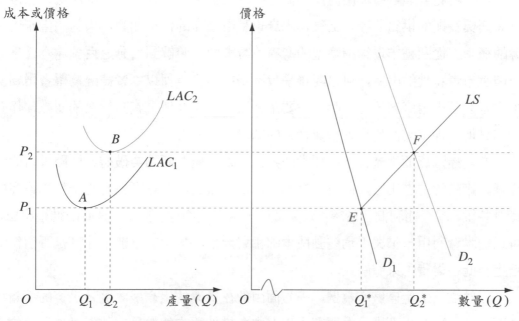

圖 6-7　成本遞增產業的廠商長期供給以及市場長期供給曲線

 觀念研習

18. 何謂廠商的長期均衡？其集中表現為長期的利潤等於零，為什麼？

19. 請說明長期均衡的條件，及其與短期均衡條件的異同點。

20. 何以在市場需求不變下，不存在廠商及市場的長期供給曲線？

21. 請繪圖說明成本遞減產業的市場長期供給曲線，其走向與短期供給曲線不同，是否表示違反供給法則？

第五節　應用分析

本章首先介紹收益函數，並結合收益函數與成本函數，得到所謂的利潤函數；其次，說明完全競爭市場廠商如何從其利潤函數中，找到其最適的產量，並得出其短期與長期的供給曲線。最後，本章也利用廠商的供給曲線，來討論生產者剩餘的概念。從四種市場結構類型的意義與特徵中，瞭解到百分之百或完全合乎完全競爭市場特性的財貨，可以說幾乎找不到；那麼，何以本章或經濟學者仍要討論完全競爭市場廠商的行為呢？主要是著眼於將完全競爭廠商行為的認識，作為瞭解其他三種市場結構類型廠商行為的基礎（請參閱下一章）。

當一種財貨的生產技術已相當成熟，不太可能有新的突破時，則隨著時間的經過，廠商的進進出出，此時生產此一財貨的廠商，將逐漸具有完全競爭廠商的行為特徵，即長期利潤趨於零，只能獲得正常利潤而已。其中，廠商的進進出出，可以從本章利用市價與平均變動成本的相對大小，討論完全競爭廠商是否值得繼續生產此一財貨中來瞭解。

以紡織品的生產廠商為例，一方面由於在臺灣的生產成本隨著工資的不斷提高而上升，另一方面由於在國際市場上來自其他國家的競爭，使得紡織品的售價不升反降，最終將迫使其結束在臺灣的生產，即關廠或轉移到工資較便宜的地區設廠（如中國大陸或東南亞地區）。

其次，以臺灣市場逐漸對外商開放為例，許多財貨的國內價格預期將會有相當幅度的下降；因此，可以推知臺灣市場將逐漸融入國際市場，而使得各項財貨市場更接近完全競爭市場，也將加速廠商之間的存亡競爭。例如，在農產品、汽車業、銀行業、保險業、電信業等各行各業，其未來的發展趨勢，都可以從國際化的觀點，及完全競爭市場的特徵，加以清楚的掌握與瞭解。

對於完全競爭市場結構特徵的瞭解，除了有助於上述例子的說明以外，仍可以用於幫助釐清一些日常生活中的現象。例如，報載農民有些時候不願意採收其所栽種的水果（如西瓜、芒果等）或蔬菜（如高麗菜、胡蘿蔔等）等作物，此一

現象將可以由其採收的平均變動成本與市價的相對大小來瞭解。

22.完全競爭市場結構特徵的瞭解，對於個人在創業上，會有哪些啟示？請就下述兩點來說明：(1)在遇到挫折時，如何幫助你再站起來？(2)如何維持較強的生命力？

本章摘要

1. 一個市場的存在，必然包括交易的主體、交易的財貨以及交易的條件等三個要素。

2. 在經濟學上，通常是將在消費上具相當替代性質的產品，歸為同一類的財貨，並以此來界定該財貨市場的商品範圍。

3. 表現市場競爭程度的短期性指標有二，即商品的相互替代性質（同質或異質）與廠商家數的多寡；而其長期性指標，為進出市場的困難度或有無障礙。

4. 在經濟學上，通常將市場結構分為四種類型，即完全競爭市場、完全獨占市場、獨占性競爭市場與寡占市場。

5. 完全競爭市場具有下述特徵：(1)買賣雙方人數眾多；(2)商品之間具有完全的替代性；(3)買賣雙方均具有完全的訊息；(4)進入或退出市場完全自由。該市場的廠商，是市場價格的接受者。

6. 完全獨占市場具有下述特徵：(1)買方人數眾多，賣方只有一家廠商；(2)商品具不可替代性；(3)買賣雙方在訊息上不對等；(4)加入市場幾乎不可能。該市場的廠商，是市場價格的決定者。

7. 獨占性競爭市場具有下述特徵：(1)買賣雙方人數眾多；(2)商品之間不具有完全替代性；(3)市場訊息相當充分，但不完全，也不對等；(4)進出市場沒有困難或相當容易。該市場的廠商，均具有決定其產品售價的部分能力，但不具有影響別家廠商商品價格的能力。

8. 寡占市場具有下述特徵：(1)買方人數眾多，賣方廠商只有少數幾家；(2)商品之間的替代性，可能相當完全，也可能不完全；(3)買賣雙方的訊息不對等，也不完全；(4)進出市場相當不易。該市場的廠商，具有決定自己產品價格的能力，也具有影響別家廠商產品價格與市場價格的能力。

9. 三個常用的收益概念，是總收益、平均收益與邊際收益。

10. 所謂收益函數，是表示收益與銷售量之間的對應關係。

11.完全競爭廠商的平均收益函數與邊際收益函數一樣，均等於市場所決定的價格，為一常數，不隨銷售量的多寡而變化。

12.完全獨占廠商、獨占性競爭廠商與寡占廠商，其產品均面對一條具負斜率性質的需求曲線，故得知其平均收益函數，也就是其產品的逆需求函數或需求價格函數。

13.廠商的短期（或長期）均衡，是指廠商在短期（或長期）情況下，已將其生產資源做最有效的利用，無法再重新調整，以使得其獲利再增加或損失變得更小的一種狀態。

14.完全競爭廠商在短期情況下，在既定的市場價格下，其可以選擇的變數，就只是其產量或銷售量。因此，其短期均衡，是指廠商在短期時，選擇其最適的產量，以使其利潤最大或損失最小的一種狀態。

15.廠商短期均衡的條件如下：

   (1)當 $P \geq AVC$ 時，可依 $MR = MC$ 的關係式，求出最適產量（Q^* 大於零）。

   (2)當 $P < AVC$ 時，$Q^* = 0$。

16.廠商的短期供給曲線，可以由其短期均衡求出，分成二段：(1)當 $P \geq AVC$ 的最小值時，MC 曲線落在 AVC 曲線以上的部分（含兩曲線的相交點在內），就是短期供給曲線；(2)當 $P < AVC$ 的最小值時，供給量均為零，即對應在價格軸上的一段。

17.完全競爭市場的短期供給曲線，可以由個別廠商的短期供給曲線，進行水平加總而獲得。

18.所謂生產者剩餘，是指廠商的實際收益，與其從事生產所必須得到的最少補償之間的差額。其大小，可以由其短期供給曲線與價格軸，以及在市場價格與 AVC 最小值兩者之區間，所圍起來的面積來表示，其值等於利潤與固定成本之和。

19.廠商的長期均衡，其條件集中表現為其長期經濟利潤等於零。

20.在市場需求不變下，廠商的長期供給點中，價格取決於 LAC 的最小值，而產量亦取決於 LAC 最小時的產出水準，即最適規模產量；至於市場的長期供給點，其價格同樣取決於 LAC 最小值，其供給量則由對應該價格下的市場需求

量決定。

21.在市場需求增加下，成本遞增產業的市場長期供給曲線呈現正斜率，成本遞減產業的市場長期供給曲線呈現負斜率，而成本不變的產業的市場長期供給曲線為一水平線。

1. 當市場價格為 10 元時，請畫出完全競爭廠商的總收益曲線、平均收益曲線及邊際收益曲線。如果市場價格降低為 5 元時，此三條收益曲線將會發生什麼變化呢？

2. 甲企業產品的市場需求表如下，請根據該表求出其在不同銷售量的總收益、平均收益及邊際收益，並畫出這三條收益曲線。

銷售量(Q)	0	1	2	3	4	5	6	7	8	9	10	11	12	13	14	15	16	17	18
價格(P)	100	95	90	85	80	75	70	65	60	55	50	45	40	35	30	25	20	15	10

3. 假設甲廠商的短期成本函數如下表所示：

產量(Q)	0	1	2	3	4	5	6	7	8	9	10	11	12	13
成本(TC)	30	40	46	50	53	58	64	74	86	100	118	138	163	193

請回答下列各題：

⑴請列表求算出：FC、VC、AVC、ATC 及 MC。

⑵請畫出 AVC、ATC 及 MC 曲線。

⑶當價格是 20 元時，列表求算 TR 及 π 的值。

⑷求出甲廠商的供給表及畫出其供給曲線。

⑸當價格是 20 元時，其生產者剩餘是多少？是否剛好等於利潤與固定成本的和？

4. 請說明完全競爭廠商的長期均衡與短期均衡間的關係。

5. 據報導某一地區的蔬菜，農民寧願任其腐爛，而不願意採收，請問何以會出現此種情況呢？

6. 如何利用圖形來表達生產者剩餘的概念？並請說明理由。

第七章

非完全競爭市場產量與價格的決定

本章將依序討論完全獨占及獨占競爭、寡占等三個非完全競爭市場，其廠商如何決定產量與價格的問題。其中，將分別在短期與長期下來分析此一問題；同時，也將就不同市場結構之間，進行績效的比較與評論。

本章分為六節。第一節為完全獨占廠商的短期與長期均衡分析，並介紹其差別訂價行為；第二節是就完全競爭市場與完全獨占市場的經濟效果，加以比較；第三節是獨占性競爭市場廠商的短期與長期均衡分析；第四節為介紹幾個寡占廠商決定其產量與價格的理論；第五節為寡占與獨占性競爭市場的評論；第六節為應用分析，嘗試利用一些例子，來應用本章所論及的概念。

第一節　完全獨占廠商的短期與長期均衡分析

本節首先介紹完全獨占廠商的短期均衡，其次是討論其長期均衡，最後是說明其差別訂價的意義與方式。

一、獨占廠商的短期均衡

完全獨占廠商的短期均衡概念，與完全競爭廠商的短期均衡概念是一致的，都是指該廠商在短期下，其資源的使用，已達到最有效率，無法再重新調整，而能使其利潤再增加的一種狀態。

與完全競爭廠商一樣，在追求利潤最大的目標下，完全獨占廠商亦將同時考慮來自兩方面的限制。第一、來自市場對於其產品的需求面上的限制。由於整個市場就只有此一獨占廠商在供應商品，因此，完全獨占廠商將面對整個市場的所有消費者；也就是說，完全獨占廠商所面對的需求面，是整個市場需求曲線。此一情形，一方面表示完全獨占廠商，若要增加其銷售量時，必須把價格降低才可以辦得到；另一方面表示，完全獨占廠商可以經由減產或減少供應量，來達到提

高售價的目的。

同時，在第六章討論廠商收益概念時，瞭解到廠商產品所面對的逆需求曲線，也就是其平均收益曲線；而且，由平均收益曲線，可以得到總收益曲線與邊際收益曲線。在第三章討論消費者總支出或廠商總收益與需求價格彈性的關係時，也瞭解到當需求曲線為一條負斜率的直線時，其邊際收益曲線也是一條負斜率的直線，且斜率為需求曲線斜率的兩倍大（請參閱圖 3–6）。

至於完全獨占廠商的第二方面限制，是來自生產技術及生產要素價格的限制；如前所述，這方面限制係綜合體現在其短期或長期成本函數上。

與討論如何獲致完全競爭廠商的短期均衡一樣，首先是，有兩種方法可以求得完全獨占廠商的短期均衡。第一種方法，是由總收益扣除總成本，所得到的利潤與產量關係，即所謂的利潤函數，而直接求取利潤最大或損失最小的產量，即為廠商的最適產量。第二種方法，是求取滿足 $MR = MC$ 條件式下的產量。其次是，由需求曲線求出在此一產量作為銷售量下的需求價格。最後是，將此一需求價格訂為售價，在售價即平均收益的意義之下，就可以比較此一售價是否不小於平均變動成本；如果是的話，則可以確定 $MR = MC$ 的產量，就是使廠商利潤最大或損失最小的最適產量，並以反映在需求曲線上的需求價格作為售價。如果該售價小於平均變動成本，那麼，獨占廠商的最適產量等於零，即歇業不生產，其損失剛好等於固定成本。

在經濟學上，較常採用第二種方法，來討論獨占廠商的產量與價格決定的問題。以下將以需求曲線為直線的例子，來說明上述第二種方法，如何得到獨占廠商的短期均衡。

在圖 7–1 中，AB 曲線為市場需求曲線，即廠商的平均收益曲線，AS 曲線為邊際收益曲線。當 MC 曲線在上升的階段中，與 MR 曲線交於 G 點，其對應之產量為 Q_1。其次，由需求曲線，知道在 Q_1 下的需求價格為 P_1，此一價格也是廠商要出清 Q_1 的產量，所能要到的最高價格；因此，廠商就以此一價格作為其售價。接下來，就要看 P_1 是否大於 Q_1 產量下的平均變動成本。如圖 7–1 所示，$P_1 = EQ_1 > HQ_1$，HQ_1 是在 Q_1 產量下的平均總成本，表示此時的平均收益比平均總成本還多出 EH，EH 是平均利潤，故其總利潤 $(EH \times OQ_1)$ 就可以四邊形 $FHEP_1$ 的

面積來表示。

讀者們也可以比照圖 7-1 的做法，畫出較高的 ATC 及 AVC 曲線，使得 $P_1 \geq AVC$，但 $P_1 < ATC$ 的情況，此時就是一種損失最小的短期均衡。當然，若 AVC 曲線很高時，出現 $P_1 < AVC$ 的情況，則為一種歇業的均衡。

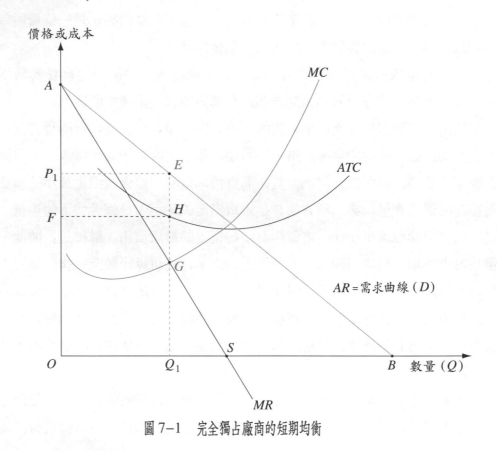

圖 7-1　完全獨占廠商的短期均衡

二、獨占廠商的長期均衡

在長期下，廠商不再有固定生產要素，其所有生產所需的要素，都可以進行調整；因此，廠商所面對的成本函數是長期成本函數，而不再是某一固定規模下的短期成本函數。同時，於長期時，廠商不至於出現長期虧損的情形，至少會賺到正常利潤，否則就可以轉行，另謀發展了；不過，於長期時，由於新廠商要進

入此一行業幾乎不可能，因此，也可能存在長期利潤大於零的情形。

根據上述說明，瞭解到完全獨占廠商的長期均衡，其最適產量與價格可以經由下述步驟來求得：

⑴求得滿足 $MR = LMC$ 條件下的產量；

⑵由需求曲線求得在此一產量作銷售量下的需求價格；

⑶將此一需求價格訂為售價，然後比較此一售價是否不小於該產量下的長期平均成本 (LAC)。如果是的話，則此一產量與售價，就是長期均衡的最適產量與售價；如果不是的話，則退出此一產業，而不至於出現長期虧損的情況。

與獲致短期均衡的步驟相比較，首先，在於第一步驟是求出長期邊際成本 (LMC) 與 MR 相等的產量水準；因此，除非很湊巧 $MR = MC$ 及 $MR = LMC$ 均得出同一產量水準（即在此一產量水準上的 $MC = LMC = MR$）以外，通常是短期均衡產量與長期均衡產量是不一致的，其大小也不一定；不過，短期均衡產量總是朝長期均衡產量調整。

其次，獲致長短期均衡的步驟差異，就出現在第三步的比較上，長期是售價與 LAC 在比，而不是短期的與 AVC 在比。此一差異的出現，主要是因為長期均衡不允許有虧損情形，但短期均衡則可以接受不超過固定成本額度的虧損。

在圖 7–2 中，AB 曲線及 AS 曲線同樣表示廠商的平均收益曲線及邊際收益曲線，而 LMC 曲線從 MR 曲線的左下方穿過，兩者交於 K 點；K 點對應的銷售量為 Q_0，並由需求曲線求得在 Q_0 銷售量下的需求價格 P_0。接下來，就要看以 P_0 為售價時，P_0 是否不小於 LAC 的值。以圖 7–2 中的 LAC 曲線為例，$P_0 = JQ_0 > MQ_0$（MQ_0 即在 Q_0 下的 LAC 值）；因此，得知在此一狀況下，廠商有長期利潤存在，其大小可以四邊形 $NMJP_0$ 的面積來表示。

為簡化起見，在圖 7–2 中，並未把在 Q_0 產量下，使用最小成本要素組合的短期平均成本 (ATC_0) 及短期邊際成本 (MC_0) 的曲線畫出。但可以想見，長期均衡必然也是一種短期均衡的狀態。

在長期時，若需求面變動，則其長期均衡的產量與價格，將跟著改變。

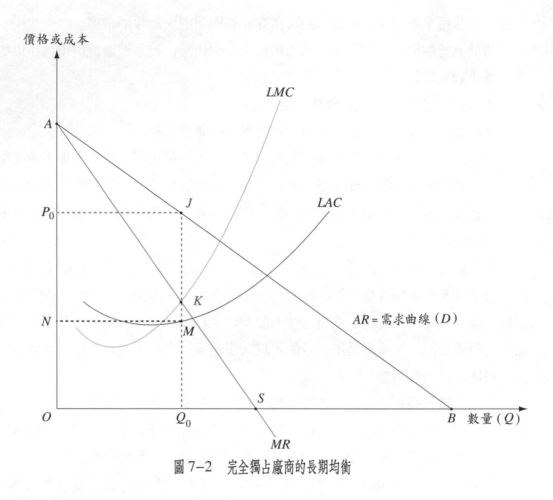

圖 7-2　完全獨占廠商的長期均衡

三、獨占廠商的差別訂價

　　在第一與第二小節中，對於完全獨占廠商價格訂定的討論，是在採取單一價格的前提下進行的。另外一種做法，就是採取**差別訂價** (Discriminatory Pricing) 的方式。所謂差別訂價，主要是按消費者或購買數量的不同，收取不同的價格，其與不分消費者與購買量的不同，均按同一價格出售的情形不同。

　　一般而言，採取差別訂價的方式，由於係就消費者的特性或就購買量的多寡來收取不同的價格，將有利於完全獨占廠商獲得更高的利潤；因此，若在採取單一價格，但因其平均變動成本過高，而無法在短期經營的情況下，有可能改用差

別訂價的收費方式，而使虧損獲得改善，甚至出現盈餘的局面，不至於走上停產或歇業的後果。

差別訂價可以分為**第一級** (First-degree)、**第二級** (Second-degree) 及**第三級** (Third-degree) 等三種取價方式，現分別說明如下：

1. 第一級差別取價

是指同時按不同消費者及其購買數量的不同，收取不同的價款，故一般又稱為**完全差別取價** (Perfect Price Discrimination)。其中，最極端的情況是，按每一消費者，就不同購買數量所願意支付的價款來訂價，故在這種情況下，就不再有消費者剩餘了。當然，要落實此種取價方式，就得清楚瞭解每一消費者對於該產品的需求曲線。

2. 第二級差別取價

是指不按消費者，而只按不同購買數量，訂定不同的價款，故一般又稱為階段式訂價。例如，按不同用電的度數區間，訂出不同的價格；又如，按不同購買量的區間，收取不同的價格。以一般常見的水果攤販標價 1 斤 30 元、3 斤 70 元及 5 斤 100 元為例，此一價目相當於：⑴購買 1 斤以下的單價是 30 元；⑵購買量超過 1 斤時，其在 1～3 斤的單價是 20 元；⑶購買量超過 3 斤時，其在 3 斤以上的單價是 15 元。

3. 第三級差別取價

是指不按購買數量，而只按消費者的不同屬性，例如年齡大小、身分、就業狀況、所得高低、居住地區等特性，收取不同的價款。例如，醫生對於貧戶收取較低之醫療費用，學生進入遊樂場、看電影的票價較低，家庭用電與工商業用電的電價不同，商品的內外銷價格不同等例子，都屬於第三級差別取價。

採用第三級差別取價，是試圖按消費者的不同屬性，劃分出不同的市場，並按不同市場需求價格彈性的高低，收取不一樣的價格。相較於採取單一價格的情況，需求價格彈性較低的市場的訂價有所提高，而彈性較高的市場的訂價有所降低，且在差別取價下的利潤是增加的。當然，此種差別取價方式能否順利進行，與市場是否有效區隔有直接關係。

觀念研習

1. 完全獨占廠商在追求利潤最大化的前提下，必須考慮哪二方面的限制因素？

2. 請比照圖 7-1，畫出獨占廠商只有賺到正常利潤的短期均衡情況。

3. 試比較完全獨占廠商獲致長期均衡與短期均衡步驟上的異同點。

4. 試比照圖 7-2 的做法，畫出長期利潤剛好等於零的均衡狀況。

5. 當需求增加時，完全獨占廠商的長期均衡與利潤的變化方向如何？又，當需求減少時，其變化將如何？

6. 何謂差別訂價？試舉例說明之。

7. 請問採用議價出售的商品，是屬於哪一種差別訂價方式？為什麼？

8. 請問白天的電話費率較晚上高，是屬於哪一種差別訂價方式？為什麼？

9. 按通話時間的長短，採取分段收取不同費率的做法，是屬於第二級差別取價方式嗎？

第二節　完全競爭市場 與完全獨占市場的比較

　　本節對於完全競爭市場與完全獨占市場的比較，將主要從資源使用效率的觀點來討論；其中，亦僅就採單一訂價方式的完全獨占市場來比較。擬分別從短期及長期的角度，來加以說明。

一、短期的比較：價格與產量的比較

　　在假設市場需求面相同的前提下，分別得出完全競爭市場及完全獨占市場的短期均衡下的產量與價格水準。如圖 7-3 所示，AB 曲線及 EF 曲線分別為完全競爭市場的需求曲線及供給曲線；此一供給曲線是由眾多的完全競爭廠商的短期供給曲線，所加總而成。完全競爭市場的短期均衡，如 E 點所示，決定了價格 P_0 及

銷售量 Q_0。

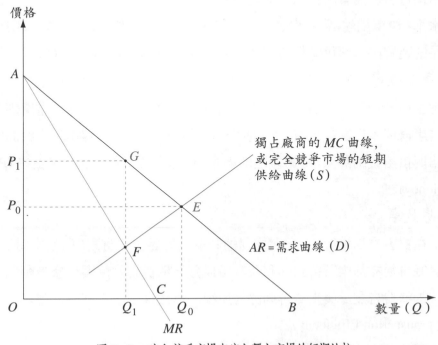

圖 7-3 完全競爭市場與完全獨占市場的短期比較

　　現在，假設全部的完全競爭廠商合併成一家獨占廠商；因此，此一獨占廠商的邊際成本曲線，也就是原完全競爭市場的供給曲線。由圖 7-3 中的 MR 曲線與 MC 曲線的交點 F，決定此一獨占廠商的產量 Q_1，並由需求曲線的 G 點決定其價格 P_1，而 F 及 G 點可以說是此一獨占廠商的短期均衡所在。

　　在上述的架構下，瞭解到完全獨占市場，相較於完全競爭市場，其產量或銷售量較低 ($Q_1 < Q_0$)，但其售價較高 ($P_1 > P_0$)。接下來，比較兩市場的效率面。

 二、長期的比較：效率面的比較

　　所謂資源的**配置效率** (Allocation Efficiency)，必須由三個效率概念共同來判定：

1. 消費者效率

表示消費者已將其所得預算加以最有效率的使用，無法重新調整，而能提高其滿足水準；簡單地說，當消費者是按其需求曲線所呈現的價格與需求量的關係，從事商品的購買時，都可確保達到**消費者效率** (Consumers Efficiency)。

2. 生產者效率

表示生產者或廠商已將其生產要素加以最有效率的使用，無法重新調整，而能降低其生產成本；簡單地說，當生產者是按其邊際成本曲線或其供給曲線所呈現的價格與供給量的關係，從事產品的生產時，都可確保達到**生產者效率** (Producers Efficiency)。

3. 交易效率

表示在買賣交易進行中，已將交易的利益或好處全部實現。所謂交易的利益，是指買賣雙方從交易中所得到的利益，可以分為消費者剩餘與生產者剩餘兩種。換言之，當消費者剩餘與生產者剩餘的加總，無法進一步提高時，就表示達到**交易效率** (Transaction Efficiency)。

當資源的使用，同時達到消費者效率、生產者效率以及交易效率時，就合稱為達到配置效率。在就消費者均衡以及廠商的短期、長期均衡的討論中，已就消費者效率及生產者效率的概念，體現在需求曲線及供給曲線或邊際成本曲線的價格與數量關係上，故較易於進行判斷。至於交易效率的判定，則要借重於消費者剩餘與生產者剩餘的概念，而此二個概念也可以分別利用需求曲線與供給曲線的圖形來呈現。因此，接著將利用圖形，來比較完全競爭市場與完全獨占市場的效率差異。

在長期時，完全競爭廠商均在其 LAC 最低點的地方從事生產，且其經濟利潤為零；同時，在長期又無固定成本項。因此，完全競爭廠商的生產者剩餘等於零。為簡化起見，在需求面不變下，完全競爭市場的長期供給曲線，為一水平直線，其在價格軸上的截距為 LAC 的最小值 (P_0)，如圖 7–4 的 LS 曲線所示。LS 曲線與需求曲線 (D) 的交點 E，即為完全競爭市場的長期均衡所在，其價格為 P_0，其數量為 Q_0。

E 點同時在需求曲線及供給曲線上面，故同時具有消費者效率及生產者效率。

而 $\triangle AP_0E$ 的面積是表示消費者剩餘，也是全部的交易利益；由於找不到更大的消費者剩餘的情形，故 E 點亦具有交易效率。換言之，完全競爭市場具有資源的配置效率。

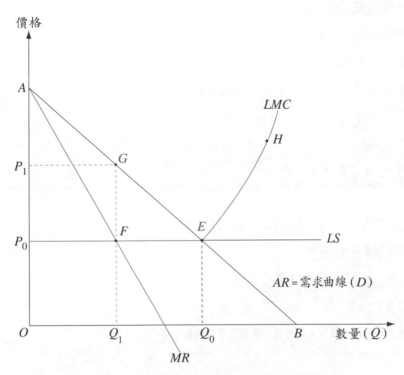

圖 7-4　完全競爭市場與完全獨占市場的效率分析

其次，討論完全獨占市場的效率問題。如同在短期比較時一樣，假設全部的完全競爭廠商合併成一家獨占廠商。在長期時，此一獨占廠商的邊際成本曲線，係由原眾多完全競爭廠商的長期邊際成本曲線（其在 LAC 最小值以上的線段），經水平加總而得到的 P_0EH 曲線，也就是該獨占廠商的 LMC 曲線。此一獨占市場的長期均衡，可以由 MR 曲線與 LMC 曲線的交點 F，及其對應在需求曲線上的 G 點來得到。就 G 點而言，是在需求曲線上，故具有消費者效率；就 F 點而言，是在 LMC 曲線上，故具有生產者效率。

其次，就完全獨占下的交易效率來討論。在 Q_1 的銷售量下，消費者剩餘為 $\triangle AP_1G$ 的面積所示，生產者剩餘為四邊形 P_1GFP_0 的面積所示，兩者之和的交易

利益，仍小於完全競爭市場的交易利益，後者多出△*GFE* 的面積。換言之，完全獨占市場沒能完全實現所有的交易利益，故不具交易效率；因此，其在資源配置上也就不具效率。

　　就從分配的角度來看，完全獨占市場的生產者剩餘，比完全競爭市場的情況增加，而消費者剩餘則有所減少；其中，消費者剩餘計減少四邊形 P_1GEP_0 的面積，除移轉四邊形 P_1GFP_0 給生產者以外，△*GFE* 的部分是損失掉了。一般稱此種交易利益上的損失，為**無謂損失** (Deadweight Loss)。

觀念研習

10.完全獨占市場與完全競爭市場在短期下存在什麼差異？

11.請說明資源配置效率的意義。

12.何以完全獨占市場不具有資源配置效率呢？

13.何謂無謂損失？

14.為什麼說交易利益可以分為消費者剩餘與生產者剩餘兩種呢？

第三節　獨占性競爭市場廠商的短期與長期均衡分析

　　基於獨占性競爭市場結構的意義與特徵的瞭解，知道獨占性競爭廠商所生產的異質性產品，由於相互之間的替代性並不完全，且每一家廠商的銷售量都極微小；因此，獨占性競爭廠商將面對一條價格彈性相當大的，且向右下方傾斜的個別需求曲線。

　　接下來，將分別就獨占性競爭廠商的短期與長期均衡，加以分析。

一、獨占性競爭廠商的短期均衡

獨占性競爭廠商在短期下,如何在其個別需求曲線與成本函數的雙重限制下,求取其利潤最大化或損失最小的最適產量,並按其需求價格來訂價,其方法與步驟基本上與完全獨占廠商一樣。換言之,獨占性競爭廠商的短期均衡,可以按下述步驟與條件而獲得:

(1)先求出滿足 $MR = MC$ 條件下的產量;

(2)由其個別需求曲線,得到在此一產量作為銷售量下的需求價格;

(3)然後將此一需求價格訂為售價,並比較此一售價是否不小於平均變動成本。如果是的話,則上述得到的產量及售價,就是最適的產量與價格;如果不是的話,則其最適產量為零,即停產或歇業,使其損失最小,是固定成本而已。

如圖 7-5 所示, AB 曲線是獨占性競爭廠商的個別需求曲線 (D),其彈性相當大。MR 曲線與 MC 曲線的交點 F,其產量為 Q_0;在銷售量 Q_0 下,其需求價格為 P_0。廠商若把售價訂為 P_0,則其平均收益等於 P_0;因此,若 $P_0 \geq AVC$ 時,就值得廠商來生產,否則就停產。圖 7-5 中的 AVC 小於 P_0,故 Q_0 及 P_0 是此一廠商的短期均衡下的最適產量與價格。至於此時是有正的利潤,或是處於虧損的局面,則須視 P_0 是否大於或小於平均總成本而定。

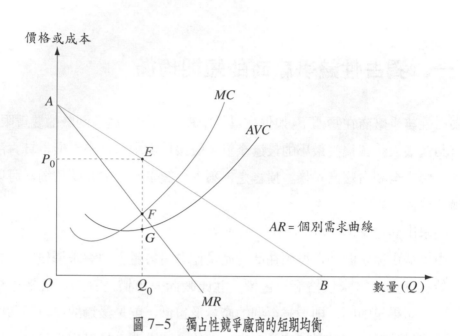

圖 7-5　獨占性競爭廠商的短期均衡

二、獨占性競爭廠商的長期均衡

在短期時，獨占性競爭廠商可能因其售價較其平均總成本高，而有正的利潤。在長期時，一方面將會吸引新廠商的進入市場，並減少原有廠商的個別需求，而使得個別需求曲線整條往左方移動。另一方面，原有廠商將朝降低短期平均總成本及邊際成本的方向，來調整其短期的固定生產要素使用量，並最終以其長期平均成本函數及長期邊際成本函數為調整的考慮的依據；此一做法，亦能提高其最適產量及降低售價，且可以確保長期的不虧損，而得以繼續在市場上生存下去。上述新廠商的加入競爭以及原有廠商的生存奮鬥，將一直持續下去，直到所有廠商的長期利潤均等於零時，才達到長期均衡的狀態。

同理，如果當短期時，因售價低於其平均總成本，而出現虧損時，現有廠商將一方面朝長期成本函數的方向，來調整其生產要素的使用量，以降低其生產的平均成本；另一方面，有些廠商可能會退出此一市場，而使得留在市場的廠商，其個別需求曲線往右移動，有助於改善虧損的情況。上述調整過程，將持續到所

有廠商的長期虧損不存在,且長期利潤均等於零為止,才算達到長期均衡的狀態。

　　因此, 從以上說明, 可以瞭解到獨占性競爭市場的長期均衡的必要條件, 將集中表現為所有廠商的長期利潤等於零。詳言之, 獨占性競爭廠商的長期均衡, 必將同時滿足下述二個條件:

　　⑴$P = LAC$。此一條件說明長期利潤等於零。

　　⑵$MR = LMC$。此式為獨占性競爭廠商求得最適產量的條件式。

　　亦即, 首先, 根據 $MR = LMC$ 求出一產量; 其次, 由需求曲線得到需求價格, 並令售價(P)等於此一需求價格; 然後, 比較 P 是否等於 LAC。如果 $P > LAC$, 表示尚有正的利潤, 則上述調整過程仍將繼續下去; 同理, 如果 $P < LAC$, 表示仍在長期虧損的情形, 則上述調整過程亦會持續下去。最後, 若出現所謂的長期均衡, 則 P 將等於 LAC, 表示長期利潤等於零。

　　茲利用圖形來表示獨占性競爭廠商的長期均衡狀況。如圖 7-6 所示, 該廠商的個別需求曲線 AB, 經由前述其他廠商進出市場而進行移動以後, 其於 $MR = LMC$ 所決定的產量 Q_0 下, 剛好與 LAC 曲線相切於 E 點, 此時 $P_0 = LAC_0$ 表示長期利潤等於零。此一獨占性競爭廠商的長期均衡, 就由 E 及 F 點共同來表示。同時, 於圖 7-6 中, 為簡明起見, 並未畫出與 LAC 曲線相切於 E 點的短期 ATC 曲線, 以及與 LMC 相交於 F 點的短期 MC 曲線。不過, 大家應不難理解, 長期均衡必定是眾多短期均衡中的其中一個的道理。

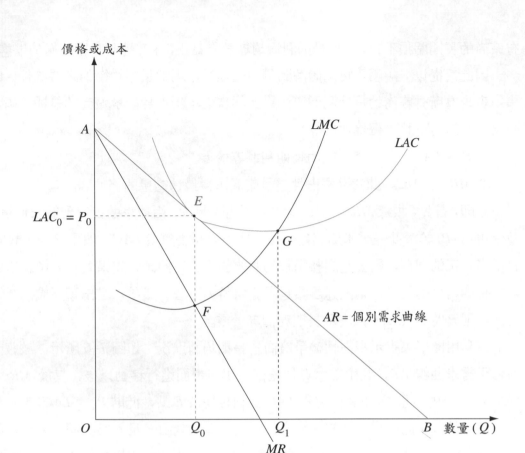

圖 7-6　獨占性競爭廠商的長期均衡

觀念研習

15. 試比較獨占性競爭廠商與完全獨占廠商，再求其短期均衡的異同點。

16. 試分別比較獨占性競爭廠商與完全競爭廠商及完全獨占廠商，求其長期均衡的異同點。

17. 請問當獨占性競爭廠商的短期均衡利潤剛好等於零時，是否表示該短期均衡也是長期均衡呢? 請畫圖配合來說明。

第四節　寡占理論的介紹

在寡占市場中，由於廠商的家數不多，每一家廠商的規模與產量，都在市場上具有相當的重要性；因此，廠商之間的相互依存性特別顯著，其互動關係更是密切。於經濟學中，對於寡占市場的產量與價格決定問題的討論，在晚近逐漸引進**賽局理論** (Game Theory) 的方法，方便於進行各種競爭**策略** (Strategy) 的模擬推演分析；不過，本節仍只就傳統理論中，較常提到的**拗折需求曲線** (Kinked Demand Curve) 以及如何訂價的看法，加以討論。

一、拗折的需求曲線

寡占市場的不同廠商所生產的產品，有可能是可以完全相互替代的同質商品，或是不能完全相互替代的異質商品；但不管是同質寡占市場或異質寡占市場，只要廠商之間的相互依存關係夠密切的話，則都可以推出寡占市場的廠商，其面對的個別需求曲線，是一條有拗折的、往右下方傾斜的需求曲線。

(一)同質寡占廠商的拗折需求曲線

首先，就同質商品的寡占市場來看。當每一個廠商都採取同一價格策略時，即售價要漲一起漲，要降一起降，整個市場就只有一個售價而已；那麼，每一廠商所面對的個別需求曲線，就相當於由市場需求曲線水平往左移動所得到的一樣。亦即在每一個售價下，其銷售量占市場銷售量的比例，都維持不變。如圖 7-7 的 AED_1 曲線，是所有廠商均採取同一調價時，其中一個廠商所面對的個別需求曲線。

當目前的市場價格為 P_0 時，則由 AED_1 曲線上的 E 點，知此一廠商的銷售量或市場對其產品的需求量為 Q_0。現在，若此廠商想把售價提高，但其他廠商不願意跟進時；那麼，可以想見此一廠商的銷售量等於零，而消費者則改買其他廠商

的同質商品。如果此一廠商又把售價降回 P_0，則在 P_0 的價格下，其銷售量就可以順著 P_0E 曲線，增加到 Q_0。換言之，當其他同行，不願意提高價格時，此一同質廠商所面對的個別需求曲線，在 P_0 以上的那一段，將由 AE 段變成 AP_0E。

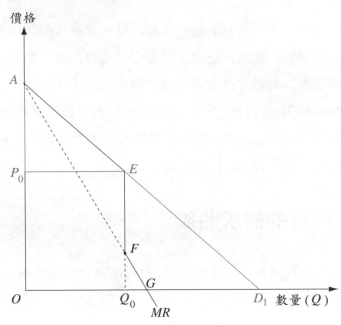

圖 7-7　同質寡占廠商的拗折需求曲線 AP_0ED_1

其次，若此一廠商想把售價降低，則其他廠商將擔心消費者被其吸過去，而採取同步降價的行動；因此，當同行都同步降價時，此一廠商所面對的個別需求曲線，在 P_0 以下的那一段，仍是 ED_1 線段。

綜合言之，同質寡占市場的廠商，其面對的個別需求曲線，如圖 7-7 所示，將不再是一直線的 AED_1 曲線，而為一拗折的需求曲線 AP_0ED_1。同時，此一拗折的需求曲線對應的邊際收益曲線為 AP_0EFG，也具拗折特性；其中，AFG 曲線是對應於 AED_1 需求曲線下的邊際收益曲線。

㈡異質寡占廠商的拗折需求曲線

接著，就異質商品的寡占市場來看。在獨占性競爭廠商行為的討論中，曾就其因供應異質產品，而以一具負斜率性質的個別需求曲線，來說明其面對的市場需求；以完全競爭廠商面對一條價格彈性無限大的需求曲線相比，顯然獨占性競爭廠商所面對的需求曲線之彈性較小。同樣地，異質寡占廠商，因其所生產的產品，無法由其他廠商的產品所完全替代；故純就異質商品的特性而言，相對於同質寡占廠商，異質寡占廠商有一條價格彈性較小的，且具負斜率性質的個別需求曲線。圖 7–8 的 AED_1 曲線相當於圖 7–7 的 AED_1 曲線，都是表示所有廠商採取同一調價時，其中一個廠商所面對的個別需求曲線；不過，圖 7–8 的 AED_1 曲線的價格彈性，將比圖 7–7 的 AED_1 曲線小。至於圖 7–8 的 BED_2 曲線，則是表示當其他廠商不跟著調價時，其中一個廠商所面對的個別需求曲線；如圖所示，其價格彈性較 AED_1 曲線大（詳下文說明）。

現在，把寡占市場的相互依存性，所引申出來的互動關係考慮進來。如果此一寡占廠商想要由目前的售價 P_0 提高，可以想見其他同行廠商，因不擔心其市場受到影響，將不至於跟著調高價格；因此，此一異質寡占廠商的個別需求曲線，在 P_0 以上的那一段，將是 BE 線段。

其次，如果此一寡占廠商想要降低售價，則其他廠商雖然供應的商品，不至於被此一廠商的商品所完全替代，但仍非常害怕其市場受到影響，極有可能採取同步降價的行動；因此，若其他同行廠商跟著調降售價時，則此一寡占廠商的個別需求曲線，將從當初不考慮此一互動關係時的 ED_2 線段，減少為 ED_1 線段，亦即其降價的銷售量增加效果，受到了影響而變小了。

綜合起來，得出考慮商品異質性以及廠商之間的互動關係後，異質寡占廠商所面對的個別需求曲線，不再是一直線，而為一拗折的需求曲線，如圖 7–8 中的 BED_1 線。而此一拗折需求曲線所對應的邊際收益曲線為 $BFGH$，也具拗折特性；其中，MR_1 及 MR_2 曲線分別是對應於 AED_1 及 BED_2 曲線的邊際收益曲線。

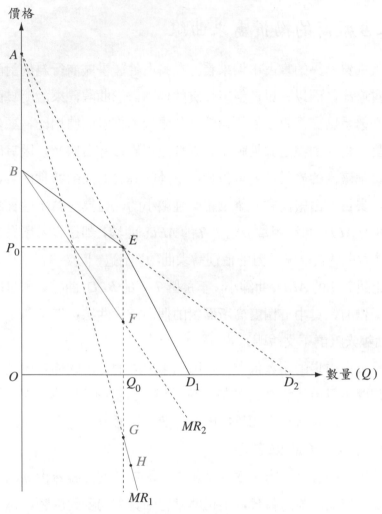

圖 7–8　異質寡占廠商的拗折需求曲線 BED_1

㈢拗折需求曲線與寡占市場的價格僵固現象

　　如果大家可以接受，寡占廠商所面對的個別需求曲線，是具有拗折特性的話，那麼，當廠商的生產成本的起伏變化不大時，其所引起邊際成本曲線的上下移動，仍不至於超出拗折的 MR 曲線中的垂直線段時，如在圖 7–7 中的 EF 線段，在圖 7–8 中的 FG 線段，則可以想見該廠商的最適產量與售價，仍維持在 Q_0 與 P_0 的水準上。

換言之，在寡占廠商具有拗折的需求曲線下，可以推知廠商的售價，將較不輕易受成本面的影響，而出現變動；此一現象，稱為**價格僵固** (Price Rigidity) 現象。例如，常見一些廠商（如汽車、電視機等商品）多以附送贈品的方式（將提高其邊際成本）促銷，而沒有以降低價格的方式來促銷，此種情況也可以用來說明價格僵固的現象。

二、寡占廠商價格的決定

利用拗折需求曲線的概念，瞭解到寡占市場的價格具有僵固性。接下來的問題是，寡占市場的價格是如何訂定的呢？除了仍可比照完全獨占廠商按需求價格來定價以外，較常提到的定價方式，尚有以下二種：

1.平均成本加成定價法

所謂平均**成本加成定價** (Cost-plus Pricing) 法，乃是在正常產量或目標產量下，廠商按其平均成本加固定成數的利潤，來訂定售價的方法。可以利用下式來表示之：

$$P = ATC \times (1 + r)$$

上式中，P 為售價，ATC 為平均總成本（含平均固定成本與平均變動成本），r 為利潤率。其中，利潤率到底定多高，則可以參考一些同行廠商的做法，以及其他行業的一般行情，來加以決定。

2.依據領導廠商的價格來訂定

在寡占市場中，可能出現一家廠商，由於歷史悠久、生產規模特別大、生產成本最低、或企業經營風格等因素，為同行公認的指標廠商或**價格領導者** (Price Leader)；因此，其他廠商就是**價格跟隨者** (Price Follower)，將依據領導廠商的價格為基準，來決定自己產品的價格。至於領導廠商如何決定其價格，則可能依據利潤最大化的方式，或按上述平均成本加成定價法，或其他方法。

18.寡占廠商的個別需求曲線，何以會出現拗折的情形呢？

19.何謂價格僵固現象？

20.請利用拗折需求曲線，來說明寡占市場的價格僵固現象。

21.一般寡占廠商常見的定價方式有哪些？

第五節　獨占性競爭市場與寡占市場的評論

本節將分別就獨占性競爭市場與寡占市場，加以評論。

一、獨占性競爭市場

由於產品的異質性，難以從整個市場的供需模型來評論；在此，直接從獨占性競爭廠商的長期均衡，來討論資源配置效率的問題。

如圖 7–6 所示，獨占性競爭廠商與完全競爭廠商一樣，在長期時，只得到正常利潤而已；不過，其與完全競爭廠商不同的地方，有如下幾點：

⑴其產量較低，而價格比 LAC 的最小值高。如圖 7–6 所示，其產量 Q_0 小於完全競爭廠商的 Q_1，其價格 $P_0 = LAC_0 = EQ_0$ 大於 GQ_1。

⑵其價格不等於邊際成本，而是價格大於邊際成本。首先，如 E 點所示，是在需求曲線上，表示此一均衡具有消費者效率。其次，如 F 點所示，是在邊際成本曲線上，表示此一均衡亦具有生產者效率。不過，在 Q_0 產量下，其 $P_0 > LMC\,(= FQ_0)$，表示交易利益尚未完全實現。為什麼呢？因為，這

裡的 P_0 相當於需求價格，表示消費者對於商品，所願意付出去的價錢，也就是消費者購買到此一商品所得到的利益；在此，若消費者以 P_0 的價格，來購買此一商品，其最後一單位得到的消費者剩餘等於零。但就生產者剩餘來看，廠商生產該單位的成本為 LMC，比其實際得到的收益 P_0 小，故廠商從最後一單位得到的生產者剩餘仍大於零；此一情況，表示若廠商繼續增加產量的話，其生產者剩餘還可再增加，所以說，在 Q_0 下，交易利益尚未完全實現。也就是說，在 Q_0 下，此一均衡並不具有交易效率，因而不具資源配置效率。

　　雖然獨占性競爭市場在資源配置效率上，不如完全競爭市場；但是其商品的異質性所呈現出來的多樣化，給予消費者有更寬廣的選擇空間，則是完全競爭市場所比不上的地方。

二、寡占市場

　　對於寡占市場的產量與價格決定，由於其複雜與多變，故未能有統一的看法；因此，如何評斷寡占市場，亦不可能有一致性的觀點。不過，基於該市場廠商之間互動關係的瞭解，其競爭程度可大可小；最大的話，將接近獨占性競爭市場的競爭程度，最小的話，則與完全獨占市場一樣（若所有廠商結合起來）。因此，寡占市場亦不可能具有資源配置效率。

　　至於寡占市場是否因競爭的需要與求生存的推動,而更努力在產品品質提升、技術進步、新產品開發等方面有所突破與貢獻,目前尚無定論。

觀念研習

22.請說明獨占性競爭市場何以不具資源配置效率?

23.請說明寡占市場何以不具資源配置效率?

第六節　應用分析

　　本章分別在完全獨占、獨占性競爭與寡占等三個非完全競爭市場類型下，討論其廠商如何利用各自具有的決定價格能力，以及體會彼此間相互依存關係的緊密性，來謀求其最大利潤的行為。相較於完全競爭市場而言，本章所討論的這三個市場結構類型，其特徵更接近日常生活中所見的各行各業；因此，本章的討論方式及獲得的一些看法，應非常有助於讀者對現實廠商作為的瞭解與認識。

　　如在第四章介紹消費者剩餘概念時，提及時下常見到的吃到飽的用餐方式或遊樂園區的一票玩到底等收費方式，其實無非是廠商考量財貨所具有的異質性，在消費者心目中存在的不可替代性等等特性，利用包裹方式，把多種財貨包裝在一起，將較能發揮全面吸引不同層面或偏好傾向的消費者，從而能有效將消費者剩餘轉化為生產者剩餘，以得到更高利潤的手法。

　　其次，有些財貨設有二種價格，一種是會員價格，另一種是非會員價格。一般而言，會員價格較非會員價格低；不過，要成為會員，得先擁有會員資格。會員資格的取得，都是要花另一筆錢去購買的，如購買高爾夫球證、俱樂部會員卡等方式。除此之外，有些會員資格的維持，仍須受到繳交年費或每年要達最低消費額等條件的限制。換言之，會員購買這些財貨，實際是分二段在付費，首先是入會費及每年之年費，其次是按會員價格收費。此種分別會員與非會員收取不同價格的方式，相當於獨占廠商的第二級差別取價方式，且兼具有第三級差別取價的作用。為什麼呢？因為消費者可以自行選擇是否成為會員，廠商似乎事先沒有對消費者有不同的待遇；不過，實際上廠商可以在入會費或年費、最低消費額等方面，對於消費者有所過濾，以區別出具不同需求價格彈性的消費族群。

　　另外，尚存在一種具第二級差別取價的二段收費方式。如有些遊樂園區不是採取一票玩到底的收費方式，且不再分會員價與非會員價，而是每一消費者都須先付入門費，才能進場消費；然後，按消費項目及其價目表，消費者再行決定其消費量。那麼，此一廠商如何來訂定這些不同消費項目的價格與入門票價呢？一

般而言，廠商是儘量壓低消費項目的價格，以吸引更多的消費者進來消費；同時，把入門票價設定在儘量接近消費者保留價格的水準。如此，才是廠商追求利潤最大化的訂價方式。

如上所述，除了獨占廠商不存在競爭壓力以外，大多數廠商都將面臨激烈的競爭。廠商之間除了在價格方面以外，常見許多非價格競爭方式，例如在選擇設廠位置上、在廣告上、在包裝上、在品質上、在口味上等方面。因此，讀者也可以於日常中，多觀察多體會各行各業的競爭方式，瞭解哪些行業及哪一種市場結構，較常使用何種競爭方式。

鑑於各行各業之間的競爭行為，有可能採用不正當的方式，出現有損消費者權益的情事，以及對於其他同行廠商造成傷害；因此，經濟先進國家都從提高市場的競爭性，以及防止廠商濫用其市場力量等兩個方面著手，研擬促進市場競爭的方案，並加以實施。其中，透過立法，以規範不當的競爭行為，也是一個努力的方向。

我國在民國 80 年 1 月，經立法院通過的「公平交易法」，即是希望以法律來規範廠商行為，達到在市場上公平交易，減除消費者受到廠商不公平商業行為的傷害。該法共有 49 條，已於民國 81 年 2 月開始實施，其在有關廠商行為的規範上，主要內容重點如下：

1. 禁止獨占廠商或事業有下列的行為

   ⑴以不公平方法阻礙其他廠商或事業與其競爭。

   ⑵對於其產品價格，有不當的約定。

   ⑶不當要求其客戶給予優惠或回饋，以及其他濫用市場地位的做法。

2. 廠商或事業想要結合的話，必須先申請，並經許可後才能進行。

3. 限制廠商或事業有下列的行為

   ⑴與同行廠商或事業，以任何方式，共同決定商品價格。

   ⑵與同行廠商或事業，以任何手段，相互約束生產或經營等活動範圍。惟有益於整體經濟與公共利益，並經中央主管機關核可者，不在此限。

4. 禁止廠商或事業有下列不公平競爭行為

   ⑴限制其客戶轉售其商品或約定轉售價格。

⑵不當地對部分廠商或事業給予差別待遇。

⑶以脅迫、利誘或其他不正當方法，爭取其他同行的客戶。

⑷以結合或聯合的方式，與其他同行協議不進行價格競爭。

⑸就商品的價格、數量、品質、內容等項做虛偽不實的報導，或引人錯誤的
　表示。

5.規範多層次傳銷的行為。

　　從上述我國公平交易法的介紹，讀者當可以初步瞭解到此一法律的研擬、通
過與實施，正是本章討論非完全競爭市場相關內容，在法律或實務上的應用之一。

觀念研習

24.請說明任何一家電信業者的收費方式，並討論其屬於何種差別取價方式?

25.我國公平交易法禁止廠商或事業從事哪些活動?

26.我國公平交易法限制廠商或事業從事哪些活動?

本章摘要

1. 完全獨占廠商在追求利潤最大的目標下，要同時考慮來自兩方面的限制，以決定其最適的產量與價格。一方面，是面對整條市場需求曲線的限制；另一方面，是其短期或長期成本函數的限制。

2. 完全獨占廠商的短期均衡，可以按下述步驟來得到：

   (1)求出 $MR = MC$ 條件成立下的產量；

   (2)由需求曲線求出在此一產量作為銷售量下的需求價格；

   (3)將此一需求價格訂為售價，然後比較此一售價是否不小於平均變動成本。

   如果是的話，則可以確定上述 $MR = MC$ 的產量，就是廠商利潤最大或損失最小的最適產量，且以反映在需求曲線上的需求價格作為售價；如果不是的話，則獨占廠商的最適產量是零，此時的最小損失剛好等於固定成本。

3. 完全獨占廠商的長期均衡，可以按下述步驟得到：

   (1)求得滿足 $MR = LMC$ 條件下的產量；

   (2)由需求曲線求得在此一產量作為銷售量下的需求價格；

   (3)將此一需求價格訂為售價，然後比較此一售價是否不小於長期平均成本。

   如果是的話，則此一產量與售價，就是長期均衡的最適產量與售價；如果不是的話，則退出此一產業，而不至於出現長期虧損的情況。

4. 完全獨占廠商可以採用差別訂價的方式，以獲得較單一價格情況下更高的利潤。所謂差別訂價，是按消費者或購買量的不同，收取不同的價格。

5. 差別訂價可以分為三種方式，即第一級、第二級與第三級差別取價。

6. 完全競爭市場與完全獨占市場的比較：

   (1)在相同的需求面與成本面的前提下，在短期時，完全競爭市場的銷售量較多，且售價較低。

   (2)在相同的條件下，在長期時，完全競爭市場具資源配置效率，而完全獨占市場不具資源配置效率。

7. 資源配置效率，要同時由消費者效率、生產者效率及交易效率等三個層面，來共同加以判定。

8. 交易利益，可以分為消費者剩餘與生產者剩餘兩種。

9. 當資源的使用，出現交易利益上的損失時，一般稱為無謂損失。

10. 獨占性競爭廠商所生產的產品具異質性，且銷售量極微小；因此，其個別需求曲線不但具有負斜率，而且價格彈性相當大。

11. 獨占性競爭廠商的短期均衡，其求取方法與步驟，基本上與完全獨占廠商的短期均衡一樣。至於其長期均衡，則與完全獨占廠商不完全一致，其主要差別是獨占性競爭廠商的長期均衡的必要條件中，除與完全獨占廠商同樣要求 $MR = LMC$ 以外，其另一個條件是 $P = LAC$，以使得長期利潤為零，而完全獨占廠商的此一條件，則是 $P \geq LAC$，以使得不至於出現長期虧損。

12. 寡占廠商在漲價不同步，但降價卻同步的互動關係下，不論其產品是否同質，均可以得到其個別需求曲線，為一條具有拗折的負斜率曲線。而其相應的邊際收益曲線，亦具有拗折的特性。

13. 在拗折需求曲線的架構下，得知寡占廠商的售價，將較不輕易隨成本面的變動而調整，此一現象稱為價格僵固現象。

14. 寡占廠商價格的決定，除了仍可比照完全獨占廠商按需求價格來定價以外，較常提到的定價方式有以下二種：

(1)平均成本加成定價法。

(2)依據領導廠商的價格來訂定。

15. 獨占性競爭市場與寡占市場均不具資源配置效率。

16. 我國的「公平交易法」，於民國81年2月開始實施，其主要用意是以法律來規範廠商行為，使得買賣雙方在市場上公平交易，減除消費者受到不公平商業行為的傷害。

習　題

1. 某一獨占廠商所面對的市場需求表，以及其短期成本資料，如下表所示：

需求價格	30	25	21	18	16	14	12	10	9	8
銷售量	0	1	2	3	4	5	6	7	8	9
總成本	20	22	25	33	43	55	70	88	108	133

請回答下列各題：

(1)其最適的產量及價格是多少？

(2)其利潤多少？

(3)其生產者剩餘與消費者剩餘各多少？

2. 請問在需求面及成本面不變的前提下，完全獨占廠商在短期均衡下的利潤，是否一定不比其長期均衡下的利潤來得高？

3. 何以說完全獨占廠商，可以採用差別取價方式以提高其獲利水準呢？

4. 在長期均衡下，當某一獨占性競爭市場的需求增加時，請問該市場廠商的短期均衡與長期均衡會發生什麼變化，以及利潤會有什麼影響？

5. 在長期均衡下，當某一獨占性競爭市場的勞動成本（工資）大幅上漲時，請問該市場廠商的短期均衡、長期均衡以及利潤，會受到什麼影響？

6. 當寡占廠商的變動成本比以前增加時，請問若在拗折需求曲線的架構下，該廠商的價格、產量及利潤，會受到什麼影響？

7. 請問在公平交易法中，何以限制廠商不得共同決定價格或相互約束生產經營活動範圍呢？試以寡占市場為例來說明。

8. 請問在公平交易法中，何以規定廠商的結合，必須先申請，並經許可後才能進行呢？試分別以獨占性競爭市場及寡占市場為例來說明。

9. 下圖為一完全獨占廠商所面對的短期限制條件，請根據此圖提供的訊息，回答以下各題：

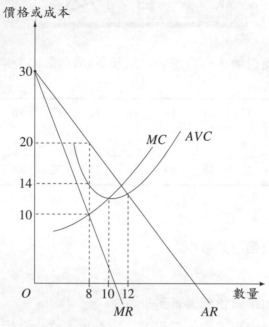

(1)最適產量為＿＿＿＿＿＿單位。

(2)其價格為＿＿＿＿＿＿元。

(3)其總收益為＿＿＿＿＿＿元。

(4)其變動成本為＿＿＿＿＿＿元。

(5)其生產者剩餘＿＿＿＿＿＿元，及消費者剩餘＿＿＿＿＿＿元。

第八章

所得分配
與生產要素需求

　　截至目前，本書主要是從個別生產者與個別消費者的立場，討論如何透過市場價格機能的運作，以有效解決生產什麼財貨、如何生產以及如何消費等三個基本經濟問題。除了這三個基本經濟問題以外，至於與消費者所得預算的大小，以及生產者僱用生產要素價格的高低等課題有關的，為誰生產或如何分配的基本經濟問題，則是本章及下一章所要探討的內容。本章是介紹**所得分配** (Income Distribution) 的相關概念以及討論生產要素需求決定的課題；下一章則是分別說明工資、地租、利息與利潤等四個生產要素所得的決定。

　　本章將分為四節，除第一節介紹所得分配的相關概念以外；第二節是說明生產要素需求的特性以及其決定因素；第三節是討論要素所得分配的邊際生產力理論；第四節是提供本章概念的應用方向與例子。

第一節　所得分配的相關概念

　　本節將首先說明所得分配的意義與種類，其次是介紹所得分配不均度的測量指標，最後是討論所得分配與社會福利制度的關係。

一、所得分配的意義

　　人類從事經濟活動的目的，在於提高其生活的水準與素質。經濟活動的範圍與內容，可以由生產什麼、如何生產、如何分配（或為誰生產）與如何消費等四個基本經濟問題的解答中，獲得瞭解。在解答如何消費的問題時，每一消費者都將受到其所得預算的限制；而在回答如何生產的問題時，每一生產者或廠商，也都會將其使用生產要素的價格，作為其最重要的考量因素。至於生產什麼財貨以及生產多少數量的問題，則須依靠消費者與生產者雙方意願的結合，最終由財貨市場的均衡來決定。而這些財貨的最終購買與享用（即如何分配），則是依據消費者個人所得水準的高低；個人所得的高低，則一方面要看其擁有或供應生產要素的數量，另一方面是要看生產要素的價格，來共同決定。

經由上述說明，瞭解到經濟活動的進行或四個基本經濟問題的解決，是環環相扣的；同時，也瞭解到如何分配或為誰生產的問題，基本上就是攸關消費者個人所得分配的問題。而消費者個人所得分配的多寡，將決定於其所供應生產要素的數量與價格。

　　若就一個社會，在某一段時間的生產成果來看，如何將這些成果最終分給社會的所有成員，不僅是一個與成員個人當期的所得水準有關的問題，也與成員個人未來所得水準有關。為什麼呢？因為一個社會的生產成果，其大小除了要看該社會所有可供其使用的資源數量以外，也要看其資源的使用程度、方向與技術進步等情形而定；因此，當一種所得分配制度，有助於資本（含人力資本）的累積，有助於提高資源使用的積極性（如提高勞動的工作意願），以及有助於促進科技的進步時，則此一所得分配制度將會使得經濟出現不斷的增長，把經濟的這塊餅愈做愈大，而能不斷提升個人未來的所得水準。

　　總之，所得分配的意義，不僅僅是看當期所得的分配而已，還應著眼於如何使未來所得不斷增加的課題上。而一個能不斷提升個人未來所得水準的所得分配制度，絕不可能是一個每人所得完全均等的制度，而必然是一個能充分體現個人對於生產成果的付出或貢獻大小的制度。為什麼呢？一方面，因為當不管一個人對於生產成果的貢獻大小，都得到同等的所得報酬時（to Each Equality，即所謂的**各取等份**），將是不公平的，也將導致沒有人願意付出較大的貢獻，而出現「三個和尚沒水喝」的悲慘結局。另一方面，因為完全按個人對於生產成果的貢獻大小，來分配所得（to Each According to His Contribution，即所謂的**各盡所能，各取所值**），將對於那些生產要素在先天上擁有相對不足的個人而言，是不公平的，將導致社會的動盪不安，而出現生產萎縮的情況，此亦非社會之福。同樣地，在導致沒有人願意付出貢獻的疑慮下，也不能按**各取所需**（to Each According to His Needs）的方式來分配所得。

　　因此，如何兼顧未來所得水準不斷提升的目標，以及在合乎公平效率原則的考量下，來建立較完善的當期所得分配制度，一直是大家努力的方向，也才是探討所得分配問題的重要意義所在。截至目前，較為可行的所得分配制度，是採取將**公平**（Equity）與**效率**（Efficiency）分開處理的方式，即個人所得首先是按其對於

生產成果的貢獻來分配，以符合效率的要求；其次，個人所得再按繳交累進所得稅與獲得政府給予的移轉性支付等方式(含社會福利措施在內)，進行另一次分配，以符合公平的要求。

 ## 二、所得分配的種類

一個社會的所得分配情形，基於不同的考量，而較常提到或進行討論的有兩種，分別是**功能性所得分配** (Functional Distribution of Income) 與**個人（或家庭）所得分配** (Personal Distribution of Income or Household Distribution of Income)。

㈠功能性所得分配

所謂功能性所得分配，是指從生產要素的觀點，來分配生產成果的意思。所謂生產成果，是表示從事生產活動所創造出來的或所增加出來的價值；也就是扣除原材料及折舊等花費以後，剩下來的淨收益。此一淨收益或生產成果，可以按參與此一生產活動的生產要素來分配，即將給予勞動的全部報酬稱為**工資** (Wages)，將給予資本的全部報酬稱為**利息** (Interest)，將給予土地的全部報酬稱為**地租** (Rent)，其他剩餘的淨收益則全部歸給企業能力，稱為**利潤**(Profits)。明白地說，所謂功能性所得分配，就是按生產要素在生產過程中所表現功能或所提供勞務的不同，來分配生產成果的意思。

誠如前述，如何建立一種有利於經濟不斷成長的功能性所得分配制度，是一件非常重要的工作。一般的共識是，若能盡量按生產要素在生產過程中的貢獻，來分配生產成果的話，將可以達到激勵多作貢獻的效果。不過，接下來的問題是，如何來評估或衡量各生產要素貢獻的大小呢？在資本主義社會中，就是採用市場手段，即經由各生產要素供需雙方的自願且自由的交易，決定各該要素的市場均衡價格，然後再由各要素的個別供應者與需求者，來決定各自的供應量與僱用量。在本章的第二節與第三節，將對於生產要素的需求及其相關理論加以說明；至於各要素的供給及均衡價格的討論，請參閱下一章。同時，在後續章節的討論中，讀者將更能從資源的配置效率上，來瞭解功能性所得分配的意義。

值得注意的是，隨著勞動者教育程度及訓練等方面的不斷提升，其具有的**人力資本** (Human Capital) 也在不斷地累積；因此，於給付給勞動的工資報酬中，實際上是把給予人力資本的報酬包含在內，因而常見工資在生產成果中所分配到的份額，有逐漸提高的趨勢。

㈡個人所得分配

所謂個人所得分配，是指從個人的觀點，來分配整個社會的全部生產成果的意思。就整個社會的生產成果而言，由於個人可能擁有並提供一種以上的生產要素；因此，所謂個人所得分配，是包括個人得自各種要素的報酬或其他收入在內的全部所得。不過，當一個人完全沒有提供任何生產要素時，或其所得不足以餬口時，則其個人所得分配，將全部或部分得自政府或善心人士的救濟或捐款。

相較於功能性所得分配的情形，個人所得分配所涉及的範圍，是包括整個社會的生產成果以及全部社會成員在內；因此，個人所得分配的概念，較能用於瞭解整個社會的**所得分配的不平均** (Income Inequality) 程度，也較能用於討論所得分配的公平性問題。

個人所得分配的情況如何，與下面三項因素有關：

1. 生產要素價格

就勞動、資本、土地及企業能力等四種生產要素來看，若將反映在這些因素上面的技術、人力資本、區位及其他差異性一併納入時，就不難發現每人所面對的要素價格中，除了資本的價格（即利率水準）相當一致以外，其餘三種要素的價格，如工資率、單位面積的租金以及企業獲利水準等三者，均存在相當的不同。例如，具有高科技或專業能力的勞動者，其每一小時的**工資率** (Wage Rate)，可能比低技術的勞動者，高出十倍以上；又如，在市中心的土地，其每坪的租金，可能比郊區或鄉村地區，高出千百倍以上；而一家會賺錢的企業，其每一股的獲利，與其他不賺錢或虧損的企業，差別更是懸殊。

2. 生產要素的擁有量

每一個人天生及其後生在不同時期所擁有的各種生產要素，是極不相同的。例如，在個人的健康、性向、體力、智力以及家庭的財力、物力、人力與向心力

等方面，都呈現出天生與後生的不平等。其中，在個人的體力與智力或能力方面，雖不相同，但是其在整體社會的分配是相當對稱的，亦即對應在一般平均水準兩頭的人數是相當的，強弱各半。不過，在與個人財富相關的家庭因素方面，由於得自家庭的傳承、贈與或遺產，其在整個社會的分配，不但不平均，也不對稱，而且是偏向高所得家庭出生的個人。

3.後天的抉擇

以上兩項與個人所得分配情形相關的因素，其中受市場力量以及歷史傳統等影響的部分，基本上是個人無法加以控制的因素，另外尚有第三項因素，即個人的抉擇，亦將左右個人所得的分配情況。例如，在個人的生涯規劃上，若自己的先天條件比較差，卻能比別人更刻苦耐勞，不貪圖享受，加速儲蓄以累積個人的財富，以及不斷的上進、學習以提高自己的人力資本；那麼，個人的所得將相對地改善，而有助於個人所得分配的更平均化。不過，也有可能出現如下的抉擇，而擴大了個人所得分配的不平均情形：

⑴一般常見的現象是，當工資率較高時，通常會願意增加工作時數；反之，在工資率較低時，則反而不太願意延長工作時間。如此的話，將使低所得的個人，其分配到的所得份額更加的小。

⑵從上一代得到遺產的個人，常有更大的心願，也會留遺產給下一代的親人；另外，目前的繼承制度，當上一代的負債大於資產時，是允許下一代可以放棄繼承（如此就不用承接遺留的債務）。因此，遺產制度的存在，可能使個人所得分配更不平均。

⑶門當戶對的婚配習俗，高所得家庭常與另一高所得家庭結為親家，而低所得家庭則與另一低所得家庭結為親家，因而使得世代間財富的移轉或贈與，成為個人所得分配不平均化的一項因素。

三、所得分配不均度的測量

如上所述，個人的所得分配情形，將與生產要素價格、生產要素的擁有量以及後天的抉擇等三項因素有關；因此，個人所得分配是不可能完全平均的。為了

掌握個人所得分配不平均的狀況，較常使用的指標或測量工具有三種，即**最高組所得相對於最低組所得之倍數** (Ratio of Highest Fifth's Income to Lowest Fifth's)、**洛侖士曲線** (Lorenz Curve)、**吉尼係數** (Gini Coefficient)。

㈠最高組所得相對於最低組所得之倍數

一般統計資料係以家庭而非個人作為探討對象，首先按所得大小排序後，選取其中各 20 % 的最高所得家庭組以及最低所得家庭組，分別計算其所得總額，然後就可以利用最高所得組的所得總額除以最低所得組的所得總額，而得到最高組所得相對於最低組所得之倍數，如表 8–1 所示，為臺灣地區在幾個年度的家庭所得分配情形。

當家庭所得分配愈平均時，則最高組所得相對於最低組所得之倍數，將愈小；反之，當家庭所得分配愈不平均時，則此一倍數將愈大。從表 8–1 中，得知此一倍數，於 1980 年之前，呈現遞減的走勢，表示所得分配更為平均；可是，在 1980 年以後，此一倍數是呈現遞增的走勢，反映所得分配更加不平均了。

表 8–1 臺灣地區家庭所得分配情形

	1964 年	1970 年	1980 年	1990 年	1995 年	2000 年
最高組所得相對於最低組所得之倍數	5.33	4.58	4.17	5.18	5.38	5.55
吉尼係數	0.321	0.294	0.277	0.312	0.318	0.326

資料來源：行政院主計處《中華民國臺灣地區八十九年度家庭收支調查報告》。

利用最高組所得相對於最低組所得之倍數，可以粗略掌握所得分配的不平均程度及其變化情形，但並無法瞭解 60 % 落在中間所得組家庭的所得分配情形。

㈡洛侖士曲線與吉尼係數

所謂洛侖士曲線是一條描繪家庭所得累計分配的曲線，而累計分配是按家庭所得份額由小至大的加總。換言之，隨著家庭所得份額的由小至大，逐步加總以後，就可以得出家庭戶數累計份額（％）與其所得累計份額（％）間的對應關係，而此一關係，若表現在圖形上，則可以得到洛侖士曲線。如圖8-1所示，首先就洛侖士曲線 LC_1 來看，隨著家庭戶數累計份額的增加，其對應的所得累計份額也跟著提高。而二者之間的關係，首先是家庭戶數累計份額增加的速度，快於所得累計份額增加的速度，也正是反映家庭所得份額的由小至大逐步加總的現象；其次是二者的速度一樣，最後是後者速度快於前者。因此，洛侖士曲線一般均落在對角線 LC_2、垂直線 LC_3 與橫軸之間。

可以想見，當家庭所得完全平均時，則畫出來的洛侖士曲線就是對角線 LC_2；而當家庭所得完全不平均，而所有的所得全歸某一戶家庭時，則畫出來的洛侖士曲線就是 OFA 線（稱為絕對不均線）。因此，當洛侖士曲線愈接近對角線時，表示所得分配愈平均；反之，當洛侖士曲線離對角線愈遠時，表示所得分配愈不平均。

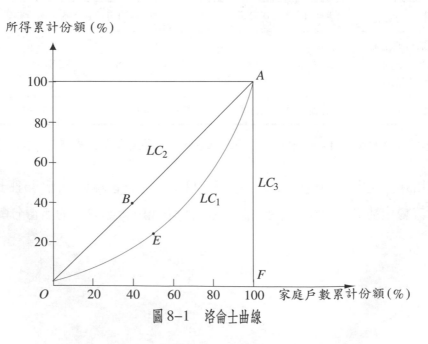

圖8-1　洛侖士曲線

從上述說明中，瞭解洛侖士曲線是將個人所得分配情形，以累計份額（％）的形式描繪出來。雖然可以比較每一年度的洛侖士曲線的落點位置，而知道個人所得分配不均度的變化趨勢；但是，還是無法掌握到其不均程度的大小。為克服此一困難，在此引進所謂的吉尼係數。吉尼係數是洛侖士曲線與對角線所夾的面積，和對角線與絕對不均線所夾的面積，兩者的比值，可以下式表示：

$$吉尼係數 = \frac{洛侖士曲線與對角線所夾的面積}{對角線與絕對不均線所夾的面積}$$

根據上述，瞭解吉尼係數將介於 0 與 1 之間，當其值愈小或愈接近 0 時，表示個人所得分配愈平均；反之，當其值愈大或愈接近 1 時，表示個人所得分配愈不平均。於表 8-1 所列舉的臺灣地區所得分配情形中，瞭解到吉尼係數的走勢，在1980 年以前是降低了，而在 1980 年以後是提高了，說明了 1980 年前後個人所得不均程度的降低趨勢與提高趨勢。

同樣地，利用洛侖士曲線與吉尼係數來測量個人所得不均度時，也有其盲點所在。例如，在兩個不同的個人所得分配情況下，將表現出兩條不同的洛侖士曲線，若此兩條洛侖士曲線不相交，當然能夠清楚分辨出哪一個所得分配較平均，且知其背後對應的吉尼係數的大小。不過，若此兩條洛侖士曲線相交，則無法驟然判斷哪一個所得分配較平均；此一情況，雖然可以利用比較兩者吉尼係數的大小來解決，不過，當出現兩個分配的吉尼係數值一樣時，就無法以吉尼係數的大小，來比較兩個不同所得分配的差別了。

四、所得分配與社會福利制度

就一個社會而言，總是存在低所得的或甚至是無經常性收入的家庭或個人，之所以如此，可能是遭遇天災人禍、經濟不景氣、傷殘、年老、幼小、生重病、失業等原因；其中，有許多原因是屬於非個人可以選擇的，而是屬於社會的、經濟的或政府行政疏忽上的因素，有賴於依靠眾人之力或由社會、由國家來克服解

決的。因此，就每一個社會的個人所得水準而言，都將存在有些家庭或個人的所得，是低至無法維持基本生活的水準；同時，也存在有些家庭或個人的所得，仍尚未能達到維持過著尊嚴生活的水準。

為了維持社會的安定以及確保個人的經濟安全，政府有必要建立其社會福利制度，以補市場經濟制度的不足，諸如對於貧戶、傷殘的救濟，開辦失業、職業傷害、醫療等社會保險，實施退休年金制度，普及並提高人民接受教育、吸收新知、增強職業訓練的機會。

眾所皆知，社會福利制度的建立，其財源的籌措，不管是來自政府稅收、個人負擔或是由工作單位提撥，都將直接或間接的影響到個人所得分配的情況。一般而言，有了社會福利制度以後，個人可以享受到的所得，其分配將更為平均化。不過，若要長期持續提高整個社會的福利水準，則仍需要經濟不斷的發展與成長；因此，社會福利制度的建立，除了就社會安定、個人經濟安全兩方面加以考量以外，也要考慮到如何創造一個適合經濟永續發展與成長的環境的問題。

觀念研習

1. 請說明所得分配的意義。
2. 何謂功能性所得分配？
3. 何謂個人所得分配？
4. 若要使所得分配具有促進經濟不斷成長的效果，宜把握什麼原則或共識？
5. 請列舉並扼要說明有哪些因素與個人所得分配的情況有關？
6. 何謂洛侖士曲線？以及其意義與走勢如何？
7. 何謂吉尼係數？其意義如何？
8. 請簡單敘述所得分配與社會福利制度之間的關係。

第二節　生產要素需求的特性及其決定因素

如第一節所述，所得分配情形的瞭解，可以從勞動、資本及土地等生產要素市場著手，首先決定該生產要素市場的均衡價格與均衡使用量，進而一方面可以推知使用該要素的總花費，或是該要素提供者所獲得的總報酬，也就是該要素的功能性所得分配；另一方面，也可以推知該要素的每一提供者，得自該要素的個人所得分配部分。

本節將首先就生產要素市場的需求面進行討論，以瞭解其一般性質及其決定因素，最後並說明要素的市場需求概念；同時，將於第三節中，從廠商的觀點出發，對於生產要素的個別需求以及市場需求，做更深入的探討。

一、生產要素需求的特性

廠商對於生產要素的僱用，純粹是為了投入其產品的生產，而不像消費者對於財貨的購買，是為了享用或最終使用。因此，一般稱生產要素的僱用，為一種**引申需求** (Derived Demand)，以強調此種僱用是為了生產產品所引導出來的，也表明此一種需求是依附於其產品生產上的要求，為一種中間需求，而非最終需求。

例如，廠商為了產品生產上的需要，僱用的勞動者，屬於引申需求；同理，醫院裡聘僱的醫生與護士，也屬於引申需求。至於一般家庭所請的傭人、看護或家教，是屬於一種最終需求，而不可以算是一種引申需求，為什麼呢？因為雖然家庭或消費者是請他們來生產並提供其服務產品的，但是家庭並不像廠商一樣，把此一服務產品再轉手賣給其他消費者，而是自己享用此一服務產品。

二、生產要素需求的決定因素

從生產要素的僱用為一種引申需求的特性出發，可以瞭解此一需求的大小，受到下列幾項因素的影響：

1.產品的價格與銷售量

當一生產要素的參與投入所生產出來的產品，由於價格提高，或純粹由於市場銷售量的擴大，而需增產時，均將增加此一生產要素的僱用量。反之，則會減少此一生產要素的僱用量。

2.生產要素的價格

當一生產要素價格降低時，則廠商基於降低其單位生產成本的考量，在當時的生產技術下，將會多使用此一降價的生產要素，以替代其他的生產要素。因此，降價的生產要素的僱用量會增加，而其他未降價的生產要素的僱用量會減少。同時，當時間拉得更長，使得生產要素間的替代效果發揮得更完全時，則要素僱用量的增減變化，也將更為明顯。

3.生產技術的變動

當技術的變動，使得一生產要素的生產力，相對於其他要素更為提高時，則通常會多僱用此一生產要素。反之，當技術的變動，使得一生產要素的生產力相對降低時，則其僱用量將減少。

三、生產要素的市場需求

比照產品市場需求曲線的意義，可以將一要素市場的要素僱用量與其價格的關係，稱為該要素的市場需求。詳言之，一要素的市場需求，是在生產技術與產品價格等其他條件不變下，此一生產要素的市場僱用量與其價格間的對應關係。同時，除了部分反映 MP 遞減的生產技術關係以外（請參閱下一節），如上所述，當要素價格降低時，使用該生產要素的所有廠商，將基於其成本最小化的考量，而多使用此一生產要素，以替代其他生產要素；反之，當要素價格提高時，此一

要素的僱用量也將減少。故要素的市場需求，與財貨市場需求一樣，也具有要素價格與其僱用量之間的負向關係。

　　在此，將此一要素市場需求的關係，利用圖形來表示，如圖 8-2 所示的要素需求曲線 D，為一由左上方向右下方傾斜的，具負斜率性質的一條線。當價格由 P_1 降為 P_2 時，市場的需求量由 Q_1 增為 Q_2，此稱為需求量的增加；而當價格由 P_2 升為 P_1 時，需求量由 Q_2 降為 Q_1，此稱為需求量的減少。

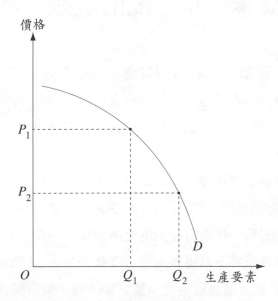

圖 8-2　生產要素的需求曲線與需求量變動

　　同理，當生產技術的進步，提高此一生產要素的生產力，或產品的價格有所提高，或產品銷售量擴大（如新市場的開發、新廠商的加入）時，將使得此一要素的市場需求曲線整條往右上方移動，表示需求的增加；反之，當需求減少時，此一需求曲線將整條往左下方移動。至於其他要素價格的改變，對於本要素市場需求曲線的影響，則不確定。

觀念研習

9.何謂引申需求? 試舉一例加以說明。

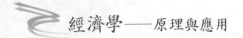

10.決定生產要素需求的因素有哪些?

11.何以生產要素的市場需求曲線會具有負斜率的性質?

12.當產品的價格上升時，其生產要素的僱用量會出現何種變動? 為什麼?

第三節　要素所得分配的邊際生產力理論

上一節在就生產要素的市場需求及其變動的討論中，曾以生產要素間的替代性，來說明生產要素的市場需求量與其價格之間的負向互動關係。本節將從廠商的考量出發，進一步探討生產要素的相互替代性，如何體現在廠商對於該生產要素的個別需求關係上。

就廠商僱用生產要素的角度來看，其多僱用一個單位生產要素所願意付出的最高金額，將不至於大過於此一單位的生產要素所能增加的收益，這將是此一單位生產要素參與生產過程，所能分配到的生產成果的一個決定準則。本節依循此一準則，或所謂的要素所得分配邊際生產力理論 (Marginal Productivity Theory of Income Distribution)，來討論廠商對於生產要素的個別需求關係。

本節將分三部分來介紹，首先說明生產要素的邊際生產力的意義及其決定因素，其次是生產要素個別需求的邊際生產力理論，接著是說明邊際生產力均等法則 (Law of Equi-marginal Productivity) 的意義，最後是討論生產要素的個別需求曲線。

一、生產要素的邊際生產力

所謂生產要素的邊際生產力 (Marginal Productivity)，是指平均變動一單位的生產要素的僱用量，所引起生產成果的變動，或對於產品銷售總收益的變動。一般又將要素的邊際生產力，稱為要素的邊際收益產量 (Marginal Revenue Product)，並以 MRP 來表示。亦即可以將 A 生產要素的邊際收益產量，表示如下式：

$$MRP_A \equiv \frac{\Delta TR}{\Delta Q_A}$$

上式中的 ΔTR 及 ΔQ_A 分別表示總收益及 A 生產要素僱用量的變動量。

　　當僱用 A 生產要素的廠商，是生產 X 產品的，則根據邊際收益 (MR) 及邊際產量 (MP) 的意義，經由運算，可以得到 MRP 的大小，相當於 MR 與 MP 的乘積的等式關係，如下式所示：

$$MRP_A \equiv \frac{\Delta TR}{\Delta Q_A} = \frac{\Delta TR}{\Delta Q_X} \cdot \frac{\Delta Q_X}{\Delta Q_A} = MR_X \cdot MP_A$$

上式說明了，平均多僱用一單位的 A 生產要素，將提高 X 產品的產量，有 MP_A 那麼多；同時，平均多銷售一單位的產品，將提高總收益，有 MR_X 那麼多。因此，平均多僱用一單位 A 生產要素的邊際收益產量 MRP_A 的大小，就等於 MR_X 與 MP_A 的乘積。

　　為更清楚瞭解上述 MRP、MR 及 MP 三者間的等式關係，試舉一例如表 8-2 所示。該表中的 X 產品的價格 (P_X) 設定為 5 元，因此其 MR_X 也等於 5 元；同時，MRP_A 的值分別利用原定義式（即 $\frac{\Delta TR}{\Delta Q_A}$）及等式關係（即 $MR_X \cdot MP_A$）來求算，其結果是一樣的。

表 8-2　A 生產要素的 MRP_A 與 MR_X 及 MP_A 之間的關係 (舉例)

生產要素 (A)	X 產量 (Q_X)	邊際產量 (MP_A)	邊際收益產量 $(MRP_A = MR_X \cdot MP_A)$	總收益 $(TR = P_X \cdot Q_X)$	邊際收益產量 $(MRP_A \equiv \frac{\Delta TR}{\Delta Q_A})$
0	0	–	–	0	–
1	6	6	30	30	30
2	11	5	25	55	25
3	15	4	20	75	20
4	18	3	15	90	15
5	20	2	10	100	10
6	21	1	5	105	5

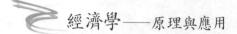

另外，尚有二個較常提到的有關生產要素的生產值概念，一為**邊際產值**（Value of Marginal Product，以 VMP 表示），二為**平均產值**（Value of Average Product，以 VAP 表示）。所謂邊際產值，是邊際產量的市場價值，即以貨幣的形式來表示邊際產量的大小。換言之，可以利用下式來定義 A 生產要素的邊際產值概念：

$$VMP_A \equiv P_X \cdot MP_A$$

上式中，P_X 表示 X 產品的市場價格。當 X 產品為一完全競爭市場時，其 $MR_X = P_X$；因此，邊際收益產量的大小，將與邊際產值一樣。

至於所謂平均產值，是平均產量的市場價值，亦即以貨幣的形式來表示平均產量的大小。同理，可以用下式來描述 A 生產要素的平均產值概念，及其與總收益的關係：

$$VAP_A \equiv P_X \cdot AP_A = AR_X \cdot AP_A = \frac{TR}{Q_X} \cdot \frac{Q_X}{Q_A} = \frac{TR}{Q_A}$$

上式中，AP_A 為 A 生產要素的平均產量，Q_X 為總產量，TR 為總收益，Q_A 為本生產要素的投入量。從上式亦知，平均產值也等於總收益除以要素投入量得到的商數。

二、邊際生產力理論

對任何一個追求利潤最大化的廠商而言，當其在考量 A 生產要素的僱用量時，與其在考量生產多少產量時一樣，都將依循所謂的邊際原則，也就是他會逐一增加或減少僱用量，以明瞭是否繼續增減其僱用量，或停留在某一僱用量上，何者對他最為有利，以作為其最適僱用量決定的準則。

當 A 生產要素的價格是 P_A 時，而廠商僱用 A 生產要素帶給他的好處，剛好可以利用邊際生產力或邊際收益產量 MRP_A 的概念來表示；因此，當 $MRP_A > P_A$ 時，表示仍值得廠商增加 A 生產要素的僱用量。同理，當 $MRP_A < P_A$ 時，則表示廠商若減少 A 生產要素的投入量，其節省的花費將高過於其減少的收益，因而對於其

利潤反而有正面的意義。

　　換言之，廠商對於 A 生產要素的最適僱用量的決定，將以 A 生產要素對於廠商的邊際生產力或其邊際收益產量作為依據，廠商將會把僱用量選在其邊際生產力或 MRP_A 等於其市場價格 P_A 的水準上。此一解釋廠商依據生產要素的邊際生產力，作為其僱用量水準的決定準則，就稱為生產要素個別需求的邊際生產力理論。

　　同時，也可以從所得分配的角度，來瞭解邊際生產力理論的意義。當廠商是依據邊際生產力理論來決定 A 生產要素的最適僱用量時，也表示 A 生產要素最後一單位的報酬或其所得，將會等於其 MRP_A；也就是說 A 生產要素的所得，其最後一單位要素或每一單位要素將按其 MRP_A 或其邊際生產力來分配。這也就是要素所得分配的邊際生產力理論。

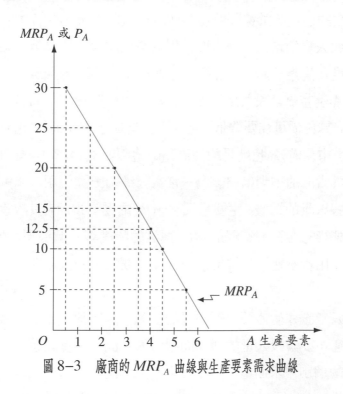

圖 8-3　廠商的 MRP_A 曲線與生產要素需求曲線

　　以表 8-2 的例子來看，可以將 A 生產要素的 MRP_A 值與要素使用量的關係，表現於圖 8-3 的 MRP_A 曲線上。當 P_A 是 12.5（元）時，此一廠商對於 A 生產要素的最適僱用量是 4 單位。因為若其僱用量少於或多於 4 單位時，其 MRP_A 值將大於

或小於 12.5 元，都會出現往 4 單位的方向增減其僱用量。同理，若廠商要僱用 4 單位的 A 生產要素時，其最後一單位要素將按其邊際生產力，即 MRP_A 的值來僱用，也就是最後一單位要素的報酬或所得，剛好是 MRP_A 的值，為 12.5 元。

根據邊際生產力理論，可以在每一不同的要素價格下，由其 MRP_A 曲線上，找到與其對應的要素最適僱用量。也就是說，MRP_A 曲線就等同於廠商對於 A 生產要素的需求曲線；而此一曲線，剛好呈現出生產要素價格與廠商僱用量間的對應關係，也表達了廠商在不同要素僱用量下，其對於最後一單位要素的需求價格或其報酬或所得，就等於其邊際生產力。

接著，說明為什麼 MRP_A 的值，會如圖 8-3 所示的隨著 A 生產要素投入量的增加而遞減，以瞭解廠商對於 A 生產要素個別需求曲線的負斜率性質。

由於 MRP_A 的值，等於邊際收益 (MR_X) 與邊際產量 (MP_A) 的乘積；同時，隨著 A 生產要素投入量的增加，一方面，根據廠商將會在生產第二階段的生產要素投入範圍內來進行生產活動，瞭解此時之 MP_A 是呈報酬遞減現象的。另一方面，也瞭解到隨著 A 生產要素投入量增加，其產量也跟著增加，而若此一產量要全數於市場銷售時，其售價可能要降低（當在不完全競爭市場時），也有可能不用降低（當在完全競爭市場時）；也就是說該產品的邊際收益 (MR_X)，有可能是呈遞減的走勢，或是等於當時的市場價格，為一常數。經由上述說明，瞭解到 MRP_A 值的隨 A 生產要素投入量的遞減，主要是反映 MP_A 的遞減現象，其次也可能部分反映了 MR_X 的遞減趨勢。在第五章關於 MP_A 遞減的所謂報酬遞減現象的討論中，瞭解到當其他要素使用量不變下，持續增加 A 生產要素的投入量時，將必然出現此一種現象。

因此，當只考慮 A 生產要素僱用量的變動，而其他生產要素維持不變時，其 MRP_A 的值是隨 A 要素投入量的增加而遞減的。此一事實，也部分說明了何以廠商對於 A 要素的個別需求曲線，是一條由左上方向右下方傾斜的，具負斜率性質的一條線。同時，也瞭解到產品市場的供需變化，以及使得 MP_A 變化的技術進步與其他要素投入量改變等因素，都將導致 MRP_A 曲線或 A 要素需求曲線整條線的移動。

三、邊際生產力均等法則

上述關於廠商根據邊際生產力理論，來決定 A 生產要素最適僱用量的討論，其原理也可以推廣用於兩種以上生產要素最適僱用量的共同決定上。現以 A、B、C 三個生產要素為例，廠商如何來決定其利潤最大化下的最適要素投入組合呢？

在第五章關於長期成本的意義時，曾經提出廠商最小成本的最適要素投入組合，須滿足或根據所謂的邊際產量均等法則，亦即當花最後一塊錢所能從各要素獲得的邊際產量將是均等的。此一法則或條件式，可以表示如下：

$$\frac{MP_A}{P_A} = \frac{MP_B}{P_B} = \frac{MP_C}{P_C}$$

上式中，MP_A 及 P_A 分別表示 A 生產要素的邊際產量及價格，而 MP_B、MP_C 及 P_B、P_C 則分別是 B、C 要素的邊際產量及價格。

接下來，想利用邊際生產力理論，得到所謂的邊際生產力均等法則，並說明此一法則是與邊際產量均等法則是相通的，但並非相等。

根據邊際生產力理論，若廠商要決定 A、B、C 三要素的最適僱用量時，須同時滿足下列三式：

$$P_A = MRP_A$$
$$P_B = MRP_B$$
$$P_C = MRP_C$$

換言之，須滿足下式：

$$\frac{MRP_A}{P_A} = \frac{MRP_B}{P_B} = \frac{MRP_C}{P_C} = 1$$

上式剛好說明花最後一塊錢所能從各要素獲得的邊際生產力（即 MRP）將是均等的，而且也剛好得到一塊錢的 MRP，是所謂的邊際生產力均等法則。

接著根據 $MRP_i = MR_X \cdot MP_i$，$i = A$、B、C 的關係，可以將上式等號兩邊各乘上 $\dfrac{1}{MR_X}$，而得到下式：

$$\frac{MP_A}{P_A} = \frac{MP_B}{P_B} = \frac{MP_C}{P_C} = \frac{1}{MR_X}$$

上式的前二個等式關係，也就是上述的邊際產量均等法則。因此，可以獲知邊際生產力均等法則與邊際產量均等法則是相通的，而前者成立時，後者也必然成立；不過，後者成立時，前者未必成立。

同時，根據下式的運算（以 A 要素為例），可以代入上式關係得到

$$\frac{MP_A}{P_A} = MP_A \cdot \frac{1}{P_A} = \frac{\Delta Q_X}{\Delta Q_A} \cdot \frac{1}{P_A} = \frac{\Delta Q_X}{\Delta Q_A \cdot P_A} = \frac{\Delta Q_X}{\Delta TC} = \frac{1}{MC_X}$$

$MR_X = MC_X$ 的關係式；而此一關係式正好是表達廠商在利潤最大化情況下，其最適產量所須滿足的條件式。因此，當廠商是根據邊際生產力均等法則來決定其最適生產要素的投入組合時，其所生產出來的產量，也就是其利潤最大化的產出水準。不過，若廠商只是根據邊際產量均等法則決定其最適要素投入組合時，只能達到是一種使成本最小化的產量水準，但不保證是利潤最大化的產量水準。

 四、生產要素的個別需求曲線

現在，嘗試將邊際生產力均等法則的概念，利用廠商對於 A 生產要素的 MRP_A 曲線，來描繪要素價格與最適要素投入組合間之互動關係，並據以得到新意義下的要素需求曲線。在此，僅就短期的情況來討論，假設有 A、B 二種變動生產要素，以及一種固定生產要素 K。當 A 生產要素價格 P_A 降低，而 P_B 不變時，則廠商對於 A、B 生產要素的最適僱用量，將如何利用 MRP 曲線的圖形來描述其變化呢？

根據邊際生產力均等法則或其背後的邊際產量均等法則，以及第五章最低成本的要素投入組合的瞭解，知道廠商在產量不變下，將會多使用降價的 A 生產要

素，以替代或少使用 B 生產要素。在 A 生產要素降價後的新的要素投入組合下，假設將使得 MP_B 因 A 生產要素投入量的增加而減少(注意尚有固定生產要素 K 仍維持不變)，MP_A 因 B 生產要素投入量的減少而增加；因此，如圖 8-4 所示，雖然在 MR_X 不變下，其 MRP_B 曲線將往左下方移動到 MRP'_B，而 MRP_A 曲線將往右上方移動到 MRP'_A。圖 8-4 中說明 A 要素價格由 P_A 降為 P'_A 時，引起要素投入組合由 (A,B) 調整為 (A',B')，並引起 MRP_A、MRP_B 曲線的移動至 MRP'_A 及 MRP'_B 曲線上。

同時，可以將上述考慮要素替代效果之後，在不同要素價格下對應的要素僱用量，如圖 8-4(A) 中的 E、F 點串連成 d_A 曲線；而此一 d_A 曲線也就是廠商在合乎邊際替代力均等法則下，對於 A 生產要素的個別需求曲線，其與不考慮替代效果的要素個別需求曲線（即 MRP_A 曲線）之間的差異，在於 MRP_A 係在 B 要素不變下所導出的一條線，而 d_A 曲線係在 B 要素配合做最適調整下所畫出來的一條線。同時，於圖 8-4(A) 中，也瞭解到當考慮要素替代效果時，要素價格下降所引起僱用量增加的幅度，會較不考慮要素替代效果下的幅度來得大，如前者使 A 要素僱用量增加到 A'，而後者卻使要素增加到 A''（小於 A'）。如上所述，之所以出現此一差異，是在考慮替代效果的情況下，B 要素的搭配投入量有所縮減的關係。

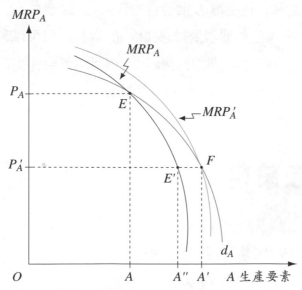

圖 8-4(A)　考慮替代效果下的 A 生產要素的需求曲線 d_A（在產量不變下）

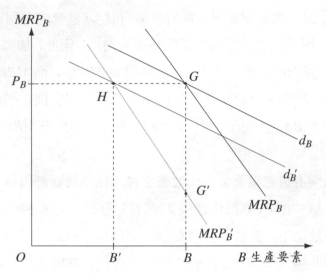

圖 8-4(B) 當 A 要素價格下降時，其對於 MRP_B 以及 d_B 曲線的影響（在產量不變下）

　　所以說，d_A 曲線的負斜率性質，除了因 MRP_A 的負斜率關係以外，又多了一項要素替代效果在內。至於使得 d_A 曲線變動的因素，則與 MRP_A 曲線變動的因素相當，其中包括決定要素替代效果的生產技術在內。

　　依據相同的理念，也可以將 d_B 曲線畫在圖 8-4(B) 上，而隨著 A 要素的增加，不但使得 MRP_B 往左移，也使得 d_B 曲線往左移到 d_B' 的地方。

　　當得出廠商對於 A 生產要素的需求曲線 d_A 以後，則可以利用水平加總的方法，將在市場上所有廠商的 d_A 曲線相加起來，就可以得到 A 生產要素的市場需求曲線，如圖 8-2 所示，也是一條具負斜率性質的線。

13.何謂邊際生產力？其決定因素有哪些？

14.何以說生產要素的 MRP 曲線也就是其需求曲線？

15.生產要素的個別需求曲線何以是負斜率的？

16.何謂邊際生產力均等法則？其與邊際產量均等法則之間的關係如何？

17.根據邊際生產力均等法則所決定的要素投入組合，是否能保證生產出廠商利潤最大化的產量水準？為什麼？

18.當考慮兩變動要素的情況時，是否仍可以直接將一要素的 *MRP* 曲線當作為該要素的需求曲線呢？為什麼？若仍直接以 *MRP* 曲線來作為該要素的需求曲線時，將出現何種偏誤呢？

第四節 應用分析

　　本章討論與所得分配有關的相關概念，也從廠商追求利潤最大化的角度，來瞭解對於生產要素需求的決定因素，並從中認識到要素所得報酬或分配理論中，所涵蓋的邊際生產力均等法則。本節是就本章上述各節中所提及的一些概念，提供應用的方向與例子。

　　首先，就所得分配的不均度指標來看。本章介紹的三種指標或測量工具，不但可以用來瞭解一個國家或地區的所得分配不均的情況，也可以用到其他方面，例如瞭解一個群體中的個人，在財富、在體力、在智能、在聯考成績等方面分配的不平均程度。以班上全部同學的經濟學期中考成績為例，可以分別從⑴最高組成績相對於最低組成績之倍數；⑵畫出洛侖士曲線或⑶算出其吉尼係數等三種方式，來表現班上經濟學成績分配的不均度。

　　其次，就要素所得分配的邊際生產力理論來看。此一理論對於個人如何提高所得，至少有下述二方面的啟示：⑴提高個人的勞動生產力，如學習有用的技能（含語文、數理等能力）、接受相關的訓練、從事終身的學習等項，都有助於累積個人的人力資本，厚植個人的生產潛力。⑵增加個人在其他要素的擁有量；其中，除了個人的資產或財富的累積以外，有好的人際關係、有好的品行、有積極的生活態度等項無形的資產，也是值得個人好好的加以經營。

　　最後，就生產要素需求是屬於引申需求來看。瞭解引申需求的意義以後，在個人如何規劃未來的就業，以及如何選擇修課與專攻學科領域上，將有重要的啟

示；同時，個人也能夠更務實的，而非一廂情願的，以致於無法面對現實碰到的失業局面。換言之，個人在人生的不同階段，要有跟著經濟環境的變化，及時調整工作專長的心理準備，否則難免嚐到失業的苦果。

觀念研習

19.試應用引申需求的概念，說明在面對未來的就業市場時，可以帶給你什麼啟發？

本章摘要

1. 所得分配的意義，不僅是看當期所得或生產成果的分配而已，還要著眼於如何使得未來所得不斷的增加。

2. 所得分配制度是無法單純按「各盡所能，各取所值」、「各取等份」與「各取所需」等三種方式中的任何一種來設計的，而是要在兼顧未來所得水準的不斷提升以及合乎公平效率原則的前提下，妥善結合上述三種方式，來加以建立的。

3. 功能性所得分配，是指按生產要素在生產過程中所表現功能或所提供勞務的不同，來分配生產成果，分別稱為工資、地租、利息與利潤。

4. 個人所得分配，是指從個人的觀點，來分配整個社會的全部生產成果。其分配情況，與生產要素的價格、生產要素的擁有量以及後天的抉擇等三項因素有關。

5. 個人（或家庭）所得分配不均度的指標或測量工具有三種，即(1)最高組所得相對於最低組所得之倍數；(2)洛侖士曲線；(3)吉尼係數。當高低組所得倍數較小、洛侖士曲線愈接近對角線或吉尼係數愈小，都可以表示個人（或家庭）所得分配愈平均。

6. 社會福利制度的建立，除了就社會安定與個人經濟安全兩方面加以考量以外，也要考慮到如何創造一個適合經濟永續發展與成長的環境的問題。

7. 廠商對於生產要素的僱用，是為了生產產品所引導出來的，為一種引申需求；此一引申需求，受到下列因素的影響，即產品的價格與銷售量、生產要素的價格、生產技術的變動。

8. 在生產技術和產品價格等其他條件不變下，一個要素在其市場的僱用量與其價格的對應關係，稱為該要素的市場需求。同時，廠商基於成本最小化的考量，將多使用較便宜的生產要素，以替代其他生產要素，故得出當要素價格降低時，其對應之市場僱用量將增加，即要素的市場需求，具有要素價格與

其僱用量之間的負向關係。

9. 生產要素的邊際生產力，是指平均變動一單位的生產要素僱用量，所引起生產成果的變動，或對於產品銷售總收益的變動；其值的大小，等於邊際收益 (MR) 與邊際產量 (MP) 的乘積，故一般又將一要素的邊際生產力，稱為該要素的邊際收益產量 (MRP)。

10. 廠商依據生產要素的邊際生產力，作為其僱用量水準的決定準則，稱為生產要素個別需求的邊際生產力理論。同時，依據該理論來決定生產要素的最適僱用量時，也表示該生產要素最後一單位或每一單位的報酬或其所得，將等於其 MRP，這就是要素所得分配的邊際生產力理論。換言之，一要素在某一廠商的 MRP 曲線，就等同於該廠商對於該要素的個別需求曲線（在沒有考慮要素之間的替代關係的情況下）。

11. 當廠商同時考慮二種以上的要素僱用情況時，其最適的要素組合，將依據邊際生產力均等法則來選取。所謂邊際生產力均等法則，是各要素的僱用量，其最適的組合是，要使得花最後一塊錢所能從各要素獲得的邊際生產力 (MRP) 均等，且剛好也是一塊錢為原則。同理，在考慮要素替代效果的情況下，廠商對於要素的個別需求曲線，有可能與 MRP 曲線不一致，但由於是符合利用邊際生產力理論所推導出來的邊際生產力均等法則，故要素的個別需求以及其所得報酬，仍然可以利用邊際生產力理論來加以解釋。

習　題

1. 假設一個社會有 20 個人，其個人所得分配情形為：25 元、50 元、75 元、100 元及 125 元各有 4 個人。請問：

   (1)最高組所得相對於最低組所得之倍數是多少？

   (2)列表說明累計所得分配情形，並畫出洛侖士曲線。

   (3)計算出吉尼係數值。

2. 分別說明邊際生產力均等法則與邊際產量均等法則的意義，以及兩者之間的關係。

3. 甲廠商的生產資料如下：

勞動	1	2	3	4	5	6	7	8	9	10
產量	10	19	27	34	40	45	49	52	54	55

   (1)當產品價格為 2 元時，請求出邊際收益產量。

   (2)當工資為 10 元時，請利用圖形來說明廠商將僱用多少的勞動量？

第九章

生產要素所得的決定

本章將繼續討論生產要素所得或報酬的決定問題。與商品價格決定於其市場均衡的概念一樣，生產要素的價格與僱用量基本上也是由要素市場的供需所決定，而生產要素的所得或報酬就等於其價格與僱用量的乘積。詳言之，本章將首先分別從勞動、土地（勞務）、資本（金）等三要素市場的供給面與需求面著手，以分析其要素價格，即工資（率）、地租（率）與利率的決定；其中，說明的重點是放在此三個生產要素的供給面上，至於需求面的瞭解，則請參閱上一章的相關教材。最後，討論企業能力這個要素報酬（即利潤）的決定問題。

進而言之，本章的目標，除了認識勞動、土地、資本及企業能力等四個生產要素的特性以外，就是說明工資、地租、利息與利潤的決定問題。

第一節　工　資

本節將依序說明下述與工資決定有關的概念與看法。首先，就勞動、**勞動力**(Labor Force)、**勞動生產力** (Labor Productivity) 與工資的意義，及彼此間的關係加以說明；其次，討論勞動的供需與工資的決定；最後，分析**工資差異**(Differences in Wages) 的原因，以及工會對於工資的影響。

一、勞動的意義與特性

在經濟學上，所謂的勞動，是指人類直接參與生產活動，所投入的體力、心力或勞務。更明確地說，人們為了賺取所得報酬，而於生產過程中所提供的勞務，稱為勞動；例如，工人做工、醫生看病、員工上班、學生打工等工作所須投入的體力、精神或勞務都算是勞動。至於業餘性質參加社會公益活動者、擔任義工志工者，均不能算是經濟學意義的勞動。

相較於其他生產要素而言，勞動具有下列性質：

1. 勞動與人體不可分離

與其他生產要素不同的是，勞動的提供是與其當事人不可分離的，是依附於

人體上的。

2.勞動是一種無形的勞務

雖然可以於事後的生產成果中，間接推測平均變動一單位時間所提供勞動的質量或努力程度；但是由於勞動是一種看不見的勞務，仍無法設計一種度量的制度，來客觀地精確計算其數量，而一般多以工作的時數或天數作為單位，以計算勞動投入量的多寡。

根據上述二個性質，當很容易瞭解勞動是無法像一般有形的物品一樣，它是不能加以儲藏起來，而留待以後再用的；同時，也瞭解到勞動的供應量，受到人口數與工作意願的限制，不可能隨意的或無限制的增加。另外，隨著教育的普及、技能知識的提高、工作經驗的累積，勞動的素質是具有自我提昇的空間。

二、勞動力與勞動生產力

勞動力與勞動生產力是兩個不同而互有關連的概念，首先說明勞動力的意義及其與勞動供應量之間的關係。

所謂勞動力，係指年滿 15 歲以上，具有工作能力及工作意願的人口數。詳言之，下列人口並不包括在勞動力之內：

1.未滿 15 歲的人口

因為這部分的人口，不是年幼，即是必須接受義務教育。

2.料理家務及 15 歲以上的在學人口

因為此部分人口被視為是不具工作意願的人口，故不包括在勞動力內；但當其改變心意，離開家庭及學校，且積極找工作時，就要歸為勞動力人口。因此，這部分人口亦稱為潛在的勞動力人口。

3.現役軍人

嚴格說來，服義務役的軍人，由於當兵是強制性的，而非自願性的工作，不算在勞動力人口，是可以理解的；而職業軍人是屬於一種自願性質的工作，故應算入勞動力的範圍中。不過，目前的統計數據中，是不把現役軍人計入勞動力人口的。

4.殘廢及老弱等不具有工作能力的人口

5.受禁監管人口

此部分人口強制在監獄服刑，無法依自己意願來作為，故不在勞動力的統計範圍內。

從上述關於勞動力意義的說明中，瞭解到整個社會勞動力的多寡，與下列因素有密切關係：

1.人口數量與人口年齡結構

在一般情形下，人口數量愈多，該社會的勞動力也愈多；同時，若15歲以上的人口比重愈高，則勞動力也愈多。

2.國民的健康情況

若國民健康情形良好，較少體弱多病者，則勞動力將較多。

3.經濟景氣的波動性

當經濟繁榮時期，工作機會較多，則因找不到工作而退出勞動力市場的人數將較少，故此時的勞動力較多；反之，當經濟蕭條時期，勞動力較少。

4.社會安全制度的完善性

若是實施一個鼓勵偷懶不工作的社會安全制度的話，則該社會的勞動力將較少。

5.積極樂觀進取的人生觀

若願意自食其力、刻苦耐勞、積極奮鬥、樂觀進取的人愈多，則勞動力也愈多；而當好逸惡勞、不事生產（如賭博）的人愈多，則勞動力愈少。

6.社會風俗、制度與宗教信仰

在有些國家或社會，將受其風俗、制度與宗教信仰的影響，而左右勞動力的大小。

在屬於勞動力的人口中，可以再區分為就業人口與失業人口兩大類。所謂就業者，是指擁有一份有酬的工作者，或者在自己家庭的事業（農事、顧店、工廠幫忙等）裡工作，達一週15小時以上的無酬家屬工作者；而所謂失業者，是指15足歲以上，現在沒有工作，可以馬上工作，且正在找工作的人。

至於全部就業人口所提供的勞動量或工作時間，就是整個社會的勞動供應量

或勞動投入量。而所謂的勞動生產力，係指就某一段期間內，平均每一勞動投入量的生產量；明確地說，可以下式來表達勞動生產力的意義：

$$勞動生產力 \equiv \frac{同一段期間的總產量}{某一段期間的勞動投入量}$$

上式中的某一段期間，可以以一年、一個月或一個禮拜等期間，來計算勞動生產力的大小；同時，總產量的涵蓋範圍，也可以大到整個國家、地區、行業，或小至個別企業、工廠或生產單位。如就一個廠商來看，勞動生產力的概念，就等同於勞動平均產量的概念。不過，一般在提及勞動生產力時，多以整個社會、國家或產業的範圍，作為討論的對象。一個社會或國家的總產量是如何計算的問題，將留在下一章討論。

影響勞動生產力大小的因素，大致有三項：

1. 勞動本身的素質

當勞動者具有健康的身心、積極進取的工作態度、高水準的教育與訓練等項特性時，表示其勞動素質較高，其每一單位的勞動投入量，將有更可觀的生產量。

2. 與勞動搭配的其他生產要素的質與量

若資本、自然資源等與勞動搭配生產的要素，其數量愈多，品質愈好，則勞動生產力將大為提高。

3. 技術方面

當生產或管理的技術有了進步，則勞動生產力也會提昇。

三、勞動的供給與需求

誠如上述，所謂勞動供應量或投入量，是指全部就業人口所提供的勞動量或工作時間。不過，若更廣泛地說，整個**勞動市場** (Labor Market) 的勞動供應量的大小，除了考慮就業人口所提供的勞動量以外，也要把失業人口願意提供的勞動量納入；也就是說，要由全部的勞動力所提供的勞動量，來瞭解整個勞動市場的勞動供應量的大小。至於勞動供應量是否實際成為勞動投入量，則要由勞動市場的

需求面來決定。在此，將分別討論勞動市場的**勞動供給** (Labor Supply) 與**勞動需求** (Labor Demand) 的概念。

㈠勞動的供給

　　整個市場的勞動供應量，是由全部勞動力個別勞動供應量所加總而得。因此，市場勞動供應量的大小，一方面要看勞動力的大小，另一方面要看個別勞動供應量的多寡。其中，勞動力大小的影響因素，已於上文中討論過。在此，將著重討論個別勞動者勞動供應量的決定因素。

　　就個別勞動者而言，其勞動供應量或工作時間（數）的決定，其實是相當於對於**休閒** (Leisure) 時間（數）的決定一樣。當勞動者增加工作時數時，一方面表示其休閒時數等量的減少，另一方面表示其得到更多的工作收入。同理，當勞動者增加休閒時數，而減少工作時間時，其工作所得將跟著減少。

　　通常稱每一工作時間的勞動報酬為工資率，當工資率增加時，勞動者的工作時間或休閒時間會如何改變呢？在經濟學上，一般將休閒視為一種正常財貨；因此，可以沿用消費的需求理論，來解析工資率與休閒或工作之間的選擇問題。明白地說，可以沿用一財貨價格變動，引起其購買量變動的替代效果與所得效果，來瞭解工資率變動，與休閒（或工作）時間變動之間的關係。

　　誠如上述，多一單位時間的休閒，其代價是少一單位時間的工作，也就是說少賺一個工資率，因而工資率就相當於「購買」一單位時間的休閒，所須付出去的價格。當其他財貨的價格以及所得預算均不變時，若工資率上升，則表示相對於其他財貨而言，「休閒」財貨變得較貴了；因此，該消費者（即勞動者）將減少「休閒」財貨的購買，而增加其他較便宜財貨的購買。此種以多購買較便宜財貨，來替代或少購買較昂貴財貨的變化，所引起財貨購買量的變動，就是一般熟知的替代效果。所以，根據上述工資率增加引起休閒時間減少的替代效果，就說明了工資率增加，將使得工作時間出現同向變動（即增加）的變化。反之，當工資率下降時，工作時間將會縮短。

　　至於所得效果的出現，以工資率增加來說，將提高該勞動者或消費者的實質所得，因而其對於一般正常財貨的購買量增加了，其中包括休閒財貨在內，這就

是大家熟知的財貨購買的所得效果。換言之，根據上述工資率增加，引起勞動者
實質所得的提高，以致於增加了休閒時間的所得效果，說明了工資率增加，將使
得工作時間出現反向變動（即減少）的變化，剛好與前述替代效果的變化方向相
反。

　　綜合起來，由於工資率增加，其替代效果是使得工作時間呈同向的增加，而
其所得效果是使得工作時間呈反向的減少。因此，當工資率增加，若其替代效果
較所得效果來得大時，則工作時間會有所增加；如圖 9–1 所示，當工資率從 W_1 增
加為 W_2 時，其工作時間也由 L_1 增加為 L_2。當然，若替代效果與所得效果一樣大
時，則工作時間維持不變；如圖 9– 1 所示，當工資率從 W_2 增加為 W_3 時，其工作
時間仍維持在 L_2 不變。至於若替代效果較所得效果來得小時，則工作時間將會有
所減少；如圖 9–1 所示，當工資率從 W_3 增加為 W_4 時，其工作時間反而由 L_2 減少
為 L_4。一般將個別勞動者的勞動供應量與工資率之間的關係，稱為個別的勞動供
給，其表現在圖形上即為個別的**勞動供給曲線** (Labor Supply Curve)，如圖 9–1 的
S_L 曲線；同時，由於隨著工資率的不斷增加，個別的勞動供給量有可能出現如上
所述的不增反減的變化走勢，此時則特別稱其為**後彎的勞動供給曲線** (Backward-
bending Labor Supply Curve)。

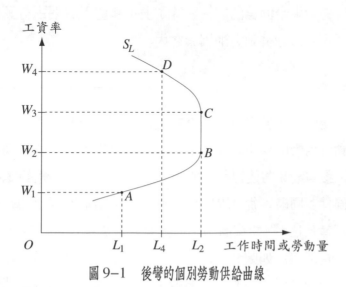

圖 9–1　後彎的個別勞動供給曲線

　　後彎的勞動供給曲線，可以說是對於勞動者個別勞動供應量與工資率之間關係的直接描繪，至於其後彎性質的現實意義如何，仍有待探討。就全部的勞動力而言，在一般預期得到的工資率範圍內，有可能存在某些極少數的勞動者，其對應的個別勞動供給曲線是落在後彎的線段上；不過，就大多數的勞動者而言，總是覺得在有能力工作的時候，多賺一點錢，除了可以提高目前的生活水準以外，也為未來退休生活作準備，加上未來是一個充滿不確定的變數，以及人類具有無窮慾望、無法滿足的特徵，這些認識似乎都說明了個別的勞動供給曲線，其後彎部分的現實意義並不大。

　　根據消費者需求理論，瞭解除了工資率以外，諸如消費者對於休閒的偏好、其他財貨的價格、消費者的財富水準、健康狀況以及家庭設備的現代化等其他個人的因素，以及社會安全制度、稅收制度、經濟景氣的波動性、社會制度、風俗習慣、宗教信仰等非個人的因素，也都會左右個別勞動者提供勞動的意願與能力；因此，這些因素的變動，都可能使得個別勞動供給曲線，出現整條的移動。

　　至於整個市場的勞動供給曲線，可以由全部勞動力的個別勞動供給曲線，經水平加總而得。市場的勞動供給曲線基本上是正斜率的，但也有可能出現後彎線段的情形（其圖形亦如圖9-1所示）；不過，誠如上述，後彎線段的現實意義並不大。而左右市場勞動供給曲線的因素，除了上述那些左右個別勞動供給曲線的因素以外，也包括那些影響勞動力的因素在內。

㈡勞動的需求

　　整個勞動市場的勞動僱用量，是全部廠商的個別勞動僱用量的水平加總。個別廠商對於勞動僱用量的決定，根據上一章的邊際生產力理論以及邊際生產力均等法則的說明，獲知廠商將使得勞動的僱用量，達到滿足其邊際收益產量（MRP_L）等於工資率的條件。同時，從 MRP_L 隨勞動投入量增加而遞減的性質，以及生產要素之間的相互替代性，得知廠商個別的**勞動需求曲線**（Labor Demand Curve），是一條具負斜率性質的線，如圖9-2所示。亦即當工資率降低時，廠商基於利潤最大化或成本最小化的考量，一方面將多僱用勞動，而少使用或替代部分的其他生產要素；另一方面，則純粹為了獲取勞動較便宜的好處，而多僱用了勞動量，並

最終達到邊際生產力均等法則的要求。

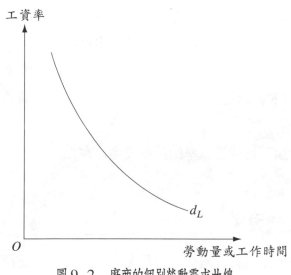

圖9-2 廠商的個別勞動需求曲線

關於左右廠商對於勞動需求曲線的因素，除了生產技術以外，也包括了與影響該廠商所生產的產品價格有關的需求面因素。其中，生產技術將影響勞動的邊際產量 (MP_L) 以及與其他要素的替代性；而產品的需求面因素，將影響產品對於該廠商的邊際收益 (MR)。

至於市場的勞動需求曲線，可以將所有廠商的個別勞動需求曲線，經水平加總而成。基本上，市場的勞動需求曲線也是一條具負斜率的線（其圖形亦如圖9-2所示）。而左右市場勞動需求曲線的因素，除了上述影響個別勞動需求曲線的因素以外，廠商家數的變化也是因素之一。

四、工資的意義與種類

工資率是每一工作時間的勞動報酬，工資是指在一定期間（如年、月、週、小時）內，勞動提供者所獲得的勞動報酬；因此，可以將工資與工資率的關係，表示如下：

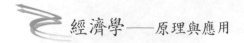

$$工資＝工資率\,(W) \times 勞動量\,(L)$$

就個別勞動者而言,由於在每一工作時間只能提供一單位的勞動量;因此,該勞動者在一工作時間內所得到的工資,就等於工資率。換言之,若將工作時間與一定期間取得一致時,則一個勞動者得到的工資,剛好是工資率;也因此,一般在提到工資時,可能指的就是工資率,也就是在此一定期間該勞動者獲得的全部報酬。

於下文中將討論工資或工資率的決定問題,在此只就工資(率)的意義與種類加以說明。

(一)工資(率)的意義

可以從個別勞動提供者、廠商或勞動僱用者以及勞動資源配置三個方面,來談談工資率的意義。

1.工資率對於個別勞動提供者的意義

工資率對於個別勞動提供者而言,是其每提供一單位勞動或工作時間,所獲得的報酬。此一單位勞動可以保留由勞動者自行使用(如休閒、學習等),也可以從許許多多方面擇一以提供其勞務。換言之,可以從機會成本的角度,來瞭解工資率對於個別勞動提供者的意義。

2.工資率對於廠商的意義

工資率對於廠商而言,是其僱用或購買一單位勞動,所願意支付的代價。由於廠商是為了產品生產的要求,才導致其僱用此一單位勞動的;基於利潤最大化的考量,該單位勞動帶給廠商的邊際收益產量 (MRP),將是其僱用該單位勞動所願意支付的最高工資率。換言之,可以從邊際收益產量的角度,來瞭解工資率對於廠商的意義。

3.工資率在勞動資源配置上的意義

從上述工資率對於個別勞動提供者以及對於廠商的意義的說明中,得知在任何水準的工資率下,每一個勞動提供者以及每一個廠商,都會參酌該工資率,以決定各自的勞動供應量以及勞動僱用量。換言之,工資率在勞動資源的配置上,

是居於關鍵地位的。

㈡工資的種類

上述提及的工資率，係以一工作時間單位來核算的，而工資是按投入工作的總時間來計算的；此種按投入工作時間，以衡量其勞動投入量，並據以給付勞動報酬的方式，一般稱為計時工資。而另一種是按完成工作項目的成果件數，作為衡量勞動量的基礎，以給付勞動報酬的方式，則稱為計件工資。計件工資的方式，可以降低企業用於監督勞動者的管理費用。

除了依核算勞動量方式的不同，將工資分別稱為計時工資與計件工資兩種以外，較常提到的工資概念，尚有下述二種分類方式：

1.依支付手段的不同，將工資分為貨幣工資(Money Wage)與實物工資 (Physical Wage)

貨幣工資是指直接以發放金錢方式所給付的工資；而所謂實物工資，是泛指非直接以發放金錢方式所給付的工資，例如發放米、麵、油等實物，或以購物折扣券、餐券、水電交通費折抵等方式所提供的福利支付。

2.為了強調工資的購買力，將工資分為名目工資(Nominal Wage)與實質工資(Real Wage)

名目工資是以當期的貨幣數量所表示的工資，而實質工資是以基期的貨幣數量所表示的工資。明白地說，實質工資是名目工資經當期的物價指數平減後所得到的工資。以下表為例，當物價指數從 1990 年的 100％，變成 1995 年的 120％及 2000 年的 150％時，表示 1990 年能夠以 100 元買到的東西，在 1995 年就得花 120元，在 2000 年就得花 150 元才買得到；也就是說 1995 年及 2000 年的每一塊錢的

貨幣購買力(Purchasing Power of Money)降低了，分別降為原來購買力的 $\frac{5}{6}$（＝$\frac{1}{1.2}$）以及 $\frac{2}{3}$（＝$\frac{1}{1.5}$）。因此，若要以 1990 年（即基期）的貨幣（購買力）來表示 1995 年及 2000 年的工資水準的話，就得將當年的名目工資乘以 $\frac{5}{6}$ 以及 $\frac{2}{3}$，或者是當年的名目工資除以當年的物價指數,而得出所謂的以 1990 年的貨幣（購買力）

所表示的實質工資。如 1995 年的名目工資為 30,000 元，其實質工資為 25,000 元；而 2000 年分別為 45,000 元與 30,000 元。接著，利用實質工資來計算其增長情形，才能真正瞭解到工資水準的實際變化，而能避免利用名目工資計算增長變化時，含了物價上漲的灌水成分在內。

	名目工資（元）	物價指數（以1990年為基期，%）	實質工資（元）
1995 年	30,000	120	25,000
2000 年	45,000	150	30,000

五、工資之決定

經由上面的說明，大家對於「勞動」這項財貨的特性，以及這項財貨在市場上的需求面與供給面等方面，都有了相當的瞭解。與一般消費者所購買的財貨一樣，在勞動市場上，勞動的價格即一般所謂的工資率或工資，也是由勞動的供需雙方來共同決定的；簡單地說，仍然是由勞動的市場供給曲線與市場需求曲線所呈現出來的供給與需求意願，以及在考慮該市場的競爭性以後，透過工資（價格）上下調整的機能，最終獲得到一個令供需雙方都能接受的，且剛好是供給量與需求量相等時的所謂**均衡工資（率）**(Equilibrium Wage) 水準。

基於勞動的供應，是與其供應者不可分性質的瞭解，以及供應者或勞動者的生活與其他日常活動的維持，是受到地域、運輸、觀念等方面限制的認識，可以想見勞動市場的地域性格就顯得相當突出。因此，勞動市場除了可以按勞動技術能力的不同，分為高技術、中技術、低技術或無技術等勞動市場以外；也可以按地域的不同，分為全國、大地區、中地區、小地區等勞動市場。因而，就一定的時期以及一定的地區來看時，勞動者的技術水準將維持不變，以及該地區的勞動者人數與廠商家數，也維持不變；因而，此時此一地區的特定技術勞動市場，也可以比照一般財貨市場的劃分方式，按其競爭性分為完全競爭市場與**寡買**(Oligopsony)、獨買 (Monopsony)、獨賣 (Monopoly) 及**雙邊獨占** (Bilateral Monopolies) 等類型的不完全競爭市場。

接著，依次介紹在完全競爭勞動市場與不完全競爭勞動市場下，工資的決定問題。

㈠完全競爭勞動市場的工資決定

當市場上的勞動供應者與勞動僱用者的個數都相當的多，以致於個別的供應者或僱用者都是所謂的價格接受者時，表示每一個供應者或僱用者都不具有左右工資的能力，而只能在市場決定的工資下，來決定其各自所願意供應或僱用的勞動量。具上述特徵的勞動市場，也就是所謂的完全競爭的勞動市場。至於在哪些條件下，此一市場才可能成為名副其實的完全競爭市場，請大家參閱第六章有關市場類型及其意義、特徵的說明。

就一個完全競爭的勞動市場來看，勞動的價格或工資率當然是由市場的勞動需求曲線與供給曲線的交點，如圖 9-3 中的 E 點，來決定均衡的工資率與勞動僱用量或供應量。此一交點，一般稱為均衡點，一方面表示在此點所對應的價格下，勞動的供應量與僱用量剛好是相等的，而供需雙方正好處於均衡狀態，不至於出現超額的供應或出現短缺的情況；另一方面，表示在此點所對應的勞動數量上，勞動的供給價格與需求價格是一致的，供需雙方在勞動價格上也是處於均衡的，不至於出現惜售或賤賣的情形。同時，當工資偏離均衡工資水準，或勞動數量偏離均衡數量時，都將引起類似價格機能的工資上下調節機能，而能最終回復到供需線的交點上。

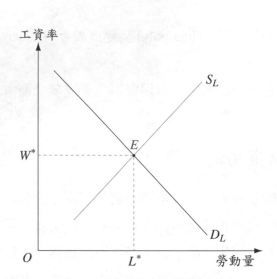

圖 9-3　完全競爭勞動市場的均衡

　　如上所述，當市場決定了均衡工資率之後，個別的勞動供應者與僱用者就會依據此一工資水準，來分別決定其勞動的供應量與僱用量。

㈡不完全競爭勞動市場的工資決定

　　與一般財貨市場不同的是，勞動市場的不完全競爭性質，主要是來自於需求面，而非供給面。為什麼呢？因為勞動市場的供應者的人數，相對而言是較其僱用者的人數多出許多。因此，不完全競爭勞動市場可以依照僱用者人數的多寡，分為獨買（或買方獨占）、寡買（或買方寡占）、以及獨買競爭（或買方獨占競爭）。其次，也可能出現獨賣（或賣方獨占）以及雙邊獨占（即買賣雙方同為獨占）的類型；之所以可能出現賣方獨占，或勞動由獨家來供應的情形，是為了便於形象地描述工會 (Unions) 在勞動供應上，有可能扮演為一獨家供應勞動的角色的一種理論架構。

　　簡單地說，獨買、寡買及獨買競爭的類型，都是用來強調勞動僱用者只有一家（廠商）、少數幾家及為數相當多，且每一家的僱用條件存在差異性的不完全競爭勞動市場結構，其與完全競爭勞動市場的共同差別，在於此三種市場結構內的每一勞動僱用者或買者，均有左右市場價格或工資的能力；換言之，每一買者都將面對一條具正斜率性質的與專屬於他們自己的勞動供給曲線。其中，就獨買者

而言，其面對的為市場勞動供給曲線。

當個別的勞動僱用者或買者不再處於完全競爭的勞動市場下時，將面臨一條正斜率的勞動供給曲線，而不再是一條既定為市場均衡工資水準的水平勞動供給曲線。因此，為了增僱一單位勞動，所需支付的代價，一般稱為**邊際勞動成本**（Marginal Cost of Labor，以 MC_L 表示），就不再是固定不變了。為什麼呢？因為根據勞動供給曲線的正斜率性質，若要增僱勞動的話，就得提高工資率；而提高工資率的結果，一方面是可以如願的增僱到所要的勞動量，另一方面是對於先前以較低工資率所僱用的勞動量，亦必須按新的較高工資率來僱用。也就是說，為了增僱一單位的勞動，其邊際勞動成本，不僅僅是較高的工資率而已，還得把多花在先前僱用量的費用算進來。

以表 9–1 為例，在已知勞動供給的情況下，可以求出邊際勞動成本的大小。從表中，瞭解到對應於每一個勞動量而言，其邊際勞動成本均大於工資率或平均勞動成本。於圖 9–4 中，將邊際勞動成本曲線與供給曲線畫出來，更可清楚的看到前者位於後者的上方。

接下來，以一個獨買的勞動僱用者為例，說明在獨買的市場下，該市場的工資決定問題。誠如上述，獨買者所面臨的勞動供給曲線與其邊際勞動成本曲線不同，而就一個追求利潤最大化的獨買者而言，其最適的勞動僱用量，必將符合下述條件：

$$MRP_L = MC_L$$

為什麼呢？因為 MRP_L 表示多僱用一單位勞動所能帶給該獨買者的利益，而 MC_L 表示所需花的代價；因此，該獨買者將調整其勞動的僱用量，以使得最後一單位勞動的 MRP_L 與 MC_L 相等，才能最大化其利潤。換言之，獨買者將根據 MRP_L 與 MC_L 相等的條件，來決定其最適的勞動僱用量；然後，再依據勞動供給曲線於此一僱用量下所對應的工資率來給付勞動報酬。

表9-1　勞動供給與邊際勞動成本

勞動供給量	工資率（W 或平均勞動成本）	總勞動成本	邊際勞動成本（＝ W ＋ ΔW × 先前勞動量 ÷ ΔL）
0	5	0	─
1	6	6	6（＝ 6 ＋ 1 × 0 ÷ 1）
2	7	14	8（＝ 7 ＋ 1 × 1 ÷ 1）
3	8	24	10（＝ 8 ＋ 1 × 2 ÷ 1）
4	9	36	12（＝ 9 ＋ 1 × 3 ÷ 1）
5	10	50	14（＝ 10 ＋ 1 × 4 ÷ 1）
6	11	66	16（＝ 11 ＋ 1 × 5 ÷ 1）

說明：　1.平均勞動成本 $(AC_L) \equiv$ 總勞動成本 $(TC_L) \div$ 勞動量 ＝ $(W \cdot L) \div L = W$
　　　　2.邊際勞動成本 $(MC_L) \equiv \Delta TC_L \div \Delta L = (W \cdot \Delta L + \Delta W \times$ 先前勞動量$) \div \Delta L$

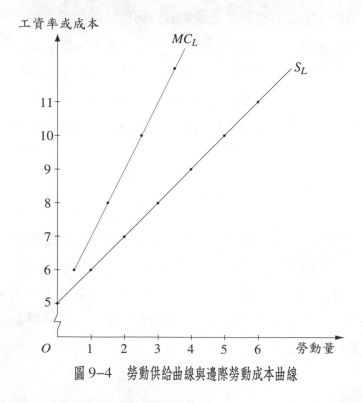

圖9-4　勞動供給曲線與邊際勞動成本曲線

現在，以圖9-5來表明獨買市場下，勞動量及工資的決定問題。如圖所示，

MRP_L 與 MC_L 曲線交於 E 點，決定均衡勞動量 L^*，而在 S_L 曲線所對應的 F 點，決定了均衡工資水準 W^*。值得一提的是，此一情況的 MRP_L 曲線，已不再能視為勞動的需求曲線了。

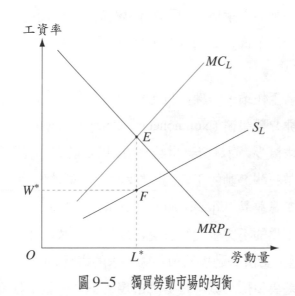

圖 9–5　獨買勞動市場的均衡

　　至於寡買與獨買競爭的情形，可以比照獨買的情況來討論工資的決定問題，在此略過。關於獨賣的情形，則留在下一小節討論工會的運作情形，再行說明。最後，就一般的雙邊獨占來看，其分析方式，仍可利用圖 9–5 來說明。就其中的獨買而言，其決定勞動僱用量的思路，如上所述；至於就一般的勞動獨賣者而言，若其認同於獨買者所決定的僱用量時，就只能經由協議談判等方式，儘量將工資率往上提高（或許能提高到如圖 9–5 中 E 點所示的工資率水準）。

　　上述對於工資決定的討論，基本上是建立在勞動市場的供需雙方均可自由進出，不受任何外力影響的前提下所進行的。至於若有外力的介入，例如政府的行政干預或法律的限制，則工資的決定問題將變得較為複雜。

六、工資的差異與工會的影響

　　經由上述有關工資決定的解說，瞭解到一般工資的差異，基本上可以歸為二

類因素，其一為與勞動需求面有關的因素，其二為與勞動供給面有關的因素。就不同類型的勞動市場而言，因勞動者本身具有的教育、訓練、經驗、技能及態度等項人力資本特性不同，而顯現出生產力的不同，以及其養成投入成本的不一樣，使得對於高生產力勞動的需求增加，同時其供給減少，因而高生產力勞動的工資，將高於低生產力勞動的工資。此種反映生產力不同的工資差異，一般稱為生產力的工資差異。

其次，因勞動者工作環境條件，具有舒適性、危險性、安定性、職業聲望以及其他福利保險等**非貨幣報酬** (Nonmonetary Compensation) 的不同，將使得高非貨幣報酬的勞動需求減少，而其勞動供給增加，以致於高非貨幣報酬勞動的工資，有可能低於低非貨幣報酬勞動的工資。此種反映工作環境條件之不同的工資差異，一般稱為**彌補性的工資差異** (Equalizing Differences in Wages)。

同樣地，勞動市場的不完全競爭程度，以及政府或法律的限制，甚至風俗民情的不同，也都將透過對於勞動供給與勞動需求的影響，而左右工資水準的決定，以致於出現工資的差異情形。其中，勞動市場的不完全競爭程度，對於工資決定的影響，已於前文有了說明；至於政府或法律的限制中，一般常見的有**最低工資** (Minimum Wage) 或基本工資的規定，或對於殘障人士以及婦女工作機會的保障；而在風俗民情方面，譬如對於性別、種族、宗教信仰、職業等的歧視。

最後，以工會對於工資的影響為例，來說明人為的制度設置，如何經由勞動市場來左右工資水準的決定問題。首先，當工會所面對的勞動需求者是一群完全競爭的廠商時，則工會大致有下述三種途徑，可以影響工資水準的決定。

1.減少勞動供給

工會可以朝減少外籍勞工的進口、鼓勵本國勞工的對外輸出、縮短每週工作時數、提高進入勞動市場的標準（如延長訓練年限，增加通過證照或資格取得的難度）、強迫退休、提倡休閒等方面著手，以減少勞動供給，提高均衡的工資水準。

2.增加勞動需求

工會可以朝增強勞動生產力（如資助或舉辦各種在職訓練計畫或資格考試）、提高進口限制以及增強對本國貨品的需求等方面來努力，以增加勞動需求，而提昇工資水準。

3.規定最低工資水準

工會可以直接訂出一個高出於市場均衡工資水準的最低工資水準，並要求廠商按此一水準來僱用其所需的勞動量；不過，此時將出現勞動供過於求的剩餘或失業現象。因此，當工會決定以此種方式來提高工資水準時，必須要正視並妥善處理因此所引起的失業問題，以期減緩其負面的影響。

至於當工會所面對的勞動需求者是一個獨買者時，就出現了上述的雙邊獨占的情況；如同上述，工會將與該獨買者進行工資水準的談判，以得到雙方都能接受的工資水準。如圖9–6所示，當工會把最低工資水準訂在 W_C 時，則此時的勞動供給曲線在勞動量 L_C 之前為一水平線 HG，因此其所對應的邊際勞動成本 (MC_L) 曲線亦同為 HG，故此時獨買者的最適勞動僱用量為 G 點所示的 L_C，其均衡工資水準亦為 W_C。換言之，在雙邊獨占的勞動市場下，若獨賣者（工會）所訂定的最低工資水準不高於均衡工資水準時，則將有助於勞動就業量的提高，且不至於出現失業問題。如圖9–6所示，勞動就業量由 L^* 增加為 L_C。

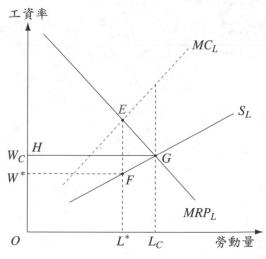

圖9–6 雙邊獨占市場與最低工資水準

觀念研習

1. 請說明勞動的意義與特性。

2. 試說明勞動力的意義及其與勞動供應量之間的關係。

3. 何謂勞動生產力? 其大小的決定因素有哪些?

4. 何以個別勞動供給曲線可能出現後彎的情形?

5. 何以個別廠商的勞動需求曲線具有負斜率的性質?

6. 請說明工資 (率) 的意義。

7. 請說明名目工資與實質工資的區別。

8. 請簡單說明不完全競爭勞動市場的類型。

9. 何謂邊際勞動成本? 其與勞動供給曲線之間的關係如何?

10. 獨買勞動市場的獨買者,是如何決定其勞動僱用量以及工資水準的?

11. 有哪些理由可以用來說明工資的差異性?

12. 工會如何影響工資水準的決定?

第二節　地　租

本節將討論與地租有關的概念。首先,說明土地的意義與特性;其次,討論地租的意義與其決定因素;第三,釐清地租與產品價格的關係;第四,說明地租與地價之間的關係;最後,討論**準租** (Quasi-rent) 與**經濟租** (Economic Rent) 的概念。

一、土地的意義與特性

誠如前述,經濟學上所稱的土地,是泛指一切自然資源,特別是指那些在現

有科技能力所及，可供用於創造附加價值的，且其可供使用量固定，其生產力並非無限的自然資源，除一般常見的地球上的土壤、砂石、山川、海洋、湖泊、森林、礦藏、空氣、大氣層、陽光等以外，在可預見的將來，將包括月球及其他星球與太空在內。

隨著人類科學文明的發達，土地所涵蓋的事物將更為廣闊。就其中任何一種類型的土地而言，在經濟學中特別強調的一個特性是其**可供使用量的固定不變**。換言之，在於強調土地是大自然給予人類的資源，是無法改變其數量的，此一特性也就是土地與其他要素的主要區別所在。

同時，為了表現土地與其他生產要素的共通性，其在創造附加價值或在生產過程中的貢獻上，所呈現出來的所謂生產力，也不可能是無限的。換言之，土地與其他生產要素一樣，同樣受到報酬遞減法則的限制。

至於就某一特定類型的土地而言，亦具有某些特性。以土壤地表為例，任何植物的生長、動物的活動以及人類的各種活動，都需要直接或間接地依附於地表或土壤之上；同時，不同位置的土壤，其**區位**(Location) 也不能加以移動，且其肥沃程度也不盡相同。

二、地租的意義與決定

所謂地租，是指提供或使用土地勞務所得到的或所給付的報酬。就一定的使用期間，一單位土地的使用價格，稱為地租率，或簡稱地租。

就土地勞務的提供者而言，地租可以視為他放棄使用該土地勞務所得到的補償；而就土地勞務的使用者而言，地租是他使用該土地勞務所須花的代價或機會成本。然而從整個社會的觀點來看，土地是天生具有的，它的存在是不需花任何代價的，也就是沒有機會成本的；不過，由於土地具有生產力，且有許許多多的用途，在僧多粥少的情況下，土地亦具有相對稀少性。換言之，從整個社會的觀點來看，地租將扮演著有效使用稀少性土地資源的價格機能的角色。因此，在人類對於土地的開發利用上，地租是促進土地朝向更有效利用的重要發明與指標。

至於地租水準的高低，仍主要由市場的供需雙方來決定。假設每一單位土地

勞務的品質，在其使用者心目中是同質的；同時，假設土地勞務市場是完全競爭市場。則可以由此一土地勞務市場的供給與需求兩曲線的交點，來決定均衡的土地勞務使用價格或地租率。

如圖 9-7 所示，土地勞務的供給量，在一定時間內，因土地量是固定的，故所能供應的土地勞務量也是固定的，如垂直供給曲線 S 所對應的土地勞務量 T_0 所示。至於對於土地勞務的市場需求曲線，是由許許多多的個別需求曲線所加總而成的。當需求曲線是 D_0 時，此時的均衡地租率是 P_0；同理，當需求曲線增加為 D_1 時，此時的均衡地租率提高為 P_1。若需求曲線減少至 D_2 時，此時的均衡地租率為零。以 D_0 為例，此時的地租 (R_0) 可以四邊形 OT_0EP_0 的面積來表示，即：

$$地租\,(R_0)＝地租率\,(P_0)\times土地勞務供應量\,(T_0)$$

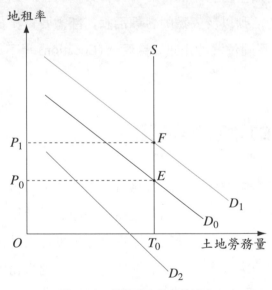

圖 9-7　地租率與地租的決定

根據上述的說明，瞭解到在土地勞務供應量固定的情況下，地租率與地租的高低，主要是由市場的需求面來決定，兩者的變化是同方向的。

若將土地的區位以及其生產力等存在差異的因素納入考量時，現實中每一單位的土地勞務，可以說都是異質的；同時，有些土地資源更是由極少數的大戶所

把持；因此，此時的土地勞務市場將不再是完全競爭的市場，而地租的決定問題，也將變成相當複雜。在此，僅簡單就純粹因為土地生產力或區位不同，而出現所謂**差額地租** (Differential Rent) 的情形加以說明。

就同樣一單位的土地所提供的勞務而言，由於其地理位置，或由於其生產力的不同，在其使用者心目中所願意支付的報酬是不一樣的，這是出現地租差別的原因之一。至於使用者何以願意支付較高的租金，是考慮到使用這塊土地所提供的勞務，將帶給他較高的收益的緣故。根據上述說法，有些土地若極為偏僻或極為貧瘠，有可能沒有人願意去加以開發利用，或使用後得不到任何好處；那麼，這些土地的地租為零，一般稱這種土地為**邊際土地** (Marginal Land)。

同理，地租出現差別，也有部分是來自於土地勞務市場的不完全競爭性；而土地勞務市場的不完全競爭性，除了來自於上述土地資源受到少數大戶把持的因素以外，政府的干預與法律的限制，這兩方面的因素也難辭其咎。

 ## 三、地租與產品價格的關係

上述已就地租的決定，從土地勞務市場的供需面來說明，也瞭解到某些差額地租或差別地租之所以出現的理由。接下來，想就地租與產品價格之間的關係，加以釐清。

廠商基於生產產品的需求，而引申其對於土地勞務等生產要素的需求。而廠商對於生產要素所願意支付的價碼，則是依該生產要素的邊際收益產量 (MRP) 的大小而定。其中，MRP 的大小，除了其生產力（即邊際產量 MP）以外，就是該產品的邊際收益（即 MR）。因此，在其他情況不變下，若產品的價格提高了，將跟著提高其邊際收益，而導致廠商願意支付生產要素價碼的水漲船高；此一情勢，將集中表現為對其使用生產要素需求曲線的增加，而往右上方移動。若就土地勞務市場而言，將促使地租率的上升。因而瞭解到，從整個土地勞務市場來看，地租的上升，是來自於產品價格提高的後果。反之，當產品價格降低時，地租終將跟著調降下來。

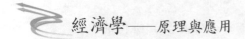

四、地租與地價

所謂地價是土地的買賣價格,而地租則是土地(勞務)的使用價格。地價的高低,基本上也是由土地市場的供需雙方來共同決定的;其中,土地的需求價格則是決定於擁有該土地所能得到的收益。由於擁有一塊土地,其所有者可以自行使用以獲取收益,也可以租給他人使用以獲得租金;就一個運作非常有效率的土地勞務市場而言,該所有者自行使用該塊土地所得到的收益,將等於租給他人使用所獲得的租金。在此,假設這塊土地的租金每期為 R 元,同時假設這塊土地可以無限期的使用;那麼,目前這塊土地最高值多少錢呢?

一般是可以先計算各期租金的**現值** (Present Value),然後加總,來表示這塊土地的需求價格(以 P_d 表示);而所謂現值,是指不同時期的金額折算成現在的金額的意思。明白地說,當年利率為 5 %時,明年的 105 元,就相當於今年(現在)的 100 元。為了把各期的租金相加,得先把各期的租金折成現值,才不致於高估了未來各期租金的現在價值。

根據上述說明,當每年的地租為 R 元,年利率為 i 時,則這塊土地的需求價格為:

$$P_d = \frac{R}{1+i} + \frac{R}{(1+i)^2} + \cdots = \frac{R}{i}$$

由於土地的供給量是固定的,得知土地的均衡價格,將完全由其需求價格來決定。即地價 (P) 為:

$$P = P_d = \frac{R}{i}$$

根據上述地價與地租的關係式,瞭解到當地租提高時,地價將跟著往上漲;而當利率降低時,也將使地價提高。

五、準租與經濟租

　　如上所述，地租是土地勞務的使用價格。雖然地租的決定，也來自於市場的供需雙方；但是，在土地勞務市場上，由於其供給的完全沒有彈性，供給量不受其價格的影響，以致於地租率的高低，出現由需求面單方面決定的結果。土地勞務的供給量之不變，是一項事實。然而就某些非土地的生產要素的供給量，有的在一定時間之內，於短期來看也是幾乎不變的；而在大部分的情形下，如同上述對於勞動的供給一樣，要素的供給量是與其價格呈同方向變化的。因此，在經濟學中，稱給付給非土地的固定生產要素的報酬為準地租或準租；而稱給付給一般非固定生產要素的報酬中，超出該要素提供者所願意接受的最少額度以上的部分，為經濟地租或經濟租。

　　舉例來說，例如現在有些歌星或運動明星，由於其特有的秉賦，加上其個人的努力，使其個人的勞動報酬，大大的高過於那些幾乎與其投入相等努力的其他藝人或選手；此時，在其勞動報酬中，將絕大部分是屬於經濟租的部分，而其從事此一行業的機會成本，將僅占極小的一部分。

　　如圖 9-8 所示，以勞動市場為例，從勞動供給曲線與需求曲線的交點 E，得到均衡的工資率及就業量分別為 W^* 與 L^*。另一方面，從勞動供給曲線可以瞭解到勞動者提供勞動量 L^* 時，其所能接受的最少報酬剛好是供給曲線與橫軸之間的面積，即四邊形 AOL^*E 的面積。同時，從圖 9-8 中，得知實際得到的工資總額為 $W^* \cdot L^*$，即四邊形 W^*OL^*E 的面積。因此，兩者的差額，即 $\triangle W^*AE$ 面積所示的，就是所謂的經濟租的部分。

　　值得一提的是，經濟租是要素提供者所得到的高於機會成本以上的剩餘，其概念類似於廠商或產品供應者所得到的生產者剩餘，但不盡相同。其中一個理由是，要素提供者並不就是廠商或產品生產者，而大多數的情形是由家計單位來提供生產要素。

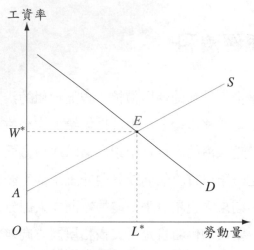

圖 9-8　經濟租：$\triangle W^*AE$ 面積

　　至於準租的例子，可以春節回鄉過年的車票為例。由於當時所能提供的運輸量就這麼多，但其需求卻是平常時段的好幾倍；因此，反映在票價上以及花在購票上的精力，將比平常高出許多，這些多出來的開銷中，當然包含所謂的準租在內。又如，旅遊旺季的機票總是較貴，也是出現準租的一個例子。

13.請說明土地的意義與特性。

14.影響地租大小的因素有哪些?

15.請說明地租與產品價格之間的關係。

16.請說明地價與地租之間的關係。

17.請說明準租與經濟租的意義，以及兩者間之異同點。

第三節　利　息

本節將依序說明下述與利息決定有關的概念與看法。首先，就資本及利息的意義、資本的特性與利息的發生等內容加以說明；其次，討論利率的決定與功能。

一、資本的意義與特性

所謂資本，係泛指人類所製造出來的生產工具，不但包括廠商在生產過程所使用的廠房、機器設備以及存貨等有形的實物資本，以及其營運所需的或擴建所需的貨幣資本，乃至於在市場上建立的企業商譽、形象、智慧財產權、研發能力、對外關係等無形資本以外，也包括了體現在勞動的教育、訓練、技能等人力資本，以及交通運輸網、水庫、下水道等公共工程建設的社會經常資本在內。本節後續的討論，主要以**實物資本** (Physical Capital) 與**貨幣資本** (Money Capital) 為對象；其中，實物資本一般又稱為資本財或生產財，而貨幣資本可以簡稱為**資金** (Funds)。

資本與其他生產要素的對照，主要表現在如下的特性上：

1. 資本財是人造的生產要素

資本財是人類利用其他生產要素，或許再搭配其他資本所製造出來的資源，其本身為一產品，亦為另一產品的生產要素。

2. 資本財是耐久財

與土地類似，資本財可以跨期使用，且不改變其型態；因此，資本財的價格（如一部機器的售價）與資本財的使用價格（租金或利息）是兩個不同但相關的概念，有如地價與地租之間所具有的關係。與原材料、能源僅能使用於一期（次）的生產過程，且型態隨著改變不同，資本財或資金是可以重複使用的，且型態亦不會改變。

3. 資本是迂迴生產方式的表徵

隨著科技文明的發達，生產方法以及製程的不斷改善，為了在市場競爭中存

活下來，在新產品的推出、在舊商品的改良以及在生產成本的降低等方面，促進了生產方式的迂迴化，帶動了大量及大規模資本財的使用，充分體現了各種生產要素的專業分工效率。眾所皆知，**迂迴生產方式** (Roundabout Method of Production) 的出現，是為了提高生產力，將成品的製程細分成較簡單的幾個連續過程，經由工具或機械等資本財（如魚網、水車、犁等）的幫忙，得以迂迴方式從事生產活動，來有效提高生產力，並降低單位成本。迂迴生產方式，不僅是大量使用資本財，而其對於營運及擴建所需的資金需求也相當大。

從上述資本的特性中，瞭解到資本為一種存量概念，它是可以逐年累積的；而隨著資本存量的增加，表示此一生產要素的可供使用量也增加了，其對應的生產能力也提高了；不過，其生產力的提高，也受到報酬遞減法則的限制。同時，資本財雖是一種可以多期使用的耐久財，但其壽命是有限的，且其所含的技術水準也一定；因此，資本財將隨著生產活動的進行與使用，而逐漸老化或技術水準顯得落伍了。從經濟學的角度來看，資本財的使用成本（含折舊額在內），可以其使用前與使用後的價差現值來表示。

就一個廠商而言，其設廠及僱用勞動進行生產、銷售產品等一系列活動的進行，是一期一期（以一年為例）持續下去的。在廠商所使用的資金中，有些資金是用於廠房建築、土地購置、設備購置安裝，有些資金是用於應付日常員工薪水給付及業務開銷之用的周轉，有些資金是放在原物料、半成品及成品等庫存上。其中，一方面，隨著產品的銷售，以及貨款進帳、一切開銷的給付等正常營運的進行，將對於周轉所需的資金，有其一定額度的需求，且隨著產品的生產與銷售，進行著循環性的使用。另一方面，在資本財以及存貨所占用的資金或所謂的資本存量，也隨著產品的銷售，而逐漸回收或再投入擴廠、庫存中，而存在資本與資金循環出現的情形。

二、利息的意義與發生

　　所謂利息，是指在一定期間，因提供資本勞務所得到的報酬，或因使用資本勞務所支付的代價。為便於瞭解利息與資本或資金額度之間的關係，可以平均每一塊錢的資本額所得到的利息，即所謂的利率，來直接瞭解利息的高低。換言之，可以下式來描述利率、利息與資金額度之間的關係：

$$利率（\%）= \frac{利息（元）}{資本或資金額度（元）} \times 100\%$$

　　從上式知，當使用期間及資金額度不變時，若得到的利息增加了，則表示利率提高了。同理，若利率提高了，也表示能獲得較多的利息。

　　至於利息或利率的高低，或其水準是如何決定的？在經濟學上，仍可以歸結為由資金或資本市場的供給面與需求面來共同決定。同時，由於在不同的期間、資金額度、債信與經濟景氣狀況等因素的考量下，實際上每一筆資金所適用的利率水準，並不完全一樣。例如，長期利率與短期利率之間，政府公債利率與公司債或民間借貸利率之間，以及債信好者與不好者的貸款利率，信用貸款與抵押貸款利率，活期存款與定期存款利率，都存有一些差異。本節關於利率水準的討論，將暫時排除這些可能引起利率差異的因素，僅就在確定條件下，從理論上來探討一般利率水準的決定問題。

　　關於市場均衡利率水準的決定，將留在下一小節中討論。在此，僅先就利息何以會出現的問題，先作說明。利息之所以會產生，有如下幾種看法，而這些說法大致上可以分別歸為與需求面有關或與供給面有關等兩大類。

(一)與供給面有關的看法

　　從資本財勞務的提供者或資金的供應者來看，均可以利用**機會成本**的概念，來說明利息的發生。首先，資本財勞務的提供，必先取得資本財；而資本財之取得，必然須先籌措一筆資金。其次，一筆資金可以在當期由自己使用，也可以借

給他人使用一段時間以後，再回收供自己使用。因此，當一筆資金在當期自己使用所得到的好處，大於在未來自己使用所得到的好處時；那麼，利息就是為了補償資金供應者延後一段時間再來使用該筆資金的損失，其額度也就等於資金供應者放棄在該段時間使用該筆資金的機會成本。

當該筆資金用於購買消費財時，則可以消費者的滿足程度的提高，來表示使用該筆資金的好處。那麼，若出現在當期使用該筆資金所獲得滿足提高的好處，大於未來使用所得到的好處的情況，就稱為現在（或當期）的消費較未來的消費，具有時間上的偏好。換言之，可以時間偏好的說法，來解釋利息的產生。此一**時間偏好說** (Time Preference Theory)，是由**龐巴衛克** (Böhm-Bawerk，1851～1914) 提出。

另一方面，從資產的**流動性** (Liquidity) 或變成現金的快速程度，來表示使用該筆資金的好處。在所有的資產中，以現金具有的流動性或變現能力最高，表示現金可以其具有的購買力，完全地與其他財貨進行交換；至於其他資產，例如債權、房地產、黃金、股票，若要立即變成現金，則無法按原價百分之百的還原回來，或者若要按原價百分之百的還原為現金的話，在時間上可能要拖上一陣子，而無法立即辦得到，也就是表示其他資產的流動性或變現能力，遠不如現金的流動性。

至於何以人們對於流動性會有所偏好，則可以從人們的財富或資產的組合結構中，總是保有一部分的現金，而得到印證。而人們對於流動性偏好的主要考量或動機，至少有以下三種：

1. 交易動機 (Transaction Motive)

表示為了方便於日常交易的需要，而保有現金。

2. 預防動機 (Precautionary Motive)

表示為了預防意外事故或緊急的需要，而保有現金。

3. 投機動機 (Speculative Motive)

表示為了投機的需要，而保有現金，例如遇到股市或匯市出現超跌的時機，可以撿便宜，賺取利得；又如，有可能碰到大拍賣的時機，能以較平常低許多的價錢，買到本來就想買的財貨；又如，有可能碰到某些賺錢的機會。

因此，當該筆資金以現金的形式保有時，表示該資金提供者對於其流動性有所偏好；因此，利息就是為了補償資金供應者，在此一段時間，將該筆資金提供出來，轉換為以債權或其他方式持有此部分資產，而導致其在流動性方面的損失，其額度的大小，也就等於資金供應者在該段時間減少使用該資金流動性的機會成本。換言之，可以從流動性偏好的說法，來解釋利息的發生。此一**流動性偏好說** (Liquidity Preference Theory)，是由凱因斯提出的。

上述從時間偏好說與流動性偏好說，來說明利息對於資金供應者的意義，無非就是補償該資金供應者，在該段時間的損失，或所引起的機會成本。這些說法的前提是，在市場經濟的環境下，資金供應者是否要提供資金，完全看其自願而定。不過，當資金供應者可能是在被迫的情況下，來提供其資金時，則利息可以視為是資金供應者，為了延緩或等待未來才實現其消費，忍受無法馬上或延後實現其消費慾望的痛苦，所獲得的補償。此一種將利息視為資金供應者因忍慾或等待而獲得的報酬的說法，稱為**忍慾說** (Abstinence Theory) 或等待說，由**辛尼爾** (N. W. Senior, 1790 ～ 1864) 提出。

㈡與需求面有關的看法

從資本財勞務或資金的需求者來看，大致上可以利用生產力的概念，來說明利息的產生。資本財勞務的需求，也是一種為了生產產品的需求而引申出來的需求。當然，為了得到資本財所提供的勞務，可以有二種途徑，一種是由自己供應或購買使用該資本財，另一種是由資本財的租賃市場來獲取；若是購買資本財，則需另籌一筆資金。

就一生產者或廠商而言，若其因此一資本財勞務或此一筆資金的使用，在一定期間內，其產量有所增加，而提高其收益時，如前所述，該項收益的提高額，稱為此一資本財勞務或資金的邊際收益產量 (*MRP*)。就一個追求利潤最大化的廠商來說，最高僅願意以邊際收益產量，來給付給該資本財勞務或資金的使用，作為其報酬。換言之，利息是資本財勞務或資金於一定期間內的邊際收益產量，此一說法稱為邊際生產力說，由**大克拉克** (John Bates Clark, 1847 ～ 1938) 提出，用以解釋何以有利息的問題，並說明利息對於廠商的意義。

　　至於何以透過資本財的使用，可以提高生產力？誠如前文所述，迂迴生產方式是將生產過程適度的分割，使得能借重資本財的幫忙，實現生產力的提高，並有效降低單位成本。因此，廠商若因一資本財勞務或資金的使用，得以使其產量因生產方式的更加迂迴而提高時，則廠商必然願意就該資本財勞務或資金對於生產的貢獻，給付其酬勞。換言之，利息是資本財勞務或資金的使用，得以迂迴方式從事生產，或進而增強迂迴生產效果，所得到的報酬，此一說法稱為迂迴生產說，是奧國學派的看法之一。

三、均衡利率的決定

　　以上已就利息分別對於資本財勞務或資金提供者的意義，以及對於資本財勞務或資金需求者的意義作了說明。接下來，擬結合在資本財勞務市場或資金市場上供需雙方的意願，來瞭解市場**均衡利率**(Equilibrium Interest Rate)水準的決定問題。

　　在經濟學上，一切的交換活動的進行，都有賴於現金或貨幣作為媒介與決算的工具。就廠商而言，其在設廠或擴產增建廠房、添置設備，以及在日常營運上，都需要資金；就一般消費者或家庭而言，其日常的生活開銷，以及動產或不動產的購置，也都需要現金或另有財源管道；甚至於政府部門，其在辦理日常行政業務，提供公共勞務，以及辦理公共工程建設等方面，也需要財源。

　　換言之，對於資金的需求，不但來自於廠商或企業單位，家計單位以及政府部門同樣對於資金有所需求。而影響資金需求量的因素中，除了利率水準以外（詳下文），尚有人口數、年齡結構、家庭結構、家庭個數、家庭所得、技術變動、經濟景氣狀況、未來的預期以及政府部門的大小等因素。當在這些利率以外的其他因素維持不變下，可以將不同利率水準與其對應的資金需求量，兩者之間的關係，表達成**資金需求函數**(Funds Demand Function)。

　　如前所述，當利率降低時，廠商將提高其對於資金的需求量，以符合邊際生產力均等法則的要求。換言之，廠商在邊際收益產量隨資金使用量增加而遞減的變化趨勢下，其對於提高資金使用量所願意支付的保留價格，也將隨著往下調低。

至於家計單位在面對較低的利率時，其目前消費的花費，相對於未來消費的花費，將變為較便宜，因而引導其提高目前消費的花費額度；特別是以舉債或貸款方式購置耐久財貨或房地產時，當利率較低時，其購置意願及購置量，將因負擔利息降低而大增。因此，家計單位在面對較低之利率時，將提高其資金的需求量。

最後，就政府部門而言，當利率較低時，其發行公債取得資金的成本將降低；因此，利率降低時，將增強政府部門籌措更多資金的意願，以辦理過去未能執行的公共工程或提昇行政服務效能的計畫。換言之，當利率降低時，政府部門將增加其資金的需求量。

從上述分別對於廠商、家計單位與政府部門的討論，均可以獲致利率降低與資金需求量增加的結論。因此，從整個市場的資金需求來看，可以得到市場的資金需求量與利率水準之間，是呈現負向關係的，即**市場資金需求曲線**為一條具負斜率性質的曲線，如圖 9–9 中的 D_f 曲線。

其次，討論市場資金的供給曲線。同理，對於資金的提供，除了來自於家計部門的儲蓄以外，也可能來自於企業單位的儲蓄以及政府部門的儲蓄。而影響資金提供量的因素中，除了利率水準的高低以外（詳下文），尚有個人所得水準、資產與負債、人口結構、未來的預期（所得、物價）、社會安全制度、稅收制度、經濟景氣狀況、貨幣政策等因素。同樣地，當這些利率以外的其他因素維持不變下，就可以將不同利率水準與其對應的資金供應量兩者之間所呈現的關係，稱為**資金供給函數** (Funds Supply Function)。

誠如前述，當資金供應量增加時，表示當期可用的資金減少了；那麼，人們或一般家計單位可能基於時間的偏好，或是考量流動性的偏好，或從忍慾的觀點來看，將分別使得對於現在消費的時間偏好提高了，或是對於流動性的損失增加了，或是忍受無法馬上消費的痛苦增加了，這些結果都將表示其保留利率水準的往上調高。另一方面，當利率提高時，表示現在消費的機會成本跟著提高；因此，消費者將減少目前的消費支出，而增加個人的儲蓄，因而提高了資金的供應量。

至於企業單位的儲蓄，係包括企業的未分配盈餘、公積金及折舊準備金等項目；而政府部門的儲蓄，是指政府的預算盈餘。這兩種儲蓄與利率水準的高低，

較無明顯的關係；不過，這兩種儲蓄將影響市場資金供給的大小。

經由以上的討論，瞭解到市場資金供給量與利率之間，是呈現正向關係的，即市場資金供給曲線為一條具正斜率性質的曲線，如圖9–9中的 S_f 曲線。

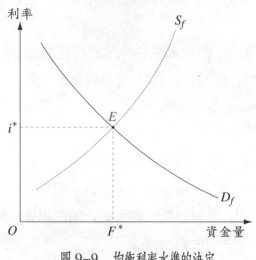

圖9–9　均衡利率水準的決定

接著，結合資金市場供需雙方的意願，可以得到市場的均衡利率水準以及均衡資金量，如圖9–9的 i^* 與 F^*。至於何以由供給曲線 S_f 與需要曲線 D_f 的交點 E 所決定的才是均衡利率水準與均衡資金量呢？讀者們可以就其他利率水準或其他資金量來看，應很容易瞭解其代表的意義了。

最後，值得一提的是，以上對於均衡利率水準由市場供需雙方共同決定的說明中，係僅就國內資金市場來討論，忽略了存在國際資金市場的因素。同時，亦可以比照資金市場的方式，利用資本市場或貨幣市場，來討論均衡利率水準的決定問題（關於貨幣市場的討論，請參閱第十二章）。

四、利率之功能

從上述均衡利率水準決定的討論中，瞭解到利率是由資金市場的供需雙方所共同決定；因而當資金的供給或需求有所變動時，則終將透過利率的上下調整，

以再次回復市場的均衡狀態。換言之，利率既然是資金的使用價格，就將扮演價格的市場機能角色，以引導資金作最有效率的使用。

基於利率在資金市場扮演適當分派資金功能的瞭解，政府若能提高資金市場的效率，使其更接近完全競爭市場的要求，如此將能充分發揮利率分派資金的功能，不但能暢通資金的供需管道，能有效的集結資金，而且可以加速資本的形成，促進經濟良性而持續的發展。

觀念研習

18.請扼要說明資本的意義與特性。

19.試舉例說明迂迴生產方式與資本之間的關係。

20.試以時間偏好說來說明利息的意義。

21.試以流動性偏好說來討論利息的發生。

22.試以忍慾說來解釋利息的出現。

23.試從資金需求者的角度，分別由邊際生產力及由迂迴生產的概念，來解讀利息的意義。

24.試討論市場資金需求曲線的斜率是否大於零?

25.試討論市場資金供給曲線的斜率是否大於零?

26.請問均衡利率是如何決定的?

27.利率的主要功能是什麼?

 # 第四節　利　潤

本節將依序討論企業能力的意義與特性、利潤的意義與特質、利潤發生的根源以及利潤的功能等內容，以期對於利潤相關概念，有更清楚的瞭解。

一、企業能力的意義與特性

為了賺錢而成立的生產單位或經濟組織，一般稱為生產者或企業，在經濟學上通稱為廠商。而所謂企業能力，可以說係泛指一個廠商所有的未適當歸類，但卻能導致其賺錢或賠錢的因素。

傳統的看法，大多以一個獨資企業或合夥企業作為討論對象，認為企業能力是這些企業的負責人或合夥人（即通稱所謂的企業家），從事生產以謀取利潤的能力；同時，把企業能力概括分為組織能力、創新能力與冒險精神等三項。首先，所謂**組織能力**，是指企業家利用舊有的知識技能，組合各項生產要素進行生產的能力；其次，**創新能力**是指企業家將新發明的事物或新發現的方法，給予實際應用並加以推廣的能力，其具體的表現為新產品的供應、新生產技術的應用、新管理方法的引進、新組織型態的設立、新市場的開闢、新原料的使用以及原料新供給來源的發現與取得等類型。至於**冒險精神**是指企業家所具有的面對不確定性經營環境，而仍勇往直前的進行生產活動的特質。值得一提的是，不確定性是一種無法預知其發生機率並無法加以衡量的未知狀況，其與風險概念的區別，在於風險是一種含有已知發生機率並可以加以衡量的未知狀況。

就現有的企業組織形式來看，除了獨資與合夥以外，較具重要性的形式是股份有限公司。一個股份有限公司內部設有董事會，負責該公司重要的經營決策，並聘請經理負責該公司的實際經營業務；也就是說，此一種生產組織形式，具有所謂的所有權與經營權分開的特性，而此一特性將使得無法如上述那樣的清楚界定企業家或企業能力的概念，為什麼呢？

因為就不參與公司實際經營業務的股東而言，其關注的重點，在於公司的獲利能力以及其股權的市場價值，因而這些股東更接近於扮演投資者的角色，已不再是一個生產者或實際投入生產活動者。其次，就實際參與公司經營業務的股東而言，除了那些在董事會的成員或位居高級經理位置的人員以外，有許許多多的員工，也擁有少部分的股權；不過，這些員工都以完成交辦事項，領取工作酬勞（含工資及獎金）為主，並未參與公司重要決策，談不上所謂的企業家。至於董

事會的成員或位居高級經理位置的人員，也未必稱得上所謂的企業家。其中，若高級經理個人所擁有的股份極小時，則與其他員工一樣，其工作是為了領取工作酬勞而已，因為他基本上並不承擔公司經營盈虧的責任；至於董事會的成員，雖然其擁有的股份不少，但若未實際擔任高級經理人員，則與其他的不參與公司實際經營業務的股東類似，較接近為一投資者，而不能算是一個生產者，當然稱不上是企業家。而勉強可以稱得上企業家的，是兼具有董事會成員以及高級經理人員雙重身分的那些人員；不過，這些人員仍不用百分之百負責或承擔公司經營盈虧的責任，而只是按其擁有股份百分比的大小來承擔，故也非上述所謂的企業家，只能勉強稱之。

同理，在企業家概念難以釐清的股份有限公司中，也就難以清楚界定企業能力了。在此，可以簡單地將企業能力視為一個企業內部人員（含董事會成員、高級經理人員以及員工等）賺取超額利潤的整體力量。因此，一個股份有限公司的企業能力，具有下述特性：

(1)團隊整體競爭力的表現，而不再只是少數幾個股東或經理人員的組織、協調或領導才能的表現而已，著重企業內部人員自發性的合作與良性互動關係的建立。

(2)永續經營的保證，而不只貪求短期間的獲利而已，除具有危機意識以外，仍須強調經營決策的前瞻性，以確保長期的競爭優勢。其中，研發的推動與關鍵技術的掌握，是值得相當重視的事情。

(3)與企業外部股東關係不大。企業外部股東雖然可以在股東大會時，表達其對於公司經營上的意見，但是效果不大；因此，企業能力的高低，實際上難以受到這些外部股東的影響。

 ## 二、利潤的意義與特質

關於利潤的意義，已於第五章說明成本的意義時，有了詳細的說明，請讀者參閱。經濟學上所稱的利潤，是利用機會成本概念所核算出來的，也就是經濟利潤或超額利潤，有別於會計利潤或正常利潤的概念。簡單地說，利潤是從收益中

扣除掉機會成本後的餘額部分。其中，由於機會成本中包括了外顯成本與隱藏成本（即正常利潤）在內；因此，經濟利潤是指超出正常利潤以外的超額利潤。

以上的利潤概念，若由一個獨資企業或合夥企業來看時，很容易瞭解到利潤是企業家提供其勞務以外的，即發揮其企業能力的報酬。因此，傳統的看法認為利潤也是一種功能性的所得，不過在性質上卻與工資、地租及利息等功能性所得不同，簡單說明如下：

⑴利潤是收益減去總成本後的餘額，因此，其額度的大小並不確定，也可能出現負值；同時，其額度只有在生產後進行決算時，才能決定。而工資、地租及利息的大小，於生產前就已確定了，且是正值。

⑵利潤的大小，無法由邊際生產力理論來說明。相反地，工資、地租及利息的大小，則可以利用邊際生產力理論來解釋。

雖然就一個股份有限公司的企業來看，難以清楚確認所謂的企業家，不過其企業能力的高低，似可以事後從其利潤的大小，來加以瞭解並衡量。與獨資企業或合夥企業一樣，股份有限公司的利潤仍具有上述兩種性質；同樣地，在有些公司的工資制度中，若存在按利潤分紅或發額外獎金的情況時，則此一部分的工資額度也將具有上述的利潤特質。

三、利潤發生的根源

如前所述，無法從邊際生產力理論來解釋利潤的存在性；因此，在傳統上，就一個獨資企業或合夥企業來看，利潤既然是企業家發揮其企業能力的報酬，那麼就可以從企業能力的類別或從企業能力的著力點，來瞭解利潤發生的根源。大致上，有如下幾種看法，來說明利潤的存在性：

1. 獨占說

根據第七章有關非完全競爭市場的分析，瞭解到在寡占與獨占市場下的廠商，才可能存在正的長期利潤。換言之，一個企業之所以能在長期時仍保有正的利潤，一個關鍵的因素是該企業在市場上具有決定其產品售價的能力，或者說其產品在市場上具有某些獨占力的性格。

2. 不確定說與意外說

一個企業的籌設與後續經營，無時無刻不在未能充分掌握資訊的情況下，就得下決定進行與生產有關的活動，雖然其間也預留相當的緩衝空間或採取適當的安全措施，但是實際的情況與當初的預估情況總是不可能完全的契合；因此，當實際的情況較預估情況有利時，可能出現正的利潤，或出現比預估的獲利情形還好的結果。換言之，利潤或超出預估情形的利潤的出現，是企業處於不確定性經營環境下的必然結果或意外結果。此一說法，對應於企業能力中的冒險精神，可以說部分的利潤是冒險精神的反映。

3. 創新說

與上述企業能力中的創新能力相呼應，**熊彼得** (Joseph. A. Schumpeter, 1883～1950) 認為利潤是企業家不斷創新的報酬；反之，當創新停頓了，利潤也就自然消失。換言之，企業要有持續性的利潤，必須有賴於企業家的不斷創新；否則，會因其他企業的模仿，而使利潤降低或消失。

如果把利潤與經濟租的概念，作更精確的劃分，則瞭解到在預期中的利潤，都可以視為某種經濟租。譬如，獨占者因其獨占地位而確知或預知的利潤，實際上可以視為該獨占者的經濟租，而不能算是利潤；又如，某一產業中的企業，若預估其利潤是同行的平均利潤時，則此一利潤也可以視為該企業在此一行業的經濟租，而不能算是利潤。因此，如果強調利潤是一種具有超乎預期或意料之外的收益的話；那麼，上述有關利潤發生的三種說法中，創新說可以作為解釋長期利潤及短期利潤存在的理由，不確定說與意外說也可以作為解釋短期利潤的存在，而獨占說就不適合作為說明利潤的起源了。

其次，就一個股份有限公司的企業來看，其利潤應也是來自於其企業能力的發揮。雖然無法明確界定股份有限公司的企業能力，不過由其企業能力特性的掌握，也可以多少瞭解其利潤發生的根源。其中，除了前述的創新說以及意外說，仍可用於解釋股份有限公司的利潤之所以出現的原因以外，似可以從下述兩點來進一步瞭解其利潤的根源：

1. 企業存活的危機意識與競爭共識的形成

企業的內部人員若較其同行感受到在市場上的存活危機時，將更容易形成與

同行相互競爭的共識，將提高企業的無形競爭力，表現為產品不良率的降低，以及內部人員彼此間更易於溝通，並進而強化公司內部人員互動互信關係。

　　2.團隊合作精神與整體競爭力的提昇

　　企業要立足於市場上，並能持續的發展與成長，是每一個企業內部人員的共同願望；因此，若一個企業的內部人員較其同行更具有團隊合作精神，將更易於提昇該企業的整體競爭力，而能確保永續經營，不致於被淘汰出局。

 # 四、利潤的功能

　　在市場經濟制度下，利潤可以說是給予企業能力的酬勞。與工資、利息、地租一樣，利潤亦具有促進資源（含企業能力在內）有效配置的功能。一般的經濟利潤也將經濟租包括在內，而為了突顯利潤的促進資源有效配置的角色，有必要將經濟租的部分，從一般的利潤中剔除出來，而純粹由不含經濟租成分的利潤概念，來討論其功能。

　　首先，就同一行業內的企業來看，利潤對於現有企業而言，可於事後檢驗其使用資源的相對效率，同時也作為評斷其是否繼續留在此一產業的依據；利潤對於想進入此一行業的企業而言，則是其決定進入或保持觀望的重要指標。

　　其次，就不同行業的企業平均利潤來看，當某一行業的平均利潤較高時，表示此一行業仍有發展的遠景，將吸引更多的企業進入此一行業，使得整個社會資源朝此一方向調整，以提高其使用效率，導致經濟結構的改善。其中，由利潤起源的瞭解，也知道只有存在較大創新空間的行業，才可能存在持續性的長期利潤。換言之，長期利潤將一方面指引社會資源的配置流向，也一方面激勵了創新活動的進行，而促進資源配置上的動態效率。

　　最後，就不同國家或地區的企業平均利潤來看，當某一地區的平均利潤較高時，將一方面吸引更多的資金到此一地區，另一方面也給予較低利潤地區設法改善其企業經營環境的壓力；因此，利潤的存在，也具有促進全球資源往更有效率的方向進行配置調整的功能，進而推動各地區經濟的持續成長。

觀念研習

28.傳統的看法，認為企業能力包括哪三項？並請說明每一項的意義。

29.從股份有限公司的角度，說明企業能力的意義及其特性。

30.請比較利潤與其他要素所得 (如工資、地租、利息) 的性質差異。

31.對於利潤的存在性問題，通常有哪些看法？其中，以哪一種看法較合適？為什麼較合適呢？

32.扼要說明利潤所扮演的角色。

本 章 摘 要

1. 勞動是人們為了賺取所得報酬，而於生產過程中所提供的勞務。

2. 勞動與人體不可分離，為一種無形的勞務。

3. 勞動力是指年滿 15 歲以上，具有工作能力及工作意願的人口數。

4. 勞動生產力是指在一定期間內，平均每一勞動投入量的生產量。

5. 個別的勞動供給曲線，有可能呈現後彎的現象。即工資率的不斷提高，有可能出現勞動供給量不增反減的現象。此一現象，可以工資率上升所引起的所得效果，大於其替代效果來加以解釋。不過，後彎部分的現實意義並不大。

6. 個別廠商的勞動需求曲線為一條具負斜率性質的線，基本上是在符合該廠商利潤極大化的邊際生產力均等法則之下所找到的。

7. 工資的分類，首先，依核算勞動量方式的不同，分為計時工資與計件工資；其次，依支付手段的不同，分為貨幣工資與實物工資；最後，為了強調購買力，分為名目工資與實質工資。

8. 工資的差異，可能來自於(1)生產力的差異；(2)補償性的差異；(3)市場不完全競爭性；(4)政府或法律的限制；(5)風俗民情。

9. 工會可以經由(1)減少勞動供給；(2)增加勞動需求；及(3)規定最低工資水準等三個途徑，以影響工資水準的決定。

10. 土地是泛指一切的自然資源，其可供使用量是固定不變的；同時，與其他生產要素一樣，其生產力同樣受到報酬遞減法則的限制。

11. 地租是指提供或使用土地勞務所得到的或所給付的報酬。

12. 地租率與地租的高低，主要由市場的需求面來決定。

13. 差額地租或差別地租的出現，除了土地區位及其生產力等存有差異以外，與市場的不完全競爭性，及政府或法律的限制亦有關連。

14. 當產品價格變動時，將帶動地租朝同方向的變動。

15. 地價是土地的買賣價格，其與地租具有同向變動關係。

16. 在經濟學上，一般稱給付給非土地的固定生產要素的報酬為準租；而稱給付給非固定生產要素的報酬中，其高於該要素機會成本的部分，為經濟租。換言之，經濟租也就是要素提供者的剩餘。

17. 資本係泛指人類所製造出來的生產工具，包括實物資本、貨幣資本、無形資本、人力資本以及社會經常資本等種類。

18. 資本財是人造的生產要素，且具耐久性，也是迂迴生產方式的表徵。

19. 利息是指在一定期間，因提供資本勞務所得到的報酬，或因使用資本勞務所支付的代價。

20. 利息之所以會產生，有幾種看法，其中與供給面有關的看法，有時間偏好說、流動性偏好說與忍慾說等三種；而與需求面有關的看法，有邊際生產力說與迂迴生產說等二種。

21. 均衡利率水準決定於資金市場的需求曲線與供給曲線的交點。

22. 利率具有引導資金作最有效率使用的功能。

23. 傳統上，把企業能力概括分為組織能力、創新能力與冒險精神等三項；而股份有限公司的企業能力，則具有下述特性：團隊整體競爭力的表現、永續經營的保證、與企業外部股東關係不大。

24. 利潤是收益減去總成本後的餘額，故其額度的正負與大小並不確定；同時，也無法利用邊際生產力理論，來解釋利潤的高低。

25. 利潤發生的根源，存在有獨占說、不確定說與意外說、創新說等看法；其中，以不確定說與意外說及創新說較具說服力。

26. 利潤亦具有促進資源（含企業能力在內）有效配置的功能。

習 題

1. 試比較工資與地租的意義。

2. 試比較地租與準租的意義。

3. 試比較工資與經濟租的意義。

4. 下列資料為一勞動市場的供給表與需求表：

工資率	3	4	5	6	7	8	9	10
勞動供給量	0	1	2	3	4	5	6	7
勞動需求量	8	7	6	5	4	3	2	1

請根據上述資料，回答下列各題：

(1) 請畫出勞動供給曲線與勞動需求曲線。

(2) 若此一市場為一完全競爭市場，則其均衡工資率與僱用量為何？

(3) 若此一市場存在一獨買者，則請求算其邊際勞動成本曲線，並據以回答其勞動僱用量以及所支付之工資率的大小。

(4) 若此一市場存在雙邊獨占的情況，則獨賣者將如何決定其最低的工資水準，以使得其勞動的僱用量達到最大呢？

(5) 請分別求出在上述第(2)、(3)、(4)小題情況下的經濟租。

5. 何謂創新能力？其可以具體表現為哪些類型？

6. 何以資金需求曲線具負斜率性質？該曲線受到哪些因素的影響？

7. 何以資金供給曲線具正斜率性質？該曲線受到哪些因素的影響？

8. 何以獨占說較不適合用來說明利潤的起源？

9. 當出現負的利潤時，一個企業或一個產業將如何來調整其資源的使用呢？

10. 於現實社會上，為什麼會存在有許多不同的利率水準呢？

第十章

國民所得（或總合產出）概念的介紹

截至目前，本書已針對個別消費者的需求與個別生產者的供給行為，以及就產品市場與生產要素市場的價格與成交量的決定問題，進行了相當詳盡的討論；從本章開始，將以一個國家或地區的整體經濟作為討論的對象，即進入一般所謂的總體經濟學領域，將就一個經濟體的整體表現及其相關經濟問題，加以扼要的說明與剖析。

在地球村裡，存在著許多的國家或地區，並個別採行一套解決其經濟問題的制度，而成為一個獨立的經濟體。同時，透過國際的種種交流，如貿易、投資等方面的進行，基本上已將各個經濟體結合在一起了。因此，若能依循一些大家共同認可的方法，以建立起衡量一個經濟體大小的指標，將有利於瞭解並比較每一個經濟體的大小，及其變動情形。

本章就是要來介紹一個目前為世界各國普遍採用的，用於衡量一個經濟體大小的「國民所得」（或總合產出）的概念。本章分為四節，第一節是說明國民所得（或總合產出）的概念；第二節是介紹 GDP 以外的國民所得概念及其彼此間之關係；第三節討論國民所得在應用上的限制；第四節是瞭解經濟福利概念與社會福利指標的意義。

第一節　國民所得的概念

國民所得概念及其整套會計制度，是由**顧志耐** (Simon S. Kuznets, 1901 ～ 1985) 教授於 1934 年所創建的。本節將分別說明國民所得的意義及其計算方法。

一、國民所得的意義

誠如前述，國民所得是用來衡量一個經濟體大小的指標。一個經濟體的大小，通常有存量與流量等兩種方式來加以衡量。所謂存量的衡量方式，是就某一個特定的時點來看，譬如以每年的十二月底或某月某日某時作為基準日，測出一些相關指標的數據來表示，例如統計在該時點上的勞動人口數、土地面積、資本存量

的多寡，或技術水準、勞動力素質、土地肥沃度、產能的高低。至於流量的衡量方式，是就一段特定的期間來看，譬如每一年、每半年或每一季作為標準期間，計算一些相關指標的數據，例如在某一段特定期間的勞動工作時數、施用肥料的數量、能源的使用量、開機的時數、生產量、銷售量、產值等指標的大小。

　　在此要介紹的國民所得概念，基本上是一種流量的衡量方式。進而言之，國民所得是以在一段特定期間的各種經濟活動總合的大小，作為衡量一個經濟體大小的一種指標。

　　經濟活動的終極目標是為了增進每一個人的福利，而直接增進每一個人福利的活動，在經濟學上通稱為消費活動；至於間接增進每一個人福利的活動，則通稱為生產活動。簡單地說，消費者從事消費活動，而生產者進行生產活動。而一項消費活動的進行，其消費品或財貨的獲得，是消費者從該財貨的市場上所購得的；至於該財貨的生產，即一項生產活動的進行，是生產者僱用生產要素，利用現有生產技術所製造出來的。其中，生產要素或相關技術的取得，是生產者從要素或技術市場上所購得的；而這些要素或技術的提供者，也都是消費者，其從事消費活動所需的財源，也正是其提供這些要素或技術所獲得的報酬或所得。

　　因此，一個經濟體的經濟活動，在不考慮政府部門與國外部門時，其消費活動與生產活動是兩個環環相扣在一起的活動，消費活動的大小，就相當於生產活動的大小。為什麼呢？因為消費者的消費支出，就是生產者的銷售收入。進而言之，生產者的銷售收入，將悉數用於支付其所僱用要素的報酬（含給付給企業能力的利潤在內），而成為消費者的所得收入。消費者在其全部所得中，可能會儲蓄一部分起來，並透過銀行或金融機構，將此一部分資金貸給其他消費者或生產者，而投入消費品的購買或用於生產上的支用（當周轉金或投資的財源）。

　　從上述說明，瞭解到一個經濟體的經濟活動，雖然可以有消費活動與生產活動之分，但是其實兩者都是代表同一經濟活動，只是一個是從消費者的立場，一個是從生產者的角度去稱呼它而已。因此，一個經濟體的大小，就只能以消費活動或生產活動中的一種來衡量；另外，也可以從所得面來衡量，這也就是為什麼國民所得是一種衡量一個經濟體大小的指標。根據上述，應可以瞭解到國民生產或國民消費，與國民所得一樣，也可以作為一個經濟體大小的指標。於經濟學上，

一般係以國民所得概念，來概括上述三種用語，並嚴格定義出一個**國內生產毛額**（Gross Domestic Product，簡稱 GDP）的術語，用來作為衡量一經濟體大小的指標。

一個國家或經濟體的「國內生產毛額」，是指該國國內在一特定期間內所生產**之最終財貨與勞務** (Final Goods and Services) 的**市場價值** (Market Value)。根據此一定義，為什麼 GDP 的大小，就可以作為一經濟體大小的衡量指標呢？以下擬進一步分幾點加以剖析：

1. 所謂「該國國內」

是指該國或該經濟體的境內的意思；亦即僅就在該經濟體境內所有的生產或消費活動加以考量，而不管這些活動涉及到的消費者或生產者究屬哪一個國籍。反之，該國國民在其境外的生產或消費活動，或所獲取的所得，均不在該國 GDP 的統計範圍之內。

2. 所謂「在一特定期間」

是指在此一特定期間的經濟活動，才在統計範圍之內。一者說明 GDP 確實是一種流量的概念，其大小將隨涵蓋期間的長短而有變化；二者說明不可以將其他時期的經濟活動，計入該期間的 GDP 中。例如上一時期的產品，若在本期銷售或轉手時，僅能計入本期處理此一交易活動所投入要素的報酬或其增值的部分；同理，本期生產而未出售的存貨（含半成品在內），則要計入本期的 GDP 中。

3. 所謂的「最終財貨與勞務」

是指供最終使用或消費的財貨與勞務。一般而言，勞務是一種無形的服務，與時間一樣，是無法儲存的，因而一定是屬於最終的財貨。而一般的有形商品，若直接供消費者享用、政府公共消費或出口者，也都屬於最終財貨；但若供生產者用於生產之用的，有些如原料、材料、能源之類的物品，其價值已轉移並體現在成品中，因而不是所謂的最終財貨。另外，像機械廠房之類的資本財，通常是歸為最終財貨。簡單地說，凡是當期產品不再作為**中間投入**(Intermediate Inputs)者，都是所謂的最終財貨。

於 GDP 中，之所以強調僅計入最終財貨的產值，而將非最終財貨的產值排除在外，純粹是為了避免重複計算產值起見。為什麼呢？茲舉一例說明如下：一本

書的市價為 900 元，而一本書的生產除了內容的撰寫以外，仍需用到紙張，並經印刷的過程，如表 10–1 所示。假設紙廠完全靠進口紙漿原料來造紙，然後將紙張提供給印刷廠；至於印刷內容及版面設計等工作，則由書商來決定。因此，就每一生產過程，都有其所謂的中間投入與產出（即產品），以及該產品的市價與此一過程的**附加價值**（Value Added，等於市價與中間投入之間的差額）；其中，紙張是印刷廠的中間投入，而印刷則是書商的中間投入。書本的市價等於其中間投入價值與附加價值之和；同理，印刷及紙張的市價，亦等於其各自中間投入價值與附加價值之和。此一書本在國內完成生產活動的價值，實際只是此三個生產過程附加價值的加總（即 700 元）而已，而非三個產品市價的加總（1,650 元），亦非最終產品的市價（900 元）（因 900 元中含有進口紙漿原料 200 元在內，而紙漿原料並非國內生產的）。同時，亦瞭解若以 1,650 元來表示此一書本相關活動的產值時，則係將中間投入的價值計 950 元也算進去，因而高估了國內在此一書本生產活動的價值 700 元（＝ 1,650 − 950)，出現了重複計算產值的情況。就此例而言，此一多出來的 950 元，是含紙漿原料價值多計算了 3 次，紙廠的附加價值多計算了 2 次，以及印刷的附加價值多計算了 1 次在內，即 200 元 × 3 ＋ 100 元 × 2 ＋ 150 元 × 1 ＝ 950 元。

表 10–1　書籍生產過程中相關產品的市價與附加價值

生產者	產品名稱	中間投入的價值（元）	產品市價（元）	附加價值（元）
紙　廠	紙張	200（進口紙漿原料）	300	100
印刷廠	打字、排版、印刷（含裝訂）	300（紙張）	450	150
書　商	書本（含版面設計、內容撰寫）	450（印刷）	900	450
合　計		950	1,650	700

4. 所謂的「市場價值」

是指按當時的市價來計算並加總這些不同種類的最終財貨與勞務的產值。之所以利用市價來計算生產活動或消費活動的大小，一方面是考慮到成千上萬種的最終財貨與勞務，必然要以共同的單位來核算才能加總；另一方面，由於市場價格是供需雙方對於這些財貨與勞務在時間上最接近的，且亦是較為客觀的一項評價。因而 GDP 所涵蓋的財貨與勞務，基本上是那些存在有市場交易的財貨與勞務；不過，其中並不含非法的交易活動在內。明白的說，家務的操作、修理自有房舍、免費幫忙他人工作等非市場性活動的價值，並不計入 GDP 中；不過，有下述兩項非市場交易，因其估算比較容易，故一般也納入 GDP 的統計範圍內：⑴自有自住房屋租金的設算；⑵農民留供自用農產品價值的設算。

經過上面的說明，當能對於 GDP 的定義有更進一步的瞭解。至於實際計算一國或一經濟體的 GDP 時，仍須將其政府與國外部門的相關經濟活動一起納進來考慮，將變成較為複雜，詳情請見下文。

二、國民所得（或 GDP）的計算方法

由上述的說明中，大致也能初步瞭解到，就一個國家或經濟體境內的 GDP 而言，其額度大小，等於是對於最終財貨與勞務的購買支出，也等於全部財貨與勞務生產的附加價值的加總，或是等於全部要素報酬或所得的加總。在此，擬首先把包括家戶、廠商、政府及國外等四個部門在內，一個經濟體境內的所得與支出的循環流程情形，稍做說明以後，再來討論 GDP 的計算方法。

如圖 10-1 所示，為與一個經濟體內部及其境外有關的支出與所得的循環流程圖。此圖中，包括了家戶、廠商、政府及境外（或國外）等四個部門，其彼此間之互動關係，則具體呈現在要素、財貨與勞務及金融等三個市場中。

以下擬分成三點，說明圖 10-1 中有關四部門的支出與所得流程：

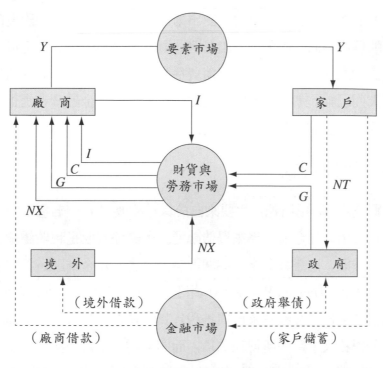

圖 10-1　支出與所得的循環流程圖（實線部分）

㈠就家戶與廠商而言

首先，家戶單位在要素市場供應勞動、土地、資本及企業能力，並獲得由廠商所給付的工資、地租、利息及利潤的報酬。於圖 10-1 中，以 Y 來代表家戶單位由廠商那裡得到的所得。至於廠商保留未分配出來的盈餘，可以視為是廠商再從家戶所得儲蓄中借回去的額度。其次，廠商給付其使用要素的財源，則是來自其在財貨與勞務市場的售貨收入；其中，包括來自**民間的消費支出** (Private Consumption Expenditures, C)、**國內的投資毛額** (Gross Domestic Investment, I)、**政府的購買支出** (Government Purchases, G) 以及境外部門的**淨出口** (Net Exports, NX)（即出口扣除掉進口的差額）。至於廠商未出售出去的**存貨** (Inventories) 部分，可以視為由廠商自行買回的，供下一期銷售的貨源之一，故一般將存貨視同投資的一部分。

另外，廠商的融資或財源之一，也可以經由金融市場的管道；同時，由圖 10-1 中，得知家戶的儲蓄是金融市場資金的主要供應來源。不過，值得注意的是，家

戶的儲蓄與廠商的借款並不在所得與支出的流程中。為什麼呢？因為所謂所得是給付給要素的僱用報酬，而所謂支出是購買財貨與勞務的花費；至於儲蓄或借款的存在，僅是融通資金、促使生產或消費活動的加速進行，進而使所得與支出的流量變得更大而已，而其本身並非所得或支出項之一。（金融業者提供服務的產值或所獲得之報酬，已算在前述的消費支出 (C) 或所得 (Y) 中了。）

㈡就政府部門而言

政府購買支出 (G) 的財源，主要來自於其淨稅收 (NT)；若有不足，出現赤字時則可以發行公債，從金融市場來舉債融通。所謂淨稅收是稅收總額扣除掉給予廠商或家戶的補貼、急難救助金、失業救濟金、老人年金補助、社會安全給付等所謂的**移轉性支付** (Transfer Payments) 項目，以及支付公債的利息之後的餘額。至於稅收總額包括來自直接稅與來自間接稅；其中，直接稅包括對於廠商（或營利企事業）的所得稅及家戶的所得稅二項，而間接稅是政府間接經由企業向家戶單位（消費者）收取的稅額，即企業可以轉嫁給消費者來負擔的稅額，包括營業稅、貨物稅、關稅、消費稅以及公營企事業的盈餘等項目。與儲蓄一樣，淨稅收也不是所得或支出項目，它是將家戶所得轉給政府部門，而由政府部門來從事購買支出的活動；因此，淨稅收也只是金融性移轉項目之一而已。

一般的政府購買支出 (G) 中，並不含上述獲致淨稅收的兩個減項在內，即移轉性支付與公債利息。移轉性支付只是藉由政府的手中，將所得在家戶或廠商間重新分配而已，並不影響所得的大小；至於公債利息，就好像廠商舉債一樣，則已算入家戶提供資金的利息所得之中。同時，一般也將政府的投資支出及公營企事業的投資支出，併入私人部門的（即廠商的）投資支出 (I) 中；因此，政府購買支出 (G) 中亦不包含上述二種投資支出在內，而純為**消費性支出** (Consumption Expenditures)。

在 G 中，主要包括兩項，一項為各種財貨的購買，二為僱用軍公教人員的薪津。換言之，政府是利用這些購買進來的財貨（含軍用的設施在內），以及僱用軍公教人員來共同提供或生產諸如國防、治安、公共行政、教育等政府服務。所以，政府的消費性購買支出，也是一種生產行為，其產出為「政府服務」，其產值因缺

乏相應的市場價格來核計，因而以其投入成本（即上述之政府消費性購買支出）來設算。

　　進而言之，若把政府提供服務視為一種生產活動時，政府也就跟廠商一樣，從要素市場僱用所需的要素，而在準政府服務市場銷售其產出，家戶單位則以淨稅收的名義將錢交給政府，並透過政府來購買此一政府服務，總共花了 G 這麼多的錢。同時，比照上述公債利息歸入利息項的處理方式，將政府僱用軍公教人員的薪津歸入廠商僱用勞動所付的工資項下。至於政府部門所（免費）使用的土地資源，一般均未將其地租算入其提供服務的產值中。

㈢就境外部門而言

　　透過外貿市場，部分國內或境內生產的財貨與勞務是賣出境的，出口到境外去了；同時，也進口部分境外的產品。因此，當出口值大於進口值時，表示淨出口（NX）為正值，也說明境外購買支出流向境內（如圖 10-1 所示）；反之，NX 為負值，表示境內因超量進口購買的支出是流向境外的。

　　當出現 NX 為正值時，稱為貿易順差，表示境外買者要支付 NX 的金額給本國；此時，境外買者為融通其貿易赤字，可以利用金融市場來借款，或出售其擁有的本國資產給國人來換取現金，以支付此一款項，其資金流向如圖 10-1 所示。反之，當 NX 為負值時，稱為貿易逆差，則本國買者為融通其貿易赤字，就得向金融市場借款，或出售其擁有的國外資產給外國人來籌資，以支付此一貿易逆差額。

　　經由上述的說明，對於圖 10-1 中，利用四部門及三市場所呈現出來的所得支出流程，特別用實線來表示；而虛線則用來表示金融性的移轉流向，作為轉接所得及支出流程的輔助說明。

　　同時，藉由圖 10-1 的幫忙，將更容易瞭解如下之關係：就一個經濟體而言，所得與支出同是用來描述其整體生產與消費活動大小的兩個概念，因而在這些活動告一段落以後，即在事後可以分別從所得面或從支出面來計算 GDP 的值，且其大小一樣。為什麼呢？因為在所得諸項中有一項利潤，而在支出各項中有一項投資支出（其中包括有存貨），均可作為在事後計算 GDP 值的剩餘調節項，以使得不管由所得面或支出面，所計算出來的 GDP 大小均一樣。

如圖 10-1 所示，任何一個生產活動的價值，可以從兩方面來衡量，一者看購買者所願意支付的價錢，二者看生產者所付出去的代價。其中，生產者所付出去的代價，除了原材料等中間投入以外，就是支付給生產要素的報酬，也就是這些生產要素的所得；至於購買者所支付的價錢中，宜先扣除了該生產廠商購買中間投入所支付的價錢（此一金額可以想像為該廠商先幫忙代墊的部分）以後，其多出來的部分，才是購買者對於該生產活動所願意支付的價錢，也就是附加價值。換言之，任何一生產活動的附加價值，剛好等於從事此一生產活動的要素所得。

同時，於上述提及將一經濟體內全部生產活動的附加價值加總以後，就等於是最終財貨與勞務的市場價值，也就是 GDP。明言之，可以從購買最終財貨與勞務的支出總額來算 GDP，也可以從全部財貨與勞務生產的附加價值總額，或從所有要素的所得總額來計算 GDP；其中，前者稱為**支出面法** (Expenditure Approach)，後者稱為附加價值法或**要素所得法** (Factor Income Approach)。

首先，從支出面法來看，如圖 10-1 所示，對於最終財貨的支出，可以分別來自民間的消費支出 (C)、政府的購買支出 (G)、國內投資毛額 (I) 以及淨出口 (NX)；其中，淨出口值等於出口 (X) 減掉進口 (M) 後的餘額。為明白表達從支出面來計算 GDP 的大小，可以下式來呈現：

$$GDP = C + I + G + (X - M)$$

在上述支出項目中，已在上文中有所說明；在此，擬再就 C 及 I 項補充討論如下：

1. 民間消費支出 (C)

除了包括家戶單位與民間非營利事業機構等購買財貨與勞務的支出以外，也將其自用住宅的**設算租金** (Imputed Rent)，以及農民留供自用農產品的設算價值一起合計。

2. 國內投資毛額 (I)

係指尚未扣除**折舊** (Depreciation) 的投資總額；至於扣除當期折舊後剩下的投資額，稱為投資淨額。投資毛額是該期增加的資本財貨，包括機器設備、建築物

與存貨在內。國內投資毛額計包括家戶單位、政府部門及廠商等三方面的投資額；其中，家戶單位主要是住宅建築，政府部門除了建物以外，尚包括道路、公園等公共建設或基本設施，以及公營企事業的投資。另外，亦可以將扣除存貨之後的 *I* 稱為**固定資本形成毛額**(Gross Capital Formation)。換言之，可以將 *I* 分解成二種不同的組合，一種組合是國內投資淨額與折舊，另一種組合是固定資本形成毛額與該期存貨變動。

其次，從要素所得法或附加價值法來看。一項生產活動的附加價值，是其產品的市價扣除中間投入之後的餘額；在此，有二點補充：

(1)就市價而言，必然將政府課徵的那些可以轉嫁給購買者的所謂間接稅或補貼包含在內；因此，宜將此一部分**間接稅淨額**(Net Indirect Taxes，即間接稅扣除補貼後的餘額)從市價中剔除後，所計算出來的附加價值，才能與從要素所得所衡量的要素成本相當。

(2)就生產所使用的中間投入而言，嚴格說也包括表示資本耗損的折舊在內；不過，在 *GDP* 中，卻沒有把折舊扣除。

簡單地說，在 *GDP* 中，除了要素所得以外，尚包含企業間接稅淨額(因為 *GDP* 是以市價來計算的) 以及折舊兩項在內；因此，可以利用下式來表示從要素所得法或附加價值法，計算 *GDP* 大小的公式：

$$GDP = 工資 + 地租 + 利息 + 利潤 + 折舊 + 間接稅淨額$$

上式中等號右邊的加總，也可以稱為含間接稅淨額在內的附加價值毛額，或直接稱為附加價值。

本節主要以 *GDP* 的概念，來說明國民所得或一個經濟體內經濟活動大小的指標。於下一節中，將根據 *GDP* 的理念，可以衍生出多個其他的國民所得概念，用以陳述經濟體內不同層次的所得或支出的大小。

觀念研習

1. 請說明消費活動與生產活動之間的關係。

2. 國內要素所得何以可以作為一個衡量經濟體大小的指標?

3. 請說明國內生產毛額 (*GDP*) 的意義。

4. 何謂附加價值? 試舉一例來說明其與市價、中間投入之間的關係。

5. 利用附加價值的概念來評估一項生產活動的價值, 你同意嗎? 為什麼?

6. 請說明政府購買支出項的內容。

7. 請說明國內投資毛額的內容。

8. 請說明何以企業間接稅淨額及折舊都是附加價值的一項內容。

9. 存貨變動何以是民間投資毛額之一項內容呢?

10. 何以分別從要素所得法與支出面法所計算出來的 *GDP* 值, 其大小會一樣呢?

第二節　*GDP* 以外的國民所得概念及其彼此間之關係

　　沿用 *GDP* 的概念, 本節將再介紹 *GNP*、*NDP*、*NNP* 及 *NI*、*PI*、*DI* 等各種國民所得概念, 及其彼此間之關係。

一、*GNP*、*NDP* 及 *NNP* 的意義

　　國內生產毛額 (*GDP*) 是一個經濟體境內或國內, 在一特定期間生產最終財貨與勞務的市場價值; 同理, **國民生產毛額** (Gross National Product, *GNP*) 是指一個

國家的國民，其在一特定期間生產最終財貨與勞務的價值。其中，*GDP* 是以一經濟體的地理範圍來定義的，而 *GNP* 是以一國的國民或國籍來定義的。換言之，凡屬本國國民之生產要素所生產之財貨與勞務，不論其在國內或在國外，都計算在所謂的 *GNP* 中，但國境內之外資或外籍勞動者的報酬，則不予計入 *GNP* 中。

因此，*GDP* 與 *GNP* 二者之間的關係，可以用下式來表示：

$$GNP = GDP + 要素在國外所得淨額$$

上式中，要素在國外所得淨額等於本國生產要素在國外參與生產之報酬，扣除掉外國生產要素在國內參與生產之報酬後的餘額。

在 *GDP* 與 *GNP* 的兩個生產毛額中，都直接將投資毛額計入，而未將資本折舊扣除。如果將折舊從毛額中扣除，則將變成為**國內生產淨額** (Net Domestic Product, NDP)、**國民生產淨額** (Net National Product, NNP) 或**投資淨額** (Net Investment) 等概念。為明白表示此三者與折舊之關係，特別表示為下列三式：

$$NDP = GDP - 折舊$$
$$NNP = GNP - 折舊$$
$$投資淨額 = 投資毛額 - 折舊$$

在理念上，折舊亦可視為中間投入之一；因此，若要真正反映一國國民或一經濟體內生產活動的價值，則要以扣除折舊的 *NNP* 或 *NDP* 概念較為合適。不過，由於各國對於折舊的處理方式並不一致，因此，若想進行國際比較時，反而較常直接以 *GNP* 或 *GDP* 來討論。同時，隨著國際交流活動的日益頻繁，國際村的形成，以地理區域為範圍的 *GDP* 概念，逐漸比以國籍為範圍的 *GNP* 概念，更常被使用。

 ## 二、*NI*、*PI* 及 *DI* 的意義

在上述討論利用要素所得法來計算 *GDP* 時，瞭解到 *GDP* 的概念，是與生產

要素所得不同的，*GDP* 尚多出了折舊及間接稅淨額兩項；同理，*GNP* 也多了這兩項。即使是採用 *NDP* 或 *NNP* 的概念，把折舊扣除掉了，但與生產要素所得之間，仍存在有間接稅淨額這一項。

　　從每位國民的角度來看，於經濟發展過程中，與他有更直接關係的是要素所得的增長，而非國民生產毛額或淨額的變動。為什麼呢？因為折舊或間接稅淨額的提高，可能使得 *GNP* 或 *NNP* 變大了，但是要素所得卻沒有增加。因此，若欲瞭解一國國民的消費或儲蓄行為時，有必要更直接就其要素所得或以要素成本計算的**國民所得** (National Income, NI) 來討論。

　　根據上述的討論，瞭解到 *NI* 與 *GNP* 或 *NNP* 之間的關係，如下式所示：

$$NI = GNP - 折舊 - 間接稅淨額$$
$$= NNP - 間接稅淨額$$
$$= 工資 + 地租 + 利息 + 利潤$$

　　NI 的概念，比較強調從一個國家的立場來看要素所得；若欲從國民個人的立場來看其實際獲得的所得時，一般就稱為**個人所得** (Personal Income, PI)。*PI* 與 *NI* 之間的差別在於前者多出了一項由國內外對家戶單位的移轉性收入，包括本國政府給付的退休年金、失業或災難救濟金與國外的捐贈淨額等項目；另一方面，前者卻比後者少了幾項，如企業繳納的營利事業所得稅、公司未分配盈餘、社會安全保險費等項未分配到個人手中的所得。因此，*PI* 與 *NI* 的關係，大致可以下式來表示：

$$PI = NI + 國內外對家戶單位的移轉性支付 -（營利事業所得稅、公司$$
$$未分配盈餘、社會安全保險費等項未分配到個人手中的所得）$$

　　個人實際得到的所得 (*PI*) 中，仍須繳納其直接稅後，才能算是其**可支配所得** (Disposable Income, DI)。家戶或民間非營利團體所納的直接稅，乃是指直接對其所得或財產等所課徵的稅目。因此，可以將 *DI* 與 *PI* 之間的關係，表示如下：

$$DI = PI - 家戶及民間非營利團體的直接稅$$

至於 DI，通常用於消費支出，或者沒有花用而**儲蓄** (Saving, S) 起來，即

$$DI =民間消費支出 (C) ＋民間儲蓄 (S)$$

截至目前，已將各個國民所得的相關概念，對於其意義與彼此之間的關係加以說明。就臺灣地區的國民所得數據，行政院主計處每年均按時公布，且可以從各種媒體中找到。於表 10-2 及表 10-3 中，列舉 2000 年臺灣地區有關的各種國民所得資料，以供參考。

表 10-2　2000 年臺灣地區的 GDP、GNP、NNP 及 NI（新臺幣億元）

支出面		所得面	
民間消費 (C)	59,813	工資	49,397
政府消費 (G)	12,470	地租＋利息＋利潤	31,638
國內投資毛額 (I)	22,123	國民所得 (NI)	82,434
固定資本形成 22,673 存貨增量 　　　−550		企業間接稅淨額	6,815
		國民生產淨額 (NNP)	89,249
出口淨額 (NX)	2,228	折舊	8,785
國內生產毛額 (GDP)	96,634	國民生產毛額 (GNP)	98,034
要素在國外所得淨額	+1,400	要素在國外所得淨額	−1,400
國民生產毛額 (GNP)	98,034	國內生產毛額 (GDP)	96,634

資料來源：行政院主計處，《中華民國臺灣地區國民所得 (2001)》，2001 年 9 月。

表 10–3　2000 年臺灣地區的 NI、PI、DI 及家戶儲蓄

項　目	金額（新臺幣億元）
國民所得（以要素成本計算的）(NI)	82,434
減項：營利事業所得稅	2,319
私人企業未分配盈餘	3,916
公營企業儲蓄	409
政府得自財產與企業的所得	848
罰款	150
加項：國內對家戶的移轉收入[*]	3,413
國外對家戶的移轉收入	956
個人所得 (PI)	79,161
減項：家戶及民間非營利團體之直接稅	4,443
家戶對國內的移轉支出	1,622
家戶對國外的移轉支出	1,802
可支配所得 (DI)	71,294
減項：民間消費支出 (C)	59,813
家戶儲蓄	11,481

[*]本項原有 4,016 億元，內含來自企業移轉的 603 億元，而該移轉款項已計在要素成本中，故在此將其扣除掉，以免重複計入。
資料來源：同前表。

觀念研習

11. 何謂國民生產毛額 (GNP)？其與 GDP 的差別在哪裡？

12. 何謂按要素成本計算的國民所得 (NI)？其與 GNP 的關係如何？

13.何謂個人所得 (*PI*)? 其與 *NI* 的關係如何?

14.何謂可支配所得 (*DI*)? 其與 *NI* 的關係如何?

第三節　國民所得在應用上的限制

以 *GDP* 或 *GNP* 為例，國民所得的概念，當初是設計來作為衡量一經濟體或一國經濟活動大小的指標。不過，當此一指標一旦建立，並經過適度修正之後，一般也將它用來作為如下三種用途：⑴在不同時期之間的**經濟福利** (Economic Welfare) 比較；⑵在不同國家之間的比較；⑶經濟**景氣循環** (Business Cycle) 的評估與預測。

當國民所得的概念用於上述三種用途時，鑑於其數據是反映經濟活動的市場價值，必然受到物價的影響；因此，都能注意到以考慮經物價平減後的**實質 *GDP*** (Real *GDP*) 或實質 *GNP* （等於名目值除以物價指數後，再乘以一百），來作為比較的對象，而非直接以**名目 *GDP***(Nominal *GDP*) 或 *GNP* 來作比較。同時，為了免於受人口數的影響，有時也改用經人口數平均後的**每人實質 *GDP***(Per Capita Real *GDP*) 或每人實質 *GNP*，作為比較的基礎。

雖然將國民所得加以適當的修正，可以有效改善來自物價及人口變動所可能導致的誤判；不過，國民所得在應用上的限制，仍未完全改善，有必要進一步的說明。本節將主要針對上述三種用途，說明國民所得概念的不足之處。相信經過這些討論之後，將更能瞭解國民所得概念的優缺點所在。

一、在作為經濟福利比較上的限制

所謂經濟福利，是一個描繪一般經濟福祉狀況的綜合性概念；其中，每人平均實質 *GDP* 或 *GNP* 的水準，以及實質 *GDP* 或 *GNP* 的年增長率，這二個數據通常被引用作為說明經濟福利水準及改善情形的重要資料之一。不過，實質 *GDP* 或

GNP，真的能完全而準確地衡量經濟福利的大小嗎？由於經濟福利的影響因素中，有許多項並不在國民所得概念的衡量範圍之內；因此，實質 *GDP* 或 *GNP* 並不足以作為經濟福利的衡量指標。其中，至少可以有下述幾點因素值得一提：

1. 高估物價指數所產生的偏誤

實質 *GDP* 或 *GNP* 是常經由或使用到**消費者物價指數** (Consumer Price Index) 平減而來，但一般的消費者物價指數常忽略下述因素而出現高估的情形：

(1)新產品的出現，尚未納入物價指數的計算商品名單之中；

(2)舊產品在品質上的改良，多未能全部反映在價格上面；

(3)消費者因應商品價格的變動，其購買商品組合有所調整，但在計算物價指數的固定商品名單中的權重尚未同步調整；

(4)消費者在因應價格的變動上，也可能改變其購物習性（如地點、每次購買量等），以減少其損失。

當高估物價指數時，將使得實質 *GDP* 或 *GNP* 的水準及其增長率出現偏低的結果。

2. 低估家戶生產活動所產生的偏誤

除了自有自住房屋及留供自用農產品等二項，有將其價值設算計入 *GDP* 或 *GNP* 以外，家戶的生產活動，如整修房舍、家務操作、照顧老年人、養育子女、整理環境、修剪花木等項，其產值都未計入 *GDP* 或 *GNP* 中。因此，一方面使得實質 *GDP* 或 *GNP* 的水準值出現低估的情形；另一方面，隨著速食品及在外面用餐，或委託他人照顧老年人與幼年子女等傳統家庭生產活動的逐漸市場化，使得前述低估實質 *GDP* 或 *GNP* 的情形獲得改善，也因此導致出現實質 *GDP* 或 *GNP* 增長率的高估現象。

3. 地下經濟活動所產生的偏誤

地下經濟 (Underground Economy) 活動是泛指那些刻意逃漏稅的行為，或從事那些未經許可、管制或非法的謀利行為；譬如走私管制品、販售違禁品、擺地攤、非法使用外勞、收取小費的服務、色情交易、販賣人口等項目。地下經濟活動未能納入 *GDP* 或 *GNP* 的統計中，必然使得實質 *GDP* 或 *GNP* 的水準值有所低估；若地下經濟活動占現有的 *GDP* 或 *GNP* 的百分比，是相當穩定的話，將不太影響實

質 *GDP* 或 *GNP* 增長率的估算。問題是此一地下經濟活動的百分比，常隨著稅收環境與經濟景氣的變化而起伏，因而將影響實質 *GDP* 或 *GNP* 增長率的估計，更加不確定其是否高估或低估。

4. 健康與壽命問題所產生的偏誤

隨著實質 *GDP* 或 *GNP* 的提高，一方面，國民的健康狀況不但獲得改善，且其平均壽命也延長了；因此，若沒有把這二個效果考慮進來，將會低估實質 *GDP* 或 *GNP* 水準及其增長率在經濟福利上的貢獻。另一方面，若將暴力、治安惡化、濫用藥物及新疾病（如 AIDS）等危及健康與壽命的問題納入考量時，則將高估實質 *GDP* 或 *GNP* 這個指標在經濟福利上的意義。

5. 休閒時間增加所產生的偏誤

休閒時間的增加，表示經濟福利的提昇。不過，由於僅考量生產活動，故此一事實並未在 *GDP* 或 *GNP* 的數據中加以呈現出來；因此，實質 *GDP* 或 *GNP* 的水準值或其增長率等數據，顯然都存在低估經濟福利的情形。

6. 環境品質惡化所產生的偏誤

經濟活動的進行，造成環境的衝擊，例如空氣、河川、地下水、土地等方面的污染，以及森林的大量砍伐、各種生物的減少或資源的耗竭等方面，都將影響人類未來的生存環境，而不利於經濟福祉。因此，若考量環境品質惡化對於經濟福利的負面影響，當能瞭解實質 *GDP* 或 *GNP* 的概念，因其忽略此一負面影響，而有高估經濟福利的改善情形。

7. 在政治自由與社會正義方面

經濟福利的高低，也與人民享有的政治自由、社會正義或公正，以及社會安全保護網的普及與競爭機會的均等等因素有關，而這些因素的重要性，並沒有在 *GDP* 或 *GNP* 的指標中呈現出來，因而難以實質 *GDP* 或 *GNP* 的水準值或增長率，來窺知這方面因素的改善情形。

大致而言，經由上述幾點因素的說明，實質 *GDP* 或 *GNP* 的指標，從其增長率來看，似乎有傾向於高估經濟福利改善的偏誤情形。

二、在作為國際比較上的限制

　　國民所得概念在上述經濟福利比較上的限制，仍然適用於在作為國際比較上的限制；同時，在作為國際比較上的限制方面，仍須多考慮下述因素：

　　1. *幣值轉換所產生的偏誤*

　　在國際比較上，多以美元表示的實質 *GDP* 或 *GNP* 水準值，作為彼此比較的數據；因此，如何進行幣值轉換是一個值得重視的問題。一般的做法是利用外匯市場的匯率，來進行轉換的。由於匯率的決定，其所涉及的財貨與勞務的種類及其重要性，是與計入 *GDP* 或 *GNP* 統計範圍內者，彼此之間有相當大的差別；同時，匯率亦受國際資金移動及政府干預等方面的影響。因此，利用外匯市場的匯率來折算成以美元表示的實質 *GDP* 或 *GNP* 的做法，仍值得商榷。最好的做法，是利用財貨與勞務的美國市場價格，直接來計算本國的 *GDP* 或 *GNP* 的值，然後再來比較兩國實質 *GDP* 或 *GNP* 的大小。否則，在國際比較上，難免產生偏誤；不過，若是僅就實質 *GDP* 或 *GNP* 增長率進行國際比較時，則偏誤情況將較不嚴重。

　　2. *在產業結構與所得分配方面*

　　利用單一的實質 *GDP* 或 *GNP* 數據，是無法反映一國的產業結構及所得分配的情況，當然也就無從在這些方面進行國際比較了。

三、在作為經濟景氣循環的評估與預測的判斷依據上的限制

　　欲判斷一個經濟體的景氣循環，是在擴張或收縮的哪一階段，都以實質的 *GDP* 增長率的高低或正負值作為依據。雖然如前述消費者物價指數的高估，可能導致實質 *GDP* 增長率的偏誤估計；不過，基本上還不至於影響景氣循環的階段判斷。雖然如此，但利用實質 *GDP* 的概念，在作為經濟景氣循環的評估上，可能會

誇大或高估其循環的波動幅度，仍值得注意。為什麼會這樣呢？因為在經濟蕭條時，家戶生產活動的產值及休閒時間會增加，故生產活動因經濟蕭條而減少的情況，不像以 *GDP* 數據所呈現出來的那麼大；反之，在經濟擴張時，家戶生產活動的產值及休閒時間會減少，故生產活動因經濟擴張而增加的情況，將不如 *GDP* 數據所呈現出來的那麼大。因此，若能瞭解到實質 *GDP* 增長率變動幅度，高過經濟景氣波動幅度的此一限制時，就能比較心平氣和的看待景氣波動問題，而免於採取過激的政策，有害經濟的穩定發展。

觀念研習

15. 請簡述國民所得概念，在作為經濟福利比較上的優缺點。

16. 請簡述國民所得概念，在作為國際比較上的優缺點。

17. 請討論國民所得概念，在作為經濟景氣循環階段的評估與預測的判斷依據上的優缺點。

第四節　經濟福利概念與社會福利指標

經濟學是一門探究如何善用資源，以不斷提昇人類福祉的學問；因此，經濟福利也成為經濟學關心的課題。如上所述，所謂經濟福利，是一個描繪經濟福祉狀況的綜合性概念。若要進一步精確的界定經濟福利的意涵，則免不了涉及價值判斷的因素，而成為一個不易取得共識的概念。雖然如上一節所述的限制，但 *GDP* 或 *GNP* 總是一個大家常用來作為經濟福利的量標之一；同時，有些經濟學者仍然試圖找尋所謂的新經濟福利指標。

一個可行的做法，是對於 *GDP* 或 *GNP* 在經濟福利概念上不足的地方，進行適度修正，而成為新的指標。如**杜賓** (J. Tobin)、**諾德浩思** (W. Nordhaus) 等人於 1972 年所提出的所謂**經濟福利淨額** (Net Economic Welfare, NEW) 概念，就是將

GDP 或 *GNP* 經過下述調整後所得到的數據：

⑴減掉一些負產品或無益產品的支出，例如通勤費用、污染防治、垃圾處理及其環境維護費用，還有國防、太空研究、警察等維護公共或國家安全的支出；其主要著眼點在於，這些支出對於經濟福利的改善並沒有貢獻，而只是為了維持福利的現況或防止其惡化而已。

⑵增加休閒時間及有益的非市場活動的設算價值，如上述提及的一些家戶生產活動，或其他公益活動及技術品質提昇等方面。

另一方面，有些學者更嘗試提出一項包括政治、經濟、文化、社會等層面在內的所謂**社會福利指標** (Social Welfare Indicator)，企圖以更寬廣的角度，來衡量國民生活的素質。例如我國行政院主計處所編製的「社會指標」以及經建會的「社會福利指標」中，除了納入經濟面因素以外，也包括了社會安全、生活環境、教育文化、衛生醫療保健、公共安全、個人及家庭、休閒、社會參與等層面的內容在內。不過，由於各層面的權數難以確定，而難以得到一項大家能接受的綜合性量化指標。

觀念研習

18.說明經濟福利淨額 (*NEW*) 與 *GDP* 或 *GNP* 的關係。

19.建構社會福利指標的困難在哪裡？

本章摘要

1. 國民所得是用來衡量一個經濟體大小的概念與指標。

2. 國內生產毛額 (GDP) 是指一個經濟體內或國內，在一特定期間內所生產之最終財貨與勞務的市場價值。不過，一般將自有自住房屋的租金及農民留供自用的農產品等兩項非市場交易活動，也納入 GDP 的統計範圍中。

3. GDP 可以分別從支出面法或要素所得法來加以計算，即 GDP ＝ 民間消費支出 (C) ＋ 國內投資毛額 (I) ＋ 政府購買支出 (G) ＋淨出口 (NX) 或 GDP ＝ 工資 ＋ 地租 ＋ 利息 ＋ 利潤 ＋ 折舊 ＋ 間接稅淨額。

4. 國民生產毛額 (GNP) ＝ GDP ＋ 要素在國外所得淨額。

5. 國內生產淨額 (NDP) ＝ GDP － 折舊。

6. 國民生產淨額 (NNP) ＝ GNP － 折舊。

7. 按要素成本計算的國民所得 (NI) ＝ NNP －間接稅淨額。

8. 個人實際獲得的所得 (PI) ＝ NI ＋ 國內外對家戶單位的移轉性支付 －（營利事業所得稅、公司未分配盈餘、社會安全保險費等項未分配到個人手中的所得）。

9. 可支配所得 (DI) ＝ PI － 家戶及民間非營利團體的直接稅。

10. 以每人實質 GDP 或 GNP 的水準，作為在不同時期之間的經濟福利比較時，仍有下述幾點因素值得注意：

(1)物價指數的高估。

(2)家戶生產活動的低估。

(3)地下經濟活動的忽略。

(4)健康與壽命的問題。

(5)休閒時間價值的忽略。

(6)環境品質的惡化。

(7)在政治自由與社會正義方面。

11.以實質 *GDP* 或 *GNP* 的水準，在國際間相互比較時，除須注意上述經濟福利
　比較時所提及的因素以外，仍須多考慮下述因素：

　⑴慎選外匯匯率或注意幣值轉換問題。

　⑵無法反映產業結構與所得分配狀況的問題。

12.利用實質 *GDP* 的概念，作為經濟景氣循環階段的評估上，將會誇大或高估其
　波動幅度。

13.經濟福利淨額 (*NEW*) 係針對 *GDP* 或 *GNP* 概念在反映經濟福利上的缺失，加
　以改良後的一個經濟福利指標。

習　題

1. 試繪出一描繪整個經濟體支出與所得的循環流程圖，並扼要說明金融市場在此一流程圖中的地位與功能。

2. 請根據下述資料，計算 *GDP*、*GNP*、*NNP*、*NI* 及企業間接稅淨額的值：出口 80 億元、進口 30 億元、民間消費支出 300 億元、政府支出 80 億元、國內投資毛額 50 億元、國內投資淨額 40 億元、要素在國外所得淨額 2 億元、按要素成本計算的國民所得 400 億元。

第十一章

商品市場均衡
與國民所得水準

在瞭解國民所得或 *GDP* 的概念之後，接著本書將利用本章及第十二、十三章等計三章的篇幅，來建構由**總合需求** (Aggregate Demand, AD) 與**總合供給**(Aggregate Supply, AS) 等兩個概念，結合而成的**總合供需模型** (AD-AS Model)，以探討一個經濟整體的國民所得或 *GDP* 水準、物價水準、利率水準、工資（率）水準及就業或失業水準等重要變數的決定問題，並據以分析通貨膨脹率（或物價上漲率）、失業率、景氣循環（或經濟波動）以及經濟發展與成長等重要的總體經濟議題。

於一段期間（一年或半年）結束後，根據已實現或所謂事後的觀點，以及相關總體變數的定義內涵，是可以得到實際的 *GDP*、物價水準等有關整體經濟的數據。而這些整體經濟數據的出現，其理論依據是什麼？或要如何釐清彼此間的種種關係，則是建構 AD-AS 模型的最主要用意。

從所得與支出循環流程圖（參閱上一章的圖 10–1）的架構中，對於後續要建構的 AD-AS 模型，提供了方向與內涵。換言之，於後文中，本書將分別從下述五個步驟，來逐步建立 AD-AS 模型：

⑴在假設物價、利率、工資（率）等變數均不變的情形下，考量商品（即最終財貨）市場的均衡與國民所得水準的決定問題。

⑵在假設國民所得、物價、工資（率）等變數均不變的情形下，考量貨幣市場的均衡與利率水準的決定問題。

⑶在假設物價、工資（率）等變數均不變的情形下，一起考量商品市場與貨幣市場的均衡，並得出與不同物價水準對應下的國民所得水準兩者之間的關係，此一關係也就是所謂的總合需求。

⑷在假設物價水準及生產技術、資本、土地、企業能力等變數及因素均不變的情況下，考量勞動市場的均衡與就業水準的決定問題，並得出與不同物價水準對應下的國民所得或產出水準兩者之間的關係，此一關係也就是上述所謂的總合供給。

⑸結合總合需求與總合供給的概念，就得到所謂的 AD-AS 模型；而利用此一模型，就可以求出國民所得水準、物價水準、就業水準、利率水準、工資（率）水準等變數的均衡值。

本章將先就步驟⑴進行討論，至於步驟⑵將在下一章來說明，而步驟⑶、⑷

及⑸則放在第十三章。明言之，本章係在物價、利率、工資（率）等變數均不變的假設下，討論如何由商品市場的均衡，以得出在此一均衡下所決定的國民所得水準。在經濟學上，關於此一決定國民所得水準的架構，稱為**凱因斯學派模型**(Keynesian Model) 或凱因斯模型。

　　本章共分為七節。第一節說明總合支出的意義與內涵；第二節討論商品市場均衡與國民所得的決定；第三節則是進一步探討均衡所得的變動與乘數原理的問題；第四節是介紹膨脹缺口、緊縮缺口與節儉矛盾等三個概念；第五節是分析政府支出與均衡所得的關係；第六節是討論開放經濟下的均衡所得決定問題；第七節是應用本章介紹的決定均衡所得水準的凱因斯模型，得出所謂的 *IS 曲線* (IS Curve)（詳後文）。

第一節　總合支出的意義與內涵

　　於上一章討論國民所得的概念以及其計算方法，以*GDP* 為例，瞭解到可以*GDP* 的水準，來衡量一個經濟體在一特定期間全部經濟活動市場附加價值的高低，而其數據的大小，可於「事後」利用支出面法或要素所得法計算而得。同時，瞭解此二種方法何以在事後均能獲得到同一數據的理由，是因為在每一個方法中，均設計了一個調整項目，如支出面法中的存貨變動（含在投資毛額中），以及要素所得法中的利潤，而能於事後同樣將此一實際的 *GDP* 計算出來。換言之，當價格機能未能充分作用，無法透過價格的調整，以致於商品的供應量與銷售量不一致時，終將被迫反映在存貨的變動上；而存貨變動的市場價值，則相當於未實現的收益，此一影響也終將在要素所得中的利潤項上呈現出來。

　　另一方面，當商品價格及要素價格（如工資率、利率）無法上下調整時，則廠商的銷售量將完全由消費者的需求量來決定；因此，除非廠商要進行其存貨最適水準的調整以外，其生產量也將等於銷售量，並完全由需求量來決定。

　　同理，似乎可以比照得到下述推論：從整個經濟體來看，當所有的商品及要素價格均固定時，則物價水準也將維持不變；此時，將由對於最終財貨的**總合支**

出 (Aggregate Expenditure, AE)，來決定整個經濟體的生產活動的附加價值，亦即其實際的 *GDP* 的大小。此一推論是否正確，或有沒有需要補充說明或修正的地方，則是本章所要討論的主要重點所在。

首先，說明總合支出的意義與內涵。於說明 *GDP* 計算的支出面法時，瞭解到對於最終財貨與勞務的總合支出，包括有民間的消費支出 (*C*)、政府的購買支出 (*G*)、國內投資毛額 (*I*) 以及淨出口 (*NX*) 等四項。此四項支出的水準，都是一種**事後的** (Ex Post) 或**實際發生的** (Realized) 數字，其與**事前的** (Ex Ante) 或**計畫中的** (Planned) 數字未必一致；同時，計畫中的數字通常不是固定一個，而是許多個。例如，出口額的大小，在事前的瞭解，有可能受國內外經濟及非經濟因素的影響，而出現不同的數字；不過，等時間過了以後，就可以核計一個在過去某一特定期間的實際出口值。

基於上述的瞭解，下文中仍將利用 *C*、*G*、*I* 及 *NX* 的符號，來表示民間消費支出、政府購買支出、國內投資毛額及淨出口，並用 *AE* 來表示總合支出；不過，此時的支出不再是一種事後的或實際的確定數字，而是一種事前的或計畫中的未知的數字。本節將首先討論有關民間消費支出及國內投資毛額的相關概念。

一、消費函數與儲蓄函數

民間對於最終財貨與勞務的購買支出，或稱為民間消費支出，其大小可以從每一個家戶的消費支出加總而成，也可以從每一項最終財貨與勞務的銷售額或市場價值加總而成；其中，前者是一般較常採用的方式。影響每一個家戶消費支出的因素有許多，就其個別家戶本身的因素而言，有所得、財富、未來預期的所得、偏好、習慣、家庭因素（如人數、未成年子女數、撫養人數等）、健康情形等項；就非個別家戶的因素而言，有物價、所得分配情形、經常性購買商品的價格、對於經濟前景的預期、稅率、利率等項經濟因素，以及社交應酬、健保制度、政府政策、天災等項非經濟因素。

在商品價格與物價水準均不變的情況下，以及除了所得以外等其他因素也均不變的前提下，每一個家戶的消費支出將只受其可支配所得的影響；因此，就全

部家戶來看時，民間的消費支出也必然受其可支配所得的影響。

　　根據觀察以及對於個別消費行為的體認，凱因斯提出所謂的**基本心理法則**(Fundamental Psychological Law)，以說明民間消費支出與其可支配所得之間，具有如下之關係：民間消費支出將隨著可支配所得的增加而提高，但其消費支出的增量低於所得的增量。

　　明確地說，民間消費支出與可支配所得之間具有正向之關係，且其**邊際消費傾向**（Marginal Propensity to Consume，詳下文）小於1。此一關係若以函數形式加以表現時，稱為**消費函數**(Consumption Function) $C(Y_d)$；其中，C 為民間消費支出，而 Y_d 為可支配所得。為便於說明起見，通常將消費函數表示為下式的直線關係：

$$C \equiv C(Y_d) = a + bY_d$$

式中，$a > 0$，$0 < b < 1$。

　　於上式中，表示民間消費支出包括二項，其中一項是與可支配所得無關的消費支出（即式中的 a），表示不管可支配所得水準的大小，均有其最起碼的或最低要求的消費支出，一般稱為**自發性消費**(Autonomous Consumption) 支出；另一項是與可支配所得有關的消費支出，且兩者的關係基本上是符合上述基本心理法則的，此項支出稱為**誘發性消費**(Induced Consumption) 支出，如上式中的 bY_d，而 b 為邊際消費傾向（詳下文說明）。

　　於上文中，為何我們可以將民間消費支出的增量（以 ΔC 表示）低於可支配所得的增量（以 ΔY_d 表示）的關係（即 $\Delta C < \Delta Y_d$），表示為邊際消費傾向（以 MPC 表示）的小於1呢？是因為所謂邊際消費傾向是表示平均每增加一塊錢的可支配所得中，有多少比例是用於民間消費支出上；明確地說，可以下式來定義 MPC：

$$MPC \equiv \frac{\Delta C}{\Delta Y_d}$$

因此，知當 $MPC < 1$ 時，也就是 $\Delta C < \Delta Y_d$ 的意思。以上述直線形式的消費函數為例，其 MPC 如下述計算結果所示，剛好等於 b：

$$MPC = \frac{\Delta C}{\Delta Y_d} = \frac{b \cdot \Delta Y_d}{\Delta Y_d} = b$$

同理，也可以定義出所謂的**平均消費傾向** (Average Propensity to Consume, APC)，即平均每一塊錢的可支配所得中，有多少比例是用於消費支出上；明確地說，可以下式來定義 APC：

$$APC \equiv \frac{C}{Y_d}$$

以上述直線形式的消費函數為例，其 APC 值為：

$$APC = \frac{C}{Y_d} = \frac{a + bY_d}{Y_d} = \frac{a}{Y_d} + b > b$$

並知此例之 APC 大於 MPC。

由於可支配所得中未用於消費支出的部分，就是所謂的儲蓄（以 S 表示）；因此，儲蓄與可支配所得之間的關係，也可以稱為**儲蓄函數** (Saving Function) $S(Y_d)$。以直線形式的消費函數為例，其對應的儲蓄函數為：

$$S \equiv S(Y_d) = Y_d - C(Y_d) = -a + (1 - b)Y_d$$

同理，也可以定義出所謂的**平均儲蓄傾向** (Average Propensity to Save, APS) 與**邊際儲蓄傾向** (Marginal Propensity to Save, MPS)。APS 表示平均每一塊錢的可支配所得中，尚未花掉或保留下來的比例；而 MPS 則是表示平均每增加一塊錢的可支配所得中，尚未花掉或保留下來的比例。可以下二式來明確定義 APS 與 MPS：

$$APS \equiv \frac{S}{Y_d}$$

$$MPS \equiv \frac{\Delta S}{\Delta Y_d}$$

式中，ΔS 與 ΔY_d 分別表示儲蓄與可支配所得的變動量。

同時，根據儲蓄與消費支出間的互為餘數關係，亦瞭解到 APS 與 APC 之和等於 1，且 MPS 與 MPC 之和亦等於 1，即

$$APC + APS = 1$$
$$MPC + MPS = 1$$

並知，以直線形式的消費函數為例，其 MPS 及 APS 分別為：

$$MPS = 1 - b$$
$$APS = -\frac{a}{Y_d} + (1 - b) < 1 - b$$

由上式知此例之 APS 小於 MPS。

接下來，利用圖形的方式，把消費函數及儲蓄函數分別以所謂的消費支出線與儲蓄線來加以呈現。於圖 11–1 中，以直線形式的消費函數為例，畫出消費支出線 C；圖中的橫軸表示可支配所得，縱軸表示消費支出，兩者的單位均相同。同時，於圖中亦畫出一條 45°線，便於從其與 C 線的垂直距離中，來瞭解消費支出的大於、等於及小於可支配所得的情形。如圖中所示，C 線在縱軸的截距為 a，表示自發性消費支出；C 線的斜率為 b，也就是所謂的邊際消費傾向。

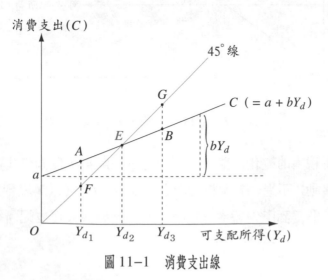

圖 11–1　消費支出線

另一方面，於圖 11-1 中，C 線與 45° 線的垂直距離，分別表示消費支出於 Y_{d_1} 時是大於 Y_{d_1} 的，差距為 AF，表示有負儲蓄的情形；於 Y_{d_2} 時，表示儲蓄為零；於 Y_{d_3} 時，消費支出較 Y_{d_3} 小，差距為 GB，表示有正的儲蓄。上述儲蓄與 Y_d 之間的關係，也對照表示在如圖 11-2 的儲蓄線 S 上；S 線的斜率為 $1-b$，也就是邊際儲蓄傾向，而其在縱軸上的截距為 $-a$。

最後，補充說明若干其他因素，對於消費支出或儲蓄的影響，並知這些因素的變動，將使得消費支出線或儲蓄線整條的向上或向下移動。例如：⑴利率水準的降低，預期未來所得的提高，以及物價降低使得財富購買力的提高，所得分配愈平均，都將增加消費支出而減少儲蓄，導致消費支出線的向上移動，及儲蓄線的向下移動。反之，⑵利率水準的提高，預期未來所得的降低，以及物價上漲使得財富購買力的降低，所得分配愈不平均，都將減少消費支出及增加儲蓄，而使得 C 線的向下移動，及 S 線的向上移動。

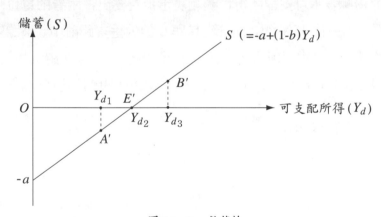

圖 11-2　儲蓄線

另外，所得稅率的變化，雖然會引起可支配所得的反向變化，但不至於導致消費支出線的移動；不過，若將橫軸改為稅前的 GDP（以 Y 表示）時，則消費支出與 Y 的關係，將受到所得稅率變化的影響。例如假設可支配所得與 Y 之間的關係為：

$$Y_d = Y - T = Y - tY = (1-t)Y$$

式中，$T = tY$ 表示所得稅額，是按固定稅率 t 來課徵的。因此，以上述直線形式的消費函數為例，則 C 與 Y 之間的關係為：

$$C = a + bY_d = a + b(1 - t)Y$$

上式中，表示 Y 每增加一塊錢中，有 $b(1 - t)$ 的比例會用於消費支出中；如圖 11-3 所示，橫軸表示 Y，則此時的消費支出線的斜率為 $b(1 - t)$。亦即，當 t 降低時，$b(1 - t)$ 會增加，將使得此一消費支出線的斜率變為更陡峭，即由 C 線往左上方旋轉為 C' 線，如圖 11-3 所示。

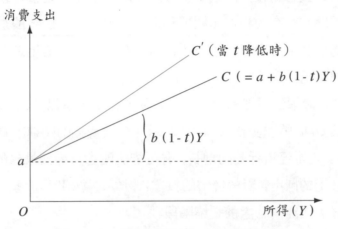

圖 11-3　橫軸為所得 (Y) 時的消費支出線

二、投　資

在上一章已就投資毛額或國內資本形成毛額的意義作了說明；在此，擬再次強調的是，投資是指在特定期間所新增購的資本財，是一種流量的觀念。於上一章利用支出面法計算 GDP 時，是在事後或在特定期間之後，將實際的投資毛額納入作為其中的一項。

接下來，是從事前或計畫中的觀點，來看國內投資的大小。誠如前述，對於在未來最近一個期間的投資，係包括機器設備、建物以及存貨等三類財貨的增購，

其大小的影響因素有下述二個：

1.利率水準

投資所需財源的籌措，仍須考慮其利率所反映的機會成本；當其他條件不變下，利率的提高，將使得投資所需的資金成本增加，而值得投資的方案將降低，以至於減少投資額度。

2.預期獲利率

當來自投資的預期獲利率增加時，將會提高投資額度。影響預期獲利率的因素中，值得強調的有經濟景氣的階段、技術進步狀況及稅率高低等三項。當處於景氣擴張階段時，或者新技術經過了一段時間的學習摸索之後，以及在享受較低稅率的地區，都將有較高的投資預期獲利率。反之，當處於經濟退縮階段，或者新技術應用仍處於初期的學習摸索階段，以及在較高稅率的地區，則對於投資的預期獲利率都將較低。

由以上說明，瞭解到投資額度的大小，除了利率水準以外，基本上與 GDP 較不密切，而是與 GDP 的變動量（以 ΔY 表示）有較直接的關連。為什麼呢？因為當 ΔY 大於零時，表示經濟活動的增長，有可能說明處於經濟景氣的擴張階段，也有可能反映新技術的應用，對於經濟的貢獻；另外，當 ΔY 小於零時，表示經濟活動的降低，剛好說明經濟的處於退縮階段。

 觀念研習

1.請分別從事前與事後的觀點，來說明民間消費支出以及投資的意義。

2.何謂平均消費傾向 (APC)？

3.何謂邊際消費傾向 (MPC)？

4.何謂基本心理法則？

5.設消費函數為 $C = 100 + 0.8Y_d$，請問其儲蓄函數為何？並請畫出消費支出線與儲蓄線。另外，當 $Y_d = 200$ 時，其 APC、MPC、APS 及 MPS 的值是多少？

6.影響民間消費支出的因素有哪些？

7.影響投資的因素有哪些?

第二節　均衡國民所得的決定

本節將在不考慮政府部門以及國外部門的情況下，利用所謂的**簡單凱因斯模型** (Simple Keynesian Model) 或其理論架構（詳下文），來討論均衡所得的決定問題。本節將分為三部分，首先介紹簡單的凱因斯模型，其次說明所得支出決定法，最後為投資等於儲蓄決定法。

一、簡單的凱因斯模型

為了分析複雜的經濟現象，經濟學家常簡化分析的環境條件，以期能單純化的集中討論一些比較關心的事項，並嘗試從其中理出各事項之間的彼此互動關係，以作為解釋或瞭解經濟現象的依據，上述推論架構，也就是所謂的建構經濟理論或經濟模型。

在此要介紹的凱因斯模型，主要是想以均衡的概念，來探討一經濟體何以會讓社會資源長期處於未充分就業的狀態之下。以勞動為例，若工資能在勞動市場上發揮其價格機能時，必然不至於出現失業的現象。但事實上是，工資或商品價格偏高不變，並沒有向下調低，以至於使得失業（含勞動以外的資源在內）乃成為常見的現象。凱因斯嘗試以**有效需求** (Effective Demand) 或總合支出的不足，來解釋上述資源未充分就業的現象。

首先，說明簡單凱因斯模型的有關假設：

⑴不考慮政府部門與國外部門，故總合支出中只包括民間消費支出與投資兩項，且得知可支配所得與 GDP 是相等的，即 $Y_d = Y$。

⑵投資與 GDP 無關。

⑶未達充分就業之前，所有的價格均固定不變，故物價也固定不變。

⑷不考慮折舊，且家戶部門不從事投資、企業不從事儲蓄（即沒有未分配盈

餘）。

根據上述假設與說明，可以總結的將決定國民所得的簡單凱因斯模型，以下面四條式子呈現出來：

(1)總合支出 $AE \equiv C + I$；

(2)消費函數 $C = a + bY$；

(3)投資 $I = I_0$（固定常數）；

(4)均衡條件式 $AE = Y$。

上面諸式中，(1)式定義所謂的總合支出；(2)式設定消費函數，基本上是符合基本心理法則的要求，即 $0 < b < 1, a > 0$；(3)式設定投資受到 GDP 以外因素的影響，因此與 Y 的大小無關，為一固定常數 I_0。至於(4)式表示在 Y 以外的所有其他變數，包括價格、物價、利率、工資率、貨幣供給量等變數均不變的前提下，則只有當總合支出剛好等於 GDP 時，此時 GDP 或所得水準，才是**均衡所得水準**(the Equilibrium Level of Income)。為什麼呢？請詳下二小節的分析與說明。

二、均衡國民所得的所得支出決定法

於上述的簡單凱因斯模型中，在其他變數均不變下，想要決定的變數只有一個，就是所得水準；也就是一個使得其總合支出剛好等於與該支出所對應的所得水準，此一所得水準稱為均衡（國民）所得。換言之，令此一均衡所得為 Y^*，則表示在其他所得 Y（不等於 Y^*）時，整個經濟體並未達到均衡，因為此時其消費支出與投資的加總所計算出來的總合支出 AE，與其對應的 Y 值不等。為什麼此時的經濟體未達到均衡呢？

以 $AE > Y$ 為例，此時一者表示計畫的消費支出較實際的消費支出來得大，一者表示計畫的投資較實際的投資來得大，或是兩者同時出現的情形。因此，就第一種情況來看，表示實際生產而供消費所需財貨或勞務的不足，此時企業只能暫時性的以被迫降低存貨的方式，從其存貨中提出一部分財貨以為因應，導致其實際存貨水準的降低，此時也將出現企業計畫性存貨較實際存貨來得大的後果；同理，就第二種情況來看，亦將出現上述**非意願性的存貨** (Unplanned Inventory) 減少

情形，即計畫的存貨大於實際的存貨水準。此時，企業將增產以彌補此一存貨的不足，亦即實際的 GDP 將不斷提高。根據上述，當 $AE > Y$ 時，將出現非意願性存貨水準的下降，而導致實際 GDP 水準的向上調整；此一調整過程的所得水準均小於 AE，而不是所謂的不用再調整的均衡所得水準，調整過程將一直到其所得水準等於 AE 時，此時即出現所謂的均衡所得水準。

同理，當 $AE < Y$ 時，將出現存貨非意願性的增加，而導致企業減產，使得實際的 GDP 水準向下修正，而直至 Y 等於 AE 為止。

上述均衡所得的決定，主要是根據 $AE = Y$ 的均衡條件式而來，可以稱為均衡國民所得的所得支出決定法。以上述的簡單凱因斯模型來說，其均衡所得 Y^* 根據以下計算而得：

(1)將消費函數及固定投資代入 AE，得出

$$AE \equiv C + I = a + bY + I_0$$

(2)根據均衡條件式，即可以得到 Y^* 值，即

$$a + bY^* + I_0 = Y^* \Rightarrow Y^* = \frac{a + I_0}{1 - b}$$

以 $a = 80$，$b = 0.75$，$I_0 = 20$ 為例，可以得到均衡所得為

$$Y^* = \frac{a + I_0}{1 - b} = \frac{80 + 20}{1 - 0.75} = 400$$

接下來，利用圖形來說明上述依據國民所得等於總合支出的條件，求得均衡國民所得水準的**所得支出決定法** (Income-expenditure Approach)，其求解均衡國民所得的過程。如圖 11–4 所示，首先畫出消費支出線 C 及投資線 I_0，其次垂直加總得到總合支出線 AE，最後由 AE 線與 $45°$ 線的交點 E，其對應的所得水準就是均衡所得 Y^*。

如上所述，在 Y_1 時，Y_1 比 AE 少 GF 這麼多，GDP 將往上提高，直至達到均衡所得 Y^* 為止。同理，在 Y_2 時，Y_2 比 AE 多出 HK 這麼多，GDP 將向下調整，直

至 Y^* 為止。

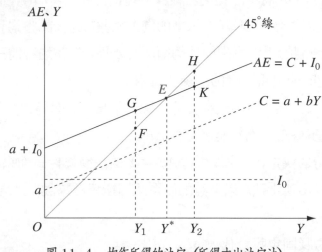

圖 11-4　均衡所得的決定（所得支出決定法）

三、投資等於儲蓄決定法

　　上述的所得支出法，在實際的消費支出能夠藉由存貨進行充分的調整，始終與計畫的消費支出一致的前提下，則可以變成所謂的**投資等於儲蓄決定法**(Saving-investment Approach)。詳言之，可以將 $AE = Y$ 的均衡條件式，兩邊各減掉消費支出 C 以後，得出

$$AE - C = Y - C \equiv S$$

第二個等號來自於儲蓄的定義；不過，值得一提的是，在前述的前提下，此時的實際儲蓄與計畫儲蓄也是一致的。其次，根據 $AE = I + C$ 的關係代入上式，即可以得到下述投資等於儲蓄的均衡條件式：

$$I = S$$

換言之，亦可以根據上式來決定均衡所得水準，並稱利用上述等式關係決定均衡

國民所得水準的方法，為投資等於儲蓄決定法。就簡單凱因斯模型而言，其投資固定在 I_0 的水準，故上式可以進一步寫成下式：

$$S = I_0$$

接下來，說明此一均衡式的涵意。當 $S > I_0$ 時，表示可供用於投資的財貨（以 S 的大小來表示）是比計畫的投資（需求）還多，表示有些投資財貨賣不掉，最終成為實際的存貨量較計畫的存貨量多；因此，企業將減產以解決存貨非意願性增加的問題，其結果將使得 GDP 水準的降低。以上說明，表示在 $S > I_0$ 時的 GDP 水準，並非均衡的所得水準，仍須繼續進行向下的修正。

同理，在 $S < I_0$ 時的 GDP 水準，將出現存貨非意願性減少的問題，而促使企業增產來解決，因而也不是所謂的均衡所得，尚須進行向上的修正。

比照圖 11-4 的方式，也可以利用圖形，說明投資等於儲蓄決定法，來求解均衡所得的過程。如圖 11-5 中，分別畫出儲蓄線 S 與投資線 I，兩線交點 E 所決定的所得，也就是均衡所得 Y^*；同時，亦知在 Y_1 所得時，$S < I_0$，故非均衡所得，且將向上往 Y^* 的方向調整；而在 Y_2 時，$S > I_0$，故亦非均衡所得，而將向下往 Y^* 的方向修正。

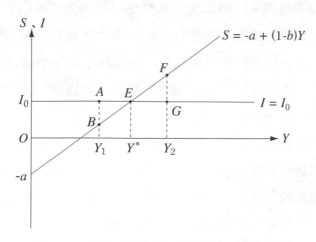

圖 11-5　均衡所得的決定（投資等於儲蓄決定法）

利用此法所決定的均衡所得 Y^*，與所得支出決定法一樣，均為 $Y^* = \dfrac{a + I_0}{1 - b}$（讀

者可自行加以檢驗一番)。

8.試說明簡單凱因斯模型及其相關之假設。

9.試說明均衡所得水準的意義。

10.已知一經濟體的消費函數及投資分別為 $C = 20 + 0.8Y$ 及 $I = 30$,請問此一經濟體的均衡所得為何?請分別利用(1)數學方法;(2)所得支出決定法的圖形及(3)投資等於儲蓄決定法的圖形等三種方式來求解。

第三節　均衡所得的變動與乘數原理

當那些影響總合支出的非所得因素改變時,將使得整條 AE 線出現向上或向下的移動;那麼,AE 線與 45° 線的交點也相應的朝右上方或左下方滑動,而其對應的均衡所得則出現增加或減少的變動。如圖 11-6 所示,在 AE_0 線時,其與 45° 線之交點為 E_0,對應之均衡所得水準為 Y_0^*;當上移至 AE_1 線時,其對應之交點及均衡所得水準,分別變動為 E_1 及 Y_1^*。而當下移至 AE_2 線時,其對應之交點及均衡所得水準,則變動為 E_2 及 Y_2^*。

有關那些非所得因素,如何來影響消費支出與投資的增減問題,已於上文中有所說明,至於影響政府購買支出與淨出口的非所得因素,請參閱第五節及第六節。本節仍然以簡單的凱因斯模型作為討論的基礎,利用所謂的**乘數原理**(Multiplier Principle),來分析 AE 線的移動,如何能導致均衡所得水準的變動問題。本節將分為兩部分,首先說明乘數原理的意義及乘數大小與 MPC 或 MPS 之間的關係,其次是解析**乘數效果** (Multiplier Effect) 產生的過程。

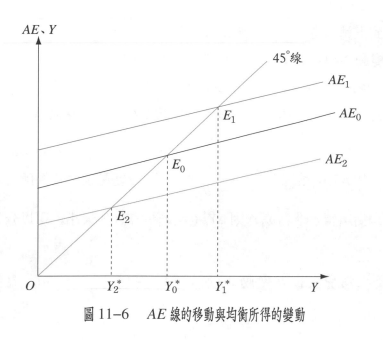

圖 11-6 　AE 線的移動與均衡所得的變動

一、乘數原理的意義及乘數大小與 MPC 或 MPS 之間的關係

所謂乘數原理，是指在物價水準不變下，以及在社會資源未達充分就業的一個經濟體中，由於非所得因素所引起總合支出的變動（其變動量以 ΔAE 表示），必將導致其均衡所得水準出現同一方向的變動（其變動量以 ΔY^* 表示）；同時，後者的變動量通常較前者變動量來得大，呈一倍數關係。此一均衡所得變動為總合支出變動的倍數關係，一般就稱為乘數原理，而此一倍數稱為**乘數**(Multiplier)。即

$$\text{乘數} \equiv \frac{\Delta Y^*}{\Delta AE}$$

就簡單凱因斯模型而言，總合支出的變動，可能來自三方面：

(1)民間消費支出函數中的自發性消費的變動，即 a 的變動。

(2)邊際消費傾向的變動，即 b 的變動。

(3)投資的變動，即 I_0 的變動。

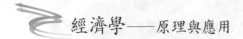

同時，瞭解到上述三者的增加，將使得總合支出向上移動：

　(1)當 a 變動 Δa 時，AE 亦向上移動 Δa，即 $\Delta AE = \Delta a$；

　(2)當 I_0 變動 ΔI_0 時，AE 亦向上移動 ΔI_0，即 $\Delta AE = \Delta I_0$；

　(3)當 b 變動 Δb 時，AE 將隨著在不同所得水準下向上移動 $\Delta b \cdot Y$，即 $\Delta AE = \Delta b \cdot Y$。

至於 ΔY^* 的大小，根據 $Y^* = \dfrac{a + I_0}{1 - b}$ 的公式，令變動前的均衡所得水準為 Y_0^*，而變動後的均衡所得水準為 Y_1^*，則 $\Delta Y_0^* (= Y_1^* - Y_0^*)$ 的大小，可以分為三種情況來說明：

1. 當自發性消費支出 a 變動 Δa 時，$\Delta Y^* = (\dfrac{1}{1 - b}) \cdot \Delta a$。為什麼呢？

因為 $Y_0^* = \dfrac{a + I_0}{1 - b}$，$Y_1^* = \dfrac{a + \Delta a + I_0}{1 - b}$；

所以 $\Delta Y_1^* = Y_1^* - Y_0^* = (\dfrac{1}{1 - b}) \cdot \Delta a$。

由此推知乘數為：

$$\text{乘數} = \frac{\Delta Y^*}{\Delta AE} = \frac{\Delta Y^*}{\Delta a} = \frac{1}{1 - b} = \frac{1}{1 - MPC} = \frac{1}{MPS}$$

2. 當投資 I_0 變動 ΔI_0 時，$\Delta Y^* = (\dfrac{1}{1 - b}) \cdot \Delta I_0$。為什麼呢？

因為 $Y_0^* = \dfrac{a + I_0}{1 - b}$，$Y_1^* = \dfrac{a + I_0 + \Delta I_0}{1 - b}$；

所以 $\Delta Y^* = Y_1^* - Y_0^* = (\dfrac{1}{1 - b}) \cdot \Delta I_0$。

由此推知乘數為：

$$乘數 = \frac{\Delta Y^*}{\Delta AE} = \frac{\Delta Y^*}{\Delta I_0} = \frac{1}{1-b} = \frac{1}{1-MPC} = \frac{1}{MPS}$$

3.當邊際消費傾向 b 變動 Δb 時，$\Delta Y^* = (\frac{1}{1-b}) \cdot \Delta AE_1$；式中 $\Delta AE_1 = \Delta b \cdot Y_1^*$（或 $\Delta Y^* = \frac{1}{1-(b+\Delta b)} \cdot \Delta AE_0$；式中 $\Delta AE_0 = \Delta b \cdot Y_0^*$）。為什麼呢?

因為 $Y_0^* = \frac{a+I_0}{1-b}$，$Y_1^* = \frac{a+I_0}{1-(b+\Delta b)}$；

所以 $\Delta Y^* = Y_1^* - Y_0^* = (a+I_0)(\frac{1}{1-(b+\Delta b)} - \frac{1}{1-b})$

$$= (a+I_0)\frac{(1-b)-[1-(b+\Delta b)]}{[1-(b+\Delta b)](1-b)}$$

$$= (a+I_0)\frac{\Delta b}{[1-(b+\Delta b)](1-b)}$$

$$[= (\frac{1}{1-b}) \cdot (\frac{a+I_0}{1-(b+\Delta b)}) \cdot \Delta b$$

$$= (\frac{1}{1-b}) \cdot (\Delta b \cdot Y_1^*)$$

$$= (\frac{1}{1-b}) \cdot \Delta AE_1]$$

$$[或 = (\frac{1}{1-(b+\Delta b)}) \cdot (\frac{a+I_0}{1-b}) \cdot \Delta b$$

$$= \frac{1}{1-(b+\Delta b)} \cdot (\Delta b \cdot Y_0^*)$$

$$= \frac{1}{1-(b+\Delta b)} \cdot \Delta AE_0]$$

由此推知乘數為：

$$乘數 = \frac{\Delta Y^*}{\Delta AE_1} = \frac{1}{1-b} = \frac{1}{1-MPC} = \frac{1}{MPS}$$

$$\left(或乘數 = \frac{\Delta Y^*}{\Delta AE_0} = \frac{1}{1-(b+\Delta b)} = \frac{1}{1-MPC_1} = \frac{1}{MPS_1}\right.$$

式中，MPC_1 及 MPS_1 分別為變動後之邊際消費及儲蓄傾向。）

根據上述三種情況的分析，得知在簡單的凱因斯模型下，其乘數大小與 MPC 或 MPS 之間的關係為：

$$乘數 = \frac{1}{1-MPC} = \frac{1}{MPS} > 1, \quad 當\ 0 < MPC < 1\ 時$$

且從上式知乘數大於 1。以 $b = 0.75$ 為例，乘數為 4；即當自發性消費支出或投資增加 1 元時，均衡所得水準提高 4 元。

至於何以乘數的大小，會剛好與 MPC 或 MPS 具有上述之關係呢？請詳下文之說明。

二、乘數效果產生的過程

首先，以上文中的消費支出函數 $C = 80 + 0.75Y$ 及 $I = 20$ 為例，來說明當投資增加 5（其單位省略不提）時，其均衡所得是如何增加 20（即等於投資增加額的 4 倍之多）的理由。在此例中，知道變動前的均衡所得為 400，消費支出為 380，投資為 20，即總合支出也剛好是 400。現在若計畫的投資由 20 增加為 25，則總合支出變成 405，比當時之 GDP 為 400 來得大；此一情形表示存貨非意願性的減少 5，將誘使企業增產 5 以補存貨之不足。企業增產 5，相當於國民所得增加（ΔY）5，因此根據消費支出函數，其消費支出會增加（ΔC）3.75（$= 0.75 \times 5$）。接著又將引起新一輪的變化，即總合支出同額增加 3.75，又將使得企業再增產 3.75，國民所得增加（ΔY）3.75，消費支出又增加（ΔC）3.75 × 0.75。如此，持續下去，直至國民

所得提高到新的均衡所得水準 420 為止。為什麼呢？因為在 $Y = 420$ 時，$C = 395$，$I = 25$，所以 AE 為 420，剛好與 Y 相等，而不用再調整下去。

現在將上述均衡所得水準調整過程中，每一輪所引起的投資增加額 (ΔI_0)、所得增加額 (ΔY)、消費增加額 (ΔC) 等三項數據，列在表 11–1 中。至於表中最後得出之均衡所得水準增加額為 20，其產生的方式如下式所示：

表 11–1　乘數效果產生的過程

輪次 (t)	投資增加量 (ΔI_0)	所得增加額 (ΔY)	消費支出增加額 $(\Delta C = b \times \Delta Y)$
1	5	5	0.75×5
2	0	0.75×5	$(0.75)^2 \times 5$
3 ⋮	0 ⋮	$(0.75)^2 \times 5$ ⋮	$(0.75)^3 \times 5$
總計	5	20	15

說明：以 $b = 0.75$，$\Delta I_0 = 5$ 為例所得到之結果。

$$\Delta Y^* = 5 + 0.75 \times 5 + (0.75)^2 \times 5 + \cdots$$
$$= (1 + 0.75 + (0.75)^2 + \cdots) \times 5$$
$$= \frac{1}{1 - 0.75} \times 5$$
$$= 4 \times 5$$
$$= 20$$

而就一般的情形而言，投資變動 (ΔI_0) 所引起的均衡所得變動 (ΔY^*) 為

$$\Delta Y^* = (1 + b + b^2 + \cdots) \times \Delta I_0$$
$$= \frac{1}{1 - b} \times \Delta I_0$$

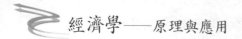

故得到投資乘數 $= \dfrac{\Delta Y^*}{\Delta AE} = \dfrac{\Delta Y^*}{\Delta I_0} = \dfrac{1}{1-b} = \dfrac{1}{1-MPC} = \dfrac{1}{MPS}$

從上述例子及相關說明中，得知乘數之所以與 MPC 或 MPS 具有上述關係，是來自於新均衡所得水準的再現，是經由所得變化所引起誘發性消費支出的一連串變化過程，所逐漸趨近達成的，故乘數的大小與邊際消費傾向 MPC 或 MPS 有關。

三、乘數原理與加速原理的互動關係

由於最終財貨或消費財貨的生產，通常是要搭配相當數量的資本設備才能辦得到；而於上文有關乘數效果的產生中，並沒有明確將此一限制加以說明。就一個存在有閒置資本設備的經濟社會而言，於乘數效果產生的每一過程中，若均能充分滿足所得增加額 (ΔY)，所引起的對於最終財貨新增的需求 (ΔC)，並維持物價的穩定不變時，則此一社會必然具有上文所述的乘數效果。

反之，就一個沒有閒置資本設備的經濟社會而言，當所得增加 (ΔY) 時，為了供應新增的消費財貨需求 (ΔC)，必然引起**誘發性投資** (Induced Investment) 成倍數的增加 (ΔI)；通常將所得變動或消費支出變動，導致投資呈倍數變動的現象，稱為**加速原理** (Acceleration Principle)，且將此一倍數稱為**加速係數** (Acceleration Coefficient)。此一加速原理，由**小克拉克** (J. M. Clark, 1884～1963) 所提出。那麼，為什麼會出現倍數的投資變動呢？主要是因為一項投資活動，以購置機器為例，可供長期的生產使用，故其購買價格與當期產值之間，存在倍數的關係；例如一部每年可以生產 10 萬產值的機器，其售價可能要幾十萬或上百萬。

因此，在一個沒有充分閒置設備的經濟社會，其乘數效果的產生過程中，將出現誘發性投資呈倍數變動的加速原理；此時的乘數原理，就不再是上文提到的單純情形，而是一包含加速原理在內的乘數原理。

11.何謂乘數原理?

12.乘數的大小與 *MPC* 之間具有何種關係? 為什麼?

13.設 *MPS* ＝ 0.25，則乘數多大? 此時若欲使均衡所得增加 10 億元，則投資應增加多少? 消費支出將增加多少? 請問投資及消費支出的合計，是否剛好也增加 10 億元? 為什麼?

14.何謂加速原理?

第四節　膨脹缺口、緊縮缺口與節儉的矛盾

本節將應用簡單凱因斯模型，來說明**膨脹缺口** (Inflationary Gap) 與**緊縮缺口** (Deflationary Gap) 的意義，以及**節儉矛盾** (Paradox of Thrift) 出現的原因。

一、膨脹缺口與緊縮缺口

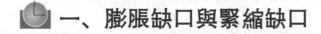

根據上述簡單的凱因斯模型,瞭解到在整個經濟體尚有資源未達充分就業下，且各種財貨價格以及物價水準亦均固定不變下，其均衡國民所得水準（即 *GDP*，以 Y^* 表示）則由總合支出函數來決定。而此一均衡所得水準，通常並不是**充分就業**(Full Employment) 情況下的所得水準（以 Y_f 表示），即 $Y^* < Y_f$。

所謂充分就業是表示不存在非志願性質的**失業** (Unemployment)；以勞動為例，當勞動市場的工資率水準完全反映此一市場的供給與需求狀況時，就不至於出現失業的現象，以及有些工作找不到勞動的空缺情形。不過，充分就業並不表

示百分之百的完全就業，或不表示完全沒有失業的一種狀況。一般的資源就業情況，總是不斷因應來自各方面的競爭，而常處於變動或調整階段中；因而不論在哪一個時期，總有若干比例的資源尚未能就業，故所謂的充分就業，是具有與適當比例的正處於調適階段的失業並存的一種就業狀況。

　　根據簡單凱因斯模型，瞭解到若要使均衡所得水準剛好是充分就業情況下的所得水準 Y_f 的話，其前提必然是要有一對應的維持充分就業的總合支出函數 (AE_f)，其在 Y_f 的值剛好等於 Y_f 才行；換句話說，AE_f 線與 45° 線的交點 F，其對應的所得剛好是 Y_f，如圖 11–7 所示。

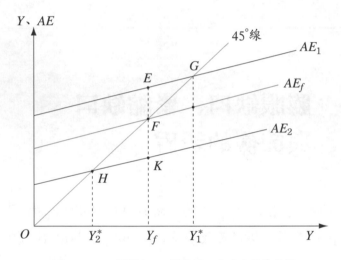

圖 11–7　膨脹缺口、緊縮缺口與充分就業所得

　　利用 AE_f 線及 Y_f 的概念，可以來說明膨脹缺口與緊縮缺口的意義。其中，當總合支出線落在 AE_f 線的上方時，將出現膨脹缺口；而當總合支出線落在 AE_f 線的下方時，則出現緊縮缺口。為什麼呢？

　　因為當總合支出線落在 AE_f 線的上方時，一方面表示在任何所得水準下，其 AE 值均超過 AE_f 的值；另一方面表示其與 45° 線的交點（如圖 11–7 中之 G）將在 F 點的右上方，故其對應的均衡所得水準（Y_1^*）大於 Y_f。而由於 Y_f 是充分就業情況下的實質 GDP（因在物價固定不變下），通常假設 Y_f 是該經濟體實質 GDP 的一個極限值；那麼，何以會出現 $Y_1^* > Y_f$ 的情形呢？其道理在於出現物價持續上漲的

通貨膨脹 (Inflation) 現象，因為在達到 Y_1^* 之前，其 AE_1 的值一直大於當時的 Y 值。因此，將超出於 AE_f 的總合支出差額，稱為膨脹缺口，如圖 11–7 中的 EF 所示。一方面，說明當出現膨脹缺口時，將導致通貨膨脹現象；另一方面，也告訴我們若要把物價穩定下來時，則要設法從支出面來找出膨脹缺口產生的根源，並加以解除。

其次，當總合支出線落在 AE_f 線的下方時，一方面表示在任何所得水準下，其 AE 值均小於 AE_f 的值；另一方面表示其與 45° 線的交點（如圖 11–7 中的 H）將在 F 點的左下方，故其對應的均衡所得水準 (Y_2^*) 小於 Y_f。也就是說，相對於在充分就業情況下的繁榮情景，在 Y_2^* 下則表示經濟處於失業情況下的收縮局面。何以會處於此一局面呢？原因在於總合支出低於 AE_f。因此，一般將低於 AE_f 的總合支出差額，稱為緊縮缺口，如圖 11–7 的 FK 所示。一方面，說明當出現緊縮缺口時，將導致經濟的收縮及失業現象；另一方面，強調若要達到充分就業時，則要設法從支出面來填補此一缺口。

二、節儉的矛盾

現在，利用簡單凱因斯模型，來說明節儉的矛盾或困惑。如圖 11–8 所示，當儲蓄線因為節儉的關係，而從 S_0 向左上方移至 S_1 時，表示相對於過去，在每一個所得水準下，人們更加節儉了，以至於其儲蓄額提高了。此一節儉的做法，經由乘數原理的作用，反而使得均衡所得水準呈現倍數額度的減少，從原來的 Y_0^* 降至 Y_1^*。明確地說，當初人們原希望能夠節儉一點，而提高在下一期的可支配所得；但是，人算不如天算，下一期的所得反而是降低了。此一節儉對於均衡國民所得的影響，出現了與人們當初預期的相反效果，就是所謂的節儉的矛盾或困惑。

首先，說明何以會出現節儉的矛盾的道理。因為在一個尚未充分就業的社會，必然仍有許多閒置未用的資源（含勞動與資本等）；因此，當人們比以前更為節儉以後，表示人們的消費支出降低了，在價格或工資及物價水準均無法改變的前提下，將迫使企業減產以為因應，減產一方面表示閒置未用的資源比以前增加了，另一方面也表示人們從這些資源所獲得的報酬減少了，故所得降低了。

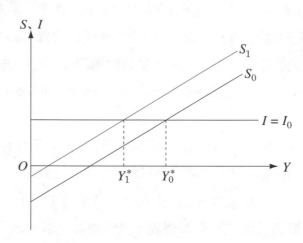

圖 11-8　節儉的矛盾

　　就總體經濟面來看，節儉降低了消費支出，終於導致失業的增加，以及均衡國民所得水準的降低，是一個合理的結局，並無所謂的矛盾或困惑存在；不過，就個別家戶來看，則可能受到節儉的衝擊，導致失業，而存在所謂的矛盾或困惑，也就是說，愈節儉反而是愈貧窮。

　　其次，在瞭解上述出現節儉矛盾的道理以後，將更容易提出破解此一困惑的方法。從上文中，知道出現矛盾的關鍵在於，節儉所增加的社會資金，沒有正常的或順暢的管道引導到投資上面所致。因此，若能從此一方面來想辦法，例如降低利率，或政府吸收用於增加公共投資，則可解決或減緩所得水準的下降情形。再者，當價格或工資及物價水準存在具有反映經濟實情，而向下調降的可能性時，則節儉將不至於引起失業問題，也就不存在所謂的矛盾或困惑了。最後，當出現膨脹缺口時，節儉有可能不至於引起失業問題，也不至於減少實質國民所得，尚且有可能穩定物價的效果；也就是說，節儉可能具有解決膨脹缺口的作用。

　　另外，就個別家戶而言，其所以比以前更為節儉或增加儲蓄的主要考量之一，可能是預期未來的經濟景氣將轉壞。如果從此一角度來看的話，當出現上述節儉導致國民所得的下降，也就不存在所謂的矛盾了。為什麼呢？因為國民所得的減少，剛好與人們預期相符，故沒有矛盾；不過，節儉仍具有催化、促進或實現國民所得下降的功能。

觀念研習

15.一個經濟體可能存在完全就業的狀態嗎？為什麼？

16.請說明充分就業下的國民所得水準是什麼意思？

17.何謂膨脹缺口？

18.何謂緊縮缺口？

19.請說明節儉矛盾的意義？何以會出現此一矛盾或困惑呢？

第五節　政府支出與均衡所得

　　本節將把政府的角色，納入簡單的凱因斯模型中，以瞭解均衡國民所得的決定。於上一章討論國民所得概念時，知道政府部門的經濟活動中，與國民所得的支出面法計算有關的項目，有政府購買支出及稅收兩項。

　　如前所述，政府的購買支出 (G) 中，包括軍公教人員的給付以及提供政府勞務的配套花費在內。通常，隨著經濟活動的發展及 GDP 的增長，政府的計畫性購買支出，也將跟隨其加強配合提供勞務而增加。不過，政府（含民意機關在內）計畫性購買支出的絕大部分，受到傳統因素及政經環境因素等非所得層面的影響較為顯著，且在短期間內，變化不大；因此，為簡化起見，假設政府的計畫性購買支出，其大小為一不受 GDP 水準影響的固定常數 G_0。

　　至於政府的稅收及各項移轉性收支，其大小也與 GDP 有關；不過，為簡化起見，本節將把政府的稅收淨額 (T) 設為一政策決定變數，可以完全由政府決定其大小，而不受 GDP 水準的影響，並固定為 T_0。在此，亦將政府的投資併入國內投資毛額中，並亦令其為一不受 GDP 影響之固定值 I_0。

　　因此，總合支出函數 (AE) 變成：

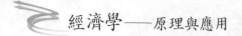

$$AE = C + I_0 + G_0$$

式中，$C = a + b(Y - T_0) = (a - bT_0) + bY$；其中，$Y - T_0$ 表示可支配所得。同樣，在均衡條件式 $AE = Y$ 之下，經過運算，可以得到均衡所得水準 (Y^*) 為：

$$a + b(Y^* - T_0) + I_0 + G_0 = Y^*$$

得出

$$Y^* = \frac{a + I_0 + G_0 - bT_0}{1 - b}$$

此時的 Y^*，與簡單凱因斯模型下的均衡所得之間的差別，出現在分子的地方，多出來 $G_0 - bT_0$。從此可以推知，此時的 Y^*，有可能比以前在未考慮政府角色的 Y^* 來得小，或者一樣大，也可能來得大，那就要看 G_0 是否小於 bT_0，或者兩者相等，或 G_0 大於 bT_0 而定了。

若以 45° 線的圖形來說明均衡所得的決定時，如圖 11–9 所示，AE 線在縱軸上的截距為 $a - bT_0 + I_0 + G_0$，斜率仍為 b，而其與 45° 線的交點 E，在 E 點對應下的所得水準 Y^*，就是均衡所得水準。

同理，在此時亦可得到所謂的**政府支出乘數** (Government Spending Multiplier) 以及**租稅乘數** (Tax Multiplier)。當政府購買支出增加 ΔG_0 時，均衡所得水準將提高 ΔY^*；根據上述均衡所得水準的公式，知道

$$\Delta Y^* = \frac{\Delta G_0}{1 - b}$$

故知政府支出乘數 $\equiv \dfrac{\Delta Y^*}{\Delta G_0} = \dfrac{1}{1 - b}$，其大小與投資乘數一樣。

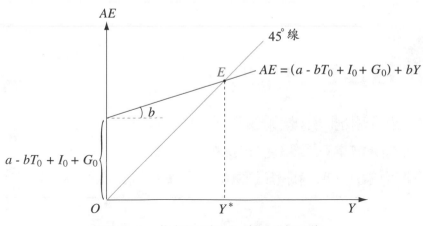

圖 11–9 均衡所得的決定 (含政府部門時)

當政府淨稅收增加 ΔT_0 時，均衡所得將提高 ΔY^*，即

$$\Delta Y^* = \frac{-b \cdot \Delta T_0}{1 - b}$$

故知政府租稅乘數 $\equiv \dfrac{\Delta Y^*}{\Delta T_0} = \dfrac{-b}{1 - b}$，為一負值；此一乘數表示淨稅收增加時，將

能使均衡所得按其增加額的 $\dfrac{b}{1 - b}$ 倍數減少。

另外，當政府的購買支出的增加額度 (ΔG_0) 剛好等於其稅收淨額的增加額度 (ΔT_0) 時 (即 $\Delta G_0 = \Delta T_0$)，則均衡所得的變動為 ΔY^*；即

$$\Delta Y^* = \frac{\Delta G_0 - b \cdot \Delta T_0}{1 - b} = \frac{(1 - b)\Delta G_0}{1 - b} = \Delta G_0$$

一般稱政府支出與稅收等量增加，所引起國民所得的變動倍數為**平衡預算乘數**(Balanced-budget Multiplier)；由上式知，此時之平衡預算乘數為 1，表示此時的均衡所得水準將與政府的購買支出或稅收淨額，同額增加或減少。

經由上述政府支出乘數及租稅乘數的說明，瞭解到政府可以藉由所謂的**財政政策** (Fiscal Policy)，從其購買支出、公共投資（表現在 I_0 的變化）以及租稅等方面的改變著手，來影響均衡所得水準以及改善失業問題。

觀念研習

20.與簡單凱因斯模型相比，考慮政府部門以後，其均衡所得水準一定會增加嗎？

21.何謂平衡預算乘數？其值是否等於政府支出乘數與租稅乘數的和？

22.當邊際消費傾向為 0.8 時，請問政府支出乘數、租稅乘數及平衡預算乘數各為多少？

第六節　開放經濟下的均衡所得決定

本節將同時把政府部門及國外部門，納入簡單的凱因斯模型中，以說明均衡國民所得的決定問題。除了延續上一節對於政府部門的假設，把政府購買支出及其淨稅收分別設為 G_0 及 T_0 以外，在引入國外部門以後，於支出面法計算 *GDP* 的大小時，則須把淨出口計入，淨出口是出口扣除掉進口的餘額。其中，出口 (X) 係外國對本國產品的購買，其額度的大小，在不考慮匯率的因素下基本上與外國所得水準及其偏好結構、產業結構、市場結構等因素有關，亦與其來自第三國的進口品的相對價格有關；總之，出口額的大小，與出口品價格、國外所得、國外物價等非本國所得因素之間的關係，較為密切，故通常將其設為一不隨本國所得增減而變動的常數值 X_0。

至於進口 (M) 的大小，則反過來受到本國所得水準及其他非所得因素的影響，例如本國消費者的偏好結構、產業結構或相關限制因素等項。因此，一般可以將**進口函數** (Import Function) 表示為：

$$M = M_0 + mY; M_0 \geq 0, 0 < m < 1$$

式中，M_0 及 mY 分別表示非所得因素及所得因素所產生的進口額。M_0 可以比照稱

為自發性進口，而 m 為**邊際進口傾向** (Marginal Propensity to Import)（因為 $\dfrac{\Delta M}{\Delta Y} = m$）。

至此，可以將總合支出函數 (AE) 表示為：

$$AE = C + I_0 + G_0 + (X_0 - M)$$

其中，$C = a + b(Y - T_0) = a - bT_0 + bY$

$\qquad M = M_0 + mY$

因此，根據均衡條件式 $AE = Y$，經過運算以後，可以得到在開放經濟下的均衡國民所得水準 (Y^*) 為：

$$(a - bT_0) + bY^* + I_0 + G_0 + (X_0 - M_0 - mY^*) = Y^*$$

得出

$$Y^* = \frac{(a - bT_0) + I_0 + G_0 + (X_0 - M_0)}{1 - b + m}$$

此時的 Y^*，與上一節只考慮政府部門情況下的均衡所得水準之間，其不同有二，即在分子項中多了 $(X_0 - M_0)$，且在分母上，由 $1 - b$ 變成 $1 - b + m$。就分子項來看，多了 $X_0 - M_0$，表示將隨著 X_0 是否大於 M_0，來決定分子是否比以前來得大。其次，就分母來看，分母變大了。

現在，利用 45° 線的圖形，來說明開放經濟下的均衡所得決定情形。如圖 11-10 所示，AE 線在縱軸上的截距為 $a - bT_0 + I_0 + G_0 + (X_0 - M_0)$，且斜率由 b 變成 $b - m$，變成較為平坦一點，而其與 45° 線的交點 E，在 E 點對應下的所得水準 Y^*，就是均衡所得水準。

根據上述均衡所得水準 (Y^*) 的計算公式，瞭解到由於 AE 線的斜率較為平坦以後，則由非所得因素引起 AE 線的相同移動幅度，所能產生的乘數作用將變小了。為什麼呢？主要在於往新均衡所得水準調整過程中，每一輪的所得增加額中，有一部分用於購買外國的進口品，使得下一輪所能增加的（國內）所得額度變小

了，以至於最終得到整個過程的均衡所得增量變小了，故其與 AE 變動量之間的倍數（即所謂的乘數）也跟著減少了。

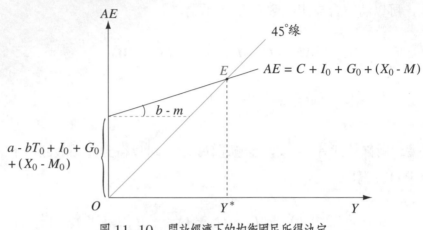

圖 11–10　開放經濟下的均衡國民所得決定

同上文的做法一樣，根據上式計算均衡所得水準的公式，很容易得到相應的乘數公式，其與上文提及的乘數公式之主要不同，在於其分母已由 $1 - b$ 變大為 $1 - b + m$ 了。在分母變大的情況下，其乘數也就變小了。值得一提的是，當自發性進口 M_0 變動時，其對於均衡所得有負向的效果，故其乘數亦為負值；明白地說，

進口乘數 (Import Multiplier, $\frac{\Delta Y^*}{\Delta M_0}$) 為 $\frac{-1}{1 - b + m}$。至於其他的乘數，讀者可以自行推導出來。

 觀念研習

23. 請在開放經濟下，導出政府支出乘數、租稅乘數及平衡預算乘數的公式，並注意是否平衡預算乘數仍等於 1？

24. 當邊際消費傾向為 0.8，邊際進口傾向為 0.1，請問其進口乘數多大？

25. 請問當自發性進口及出口同額增加時，其均衡所得水準會增加嗎？為什麼？

第七節　應用分析：*IS* 曲線的意義與導出

　　本章係在物價、工資率、利率、貨幣供給量等變數均固定不變的前提，利用所得支出決定法與投資等於儲蓄決定法，探討商品市場均衡下的國民所得水準決定問題，並討論與此一問題相關的乘數原理、膨脹缺口、緊縮缺口及節儉矛盾等概念。

　　本節將應用上述介紹的凱因斯模型，來進一步導出 *IS* 曲線。於第十三章中，將會利用 *IS* 曲線，以得到總合需求曲線。所謂 *IS* 曲線是在凱因斯模型的架構下，用來描述不同利率水準對應下的均衡國民所得水準兩者間的軌跡；換言之，*IS* 曲線是呈現商品市場均衡下的利率水準與均衡所得水準組合的軌跡。

　　誠如上述，商品市場的均衡條件，可以表示為投資等於儲蓄的關係式。同時，亦瞭解到投資支出與利率水準之間，具有負向的關係。因此，當利率水準由 i_0 下降為 i_1 時，投資支出將會從 I_0 提高為 I_1。其次，當投資支出從 I_0 提高為 I_1 時，表示投資支出增加了 $\Delta I (= I_1 - I_0)$，故根據乘數原理，均衡所得水準亦將跟著提高，由原來的 Y_0 升為 Y_1，並知所得的增加 $\Delta Y (= Y_1 - Y_0)$ 是 ΔI 的倍數關係。

　　經由上述說明，可以瞭解到在凱因斯模型的架構下，均衡國民所得水準與利率水準之間具有負向的關係，此一關係表現在平面圖形上，就得到 *IS* 曲線；如圖 11-11 所示，當利率水準由 i_0 降為 i_1 時，均衡所得水準由 Y_0 升為 Y_1。反之，當利率水準由 i_0 升為 i_2 時，均衡所得水準由 Y_0 降為 Y_2。

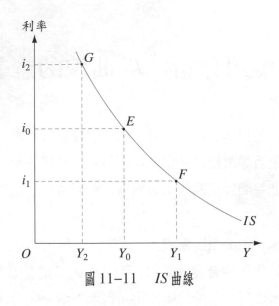

圖 11-11　*IS* 曲線

　　當投資支出較容易受到利率水準變動的影響時，將得到一條更平坦的 *IS* 曲線；而當投資支出較不易受利率水準變動的影響時，則會得到一條更陡峭的 *IS* 曲線。

　　另一方面，根據本章的分析，瞭解到自發性消費的增加、政府支出的增加、稅收的減少、出口的增加、自發性進口的減少以及邊際消費傾向的增加、邊際進口傾向的減少等這些因素的出現，都將提高均衡所得水準；因此，同樣的道理，這些因素的出現，將使得 *IS* 曲線整條往右移動。反之，將使得 *IS* 曲線整條往左移動。

　　最後，將 *IS* 曲線的數學式表示如下：

⑴在簡單凱因斯模型的架構下，*IS* 曲線為：$I(i) = S(Y)$；

⑵把政府角色考慮進來時，*IS* 曲線為：$I(i) = S(Y - T) + T - G$；

⑶在開放經濟下，*IS* 曲線為：$I(i) = S(Y - T) + (T - G) + (M - X)$。

26.何謂 *IS* 曲線?

27. IS 曲線的斜率一定是負的嗎?

28. 請在下述經濟條件下, 求出 IS 曲線的數學式, 並畫在圖形上:

(1) $I(i) = 5 - 10i$

(2) $C(Y_d) = 30 + 0.8Y_d$

(3) $T = G = 20$

(4) $X = 10$

(5) $M = 0.2Y$

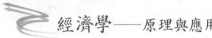

經濟學——原理與應用

本章摘要

1. 總合支出 (AE) 表示在一定期間，在一經濟體內對於最終財貨與勞務的購買額的加總，包括民間消費支出 (C)、政府購買支出 (G)、國內投資毛額 (I) 以及淨出口 (NX) 等四項。總合支出的概念，可以分別從事前的與事後的（或計畫性的與實現的）兩個角度來認識。在上一章的支出面法中，是利用其事後的角度，來計算 GDP 的大小。至於本章進行均衡國民所得水準的決定時，則由事前的或計畫性的角度，來瞭解在不同所得水準 (Y) 下，其對應的 AE 值；此一 AE 與 Y 之間的關係，稱為總合支出函數，且 $AE = C + I + G + NX$。

2. 在⑴未達充分就業之前，所有的價格不變及物價水準亦不變，以及⑵不考慮折舊等假設下，建構所謂的簡單凱因斯模型，以決定均衡國民所得水準 (Y^*)。在模型中，將四個支出項目分別設為：

   ⑴消費函數 $C = a + bY_d$；其中，可支配所得 $Y_d = Y - T_0$，且 $a > 0$, $0 < b < 1$。

   ⑵投資函數 $I = I_0$。

   ⑶政府支出函數 $G = G_0$，稅收淨額 $T = T_0$。

   ⑷淨出口函數 $NX = X - M$；其中，出口 $X = X_0$，而進口函數為 $M = M_0 + mY$，且 $M_0 \geq 0$, $0 < m < 1$。

3. 根據均衡所得條件式 $AE = Y$，可以得到如下之 Y^* 值：

$$Y^* = \frac{a - bT_0 + I_0 + G_0 + (X_0 - M_0)}{1 - b + m}$$

4. 民間消費支出與可支配所得水準之間的關係，稱為消費函數。消費函數中，可以分為二項，一項是與所得水準無關的自發性消費支出（以 a 表示），另一項是與所得水準有關的誘發性消費支出（以 bY_d 表示）。

5. 邊際消費傾向 (MPC)，是指平均每增加一塊錢的可支配所得中，用於消費支

出的比例。根據基本心理法則，知道 *MPC* 大於 0，但小於 1。

6. 邊際儲蓄傾向 (*MPS*) ＝ 1 － *MPC*。

7. 當國民所得以外的因素改變時，將引起整條 *AE* 線的上下移動，導致均衡國民所得水準的變動。而此一均衡所得水準的變動量（以 ΔY^* 表示），通常按 *AE* 線移動量（以 ΔAE 表示）的倍數在變化；一般將此一所得水準呈倍數變化的現象，稱為總合支出變動的乘數原理，該倍數即稱為乘數，其大小為：

$$乘數 = \frac{\Delta Y^*}{\Delta AE} = \frac{1}{1-b+m}$$

8. 一般情況下，均衡所得水準 (Y^*) 未必等於充分就業下的所得水準 (Y_f)，除非在 *AE* 函數碰巧是維持充分就業的總合支出函數 (AE_f) 的情況下。當 $Y^* < Y_f$ 時，表示總合支出會出現緊縮缺口；而當 $Y^* > Y_f$ 時，則表示總合支出有膨脹缺口。

9. 節儉的矛盾或困惑，是指在凱因斯的模型架構下，節儉的結果，引起失業增加，使得均衡所得水準降低，此一結局反而與個別家戶預期由節儉致富的想法相背離。

10. 政府的租稅乘數及進口乘數均為負值，表示出淨稅收的增加及自發性進口的增加，反而會降低均衡國民所得水準。

11. 在開放經濟下的平衡預算乘數將小於 1。

12. *IS* 曲線是一描述在凱因斯模型架構下，利率水準與商品市場均衡的國民所得水準兩者的組合軌跡；在一般情況下，*IS* 曲線具有負斜率的性質。

習 題

1. 已知一經濟體的總合支出函數的相關訊息為：

   (1)消費函數 $C = 100 + 0.8(Y - T)$。

   (2)且知 $I = 20$，$G = 40$，$T = 10$，$X = 20$，$M = 10$。

   請問：(1)均衡所得水準是多少？

   　　　(2)若政府想使國民所得提高 30，則應增加多少財政支出？

2. 如第 1 題，除了將進口改為 $M = 10 + 0.2Y$ 以外，其餘不變。請回答同樣問題。

3. 如第 2 題，並將淨稅收改為 $T = 0.2Y$，其餘不變。請回答同樣問題。

4. 當充分就業下的所得水準為 900 時，請就第一題的情況下，回答是否存在哪一種缺口？其值是多少？

5. 請問誘發性消費支出是什麼意思？會受到哪些因素的影響？

6. 請問在簡單凱因斯模型下，其均衡所得的決定條件是什麼？請說明此一條件背後的道理為何？

第十二章

貨幣市場均衡
與利率水準

本章將在國民所得、物價、工資率等變數均固定不變的情況下，考量貨幣市場的均衡及利率水準的決定問題。於第九章中，曾利用資金市場說明利率或資金使用價格的決定問題。在各種經濟活動中，無論是消費、生產、分配或成長等方面，都會直接或間接的使用貨幣，或者都會涉及貨幣的換手或流通的問題；因此，利用貨幣市場（含資本、資產市場在內），也可以全面性的來討論利率水準的決定問題。同時，利用貨幣市場，也方便於討論有關政府**貨幣政策** (Monetary Policy) 的一些課題。

本章分為五節。第一節說明貨幣的意義與功能；第二節討論貨幣的供給與需求的決定與影響因素；第三節進一步介紹銀行體系與存款貨幣創造的機制；第四節是介紹中央銀行的功能與貨幣政策的內涵；第五節應用分析，是利用本章介紹的貨幣市場均衡的概念，得出所謂的 *LM* **曲線** (LM Curve)。

第一節　貨幣的意義與功能

本節將首先說明**貨幣** (Money) 的意義與功能，其次是介紹貨幣的演進與種類，最後是討論我國貨幣的定義。

一、貨幣的意義與功能

在一特定的時空環境下，能獲得當地人們接受，普遍作為**支付工具** (Means of Payment) 的任何物件，都是所謂的貨幣，或一般俗稱的金錢。在後文中，將介紹貨幣的演進與種類，就可以瞭解到，能夠當作貨幣，或普遍為人們接納作為支付工具的物件，並不是一成不變的東西，而是隨著時空環境以及地理區域的不同在變化的。譬如，在不同的地方，有著該地方通行的貨幣，在美國使用美金，在臺灣使用新臺幣等等；又如，在物質缺乏的戰爭時期，若物價飛漲，使得本國的貨幣不再能得到人們的接納以作為支付的工具時，則本國的貨幣就失去貨幣的意義，或許在短期間內，反而是黃金、白銀或外幣（如美金）才是當時的貨幣了。

所謂一項支付工具，是表示一項可以清算債務的物件，只要把此一物件足額付給對方，則能夠把雙方交易所發生的債務加以結清。因此，貨幣必然另外具有下述幾種功能。

(一)交易的媒介物 (Medium of Exchange)

當不存在所謂的貨幣時，則雙方之間僅能從事以物易物的交換活動，即一般所謂的**物物交換** (Barter)；此時，只有在雙方提供的財貨恰好都能被對方接受，以及同意按一定交換條件，且實行上沒有困難等項因素都同時滿足時，一項物物交換的活動，才能真正的進行下去。例如，一方想以甲物來換乙物，而另一方想以丙物來換丁物，則除非丙物剛好是乙物，且丁物剛好是甲物，亦即在彼此**願望具有雙重一致性** (Double Coincidence of Wants) 時，才有機會進行交換條件（含交換比例）的商談；以交換比例為例，若非以 1 單位甲物換 1 單位乙物時，則除非甲物與乙物均可以再細分為更小的單位，否則仍可能無法完成此一交易活動。為什麼呢？例如雙方同意一頭牛換 100 斤的稻米，此時若只有 50 斤的稻米的話，也無法達成交易。

從上述的說明，當可以瞭解物物交換的進行，是相當不容易的。不過，一旦有所謂的貨幣時，則一方可以先將甲物換取其等值的貨幣量，然後再從第三者的地方，依一定的價格（以貨幣表示）購買想要的乙物；同理，另一方也可以藉由貨幣的媒介，在市場上將丙物換成丁物。如此，以貨幣作為交易的媒介物，將使得交易活動進展得更為順利與快速。

(二)計價或計帳的單位 (Unit of Account)

有了貨幣以後，就可以按一定的標準設計出貨幣的基本單位，或稱為元、英鎊、日圓等名稱；同時，在基本單位之下，定義出更小的單位名稱，如角、分、先令、便士等。進而言之，有了貨幣以後，就可以貨幣的單位（元）來清楚地將財貨的單價標示出來，也便於帳目的登錄。當每一財貨的單價，均以貨幣的單位來表示時，則任何兩種財貨之間的交換比例或機會成本的核算，就可以容易地由其單價的比值來獲得，以作為消費者或廠商下決策時的重要依據。

㈢價值的儲存 (Store of Value)

若一財貨能夠在持有一段時間後，還可以與其他財貨進行交換時，表示此一財貨仍儲存有相當的價值。例如，有些易腐敗的魚肉蔬果，其價值的儲存，在沒有冷凍技術之前，便相當困難。一個可行的方式是，將財貨轉換成貨幣的形式來保有，若貨幣的購買力相當穩定時，則保有貨幣也就是等於將財貨的價值儲存起來。反過來說，若貨幣的購買力或價值難以儲存時，則將難以被大家接受為貨幣了；例如，物價飛漲時期，現有貨幣的購買力或其幣值持續快速降低，大家也就不願意將財貨轉換成以貨幣的形式來保有，而現有貨幣就失去其作為貨幣或支付工具的意義了。因此，若存在所謂的貨幣時，其必然具有價值的儲存功能。

㈣延期支付的標準 (Standard of Deferred Payment)

有許多的交易活動，涉及或跨越一段時期；因此，交易雙方的決策依據中，對於其收益與成本的評估，仍將一致以現有的貨幣單位來表示，因而有關延期支付的標準，也通常是以現有貨幣單位來作為約定金額大小的單位。

以上貨幣的四種功能中，作為交易的媒介物與計價的單位，是屬於貨幣的基本功能；而作為價值的儲存與延期支付的標準，則只是貨幣的引申功能，並非專屬於貨幣的功能，其他物件（如黃金、外幣、股票）也可能具有這兩項功能。

二、貨幣的演進與種類

誠如上述，貨幣有無扮演好作為支付工具的角色，主要決定於其作為交易媒介物與計價單位這兩項基本功能，是否能有效的發揮，以作為評斷。而作為貨幣的物件，對於這兩項基本功能的發揮，是要有一些條件的，例如：攜帶方便、安全、耐用，以及幣值穩定、易於分割，並得到社會大眾的認同與接受。

隨著人類社會文明的進展，作為貨幣的物件，也朝著能夠充分發揮其基本功能的方向，分為下列兩個時期加以演進。

㈠商品貨幣時期

所謂**商品貨幣** (Commodity Money)，是表示以一大家能普遍接受的一項商品，來作為支付的工具。從物物交換的原始經濟開始，人們從無數次的交易活動中，慢慢學習到有哪些物品具有容易儲藏、分割交換、供應量穩定或與其他物品的交換價值相當固定等項特質，而逐漸成為人們的共同交易對象，並最終成為支付的工具；此一具商品價值的支付工具，也就是商品貨幣。在人類的經濟發展歷史中，曾充當作為貨幣的商品，有珠寶、貝殼、象牙、皮革、鹽、金、銀、菸草等項。

商品貨幣也曾經以紙幣的形式流通，以便於攜帶。不過，此時的紙幣是可以隨時向發行單位兌換等值的貨幣商品（如黃金、白銀）的，而發行單位也要有十足的貨幣商品準備，以應兌換之所需。

㈡強制貨幣時期

隨著經濟活動的發展，需要更多的貨幣，以作為交易的媒介。一方面，貨幣商品（如金、銀）的產量有限，若在十足的準備下始能發行紙幣的話，則紙幣量將不敷使用。還好，由於紙幣的普遍使用，人們已對紙幣有信心，很少要求將紙幣兌換成貨幣商品，故無需維持十足準備，而可以改採**部分準備** (Fractional Reserve) 的貨幣發行制度；因而，可以增發更多的紙幣量。此一事實說明，貨幣的發行未必一定要有貨幣商品的準備，只要是社會大眾對於貨幣的購買力有信心，而能接受為一支付工具即可。

另一方面，當貨幣商品的產量或供應量大增時，無形中會減少貨幣商品的價值，而造成物價上漲的結果。因此，基於物價的穩定考量，此種紙幣發行量與貨幣商品間存在兌換關係的貨幣發行的準備制度，是否值得保留下去，也是大家想解決的問題之一。

如上所述，紙幣的發行，實際上已發展到可以不去考慮準備部分高低的問題；因此，最後演變成斷絕紙幣與貨幣商品（如金、銀）間之兌換關係，紙幣就不再具有商品價值，故完全失去商品貨幣的本質。至此，紙幣之價值純粹是來自於法律的賦予，即明定其具有清償各種債務的功能，亦即明定其為一合法的支付工具

或貨幣，倘若債權人拒絕接受紙幣的話，即喪失其債權。換言之，由法律賦予紙幣**無限法償** (Legal Tender) 的地位，故稱此種貨幣為**強制貨幣** (Fiat Money)，或簡稱法幣；此時之貨幣制度，稱為強制貨幣制度。

在強制貨幣制度之下，貨幣的種類，除了紙幣以外，尚有鑄幣及**存款貨幣**(Deposit Money) 兩種。所謂鑄幣，是指以金屬材料所鑄造的貨幣，主要是作為找零的輔幣之用，其面額不大。另外，通常將紙幣與鑄幣合併稱為**通貨**(Currency)。至於存款貨幣，是指社會大眾在銀行中的可以隨時提領的存款，例如支票存款、活期存款等項；由於這些存款與現金一樣，可以作為一項支付工具，故也算是貨幣。

值得一提的是，信用卡、簽帳卡、金融卡等所謂的塑膠貨幣，並不是真正的貨幣，而只是一個提供確認個人財務信用的憑證，是一個可以賒帳的身分證件，雖具有方便交易進行的功能，但不是一項可以結清債務關係的支付工具。同理，支票本身也不是貨幣，只是一張同意將發票人的存款，轉給提領人的支付憑證而已。

 ## 三、我國貨幣的定義

在經濟學上有關貨幣的界定範圍，除了社會大眾手中握有的現金，或金融機構以外各民間或部門所持有之通貨（一般稱為通貨淨額）以外，尚包括存款貨幣在內；其中，到底哪些種類的存款該納入所謂的貨幣界定範圍，其主要的考量因素在於**流動性** (Liquidity) 的考量。所謂流動性，簡單地說是一種資產的轉換為現金的能力。如果一項資產不用花費太多時間或成本（如折價出售或轉讓、本金風險、利息損失、手續費用等），即可轉換成通貨的話，則該資產具有極高之流動性；反之，若一項資產必須花費相當時間或成本，才可能轉換成現金的話，則該資產的流動性就較低了。前者如支票存款、活期存款，後者如房地產、長期債券、股票、定期存款等項。

依據存款具有流動性的高低，對於貨幣的界定範圍也有所區別，而有狹義與廣義貨幣之分；其中，廣義貨幣乃相對於狹義貨幣而言，指其涵蓋了較多種的存款貨幣在內。隨著金融制度的改革，銀行等金融機構的競爭日益激烈，以及轉帳

技術的更加進步，使得定期存款與活期存款（或甚至支票存款）等帳目之間的轉換成本大幅降低；因此，該採取何種界定之下的貨幣概念，才能更真實反映貨幣數量與其他總體經濟變數（如 GDP、物價指數）之間的互動關係，就成為大家關心的議題之一。

　　就我國貨幣的定義來看，中央銀行分別界定出 M_{1A}、M_{1B} 及 M_2 等三種貨幣概念，其所含之存款項目如下三式所示：

$M_{1A} \equiv$ 通貨淨額 ＋ 支票存款 ＋ 活期存款

$M_{1B} \equiv M_{1A}$ ＋ 活期儲蓄存款

$M_2 \equiv M_{1B}$ ＋ 定期存款、定期儲蓄存款、郵匯局轉存款等項所謂的準貨幣

上式中，**通貨淨額** (Currency Held Outside Banks) 是指中央銀行所發行之通貨總額，扣除金融機構所持有之通貨後之餘額；而存款均指民間的存款，即是企業與個人之存款。另外，所謂**準貨幣** (Quasi Money)，是指一些流動性較低的金融資產，如可轉讓定期存單、定期存款、定期儲蓄存款、外幣存款、外匯存款、國庫券、外匯信託資金等項。M_{1A} 及 M_{1B} 是屬於狹義貨幣，M_2 是**廣義貨幣** (Broad Money)。

觀念研習

1. 請說明貨幣的意義。

2. 貨幣具有哪些功能？

3. 貨幣的形成與演進，其主要的考量因素有哪些？

4. 信用卡是一種貨幣嗎？為什麼？

5. 何謂流動性？試舉例說明之。

6. 請說明狹義貨幣與廣義貨幣在概念上的不同點。

第二節　貨幣的供給與需求

在瞭解了貨幣的意義與功能，以及貨幣的定義之後，本節接著討論貨幣供給與需求的影響因素，以及貨幣市場均衡與利率的決定問題。

一、貨幣的供給

根據貨幣的定義，瞭解到貨幣量是包含通貨淨額與存款貨幣兩種貨幣量的加總。其中，通貨的發行總量是完全由中央銀行決定的，至於存款貨幣是由銀行體系在中央銀行的規範下所創造出來的；有關銀行體系如何創造存款貨幣，以及中央銀行能夠透過哪些辦法以控制貨幣供給量，將分別於第三節以及第四節中，再詳細介紹。

在本節基本上假設貨幣的供給量（以 $\overline{M}$ 表示）完全由中央銀行決定，與利率水準（以 i 表示）無關；因此，在一固定的物價水準（以 P 表示）下，**實質貨幣供給函數**（Real Money-supply Function，以 $\dfrac{M^s}{P}$ 表示）為：

$$\frac{M^s}{P} = \frac{\overline{M}}{P}$$

上式中，$\overline{M}$ 為中央銀行決定的貨幣供給量，與利率水準的高低無關。此一函數關係，可以圖 12–1 的實質貨幣供給線（$\dfrac{M^s}{P}$ 線）來表示，為一垂直線，其在橫軸上的截距為 $\dfrac{\overline{M}}{P}$。

當中央銀行改變其貨幣供給量時，則貨幣供給線亦將整條的向左或向右移動；同理，當物價水準有所變化時，亦將使得 $\dfrac{M^s}{P}$ 線整條移動。

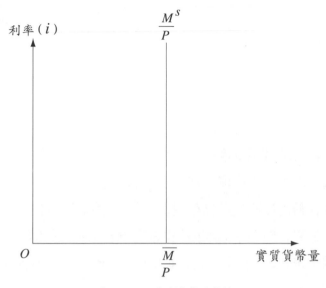

圖 12–1　實質貨幣供給線

二、貨幣的需求

　　一般社會大眾之所以要保有貨幣，基本上可以從三個角度來瞭解，即⑴基於交易上的需要；⑵從資產選擇上的考量；⑶對於未來的預期、**金融創新** (Financial Innovations)、制度性因素等其他因素的影響。

㈠基於交易上的需要

　　貨幣是法律明定的支付工具，因此，任何交易活動都得使用貨幣。一般而言，在一定的制度性因素（詳下文）下，消費活動或生產活動所需的正常開支，基本上與實質的國民所得（以 Y 表示）及物價水準 (P) 這兩個因素有關。因為 Y 的增加，一方面表示個人所得的增加，其從事的消費活動（購買量）也較多，故其用於消費所需的貨幣必增加；另一方面表示整個社會的生產活動（生產量）提高了，故其用於生產上的周轉金也必然增加。至於 P 的上升，則表示在購買量或生產量不變下，其所需支付的金額增加了，故亦必然需要較多的貨幣量才行。此種基於交易上的考量，而導致需求貨幣的說法，相當於凱因斯的貨幣需求的**流動性偏好理**

論 (Liquidity Preference Theory) 中，提及的基於**交易動機**(Transaction Motive) 之需而保有貨幣的觀點。

(二)資產選擇上的考量

貨幣具有價值的儲存功能，故亦可視為一種資產。消費者或企業在其整個資產的選擇組合中，會就各種資產的流動性、報酬率以及資產的增值或損失的可能情況等因素，進行評估，以選擇一個自己認為最適當的資產組合。就貨幣這個資產而言，其流動性最高；不過，其報酬率多較其他資產，如定存、債券、股票、民間借貸等資產的平均報酬率（以銀行貸款利率 i 表示）低。換言之，多保有貨幣，也就是少保有其他資產，而喪失賺取較高報酬的機會，此一損失的大小與 i 的高低成正比，此一損失也就是保有貨幣資產的機會成本。因此，可以推知，當 i 增加時，對貨幣資產的保有量將會減少，故對於貨幣的需求量亦降低了。

上述從資產選擇理論，推出利率與貨幣保有量之間存在負向關係的結果，與凱因斯貨幣需求的流動性偏好理論中，因**投機動機** (Speculative Motive) 而保有貨幣的觀點，有異曲同工之妙。凱因斯認為貨幣的報酬率不及其他資產，何以人們還想保有貨幣呢？主要是基於投機上的考量。以債券為例，當銀行利率較高時，人們會把較多的錢存在銀行，只願意以較低的價錢來買債券，因而債券價格較低；反之，當利率較低時，債券價格較高。進而言之，當債券屬於高價位時，未來出現下跌的機會就提高了，也就是說利率可能回升；也就是說，在低利率時，若保有高價位的債券的話，可能遭受到債券價格下跌的損失，而應該把債券賣掉，轉換為保有較多的貨幣。反之，當利率較高時，則購進債券，少保有貨幣，將有機會得到利率下跌，債券價格上漲的利益。簡單地說，在低利率時，債券損失的風險增加，故要少保有債券，而多保有貨幣，以備日後利率上升而債券價格下跌時，用以購買債券；而高利率時，則少保有貨幣，多保有債券，以備日後利率下降而債券價格上漲時，有債券可賣。故從投機動機而言，亦能得到利率與貨幣保有量之間的負向關係的推論結果。

另外，就貨幣價值或其購買力降低的可能情況來看。當物價上漲時，將使得貨幣的價值或其購買力降低；因此，在通貨膨脹時期，社會大眾將少保有貨幣，

而多保有其他資產，如房地產、黃金等實物資產，或其平均報酬率能高過物價上漲率的其他金融性資產。

(三)其他影響因素

首先，對於未來的預期而言。有可能是預期未來的物價上漲情形，預期未來的經濟增長情形，預期未來的突發事件發展等方面。當預期物價會上漲時，可能少保有貨幣，多保有其他可以保值的資產。當預期未來經濟將好轉時，則可以少保有貨幣，多保有其他報酬率較高的資產。當預期有些突發事件有可能發生時，如看病、出意外等事件，則須預留一些應付不時之需的貨幣，以防止臨時要變賣其他資產，可能緩不濟急；此種觀點，也就是凱因斯貨幣需求的流動性偏好理論中，所提及的因**預防動機** (Precautionary Motive) 而保有貨幣的說法。一般而言，預防性的貨幣需求量，與實質國民所得 (Y) 有正向關係。

其次，就金融創新而言。隨著科技的進步，於非貨幣的其他資產轉換成貨幣時，必須負擔的費用或損失，如債券買賣的手續費、定存未到期解約的損失以及時間上的花費，一般通稱為交易費用，也跟著金融商品的創新，而逐漸降低。例如，推出定存與活存間自動轉帳、自動提款機的普遍設立，以及信用卡或金融卡業務的推動，都可以達到降低貨幣保有量的效果。

第三，就制度性因素來看。薪資支付的方式與頻率、貨幣使用的習性以及生產活動的迂迴程度等方面，都會影響人們對於貨幣的需求量。其中，薪資的支付，若採用直接轉帳的方式來核撥，或同意薪資中的一部分，於核撥當日即轉存於定存或購買證券，則可以減少貨幣的需求量；另外，按月支薪若改為每兩週、每週支薪時，亦可以減少一次發薪的額度，收到減少貨幣需求量的效果。其次，若多使用信用卡或簽帳卡，可以將付款時間集中在那幾天，而在非付款的期間就可以減少貨幣的保有量了。最後，當產品的製造，從原料、零件、半成品到成品，以至於經由行銷管道到消費者手中，其迂迴的程度加長，經過的階段也增多；由於過渡到每一階段都表示增加一次的交易，因而需要有比較多的貨幣量，才能完成整個的生產及消費的過程；換言之，當分工越細時，則每生產一塊錢的 GDP，其中間過程增長的結果，將需要更多的貨幣作為交易的媒介之用。

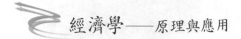

　　經由上述說明，瞭解到實質國民所得 (Y)、物價水準 (P)、利率水準 (i) 以及未來的預期、金融創新、制度性因素等其他因素，都是影響社會大眾對於貨幣保有量的決定因素。在此，可以在其他因素不變下，集中於討論社會大眾對於實質貨幣保有量與 Y、i 之間的關係，稱為**實質貨幣需求函數**（Real Money-demand Function，以 $\frac{M^d}{P}$ 或 m 來表示）：

$$\frac{M^d}{P} = m(Y,i)$$

同時，根據上述說明，亦知道 $\frac{M^d}{P}$ 與 Y 成正向關係，而與 i 成負向關係；而此一關係，可以圖 12–2 的貨幣需求曲線（$\frac{M^d}{P}$ 曲線）來表示。其中，$\frac{M^d}{P}$ 曲線的負斜率，是表示實質的貨幣需求量與 i 之間的負向關係；至於與 Y 的正向關係，則利用 $\frac{M^d}{P}$ 曲線的隨 Y 之增減，而出現整條 $\frac{M^d}{P}$ 曲線的右移或左移來呈現。

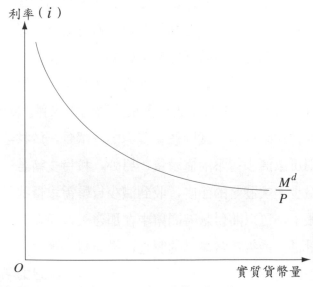

圖 12–2　實質貨幣需求曲線

三、貨幣市場的均衡

與商品或生產要素的市場均衡概念一樣，當在其他條件不變下，實質的貨幣供給曲線與需求曲線的相交點 E（如圖 12-3 所示），將決定貨幣的均衡數量 $(\frac{M^*}{P})$ 及其均衡利率水準 (i^*)；其中，均衡的名目貨幣數量 (M^*)，必然與央行決定的名目貨幣量 $(\overline{M})$ 是相等的。明確地說，貨幣市場的均衡條件為：

$$\frac{M^S}{P} = \frac{M^d}{P}, \quad 或 \ \frac{\overline{M}}{P} = m(Y,i)$$

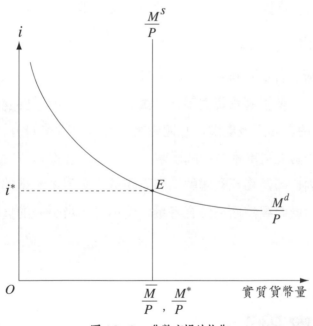

圖 12-3　貨幣市場的均衡

當利率水準大於 i^* 時，此時將出現貨幣量供過於求的剩餘現象，表示人們希望保有較多的非貨幣資產，以多增加債券的購買為例，將引起債券價格的上升；而債券價格的上漲也表示利率水準的下降。換言之，當利率水準仍然大於 i^* 時，則經由資產組合的持續調整，利率水準終將降至其均衡水準 i^*。同理，當利率水

準小於 i^* 時，亦將經由資產組合的持續調整（減少非貨幣資產），使得利率水準提高至 i^*。

進而言之，在其他條件不變下（即已知央行決定的 $\overline{M}$，以及影響貨幣需求的其他因素亦確定時），且在一定的實質國民所得 (Y) 與物價水準 (P) 之下，將經由使用或持有貨幣的機會成本（即利率水準 i）的變動，以使得社會大眾的實質貨幣保有量，剛好調整到與央行的實質貨幣供給量一致。

因此，當央行變動其貨幣供給量 $(\overline{M})$ 時，則將引起 $\dfrac{M^s}{P}$ 線的移動，而最終導致均衡利率水準的改變。同理，當實質國民所得 (Y) 不一樣時，將引起 $\dfrac{M^d}{P}$ 曲線的移動，也會影響均衡利率水準的大小。至於物價水準 (P) 的變動，是否會影響均衡利率的大小，則由於實質貨幣需求函數 $m(Y, i)$ 不受 P 變動之影響，故主要是看 P 對於 $\dfrac{M^s}{P}$ 曲線的影響而定；例如，當 P 上升了，則 $\dfrac{M^s}{P}$ 曲線將往左移，此時 $\dfrac{M^d}{P}$ 曲線不變，將使得均衡（名目）利率水準的上升。

由於利率水準也是影響投資與儲蓄（或消費支出）的重要變數，因此，當利率水準因 $\overline{M}$ 或 P 的影響而改變時，也將影響實質國民所得 (Y)，並進一步經由貨幣需求的管道，再對於利率水準造成衝擊。換言之，由於 Y、P 或 i 等變數之間，於總體經濟體系內，都是相互關聯的；因而關於均衡利率水準的決定或變動問題的討論，有必要由整體經濟面來綜合考量，而不能僅由單一的貨幣市場均衡來看（請參閱下一章）。

觀念研習

7. 何以實質貨幣供給線為一垂直線？

8. 何以實質貨幣需求曲線為一負斜率的線？

9. 有哪些因素會使得實質貨幣需求曲線往右移？請說明其道理。

10. 由貨幣市場來討論均衡利率水準的問題，會受到限制嗎？

11.請說明凱因斯貨幣需求的流動性偏好理論。

第三節　銀行體系與存款貨幣創造

　　於貨幣的一般定義中，包括有通貨及存款貨幣。本節將討論為什麼銀行體系能夠創造存款貨幣，以及如何創造存款貨幣的問題；至於通貨的發行量及貨幣供給量的決定問題，均與中央銀行的貨幣政策有關，則留待下一節說明。因此，本節首先針對**銀行體系** (Banking System) 的基本架構加以瞭解；其次，分析存款貨幣創造的道理。

 ## 一、銀行體系

　　於貨幣市場中，存在貨幣的供給者與需求者。就貨幣的需求者而言，其貨幣的供應來源，包括自有資金及向外借款兩項；其中，自有資金是指消費者從其所得收入中，企業從其銷貨收入中，政府從其稅收中，或其他機構從其自有財源中，用於各項支出的花費。向外借款，包括由各種正式的金融管道（詳下文），以及由親友、地下錢莊、標會、當舖等非正式的金融管道，所取得的借款。

　　正式的金融管道，基本上有直接金融與間接金融兩種。直接金融，是指企業可以發行長期或短期債券（即公司債或商業本票）以及股票等方式，直接從資金供應者手中取得所需之資金；間接金融，是指間接由**金融仲介機構** (Financial Intermediaries) 取得資金供應者之資金。

　　金融仲介機構，一方面以支付利息的方式吸收資金，另一方面以收取利息的方式貸放資金，為一賺取利息差額的企業，扮演著資金仲介的角色。至於金融仲介機構何以能從其提供的金融服務中獲得利差呢？主要是因為金融仲介機構能夠發揮下述四種經濟功能所致：

1.創造存款貨幣

於下文中，將介紹銀行體系如何創造存款貨幣；當然，於存款貨幣的創造中，表示金融仲介機構具有吸收短期存款，而轉換成貸放長期借款的功能。

2.降低借款的總成本

金融仲介機構能夠有效率地吸收來自多方面的資金，其吸收資金的成本可以由眾多的借款人分攤。因此，借款人可以從單一的金融仲介機構取得所需之借款，相較於此一借款人須自行直接從各方面來源籌措資金的情形，其花費的借款總成本將大為降低。

3.減少借款的監督成本

借款人是否能如期如約的償還借款，是每一放款者所關心的問題；因此，放款者為了確保其本身的權利，須隨時掌握借款人的一舉一動，以避免出現無法追回本金或取得利息的可能性。也就是說，放款者仍須花費相當的監督成本。個人若把多餘的資金存放在金融仲介機構，則可以節省其自行借給他人的監督成本，因而可以接受較低的利息；同時，金融仲介機構在其放款的期間，則可以更有效率的方式，來查核借款人的行蹤，以降低借款的監督成本。

4.分散借款變成呆帳的風險

金融仲介機構可以將其面對的借款變成呆帳的風險，分散由其眾多的存戶來共同分攤，而每一存戶所承擔的風險，將比個別的直接放款者大為降低。

臺灣的金融仲介機構又可細分為存款貨幣機構與其他金融機構兩類。存款貨幣機構在收受支票、活期與活期儲蓄存款時，即創造了存款貨幣，為一具有創造存款貨幣能力的金融仲介機構，包括本國一般商業銀行、中小企業銀行、信用合作社、農會與漁會的信用部以及外國銀行在臺分行。另外，存款貨幣機構與發行通貨的中央銀行合稱為貨幣機構；在此，並將全部貨幣機構所組合而成的，可以創造存款貨幣的體系，稱為銀行體系。至於其他金融機構，則主要是郵政儲金匯業局（簡稱郵匯局）、保險公司與信託投資公司等類型；其中，郵匯局只能吸收存款，而不能逕行放款，故不能視為一般的商業銀行。同理，保險公司與信託投資公司是以賣保單與收受信託基金等有別於存款的方式吸收資金，這些資金中，有部分比例，亦可以作為放款之用；因而，保險公司與信託投資公司亦具有部分商

業銀行的創造存款貨幣的功能。

 二、存款貨幣的創造

　　在瞭解銀行體系的基本架構之後，接著就可以說明銀行體系與存款貨幣創造之間的關係。銀行體系之所以能創造存款貨幣的關鍵，在於銀行是採用部分準備的方式，以運用其吸收之存款或資金。由於眾多存戶的支票存款、活期存款、活期儲蓄存款或其他存款，雖然可能隨時提領出來或作為轉帳支付應付帳款之用，但是根據規定，銀行可以將這些資金中，保留少部分作為**準備金** (Reserves)，以應付存戶日常提領或轉帳之用，至於準備金以外的多餘資金，則可以用於放款，以賺取利差之間的收益。每一筆存款所保留的準備金，占該存款的比例，稱為**準備率** (Reserve Ratio)。中央銀行規定銀行最低提留的準備率，稱為**法定準備率**或**應提準備率** (Required Reserve Ratio)；至於銀行在應提準備金之外，多保留的資金稱為**超額準備** (Excess Reserves)。對於不同的存款，央行的法定準備率也不一樣；通常是支票存款的法定準備率最高，而定期儲蓄存款的最低。

　　進而言之，銀行體系也就因為在各銀行追求利潤最大化的動機之下，儘量將超出法定準備金以外的多餘資金貸放出去，而能創造出存款貨幣。為什麼呢？茲以一例來說明。為簡化說明起見，假設(1)法定準備率為 20％；(2)借款者並未提領現金，而是將其借來之款項，悉數轉存於其本人在銀行之戶頭中；(3)銀行沒有持有超額準備金。在上述假設下，當老王將其存放在撲滿內的 1 萬塊錢，改存在甲銀行的活存帳戶中時，則老王在甲銀行中的存款多了 1 萬元，不過其手邊的現金就少了 1 萬元，故此時並沒有改變整個社會的貨幣數量。接下來，說明整個銀行體系，如何藉由此 1 萬元的存款來創造存款貨幣的過程：

　　(1)甲銀行在其新增的 1 萬元存款中，除保留法定準備金 2,000 元以外，剩下的 8,000 元悉數借給 A 先生，並直接轉存到 A 先生在乙銀行的活存帳戶中。此時，就創造了第一次的存款貨幣，其額度為 8,000 元的活存。

　　(2)同理，乙銀行在其新增的 8,000 元存款中，除保留法定準備金 1,600 元以外，剩下來 6,400 元悉數借給 B 先生，並直接轉存於 B 先生在丙銀行的活存帳

戶中。此時，是第二次創造了存款貨幣，其額度為 6,400 元的活存。

⑶依此類推，直到銀行無法增加放款為止，可以得出計創造如下式所計算出來的 5 萬元存款貨幣（含最初新增的存款在內）：

$$\frac{\text{新增的存款}}{\text{法定準備率}} = \frac{10,000 \text{ 元}}{0.2} = 50,000 \text{ 元}$$

其詳細的存款數據如下所示：

①最初新增的存款貨幣　　　　10,000 元

②第一次創造的存款貨幣　　　8,000 元 [= 10,000 元 × (1 − 0.2)]

③第二次創造的存款貨幣　　　6,400 元 [= 10,000 元 × (1 − 0.2)^2]

⋮

④總共創造出來的存款貨幣（含最初新增的存款在內）為：

$$10,000 \text{ 元} \times [1 + (1 − 0.2) + (1 − 0.2)^2 + (1 − 0.2)^3 + \cdots]$$

$$= \frac{10,000 \text{ 元}}{0.2} = 50,000 \text{ 元}$$

⑷不過，就本例而言，如前所述老王身邊的現金減少了 1 萬元，故貨幣供給量僅增加 4 萬元而已。

經由上例的說明，瞭解到存款貨幣的創造，是由於新增的存款，使得銀行新增同額的準備金，因而出現了超額準備，當銀行體系中的各銀行不停地把超額準備金額貸放出去，而形成滾雪球式的不斷增多存款金額，以致於使得創造出來的存款貨幣數額，相當於最初新增準備貨幣或準備金（即此例的存款）的幾倍之多；此一倍數，一般稱為**存款乘數** (Deposit Multiplier)，其定義及與法定準備率之間的關係，如下式所示：

$$\text{存款乘數} \equiv \frac{\text{存款貨幣的變動量}}{\text{準備金的變動量}} = \frac{1}{\text{法定準備率}}$$

同理，當央行買進外匯或在公開市場買進債券，而放出通貨時，這些通貨若流進銀行體系，亦將引起銀行準備金的變動，透過存款乘數的作用，倍數的增加

存款貨幣，進而提高貨幣的供給量；反之，央行便可以賣出外匯或債券，回收新臺幣，而導致貨幣供給量的減少。

另一方面，央行也可以藉由法定準備率的調整，以影響銀行體系的超額準備變動，而改變存款乘數的大小，最終達到增減貨幣供給量的目的。

最後，必須注意的是，於現實的社會中，存款乘數將因下述理由而比法定準備率的倒數來得小：

⑴銀行的超額準備金通常大於零，故其放款額度變小了。

⑵借款者通常會提出部分現金，而不可能將借款悉數放在存款帳戶中，故存款額度變小了。

⑶借款者可能將部分存款放在定存帳戶，故活存額度變小了。

觀念研習

12.金融仲介機構具有哪些經濟功能？

13.銀行體系的基本架構是什麼？

14.銀行體系何以能夠創造存款貨幣？

15.存款乘數是什麼？其大小的決定因素有哪些？

第四節　中央銀行與貨幣政策

本節將首先介紹**中央銀行** (Central Bank) 的主要功能，其次說明中央銀行如何控制貨幣供給量，或如何落實其貨幣政策。

一、中央銀行

一國貨幣量的水準與增減，將主要由其中央銀行來掌握。那麼，到底中央銀行是何方神聖呢？我國的中央銀行是根據中央銀行法所設立，為執行貨幣政策的最高決策機構。與其他國家的中央銀行一樣，央行並非營利機構，其存在的目的在於擬定與執行本國的貨幣政策，以維護金融、物價及匯率的穩定，並協助發展經濟、健全銀行業務；同時，央行並非金融仲介機構，而是金融仲介機構的監督者。

為達到上述目的，中央銀行一般具有下述五種主要的功能，並擔負相關業務之執行：

1. 作為一般銀行的銀行

一般銀行在央行的存款，除可供用於法定準備金以外，亦可作為與其他銀行相互清償債務之用；同時，一般銀行需要資金時，亦可向央行貸款，作為其資金融通的最後依靠者。

2. 控制貨幣供給量，以穩定物價

下文中將介紹央行擁有哪些工具，可用來控制貨幣的供給量。

3. 健全金融體系，發揮金融市場功能，及監督全國一般銀行業務，以促進金融的發展並維繫金融的秩序與穩定

4. 經管外匯準備，以穩定匯率

所謂外匯準備，係指那些可以用於清償國際債務的外幣及其他國際支付工具；其額度的大小，主要受包括來自對外貿易與國際資金流動等國際收支項目的影響。央行負責經管一國的外匯準備，以及藉由對外匯市場的干預，以影響或穩定匯率。

5. 經理國庫與對政府融資

經理國庫包括國庫存款的管理，以及負責中央政府各機關現金、票據、證券等項的出納與保管；同時，於必要時，央行亦得以對政府融通資金，以應財政收支調節之需。

二、貨幣政策與貨幣供給量控制

所謂貨幣政策，是指央行為了穩定經濟情勢，或促進經濟發展與成長的需要，所採行的以調節貨幣供給量為對象的一種政策。央行控制貨幣供給量的方式或工具，主要有下述幾種：

(一)公開市場的操作

公開市場操作 (Open-market Operations) 是指央行藉由在公開市場買進或賣出票券的方式，以增加或減少銀行體系的存款準備金，可以達到提高或降低貨幣的供給量。上述票券，包括由政府發行或保證的債券，由一般銀行發行的金融債券與承兌或保證的票據，以及央行自行發行的定期存單、儲蓄券或短期債券。

(二)重貼現率或短期融通利率的變動

一般銀行向央行融通的方式，有**重貼現** (Rediscount) 與短期融通兩種；其中，重貼現是一般銀行，將其所持有的未到期的來自顧客向其貼現的商業票據，轉而向央行「再貼現」，以取得現金的意思。央行對一般銀行向其再貼現時，所收取的利率稱為**重貼現率** (Rediscount Rate)；因此，當央行提高或降低重貼現率時，一般銀行就會減少或增加其經由再貼現所能取得現金的額度，進而減少或增加其準備金，而獲致減少或增加貨幣供給量的效果。

同理，當央行提高或降低貸款給一般銀行的利率時，亦會影響一般銀行向央行短期融通的額度，而使得貨幣供給量受到控制。

(三)法定準備率的調整

央行可藉由法定準備率的調整，以影響銀行創造存款貨幣的能力，進而達到控制貨幣供給量的目的。明言之，當央行提高法定準備率時，貨幣乘數將會變小，表示貨幣供給量會減少；反之，降低法定準備率，將會增加貨幣供給量。

㈣郵政儲金轉存央行額度的增減

郵匯局的存款，受到法令的限制，無法自行辦理放款業務，故其存款中有一部分轉存於一般銀行，有一部分轉存於中央銀行。其中，轉存於央行的存款，相當於央行將此一部分的通貨回收回去一樣，使得發行在外的通貨降低了，貨幣供給量也將按貨幣乘數的倍數在減少。換言之，央行也可以藉由增加或減少接納郵政儲金轉存款的額度，來調節貨幣供給量的大小。

㈤選擇性信用管制與道德勸說的方式

央行可能採取選擇性的對於不同的資金用途，給予鼓勵或加以限制；也可能採行對於一般銀行給予口頭勸說的方式，以響應央行的貨幣政策。前者即所謂的**選擇性信用管制** (Selective Credit Control)，如針對房地產、外銷或股市融資等個別產業或用途的資金需求，給予鼓勵或限制；後者即**道德勸說** (Moral Suasion)，如要求一般銀行同步配合央行的貨幣緊縮或寬鬆的政策。

 觀念研習

16.中央銀行設立的目的是什麼?

17.中央銀行的主要功能有哪些?

18.若央行想增加貨幣供給量，其可以採用的方式有哪些?

第五節　應用分析：*LM* 曲線的意義與導出

本章是在國民所得、物價、工資率、央行貨幣供給量等變數均固定不變的情況下，利用貨幣市場的均衡概念，來討論均衡利率水準的決定問題；其中，也分別介紹影響貨幣供給以及貨幣需求的諸項因素。為了明顯表現在貨幣市場均衡時，對應於不同國民所得水準下的均衡利率水準，其兩者的互動關係，就利用所謂的 *LM* 曲線來描繪。

根據本章的說明，瞭解到當國民所得由原來之 Y_0 提高為 Y_1 時，當首先引起實質貨幣需求曲線的右移，並最終使得均衡利率水準從原來之 i_0 上升為 i_1；反之，當國民所得下降為 Y_2 時，將使得均衡利率水準同方向降至 i_2。如圖 12–4 所示，*LM* 曲線為一條正斜率的曲線，是呈現貨幣市場均衡利率水準與國民所得水準兩者的組合軌跡，且兩者具有同向變動的互動關係。

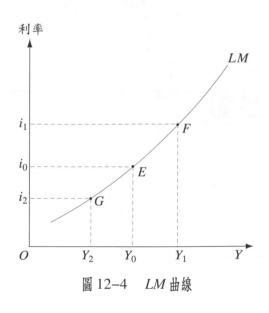

圖 12–4　*LM* 曲線

LM 曲線斜率的大小，主要是看實質貨幣需求曲線與國民所得兩者的關係而定。當實質貨幣需求曲線因為受到國民所得的影響，而出現較大幅度的左右移動

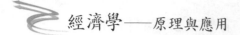

時，則其均衡利率水準亦將同樣會有較大幅度的變動，則 *LM* 曲線的斜率就會較大，即會較陡。反之，則 *LM* 曲線就會較平。

其次，當國民所得與利率等兩變數以外的其他變數出現變化時，將會使得 *LM* 曲線出現整條的向上或向下的移動。例如，當物價上升時，均衡利率水準將因實質貨幣供給的減少，而出現調高的後果；因此，*LM* 曲線將會因物價上升而往（左）上移動。又如，當實質貨幣需求曲線因流動性偏好提高而右移時，亦將帶動 *LM* 曲線的往左上移動。同理，當央行的貨幣供給增加時，將會降低均衡利率水準，因而帶動 *LM* 曲線的往（右）下移動。

最後，*LM* 曲線的數學式子，可以從下述的貨幣均衡條件式推導出來：

$$\frac{\overline{M}}{P} = m(Y,i)$$

以 $m(Y,i) = a - bi + cY$ 為例，其中，$b > 0$，$c > 0$；則 *LM* 曲線為：

$$i = \frac{a}{b} - \frac{1}{b}(\frac{\overline{M}}{P}) + \frac{c}{b}Y$$

 觀念研習

19. 何謂 *LM* 曲線?

20. *LM* 曲線的斜率一定是正的嗎?

21. 就本節中的 $m(Y,i) = a - bi + cY$ 為例，討論 *LM* 曲線的斜率與位置，會受到哪些參數或變數的影響?

本章摘要

1. 貨幣是指能獲得一經濟體內的社會大眾，所共同接受的支付工具。

2. 貨幣除了作為一項支付工具以外，尚具有下列功能：(1)交易的媒介物；(2)計價或計帳的單位；(3)價值的儲存；(4)延期支付的標準。

3. 貨幣的演進，分為商品貨幣時期與強制貨幣時期。

4. 我國中央銀行分別定義出如下三種貨幣概念：

   (1) $M_{1A} \equiv$ 通貨淨額＋支票存款＋活期存款

   (2) $M_{1B} \equiv M_{1A} +$ 活期儲蓄存款

   (3) $M_2 \equiv M_{1B} +$ 定期存款、定期儲蓄存款、郵匯局轉存款等項所謂的準貨幣

5. 社會大眾對於貨幣的需求，基本上可以從三個角度來看：(1)基於交易上的需要，此方面所需要的貨幣量與實質國民所得水準及物價水準成正向的關係；(2)資產選擇上的考量，此種貨幣需求量與利率水準成反向關係，且在通貨膨脹時期會減少貨幣的保有量；(3)其他影響因素，包括對於未來的預期、金融創新以及制度性因素等項。

6. 當實質的貨幣供給曲線與需求曲線相交時，貨幣市場達於均衡，並決定均衡利率水準。

7. 存款貨幣機構與發行通貨的中央銀行合稱為貨幣機構，而由全部貨幣機構組合而成的，可以創造存款貨幣的體系，稱為銀行體系。

8. 銀行體系之所以能創造存款貨幣，其關鍵在於銀行是採用部分準備的方式，以營運其吸收的存款或資金。

9. 當銀行準備金有所變動時，將引起存款呈現倍數的變動，此一倍數稱為存款乘數；且存款乘數的大小與法定準備率之間，存在相反方向的互動關係。明言之，存款乘數之定義為：

$$存款乘數 \equiv \frac{存款貨幣的變動量}{準備金的變動量} = \frac{1}{法定準備率}$$

10. 金融仲介機構具有下述經濟功能：⑴創造存款貨幣；⑵降低借款的總成本；⑶減少借款的監督成本；⑷分散借款變成呆帳的風險。

11. 中央銀行是執行一國貨幣政策的最高決策機構，為一非營利機構，一般具有下述功能：⑴作為一般銀行的銀行；⑵控制貨幣供給量，以穩定物價；⑶健全金融體系，監督一般銀行業務，以促進金融的發展與穩定；⑷經管外匯準備，以穩定匯率；⑸經理國庫與對政府融資。

12. 貨幣政策是指央行為了穩定經濟情勢，或促進經濟發展與成長的需要，所採行的以調節貨幣供給量為對象的一種政策。

13. 央行控制貨幣供給量的工具，主要有下述幾種：⑴公開市場的操作；⑵重貼現率或短期融通利率的變動；⑶法定準備率的調整；⑷郵政儲金轉存央行額度的增減；⑸選擇性信用管制與道德勸說的方式。

14. *LM* 曲線是在貨幣供給量、物價等變數均固定不變的前提下，描述國民所得水準與貨幣市場均衡利率水準兩者的組合軌跡；在一般情況下，*LM* 曲線具有正斜率的性質。

15. 當貨幣供給量增加或物價下跌時，*LM* 曲線會往（右）下方移動；反之，當貨幣供給量減少或物價上升時，*LM* 曲線會往（左）上方移動。

習 題

1. 何以貨幣乘數通常比法定準備率的倒數來得小呢?

2. 根據貨幣市場均衡的觀點，現在若出現均衡利率提高的情形，請問此一情形的出現，有可能是哪些原因造成的?

3. 如上一題所述，此時的 LM 曲線會出現何種變動情形?

第十三章

國民所得、物價、利率水準的共同決定：總合供需模型

本章將首先依據上兩章分別在商品市場均衡下與在貨幣市場下，解析得到的國民所得水準與利率水準兩者的互動關係，進一步加以結合，以得到所謂的總合需求概念，用來描述在商品及貨幣兩市場均衡下，與不同物價水準對應的均衡國民所得水準兩者的組合軌跡。其次，在勞動市場均衡下，得到所謂的總合供給概念，用以描述與不同物價水準對應的勞動市場均衡國民所得（或總合產出）水準兩者的組合軌跡。第三，利用總合需求與總合供給的概念，建立所謂的總合供需模型，以說明國民所得、利率、物價、就業、工資率等變數均衡水準值的共同決定問題。最後，應用本章建立的總合供需模型，來討論財政政策與貨幣政策的作用方式與效果的問題。

第一節　總合需求的意義與總合需求曲線的導出

如上所述，所謂總合需求，係在商品及貨幣兩市場均衡下，描述與不同物價水準相對應的均衡國民所得水準，其兩者的組合軌跡。針對本文所討論的商品市場與貨幣市場而言，均係在一定的物價水準下來進行討論的；因此，在不同的物價水準下，一般而言，商品市場的均衡國民所得水準與貨幣市場的均衡利率水準，均會不同。

首先，就物價水準與商品市場的均衡國民所得水準之間的關係來討論。當本期的物價水準上升，而未來的或下一期的物價水準保持固定不變時，本期商品較未來商品昂貴；則本期的民間消費支出、國內投資毛額與淨出口等三項均會減少（詳下文說明），因而使得本期總合支出線向下移動，其所決定之本期均衡國民所得水準降低了，亦即 IS 曲線會往左下方移動。

本期物價水準的上升，何以會使本期的民間消費支出減少呢？可以從二方面來看，一方面，本期商品相對於未來商品變貴了，故消費者會減少本期商品的購買，並增加未來的消費，故其本期的消費支出減少了。另一方面，本期物價水準

的上升，但未來物價卻不變，表示下一期的物價上漲率會下降；因此，在任一給定的名目利率水準下，表示此時的實質利率上升了，將促使本期的消費支出減少，而增加儲蓄，即以未來的消費來代替本期的消費。反之，當本期物價水準降低時，會使本期的民間消費支出增加。換言之，本期物價水準的上升或下降，將經由實質利率水準的增減變動，導致本期民間消費支出的減少或增加，即出現所謂的**跨期替代效果** (Intertemporal Substitution Effect)；而此一跨期替代效果，最終將使得本期均衡國民所得水準的降低或提高。

那麼，本期物價水準的上升，何以會使本期的國內投資毛額減少呢？與上述一樣，本期物價水準的上升，導致實質利率的提高，表示投資的機會成本提高，因而會使本期的投資毛額下降，並最終會使得本期均衡國民所得水準的降低。

至於本期物價水準的上升，為什麼會使淨出口減少呢？主要是因為本期本國物價水準的上升，而國外商品的物價不變時，則本國商品相對較國外商品貴，會減少國外對本國商品的購買（出口）及增加對國外商品的購買（進口），因而表現為淨出口的降低。此種物價水準上升的**跨國替代效果** (International Substitution Effect)，亦將導致均衡國民所得水準的降低。

其次，就物價水準與貨幣市場的均衡利率水準來討論。當物價水準上升時，則實質的貨幣供給量 $(\frac{M^S}{P})$ 減少，造成均衡利率水準的提高；此一情況，也表示 LM 曲線會往左上方移動。同理，當物價水準下降時，貨幣市場的均衡利率水準跟著降低，表示 LM 曲線會往右下方移動。

根據以上說明，就可以利用 IS 曲線與 LM 曲線的模型架構，來導出總合需求線。如圖 13-1(A) 所示，當物價水準由 P_0 上升為 P_1 時，使得 IS_0 及 LM_0 曲線分別往左下方及往左上方移動，均衡點由 E 變成 F，即均衡國民所得水準從 Y_0 減少為 Y_1；對應於圖 13-1(B) 的 E 及 F 點，是描述物價水準在 P_0 及 P_1 下的 Y_0 及 Y_1。

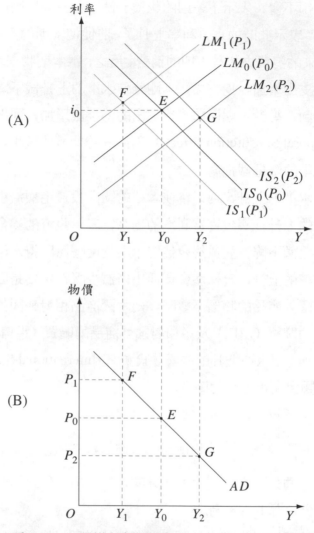

圖 13–1　利用物價水準與 IS、LM 曲線之關係導出總合需求曲線

　　同理，當物價水準由 P_0 降為 P_2 時，IS_0 及 LM_0 曲線分別往右上方及右下方移動，均衡點由 E 變成 G，表示均衡國民所得水準從 Y_0 增加為 Y_2；亦可以對應於圖 13–1(B) 中，把 P_2 及 Y_2 的點描繪出來。

　　換言之，經由 IS 及 LM 曲線的幫忙，可以在不同的物價水準下，找出商品市場及貨幣市場同時均衡下的均衡國民所得水準；最後，可以在圖形上把與不同物價水準對應下的均衡國民所得描繪出來，其軌跡也就是所謂的**總合需求曲線**或

AD 曲線 (Aggregate Demand Curve)。提醒讀者注意的是，圖 13–1 中均以直線方式來表達 *LM*、*IS* 及 *AD* 曲線，只是一種表現方式而已，較一般的情況則是將這三種線利用曲線方式來表現；同時，於 *AD* 曲線的背後，對應於不同的均衡國民所得水準，也有其各自不同的均衡利率水準，如圖 13–1(A) 中的 *E*、*F*、*G* 點所描述的。

如圖 13–1(B) 所示，*AD* 曲線為一具負斜率性質的曲線，表示物價水準的變動方向與均衡國民所得水準的變動方向，剛好相反。此一相反關係的存在，除了上述提及物價變動引起總合支出變動的諸項解釋，例如跨期替代效果、投資機會成本改變以及跨國替代效果等項以外，也有來自實質貨幣供給量改變的影響，為什麼呢？以物價水準上升為例來說明，此時實質貨幣供給量減少了，將促使名目利率的上升；若欲維持名目利率水準的不變，只有相應減少實質貨幣的需求量。那麼，如何在維持利率水準不變的情況下，來達到減少對於實質貨幣的需求量呢？此時就只能從減少對於在交易動機以及預防動機上的貨幣需求量；而此一情況，也就要求對應在一個較低的國民所得水準下，才能辦得到。

進而言之，*AD* 曲線所呈現出來的物價水準與均衡國民所得水準之間的負向關係，除了上述分別引起 *IS* 及 *LM* 移動的背後因素以外，尚有一項兩者的互動因素存在。也就是當物價上升時，在貨幣市場上將因實質貨幣供給減少，而使得均衡的名目利率水準的上升；而名目利率水準的上升，在不考量物價上升的因素下，將會使民間消費及投資減少，亦即出現所謂的**實質貨幣餘額效果** (Real Money Balance Effect)；而此一流動性效果，將造成商品市場均衡國民所得的減少。此一情況，表現為在 *IS* 曲線上利率與均衡國民所得組合點的往左上方滑動，如圖 13–2 所示的由 *E* 點往 H_2 點的移動。

同理，當物價上升時，在商品市場上將因跨期替代效果等因素而使得總合支出下降，最終使得均衡國民所得減少；而國民所得的減少，在不考慮物價上升的因素下，將使得實質貨幣需求的降低，亦即出現所謂的**國民所得效果** (National Income Effect)；而此一國民所得效果，將造成貨幣市場均衡利率水準的降低。此一情形，表現為在 *LM* 曲線上均衡利率水準與國民所得水準組合點的往左下方滑動，如圖 13–2 所示的由 H_2 點往 *F* 點移動。

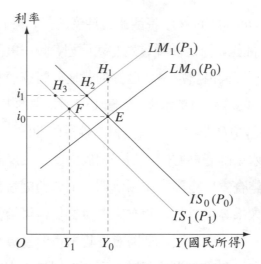

圖 13-2　物價上升與均衡國民所得變動的因素分解

綜上所述，我們可以把 *AD* 曲線所表示的，物價與均衡國民所得水準兩者間的互動關係，即當物價由 P_0 上升為 P_1 時，所得水準反而由 Y_0 降為 Y_1 的關係，利用 *IS* 及 *LM* 曲線來進行分解。如圖 13-2 所示，當 P_0 升為 P_1 時，均衡點由 *E* 變成 *F*。至於 *E* 到 *F* 的過程，可以分解為 *E* 到 H_1，然後由 H_1 到 H_2；以及由 H_2 到 H_3，最後由 H_3 到 *F* 的分階段過程。其中，*E* 到 H_1，是表示 LM_0 曲線的上移到 LM_1 曲線；而 H_1 到 H_2，則表示回到 IS_0 與 LM_1 的均衡點的過程，且在此一過程中，亦表現為在商品市場的均衡點由 *E* 移到 H_2。至於 H_2 到 H_3，是表示 IS_0 曲線的左移到 IS_1 曲線；而 H_3 到 *F*，則表示回到 IS_1 與 LM_1 的均衡點的過程，且在此一過程中，亦表現為在貨幣市場的均衡點由 H_2 移到 *F*。

觀念研習

1. 何謂總合需求？
2. 總合需求曲線何以是負斜率呢？
3. 何謂跨期替代效果？
4. 何謂跨國替代效果？

5.何謂實質貨幣餘額效果？

6.在什麼情況下，AD 曲線會是一條垂直線？

7.有哪些因素會造成 AD 曲線的整條往右上方移動？

第二節　總合供給的意義與總合供給曲線的導出

於推導總合需求曲線時，曾利用商品市場的均衡概念；而在求取商品市場的均衡時，雖然已放鬆為可以在不同物價水準下來進行討論，但仍有一項前提條件維持不變，即假設商品的生產能力沒有受到限制，可以依據總合支出的需要，無限量的供應。不過，就一個經濟的總合生產能力而言，除非是在勞動及其他生產要素處於供過於求的極端失業現象以外，通常是在一定期間內，總是會受到某些生產要素，例如各種不同技術水準的勞動力、專有資本設備、環境資源、土地資源、法律的不適用性或未能及時提供、缺乏企業能力等項，而受到限制的。

換言之，可以將一個經濟在現有生產技術條件限制下的生產能力，利用所謂的**總合生產函數** (Aggregate Production Function) 來表示。為了簡化分析起見，就一定期間（如一年）的實質國內生產毛額 (Y) 與全部勞動投入量 (L) 之間的關係，利用生產函數 (F) 來表示，即 $Y = F(L)$，此一生產函數稱為總合生產函數，其性質與單一廠商的短期生產函數類似；其中，在總合生產函數中，並未把除了 L 以外的其他生產要素（如上所述）明顯的列出來。

本節將利用上述的總合生產函數的概念，來建構一個全國性的或整個經濟體的勞動市場，以瞭解對應在不同就業水準下的實質總合產出水準。其次，考量在不同物價水準下，勞動市場就業水準的變化，以得出其相應的實質總合產出水準。而所謂總合供給，也就是描述在勞動市場中，所呈現出來的物價水準與總合產出水準之間的對應關係。

　　首先，討論整個經濟體的勞動市場。就任何生產廠商而言，其利潤最大化下的最適勞動僱用條件為：勞動的邊際收益產量等於貨幣工資水準 (W)。在不同產業的廠商，基於其產品的市場結構不同，每一廠商的售價與其邊際收益之間，在一定期間內，大致維持某一比例的關係；因此，就全部的生產廠商而言，其平均售價（相當於物價指數）通常亦與其平均的邊際收益之間，維持一平均的比例關係，且此一比例一般會大於 1。不過，當一個經濟中的各行各業，其市場競爭程度越高而趨近於完全競爭時，或最終只得到正常利潤，而沒有超額利潤時，則售價與邊際收益兩者的比例，就會趨近於 1。

　　在此，為簡化起見，假設就整個經濟的所有生產者而言，其對於全部勞動投入量的僱用，係根據下述的邊際的總合產量與實質工資率相等的條件：

$$w \equiv \frac{W}{P} = \frac{\Delta F(L)}{\Delta L} \equiv MP_L$$

上式中，W 及 P 分別為貨幣工資率及物價水準，而 w 為實質工資率，MP_L 為勞動的邊際總合產量。

　　根據上述的勞動僱用條件，可以對應在不同的實質工資率之下，得到整個經濟體對於勞動的需求量，如圖 13-3 所示。圖 13-3(A) 表示總合生產函數，可以據以求出 MP_L 的值，畫在圖 13-3(B) 中，也就是所謂的勞動需求曲線 L^D。

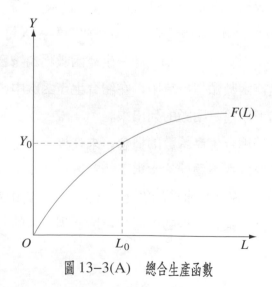

圖 13-3(A)　總合生產函數

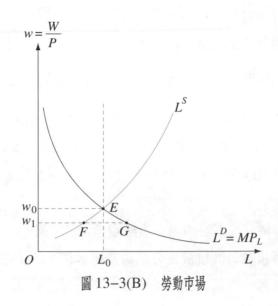

圖 13-3(B)　勞動市場

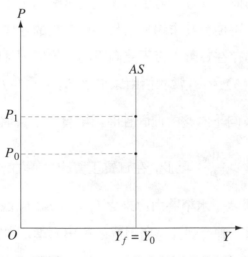

圖 13-3(C)　古典學派的總合供給曲線

　　至於勞動市場的勞動供給，則是由每一個人的勞動供給，經水平相加而得；其與 w 之間的關係，如圖 13-3(B) 中的勞動供給曲線 L^S 所示。當勞動市場達到均衡時，其均衡實質工資率為 w_0，就業勞動量為 L_0，且得出其實質產出水準為 Y_0。在 w_0 下，表示勞動市場達到均衡，也就是說達到百分之百的就業，而無失業現象。

　　假設當初的 $w_0 = \dfrac{W_0}{P_0}$。若物價上升為 P_1 時，則實質工資率將下降為 $w_1 = \dfrac{W_0}{P_1}$；

如圖所示，此時將存在有勞動供不應求的現象。如果勞動市場的運作正常的話，將迫使實質工資率再回升至原來的水準 w_0，以消除此一供不應求的現象。也就是說貨幣工資率將伴隨物價的上升，而同步高到 W_1，以使得 $\dfrac{W_1}{P_1} = \dfrac{W_0}{P_0} = w_0$。換言之，當勞動市場能夠如古典學派的看法般的充分且及時的調整時，勞動市場就不至於出現失業現象，而會永遠處於百分之百的就業或「**充分就業**(Full Employment)」（有關充分就業的明確定義，請參閱下一章），並得到充分就業下的產出水準 (Y_f)。

根據上述，可以把古典學派的總合供給關係，利用圖 13–3(C) 圖中的 AS 曲線來表示，為一垂直於橫軸，而位於充分就業產出水準 Y_f 上的直線。

關於勞動市場的運作方面，凱因斯學派有不一樣的看法。凱因斯學派強調貨幣工資具有向下調整的僵固性，其考量因素主要是勞動市場中有工會的介入及法律的規定等限制存在，將使勞動市場無法及時且有效的運作。

接著考慮勞動市場存在貨幣工資不能向下調整的僵固性時，將呈現何種的總合供給關係。如圖 13–4(A) 所示，當物價由原來之 P_0，下降為 P_2 或 P_1 時，即 $P_1 < P_2 < P_0$，則在貨幣工資具向下調整的僵固性時，則實質工資將由原來之 $\dfrac{W_0}{P_0}$ 上升為 $\dfrac{W_0}{P_2}$ 或 $\dfrac{W_0}{P_1}$，即 $\dfrac{W_0}{P_1} > \dfrac{W_0}{P_2} > \dfrac{W_0}{P_0}$；因此，在實質工資比均衡的水準高時，將出現 MH 或 NJ 的失業勞動量，即就業水準將由原來之 L_0，下降為 L_2 或 L_1，且 $L_1 < L_2 < L_0$。根據總合生產函數關係，瞭解到此時所對應的產出水準，亦將由原來之 Y_0，下降為 Y_2 或 Y_1，且 $Y_1 < Y_2 < Y_0$。經由上述，瞭解到在貨幣工資向下調整的僵固性，將可以得到一條正斜率性質的總合供給關係，如圖 13–4(B) 中的總合供給線 ABC。

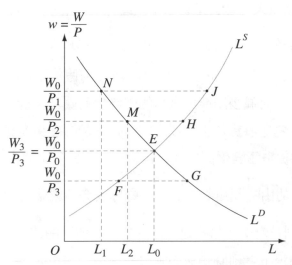

圖 13-4(A)　貨幣工資僵固性與勞動市場的失業

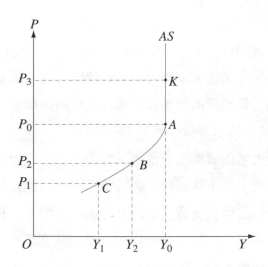

圖 13-4(B)　貨幣工資僵固性與總合供給曲線

　　至於 AS 曲線中的垂直線段 AK 部分，則係在假設貨幣工資仍具向上充分調整的情況下所導出來的，其道理與圖 13-3(C) 的情況雷同；詳言之，當物價由原來之 P_0，上升為 P_3 時，則一時間將導致實質工資由 $\dfrac{W_0}{P_0}$，下降為 $\dfrac{W_0}{P_3}$，並出現供不應求的勞動短缺現象（以 FG 表示），此時將引起貨幣工資的向上提高，最終將提高

到 W_3，以使得回復到原來之實質工資水準（即 $\dfrac{W_3}{P_3} = \dfrac{W_0}{P_0}$），而勞動市場又恢復均衡，其就業水準仍維持原來的水準 L_0，產出水準也保持在 Y_0。

上述在**貨幣工資僵固性** (Money-wage Rigidity) 的假設下，所得到的 AS 曲線，有可能出現隨物價下降而減少總產出水準的同向變動關係。此一同向關係存在的前提，則是勞動市場會在該貨幣工資僵固期間，處於存在失業現象的非均衡或失衡狀況。同理，在該貨幣工資僵固期間，若物價有所回升，如由原來之 P_1 上升為 P_2 時，則將實質工資的由 $\dfrac{W_0}{P_1}$ 回降為 $\dfrac{W_0}{P_2}$，亦會導致勞動就業的由 L_1 升為 L_2，並使總合產出水準由 Y_1 回升為 Y_2。換言之，在貨幣工資僵固的期間，由於勞動市場總是處於供過於求的情況下，則物價與勞動就業或總合產出水準之間，將呈現一具有正向的總合供給關係，即正斜率的總合供給曲線。

與 AS 曲線為一垂直線的另一個極端情況，是 AS 曲線為一水平線。根據上述，當貨幣工資具向下之僵固性，且物價亦固定不變時，表示實質工資率也固定不變，若此時的勞動市場存在失業現象，則勞動市場就變成為一買方市場，將會隨著勞動需求的高低，來決定其實際的勞動僱用量及其相應的總合產出水準。換言之，此時的 AS 曲線就會是一條水平線，如圖 13-5 所示。

至於何時會出現上述的貨幣工資僵固及物價不變的狀況呢？一般常提及的一種情境為，當物價持續大幅下降以後，在貨幣工資及其實質工資亦相當接近於維生水準時，表示物價與貨幣或實質工資均不可能再下降了，也就是相當於經濟處於大蕭條或大恐慌的時期。在歷史上的 1930 年經濟大恐慌時代，工廠中有許多閒置的廠房資本設備，社會上有大量的失業人口；此時，工資及物價均固定於極低的水準，基本上不受總合產出水準增減變動的影響，即將呈現為一具水平性質的 AS 曲線。

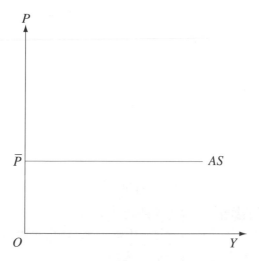

圖 13-5　貨幣工資僵固及物價不變下的 AS 曲線

　　總之，本節得到的 AS 曲線，有可能在不同的總體經濟環境下，出現三種可能形狀：⑴古典學派的 AS 曲線，為一處於充分就業產出水準上的垂直線；⑵凱因斯學派在具貨幣工資僵固性下的 AS 曲線，為一強調在未達充分就業產出水準之前的，具正斜率性質的曲線；⑶在工資及物價均固定在極低水準下的 AS 曲線，為一位於固定物價水準上的水平線。

　　另一方面，亦可按貨幣工資調整期間的長短，把 AS 曲線分為長期與短期 AS 曲線。所謂長期，在此是表示時間長到可以使得貨幣工資可以作充分的上下調整；因此，長期的 AS 曲線（簡稱為 LAS 曲線），就如同古典學派的 AS 曲線一樣，為一垂直線。而短期的 AS 曲線（簡稱為 SAS 曲線，或直接稱為 AS 曲線），等同於在貨幣工資僵固性下的 AS 曲線，為一具正斜率性質的曲線。

　　從本節有關 AS 曲線的推導中，瞭解到凡是那些足以影響勞動市場均衡勞動僱用量的因素，都將引起 AS 曲線的整條移動。例如，當技術進步或資本存量增加，以及個人的工作意願增加或勞動人數增加，都將使得 AS 曲線向右平行移動，表示總合供給的增加；反之，AS 曲線向左平行移動，表示總合需求的減少。

8. 何謂總合供給?

9. 古典學派的總合供給曲線具有什麼性質?

10. 何謂貨幣工資僵固性?

11. 在貨幣工資僵固性之下,總合供給曲線將具有什麼性質?

12. 在經濟大恐慌時,總合供給曲線何以為水平線呢?

第三節　總體經濟的均衡及其變動

截至目前,本章已從商品市場與貨幣市場的均衡概念中,推導得到 AD 曲線;從勞動市場與總合生產函數的搭配中,得出 AS 曲線;本節將把 AD 曲線與 AS 曲線結合起來,稱為 AD–AS 模型,並利用此一模型來說明**總體經濟均衡** (Macroeconomic Equilibrium) 的概念,以及此一均衡變動的理由。

一、總體經濟的均衡

所謂總體經濟均衡,是指當存在一物價水準,使得總合需求與總合供給相等;且在外在因素不變下,亦能使得該物價水準及總合產出水準維持不變。進而言之,對應於短期總合供給與長期總合供給的概念,可以相應定義出總體經濟的短期均衡與其長期均衡。

就短期均衡而言,係指在短期下或當貨幣工資存在向下調整的僵固性時,由總合需求曲線與短期總合供給曲線的相交點,所決定的一個總體經濟狀態;進而言之,此時的總體經濟狀態,可以由其對應的商品市場均衡與貨幣市場均衡來呈現,雖然勞動市場仍未能充分調整至均衡,但仍可以由均衡的產出、利率及物價

水準等三個總體經濟指標，來描述此一短期的總體經濟狀態。

如圖 13–6 所示，總合需求曲線 AD 與短期總合供給曲線 SAS，兩者的交點 E，為一短期均衡點；此點係由均衡物價水準 P^* 及均衡總合產出水準 Y^* 所組合。同時，由於 AD 曲線上的 E 點，亦同時表示商品市場與貨幣市場均同時達到均衡；其中，除了已知的 P^* 及 Y^* 以外，尚有一相應的均衡利率水準 i^*。

至於，何以稱 E 為一均衡點，是表示在 P^* 以外的物價水準下，或 Y^* 以外的總合產出水準下，均表示物價、總合產出及利率等三個總體經濟指標，仍會變動。為什麼呢？以高於 P^* 的物價 P_1 為例來說明。在 P_1 時，由其對應於 AD 曲線與 SAS 曲線上的國民所得或產出水準，分別為 Y_1 與 Y_2，且 $Y_1 < Y_2$。根據 AD 曲線的負斜率與 SAS 曲線的正斜率性質，表示若要使得 Y_1 與 Y_2 趨於相等，則只有將物價水準向下調整；如此，當 P_1 向 P^* 調整時，將使得 Y_1 及 Y_2 均往 Y^* 趨近，而最終於 $P_1 = P^*$ 時，$Y_1 = Y_2 = Y^*$，表示回復均衡。至於回復均衡的機制，則可以由 AD 曲線背後的商品市場與貨幣市場的互動關係，以及可以由 SAS 曲線背後的勞動市場的運作功能來瞭解（讀者請參閱本章第一節、第二節，以及有關 IS 曲線與 LM 曲線的討論，在此不再贅述）。

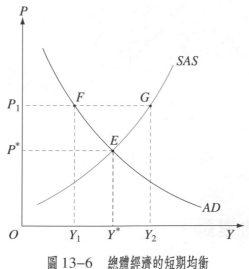

圖 13–6　總體經濟的短期均衡

其次，就長期均衡而言，係指在長期下或當貨幣工資能向上及向下作充分調

整時，由總合需求曲線與長期總合供給曲線的交點，所決定的一個總體經濟狀態；進而言之，此時的總體經濟狀態，可以由其對應的商品市場、貨幣市場與勞動市場等三者的同時均衡，來加以呈現。換言之，可以由均衡的產出、利率及物價水準等三個總體經濟指標，以及勞動市場的充分就業現象與均衡的實質工資率水準，來共同描述此一長期的總體經濟狀態。

同樣地，可以利用圖形的方式，來表達總體經濟的長期均衡概念。如圖 13-7 所示，總合需求曲線 AD 與長期總合供給曲線 LAS 相交於 E 點，稱為長期均衡點；此一長期均衡點，除了如圖 13-7 中所描述的，包括了均衡物價水準 P^* 及均衡總合產出水準 Y^*，且 Y^* 剛好等於充分就業下的產出水準 Y_f 以外，尚含有一相應的均衡利率水準 i^* 在內。同理，如上文所述，亦可以從 AD–AS 模型背後的三個市場機制，來瞭解何以稱 E 點為一長期均衡點的理由。

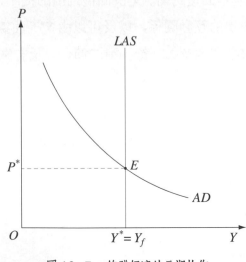

圖 13-7　總體經濟的長期均衡

🕐 二、均衡的變動

當 AD–AS 模型架構下的一些外在因素的改變，將導致 AD 曲線及 SAS 或 LAS 曲線的移動，進而使得總體經濟的短期或長期均衡發生變動。

大致而言，可以把總體經濟均衡變動的背後因素，分為**供給面變動** (Supply Side Shocks) 與**需求面變動** (Demand Side Shocks) 等二種類型。所謂供給面變動類型的因素，係指包括生產技術的進步、工作意願或誘因的改變、生產要素（如資本存量、總勞動人口等項）的變動，以及其他所有會引起總合供給曲線移動（或影響勞動市場的供給、需求、工資決定等項）的各種變化。

如圖 13-8 所示，當短期總合供給曲線由 SAS_0 曲線右移至 SAS_1 曲線時，其均衡點由 E_0 變成為 E_1，使得均衡物價水準由 P_0 降為 P_1，均衡產出水準由 Y_0 增為 Y_1，表示勞動就業水準有所提高，以及失業率有所降低。反之，當 SAS 曲線左移時，亦將引起均衡點的變動，使得均衡物價水準有所提高，而均衡產出水準或均衡國民所得有所降低，以及失業率的上升。

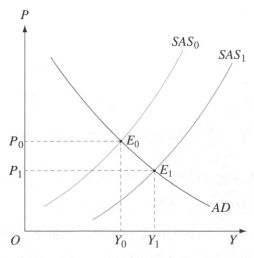

圖 13-8　總體經濟的均衡變動與供給面的變動

同理，當長期總合供給曲線 LAS 的右移或左移，亦將引起長期均衡的變動，其對於均衡物價水準與均衡國民所得水準的影響方向，與短期總合供給曲線的右移或左移一樣，讀者可自行仿照圖 13-8 的方式，以進行瞭解。

接著，討論所謂的需求面變動類型因素，係指包括所有能引起總合需求曲線移動的因素；或者說，包括所有能引起 IS 曲線或 LM 曲線移動，進而使得商品市場與貨幣市場的共同均衡，出現變動的因素。例如那些能改變總合支出函數的因

素，以及那些引起貨幣供給或貨幣需求改變的因素，都是屬於此一類型的因素。

如圖 13-9 所示，當在短期下，總合需求曲線由 AD_0 曲線右移至 AD_2 曲線時，其均衡點由 E_0 變成為 E_2，使得均衡物價水準由 P_0 升為 P_2，均衡國民所得水準由 Y_0 增為 Y_2，也表示失業率有所降低。反之，當 AD 曲線左移時，將使得均衡物價水準下降，以及均衡產出水準的降低，失業率的升高。

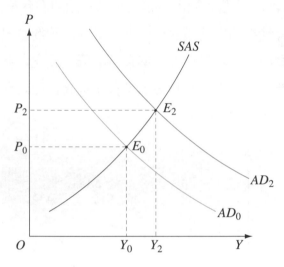

圖 13-9　總體經濟的均衡變動與需求面的變動

至於在長期下，總合需求曲線 AD 的右移或左移，亦將引起長期均衡的變動；不過，此一變動只發生在物價水準身上，造成物價的上升或下降，卻不至於影響均衡產出水準，為什麼呢？因均衡的產出水準，始終維持在充分就業的產出水準 Y_f 上。進而言之，在長期下，總合需求的變動，國民產出水準將不受影響，而會全面反映在物價的起伏上面。

觀念研習

13.何謂總體經濟均衡?

14.總體經濟的短期均衡與長期均衡的區別在哪裡?

15. 當長期總合供給曲線左移時，總體經濟均衡會出現何種變動呢?

16. 在長期下，何以總合需求曲線的移動，並不能影響均衡國民所得水準呢?

17. 總體經濟的均衡變動，是否亦表示均衡利率水準也會有所改變呢?

第四節　應用分析：財政政策與貨幣政策的效果

本節將應用 AD–AS 模型的架構，來分析政府的**財政政策** (Fiscal Policy) 與**貨幣政策** (Monetary Policy) 的總體經濟效果，或這兩個政策對於總體經濟均衡的影響。所謂財政政策，是指政府基於整體經濟情勢的考量，試圖藉由調整其稅收與支出等財政政策工具的使用，以達成其促進經濟增長與穩定等總體經濟目標的配套作為；同樣地，所謂貨幣政策，則是中央銀行基於整個經濟情勢的考量，試圖經由調整重貼現率、存款準備率及公開市場操作等貨幣政策工具的使用，以控制貨幣數量，並進而實現其穩定物價與促進經濟增長等總體經濟目標的配套作為。

一、總體經濟均衡與財政政策

如上所述，政府的財政政策工具，包括有稅收與支出兩項。在此，僅以政府購買支出的增加為例，來說明其對於總體經濟均衡的影響；至於政府稅收的增減或其投資支出的變化，對於總體經濟均衡的效果，則留給讀者自行練習。

在此，先就財政政策的短期效果來看。於本章的討論中，瞭解到政府購買支出的增加，將引起總合支出函數的變動，使得在原物價水準 (P_0) 下，如圖 13–10(A) 所示，IS 曲線由原來的 $IS_0\ (P_0)$，右移至 $IS_1\ (P_0)$。此時，若維持在原來的利率水準 i_0 下，則商品市場與貨幣市場無法同時達成均衡。其次，在 $IS_1\ (P_0)$ 與 $LM_0\ (P_0)$ 的搭配下，將得出一條新的總合需求曲線 AD_1，如圖 13–10(B) 所示；同時，得知在

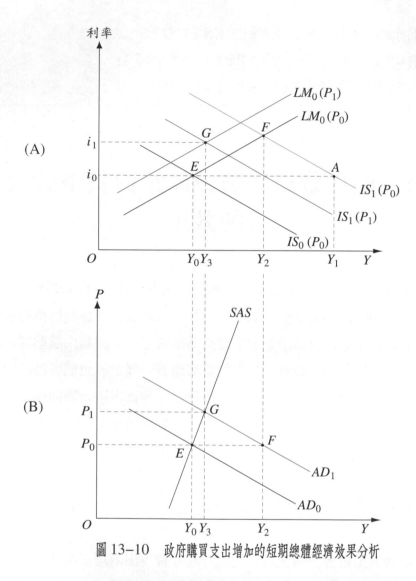

圖 13–10　政府購買支出增加的短期總體經濟效果分析

原物價水準 P_0 下，其對應於 AD_1 曲線與 SAS 曲線的國民所得水準並不相等。第三，當總體經濟的短期均衡達成時，即由原來的 E 點變成為 G 點，如圖 13–10(B) 所示，表示物價水準將由原來的 P_0 升為 P_1，且產出水準由原來之 Y_0 提高為 Y_3。第四，在總體經濟均衡由 E 到 G 的過程（如圖 13–10(B) 所示），可以利用 IS、LM 曲線的圖形來對照說明。如圖 13–10(A) 所示，當物價水準由 P_0 升為 P_1 時，IS 曲線由 IS_1 (P_0) 左移至 IS_1 (P_1)，且 LM_0 (P_0) 曲線左移至 LM_0 (P_1)；亦即 IS 及 LM 兩曲線的交點，進一步由 F 移到 G。換言之，在圖 13–10(A) 中，表明政府購買支出的增加，

最終使得均衡國民所得水準由 Y_0 增為 Y_3，均衡利率水準由 i_0 升為 i_1；上述變動過程，則可以分解為由 E 點到 F 點，再到 G 點等二個階段來看，F 點到 G 點的階段主要是反映物價由 P_0 升為 P_1 所帶動的變化。

　　經由上述說明，瞭解到政府購買支出的增加，在短期下，將造成總合需求曲線的右移，以及 IS、LM 曲線相對應的移動，最終使得均衡物價、國民產出及利率水準三者，均有所提高。同時，也瞭解到政府購買支出增加的乘數效果，亦隨著允許利率及物價水準的變動，而逐漸變小；以產出水準的增加量來看，由 Y_0Y_1 減少為 Y_0Y_2，再減為 Y_0Y_3。這些乘數效果的大小，又與 AD、SAS、IS 及 LM 等曲線的斜率，以及其左右移動的幅度有關。

　　接著，討論財政政策的長期效果。比照圖 13–10 的方式，將政府購買支出增加的長期效果，分別以 IS、LM 曲線的圖形以及 AD–AS 的模型架構，表現在圖 13–11(A) 及 (B) 上。與圖 13–10 的短期效果比較，得知在長期下，政府購買支出的增加，不會影響均衡總合產出水準，而此一水準都維持在充分就業的產出水準 (Y_f) 上，即 $Y_0 = Y_f$；長期效果則主要反映在對於物價水準的由 P_0 上升到 P_2，P_2 大於短期的 P_1。至於均衡利率水準也會由原來的 i_0 上升為 i_2，但 i_2 未必會大於短期情況下的 i_1。

　　基於此一政府購買支出增加的長期總體經濟效果的瞭解，古典學派學者就不認同將財政政策作為總體經濟政策之一；主要是因為此一政策對於實質國民所得水準幾乎沒有效果，而徒然造成物價水準的起伏波動而已。不過，凱因斯學派學者由於其分析重點是放在短期上，故認為財政政策在影響實質國民所得水準及失業率上，仍有其效果存在；尤其當經濟處於大蕭條時，AS 曲線幾乎為一水平線，且 LM 曲線也幾乎為水平線，此時若欲變動均衡國民所得水準，只能依靠 AD 曲線的左右移動，而 AD 曲線的移動則只能從財政政策上動手，貨幣政策將無能為力（有關貨幣政策的分析，詳下文），以上說明也是當初凱因斯本人及其學派所以強調財政政策的主要依據。

　　關於政府購買支出增加的財源來自何處，於上文中並未提及。一般而言，政府財政融通或其財源有下述三個管道：⑴向國民徵稅的**賦稅融通** (Tax Financing)；⑵發行公債向國民或外國人借錢的**公債融通** (Bond Financing)；⑶向中央銀行舉債

（即相應上央行要增加發行貨幣）的**貨幣融通** (Money Financing)。不同融通方式的進行，亦具有不同的總體經濟效果；因此，對於財政政策總體經濟效果的完整討論，亦宜將不同融通方式的影響，一併納入考量。

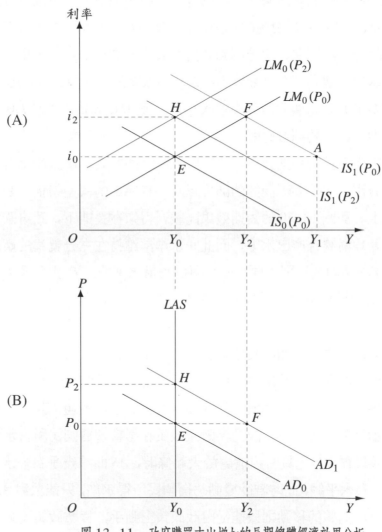

圖 13-11　政府購買支出增加的長期總體經濟效果分析

二、總體經濟均衡與貨幣政策

中央銀行落實其貨幣政策,主要是利用在公開市場上操作或買賣債券的方式,以及調整存款準備率或改變重貼現率等方面,來控制貨幣的供給量, 以影響總體經濟情勢。在此, 僅以貨幣供給量增加為例,來說明其對於總體經濟均衡的影響。

同樣地, 可以將貨幣供給量增加的效果,分為短期與長期來看。就貨幣供給量增加的短期總體經濟效果來看,如圖 13-12(B) 所示,其與圖 13-10(B) 所示的政府購買支出增加的短期效果類似, 即貨幣供給量的增加, 亦將最終表現為總合供給曲線的移動, 由原來的 AD_0 曲線右移至 AD_1 曲線;並最終使得均衡物價水準與國民所得水準的同步上升, 前者由原來的 P_0 升為 P_1, 而後者由原來的 Y_0 提高為 Y_3。不過, 貨幣供給量的增加, 何以能導致 AD 曲線右移,其背後的 IS 及 LM 曲線的移動方式, 則與如圖 13-10(A) 所示的政府購買支出增加的情況不一樣,並最終使得均衡的利率水準下降(而非上升),由原來的 i_0 降為 i_1,如圖 13-12(A) 所示,茲將其過程說明如下。

貨幣供給量的增加, 首先在物價 P_0 下, 實質貨幣供給量由 $\frac{M_0}{P_0}$ 增加為 $\frac{M_1}{P_0}$, 並將使得 LM 曲線由原來之 $LM_0\left(\frac{M_0}{P_0}\right)$ 下移至 $LM_1\left(\frac{M_1}{P_0}\right)$。此一情形, 表現在原來的利率水準 i_0 之下,對應於商品市場與貨幣市場均衡下的實質國民所得水準的不一致,前者為 Y_0, 後者為 Y_1, 且 $Y_0 < Y_1$。其次, 基於 IS 及 LM 曲線斜率的瞭解, 兩市場共同均衡的回復, 其在原物價 P_0 下, 必然是均衡利率水準的向下調整, 如圖 13-12(A) 所示, 分別在 $IS_0(P_0)$ 曲線上 E 點的往 F 點滑動, 及在 $LM_1\left(\frac{M_1}{P_0}\right)$ 曲線上 A 點的往 F 點滑動;此一情形表示, 在原物價 P_0 下, IS 及 LM 曲線的交點, 已由原來的 E 點變動為 F 點, 因此其對應的總合供給線則由 AD_0 曲線右移到 AD_1 曲線。第三, 如圖 13-12(B) 所示, 在原物價水準 P_0 之下, 其對應於 AD_1 曲線與 SAS 曲線的國民所得或產出水準並不一致, 前者為 Y_2, 後者為 Y_0, 且 $Y_0 < Y_2$;此一

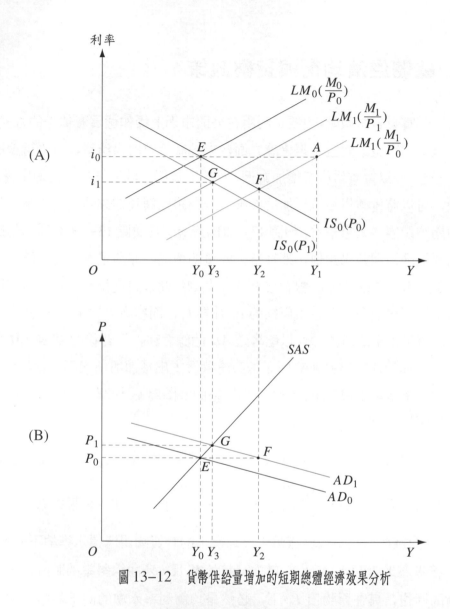

圖 13–12　貨幣供給量增加的短期總體經濟效果分析

情形表示，總體經濟尚未達到均衡的狀態。第四，基於 AD 及 SAS 曲線斜率的瞭解，總體經濟均衡的回復，將最終使得均衡物價水準的增加；而在物價上升的過程中，表現為在 AD_1 曲線上的由 F 點往 G 點滑動，以及在 SAS 曲線上的由 E 點往 G 點滑動。如圖 13–12(B) 所示，此一情形說明了，因應貨幣供給量的增加，總體經濟的均衡，將如上所述，會由 E 點移到 G 點；亦即表現為均衡物價與國民所得水準的同步增加，前者由 P_0 升為 P_1，後者由 Y_0 提高為 Y_3。最後，相應於均衡物

價的由 P_0 升為 P_1，IS 及 LM 曲線都會移動；其中，IS 曲線由原來的 IS_0 (P_0) 曲線左移至 IS_0 (P_1) 曲線，而 LM 曲線由 LM_1 $(\frac{M_1}{P_0})$ 向上回移至 LM_1 $(\frac{M_1}{P_1})$。此一情況說明，受到貨幣供給量增加的影響，其商品市場與貨幣市場的共同均衡，將進一步由 F 點向 G 點移動。也就是說，此兩市場的共同均衡，於短期下，受到貨幣供給量增加的影響，將由 E 點往 G 點移動，表現為均衡利率水準的下降，由 i_0 降為 i_1，以及均衡國民所得水準的由 Y_0 增為 Y_3，如圖 13–12(A) 所示。

接著討論貨幣供給量增加的長期總體經濟效果。比照如圖 13–12 的作法，將貨幣供給量增加的長期效果，分別利用 IS、LM 曲線的圖形，以及 AD–AS 模型架構，表現在圖 13–13(A) 及 (B) 上。與圖 13–12 的短期效果比較，得知在長期下，貨幣供給量的增加，不會改變均衡國民所得水準，即此一水準仍然維持在充分就業的產出水準 (Y_f) 上，即 $Y_0 = Y_f$；而長期效果將主要反映在物價水準的由 P_0 上升為 P_2，且 P_2 大於短期的 P_1。至於均衡利率水準也會由原來的 i_0 下降為 i_2，但 i_2 未必大於短期情況下的 i_1。

基於貨幣供給量增加的長期總體經濟效果的瞭解，古典學派學者特別強調貨幣供給量與物價上漲之間關係的連動性（詳下一章有關貨幣數量學說的討論）。同時，由於對於財政當局在認知經濟情勢上以及在推動財政政策時機與時效掌握上的困難，古典學派學者更為看重貨幣政策的有效性（指在控制物價上漲方面）；特別是在經濟處於充分就業的情況下，維持物價穩定便成為首要課題，此時貨幣當局更要慎重保持貨幣供給量的增加率，以配合總體經濟運作上的需要。

經濟學——原理與應用

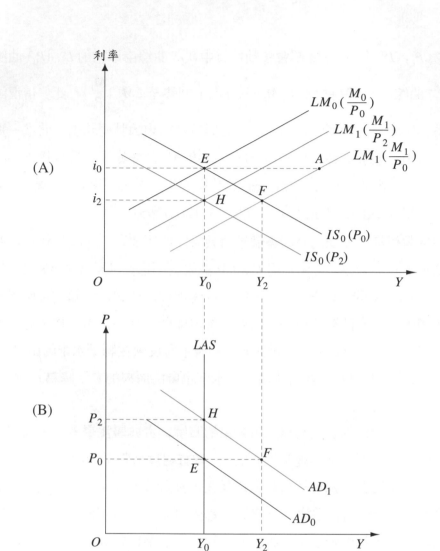

圖 13-13　貨幣供給量增加的長期總體經濟效果分析

 觀念研習

18. 試比照圖 13-10 的方式，討論政府購買支出減少的短期總體經濟效果。

19. 試比照利用圖 13-12 的方式，說明貨幣供給量減少的短期總體經濟效果。

20. 何謂貨幣政策？其與財政政策的不同之處為何？

本章摘要

1. 所謂總合需求，係在商品及貨幣兩市場均衡下，有關對應於不同物價水準的均衡國民所得水準，其兩者間的組合關係。

2. 所謂跨期替代效果，係指當實質利率水準的降低或提高，表示本期消費相對於下一期消費的機會成本下降或上升，因而使得本期民間消費支出出現增加或減少的變動。本期物價的上升或下降，在下一期物價不變下，將表示物價上漲率的降低或提高，並使得實質利率水準有所增加或減少，因而物價的變動，就具有跨期替代效果。

3. 所謂跨國替代效果，是指本國物價相對於國外物價的提高（或降低），則本國會增加（或減少）進口（即購買外國財貨），而國外會減少（或增加）購買本國財貨（即本國出口減少或增加）。

4. 所謂實質貨幣餘額效果，是指實質貨幣供給量的增加或減少，將使得名目利率水準的下降或上升，進而影響民間消費支出及國內投資的增加或減少。

5. 總合需求曲線的負斜率性質，可以由跨期替代效果、跨國替代效果、實質貨幣餘額效果，以及物價的上升或下降，導致國內投資的降低或提高，與實質貨幣供給量的減少或增加等方面來瞭解。

6. 所謂總合供給，係在勞動市場的運作中，以及總合生產函數的限制下，有關對應於不同物價水準的總合產出水準，其兩者間的組合關係。

7. 在短期下，或在貨幣工資具向下調整僵固性之下，將可能處於未充分就業狀況下；因此，得到的短期總合供給曲線，於未達充分就業產出水準之前，將具有正斜率的性質。

8. 在長期下，或在貨幣工資具上下充分調整性質時，勞動市場將常處於充分就業狀態；因此，得到的長期總合供給曲線，為一垂直在充分就業產出水準上的直線。

9. 大致而言，當那些足以引起 IS 曲線或 LM 曲線的因素出現時，將帶動 AD 曲

線的移動；而當那些影響勞動市場供給曲線或需求曲線的因素出現時，將帶動 AS 曲線的移動。

10. 所謂總體經濟均衡，是指當存在一物價水準，使得總合需求與總合供給相等；且在外在因素不變下，亦能使得該物價水準及總合產出水準維持不變。

11. AD 曲線或 AS 曲線的移動，將導致總體經濟均衡的變動。

12. 所謂財政政策，是指政府基於整體經濟情勢的考量，試圖藉由調整其稅收與支出等財政政策工具的使用，以達成其促進經濟增長與穩定等總體經濟目標的配套作為。

13. 所謂貨幣政策，是指中央銀行基於整個經濟情勢的考量，試圖經由調整重貼現率、存款準備率及公開市場操作等貨幣政策工具的使用，以控制貨幣數量，並進而實現其穩定物價與促進經濟增長等總體經濟目標的配套作為。

14. 在短期下，政府購買支出的增加或貨幣供給量的增加，基本上都能使得均衡物價水準及均衡國民所得水準的同步上升；但兩者對於均衡利率水準的影響方向則不相同，前者會提高均衡利率水準，而後者則降低。

15. 在長期下，政府購買支出的增加或貨幣供給量的增加，均只能促使均衡物價水準的上升，而未能帶動均衡國民所得水準的提高。

習　題

1. 下列兩式分別為 *IS* 及 *LM* 曲線的數學式子，試求出其對應之 *AD* 曲線的式子，並在圖形上畫出 *AD* 曲線。

   IS 曲線：$Y = 1{,}000 - i - P$

   LM 曲線：$Y = -200 + i - 9P$

   上兩式中，Y 為國民所得水準，i 為利率，P 為物價。

2. 試說明總合需求曲線與市場需求曲線之間的異同點。

3. 試利用 *IS*、*LM* 曲線及 AD–AS 模型，來討論政府投資支出增加的總體經濟效果。

4. 當生產技術進步時，其對於 *AD* 曲線、*AS* 曲線、*IS* 曲線、*LM* 曲線以及勞動市場會有什麼影響？請利用圖形配合說明之。

5. 在 1995 年，甲國的物價水準及實質國民所得水準分別為 100 及 900 億元；在 2000 年，分別為 120 及 1,000 億元。請問有可能是哪些因素的出現，帶動了 *AD* 曲線、*AS* 曲線及 *IS* 曲線、*LM* 曲線、勞動供給曲線、勞動需求曲線的變動，因而造成上述總體經濟均衡的變動呢？

第十四章

經濟波動

在第十到十三章中，已就決定一經濟體系的生產活動或其國民所得水準的相關因素，以及貨幣的功能、銀行的角色與總合供需模型的完整架構，有了初步的介紹與認識。接下來，將就**經濟發展** (Economic Development)、**經濟成長** (Economic Growth) 以及在發展或成長過程中出現的**經濟波動** (Economic Fluctuations) 等問題，進行討論；其中，經濟發展與成長的問題留在下一章來說明，本章將僅就經濟波動問題，略作分析。

詳言之，本章分為六節。第一節介紹經濟波動的概念；第二節扼要說明一些解釋經濟波動的**景氣循環** (Business Cycle) 理論；第三節及第四節，補充說明伴隨經濟波動出現的失業及物價膨脹或**通貨緊縮** (Deflation) 的問題；第五節介紹物價與幣值的關係，及說明一個描述物價變動與貨幣供給量變動間關係的**貨幣數量學說** (Quantity Theory of Money)；最後是應用分析，將利用 AD–AS 模型，來導出一條綜合呈現物價膨脹與失業率兩者之間關係的**菲力普曲線** (Phillips Curve)。

第一節　經濟波動的概念

任何經濟活動總是隨著時間持續或分段在進行著，因此當將不同時點或不同時段的經濟活動情況，以其代表性的指標數據呈現在圖形上時（橫軸為時間或時點軸，縱軸為該活動的代表性指標軸），就得到該活動的隨時間變化的變動線；一般而言，該活動的時間變動線，多會出現上下起伏的，有如水波狀的變動情形。因而常將一經濟活動的隨時間變動情形，稱為此一經濟活動的波動現象。例如，可以觀察不同年份、季節或月份的進出口額、銷售額、就業人數或工作時數、物價水準等經濟變量的波動現象。

一項經濟活動或一種經濟狀況的波動現象或變化，大致可以進一步細分為由下述三種變動類型所組合而成：

1. 長期趨勢

長期趨勢 (Long-term Trends) 是指一經濟變量（代表某一活動或狀況）與時間之間呈現一定關係的變動，例如隨著時間在增加，甚至遞增，或隨著時間在減少，

甚至遞減。

2.週期性變動

週期性變動 (Cyclical Fluctuations) 是一經濟變量在扣除其長期趨勢的變動（如果有的話）以後，其餘額與時間之間呈現一正一負的循環變動關係；例如，當銷售額有淡季、旺季之分時，在淡季的銷售額不但比旺季小，也比其平常（相對於長期趨勢值或平均值）小；反之，在旺季的銷售額則比平常大。

3.不規則變動

不規則變動 (Irregular Fluctuations) 是一經濟變量出現超出其長期趨勢與週期性變動（如果有的話）以外的無法預測得到的變動，此一變動的大小或方向與時間之間不存在任何關係；例如，受到地震、風災、水災等自然災害，或戰爭、疫情等不可預知的或偶發事件的影響，有可能使銷售額出現一時的增加或減少。

經由上述的說明，瞭解到任何一項經濟活動或一種經濟狀況的代表性經濟變量指標，其波動現象或隨時間變動情形，都可以從長期趨勢、週期性變動及不規則變動等三個層面，來分析與掌握。

觀念研習

1.為了深入討論一經濟活動的波動現象，可以將其分為幾種變動類型來加以分析?

第二節　景氣循環

本節將就實質 *GDP* 水準的波動現象中，其不規則變動的部分加以討論；至於其長期趨勢部分的說明，則留在下一章。

一、景氣循環的意義與過程

景氣循環是用以描述一個經濟體的整體經濟情勢，隨著時間的持續發展，循環出現時好時壞的現象。至於整體經濟情勢的衡量指標，多以該經濟體的實質國內生產毛額(GDP) 為代表。

一個經濟體的景氣循環常具有下述性質：

⑴存在一長期趨勢的變動。

⑵存在不規則變動。

一個經濟體所以具有長期增長的趨勢，有可能來自於資本累積的增加，技術水準的進步，以及其他因素，較詳細的討論請參考下一章。至於經濟景氣的好壞變化或實質 GDP 的增減變動，雖然亦有循環性質，但是由於其何時出現較長期趨勢更好的走勢，何時出現較長期趨勢更壞的走勢，全然無法與時間之間找到任何關聯；因此，景氣循環除了長期趨勢以外，並不具有前述意義下的週期性變動，而僅具有不規則變動而已。簡單地說，景氣循環所具有的波動性質，是屬於一種不會重複出現的不規則變動。

在討論景氣循環時，一般是以充分就業（參閱下一節的定義）情況下的所謂潛在 GDP 水準來定義 GDP 的趨勢值，如圖 14-1 所示，LT 線為長期趨勢，而 $AEBFCHJ$ 曲線為與時間對應的實際的實質 GDP 曲線（即 y 曲線）；其中，與 t_0、t_2、t_4 及 t_6 對應的實質 GDP 剛好等於其長期趨勢或充分就業下的 GDP 水準，而 t_0 ～ t_2 及 t_4 ～ t_6 期間的實質 GDP 均大於其長期趨勢值，但 t_2 ～ t_4 期間的實質 GDP 均小於其長期趨勢值。同時，從 y 曲線上各點的斜率也瞭解到實質 GDP 水準的增長率大小；其中，E、F 及 H 點的斜率剛好與長期趨勢線的斜率一樣，而 AE 及 FH 線段的斜率均大於長期趨勢線的，但 EF 線段的斜率均小於 LT 線的，且有時還出現負斜率的地方。

在瞭解 y 曲線或實質 GDP 曲線的走勢以後，就可以根據其走勢與長期趨勢線的關係，界定一個完整的景氣循環所需經歷的階段或過程。大致而言，一個完整的景氣循環，以 t_1 ～ t_5 期間對應的 y 曲線為例，包括二個大階段及二個轉點，即

收縮（Contraction，如 *EBF* 線段）階段與**擴張**（Expansion，如 *FCH* 線段）階段等
二個大階段，以及 *E* 點及 *F* 點等二個轉點。收縮階段可以再細分為**衰退**（Reces-
sion，如 *EB* 或 *HJ* 線段）與**蕭條**（Depression，如 *BF* 線段）等二個階段，而擴張
階段也可以細分為**復甦**（Recovery，如 *FC* 線段）與**繁榮**（Prosperity，如 *AE* 或 *CH*
線段）等二個階段。*E* 點或 *H* 點是由繁榮階段轉變為衰退階段的時點，一般稱為
峰頂（Peak）；而 *F* 點是由蕭條階段走向復甦階段的時點，一般稱為**谷底**（Trough）。
如上所述，*AEBFC* 線段、*EBFCH* 線段或 *BFCHJ* 線段都可以稱為一個完整的景氣
循環；其中，較常被採用的方式，為 *AEBFC* 線段類型或 *BFCHJ* 線段類型。

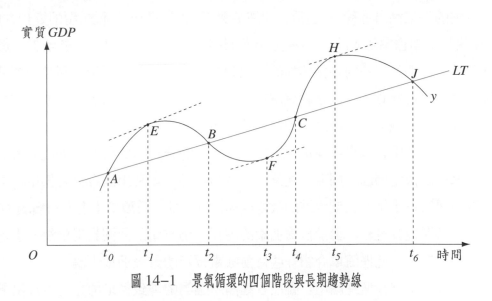

圖 14–1　景氣循環的四個階段與長期趨勢線

接著說明景氣循環與長期趨勢間的關係。首先就繁榮階段來看，表示該段期
間的經濟增長率高於其長期趨勢值的增長率，同時其實際的實質 *GDP* 水準亦大於
其長期趨勢值。其次，當繁榮階段達到峰頂時，其經濟增長率乃降為與其長期趨
勢值的增長率一樣，而實際的實質 *GDP* 水準仍然大於其長期趨勢值。第三，過了
峰頂以後，就進入衰退階段，此一期間的經濟增長率不但小於長期趨勢值的增長
率，且逐漸降為零，並轉為負增長，但其實際的實質 *GDP* 水準仍然大於其長期趨
勢值。第四，當經濟情勢一直惡化下去時，就會進入蕭條階段，此一期間的經濟
增長率先仍為負的，而後逐漸改善且上升為零，最後逐漸接近長期趨勢的增長率；

但此一階段的實際實質 GDP 水準均低於其長期趨勢值。第五，當經濟情勢持續改善，而使蕭條階段落到谷底時，其經濟增長率又回升到與長期趨勢的增長率一樣高，但實際的實質 GDP 水準仍然小於其長期趨勢值。第六，過了谷底以後，就進入復甦階段，此一期間的經濟增長率大於長期趨勢的增長率，而其實際的實質 GDP 水準也逐漸恢復並接近於其長期趨勢值，進而進入下一循環的繁榮階段。

二、景氣循環的理論

完整的景氣循環過程中，包括長期趨勢與不規則變動等二種類型的變化在內；其中，關於長期趨勢的討論，一般是放在經濟發展與成長的課題中（參考下一章），在此不談，而關於不規則變動的討論，也就是一般景氣循環理論所關注的部分。簡單地說，景氣循環理論，是嘗試解釋經濟情勢何以會出現超出其長期趨勢的不規則變動現象，或何以會循環出現具前述四階段特徵的波動現象。

於第十一章中，曾介紹簡單凱因斯模型，從總合支出的角度，來說明實質國民所得水準的決定問題。同時，在第十三章中，進一步利用總合供需模型，來探討實質國民所得水準與物價水準的決定問題。由於景氣循環基本上為一實質 GDP 水準的隨時間變動過程，對於景氣循環的解釋，仍有賴於回溯到對於總合供需模型的充分瞭解。在此僅簡單介紹一些目前較常提及的景氣循環理論。

在眾多的景氣循環理論中，雖然各理論所強調的導致循環的存在於經濟體系外的推動力，或存在於經濟體系內的傳導過程或機制設定不一樣，但是各理論都能認同投資與資本累積是具關鍵性的經濟變數之一。明白地說，當任何足以引起經濟波動現象的衝擊出現時，首當其衝的受到影響的變數之一就是投資，當投資活動因而慢下來時，將使得經濟呈現收縮現象；反之，當投資活動因而轉快時，經濟將開始擴張。為什麼呢？

因為在擴張過程中，表示投資活動快速進行，使得資本存量快速累積，因而每一單位勞動所使用的資本量跟著增加，故更增強其生產力；不過，當每一單位勞動所使用的資本量持續增加，根據報酬遞減法則，資本生產力的增加終於出現遞減時，必將使得投資的獲利率往下降。當然，在較低的獲利率之下，投資的誘

因或興趣就變弱了，其結果終將出現投資活動的緩慢下來；而當投資減少達到一定程度時，經濟就開始收縮起來了。

接著，在收縮過程中，投資活動緩慢下來，使得資本存量的累積也慢了下來；甚至在嚴重的收縮下，資本存量反而不增或出現減少的情形。因而每一單位勞動所使用的資本量也出現降低，同樣根據報酬遞減法則，資本的生產力反而是增強的，而企業乃逐漸發現具獲利的投資機會；當此一情勢更加明朗時，則投資的步伐終將重新邁開，而經濟情勢也將由收縮轉為開始擴張。

以下簡單介紹四種景氣循環理論：

(一)凱因斯學派理論

凱因斯學派認為引起經濟波動的主要原因，是來自於人們對於未來銷售與獲利預期的改變。由於這方面的預期，容易受到未來稅率改變、利率改變、技術進步、全球經濟與政治事件或其他有關事件與傳聞的影響而改變。當預期較為樂觀時，則增加投資；反之，預期較為悲觀，則減少投資。由此得知，預期變動是凱因斯學派景氣循環理論的關鍵變數。

(二)重貨幣主義者理論

重貨幣主義者認為貨幣量才是造成經濟波動的主要變數。當中央銀行的貨幣供給量超常增加時，一方面利率下降，引起投資及耐久財消費支出增加；另一方面，匯率上升，本國幣貶值，增加出口（詳第十六章）。此兩方面的效果，都將提高總合支出水準，而導致經濟的擴張；反之，當貨幣供給量增加較為緩慢時，利率上升，將減少投資及降低總合支出水準，而造成經濟的收縮。由此得知，貨幣量增長率變動是重貨幣主義者景氣循環理論的關鍵變數。

(三)理性預期理論

所謂理性的預期，是指會利用各種可供使用的訊息所進行的一種預測。以上述重貨幣主義者的看法為例，當中央銀行對於貨幣量增長率的變動幅度，若為社會大眾所預測到時，則理性預期理論認為就不再具有推動經濟波動的效果；也就

是說，理性預期理論認為只有非預期到的變動或存在意外的變動時，才能夠引起經濟波動現象。為什麼呢？因為理性預期理論認為社會大眾將會在其預測變動的範圍內，於變動真正發揮影響力之前，提前採取必要行動，以打消變動出現後的影響，故社會大眾預測到的變動，就不再有任何影響力了。由此得知，未預測到的變動（如貨幣增長率的超預期變動或總合支出水準出現未預期到的變動等）才是理性預期的景氣循環理論的重點所在。

(四)實質景氣循環理論

實質景氣循環理論認為生產力的不規則變動才是經濟波動的主要原因。生產力的不規則變動主要來自於技術進步的步伐有快有慢，其次亦可能來自於國際干擾（如石油禁運、戰爭等）、氣候變化或自然災害等方面。以來自於技術進步的生產力不規則變動為例，有時技術進步的速度很快，生產力也跟著快速增長；而有時技術進步緩慢，且生產力的增長也不快。當然，也可能出現技術有突飛猛進的時候，此時將使得現有資本設備與人力資本跟不上時代，而被廢棄不用與喪失工作，甚至有些企業不得不關門大吉。若出現此種技術大躍進時，最初可能反而會降低生產力（因可供利用的資本減少了），而不是增加生產力，因而有可能反而使經濟出現衰退的走勢；不過，最終將因技術的大躍進，而創造出更多的就業機會以及事業，並獲致生產力的大幅提昇，進而出現經濟的擴張。由此得知，生產力的增長率變動，才是實質景氣循環理論所強調的重點所在；至於像貨幣量等非實質面因素的變動，則只會引起物價的變動，而不會對於資源的使用與潛在 GDP 水準有任何影響，故不至於導致（實質）經濟的波動。

觀念研習

2. 何謂景氣循環？景氣循環常具有哪些性質？

3. 一個完整的景氣循環，依其出現之先後順序，可以細分為哪些過程或階段？試畫圖說明之。

4. 請說明在景氣循環過程中，峰頂與谷底的意義。

5.在眾多的景氣循環理論中，何以都認同投資與資本累積是關鍵性的經濟變數呢？

6.請扼要說明下述理論對於導致景氣循環波動的主要推動力是什麼？(1)凱因斯學派；(2)重貨幣主義者；(3)理性預期；(4)實質景氣循環。

第三節　失業與就業

於第九章討論勞動市場工資的決定問題時，曾就失業者與勞動力的意義加以介紹。同時，瞭解在景氣循環的過程中，在擴張與衰退階段的實際 *GDP* 水準高於充分就業情況下的 *GDP* 值，而在蕭條與復甦階段的實際 *GDP* 水準低於充分就業情況下的 *GDP* 值；也就是說在景氣循環的過程中，其對應不同時點或階段的就業人數或失業人數也會隨經濟情勢而變動。本節將進一步討論失業與就業的相關問題，以期對於經濟波動中的失業變化情況有更深一層的瞭解，首先介紹失業率的概念，其次討論失業的種類。

一、失業率的概念

如前所述，所謂失業，係指在現有工資與工作條件環境下，凡具有工作能力、工作意願，且可以馬上工作的勞動人口，雖然花相當時日與努力在找尋工作，但卻仍未能如願獲得工作的意思。將失業人口與就業人口加總，合稱為勞動力。因此，可以將失業人口占勞動力的百分比，稱為**失業率** (Unemployment Rate)；明確地說，可以下式來定義失業率：

$$失業率 = \frac{失業人數}{勞動力} \times 100\%$$

根據失業率的定義，知道當失業人數相對於勞動力增加更快或減少較慢時，失業率會上升；反之，當失業人數相對於勞動力增加較慢或減少更快時，失業率

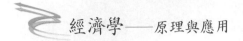

會下降。

　　一般而言，當經濟開始走向繁榮時，企業為了生產比充分就業情況下更多的產出，將願意增僱勞動，提高工資；此時，有意願重回勞動力市場找尋工作的人數將增加，而失業人數可能減少或增加的速度比勞動力來得慢，如此將使得失業率降低，並於峰頂附近達於最低失業率水準。反之，當經濟轉而步入衰退階段時，工作機會增加的速度慢了下來，失業人數相對於勞動力將轉為上升較快，因此失業率開始增加；此一情勢將繼續發展下去，直至失業率提高到充分就業情況下的失業率水準，並進而步入蕭條階段，而使得失業率繼續攀升。當失業率處於高峰時，許多失業人口逐漸喪失其找尋工作之意願，並退出勞動力市場，使得勞動力人數開始下降；在勞動力人數下降情勢慢慢緩和下來的過程中，將出現失業人數的由增加到不變，並終於轉為減少的變化，使得失業率也出現由攀升到最高點，並最後轉為開始回落的相應變化。接著將逐漸步入經濟復甦階段，實際 *GDP* 水準也開始出現較高的增長率，失業人數繼續降低，失業率持續下降，並達到充分就業下的失業率水準，進而進入下一個循環的繁榮階段。

　　經由上述說明，瞭解到在景氣循環的過程中，不同時點或不同階段的失業率水準，也相應呈現上下起伏變動的波動現象。至於上文提及的所謂在充分就業下的失業率水準，其意義將於下一小節中說明。另外，尚有來自於人口年齡結構變化以及經濟結構變化等方面的影響，而導致失業率水準的變動。

二、失業的種類

　　以上述景氣循環過程為例，得知失業人數與失業率也出現變動。於眾多的失業人口中，其失業的背景或理由並不完全一樣；通常可以依據失業原因的不同，將失業分為以下三種不同的類型：

(一)摩擦性失業

　　摩擦性失業 (Frictional Unemployment) 係指勞動正常異動過程中所出現的失業現象。由於隨時都有人在轉換工作，也有人會進入與退出勞動市場，以及新工

作的出現與舊工作的消失，故經常見到企業求才與個人求職的廣告或活動。為什麼呢？主要理由是求才或求職者都要花相當的時間與心力，去搜尋有關的訊息（包含遴選、試用與評估等過程在內）。

(二)結構性失業

結構性失業 (Structural Unemployment) 係指勞動受產業結構變動影響所出現的失業現象。在經濟發展的進程中，為因應來自國際市場與國內市場的競爭或新技術的挑戰，本國或本地區的產業結構必然有所調整，舊有的過時產業將逐漸由新興產業所取代。在新舊產業調整與變動的過程中，從過時產業所釋放出來的勞動力，由於勞動在工作上或地區間缺乏移動性，將無法全部且及時在新興產業中找到工作，就變成為這裡所稱的結構性失業。

(三)循環性失業

循環性失業 (Cyclical Unemployment) 係指勞動在景氣循環的經濟波動過程中，所出現的失業現象。通常將摩擦性失業與結構性失業的總人數占勞動力的百分比，稱為自然失業率 (Natural Rate of Unemployment)，用以描述在經濟運作與發展過程中，出現摩擦性與結構性失業為一種合乎健康且相當自然的現象。同時，當實際的失業率剛好等於自然失業率時，就稱為此一經濟處於充分就業狀態；換言之，充分就業並不是百分之百的完全就業，而是一種在自然失業率水準下的就業狀況。

於上述景氣循環的討論中，提及充分就業下的實質 GDP，也就是在自然失業率水準下的實質 GDP，一般亦稱為潛在 GDP(Potential GDP) 水準。因此，瞭解到經濟波動中的長期趨勢線，是一條描述潛在 GDP 水準走勢的軌跡。

根據上述說明，瞭解到在景氣循環中的繁榮與衰退階段，其實際失業率小於自然失業率；而在蕭條與復甦階段的失業率，大於自然失業率。同時，亦知在經濟擴張階段，失業率呈現下降的走勢；而在經濟收縮階段，失業率呈現上升的走勢。

經濟學者較關心的失業問題，首先是循環性失業，特別是在高於自然失業率

水準以上的失業；其次是結構性失業，最後才是摩擦性失業。不管哪一類型的失業，都表示有些勞動資源未就業，將是整個社會的負擔或損失。循環性失業是否可以或有必要借助政府的干預來解決，經濟學家的看法並不一致。結構性失業，則可以藉由教育與職業訓練的努力來有效克服；至於摩擦性失業，也可以從減少工作搜尋花費上面，來設法降低其程度。

觀念研習

7. 何謂失業？失業率是什麼意思？

8. 何謂摩擦性失業？何以會出現此種失業現象？

9. 何謂結構性失業？何以會出現此種失業現象？

10. 何謂循環性失業？何以會出現此種失業現象？

11. 何謂自然失業率？其與充分就業之關係如何？

第四節　物價、幣值與貨幣數量學說

在第十二章中，曾在物價等因素不變下，在貨幣市場上討論均衡利率水準的決定問題。同時，在第十三章中，亦利用 AD–AS 模型架構，來討論均衡國民所得水準與物價水準的決定問題；並在 AD–AS 模型架構下，來說明貨幣供給量與物價水準間的相互關係。在此，將介紹貨幣數量學說，以簡單的說明物價與貨幣供給量間的等比例變動關係。首先，本節將說明物價的意義及其與幣值的關係；其次，討論貨幣數量學說。

一、物價水準的意義及其幣值的關係

與個別商品不同的是，物價水準是指所有商品或一部分商品的平均價格。由於不同商品所使用的單位並不完全相同，且即使單位相同，但商品的重要性也多不一樣；因此，一般均利用加權平均數的概念，以某一個基本時期的各商品成交量與價格作為計算物價水準的依據；同時，將該一基本時期的物價水準定為 100 ％。以**消費者物價指數**（Consumer Price Index，簡稱為 CPI）為例，當有 n 種消費商品時，其當期 CPI 的公式如下：

$$CPI = \frac{\sum\limits_{i=1}^{n} P_i Q_i^0}{\sum\limits_{i=1}^{n} P_i^0 Q_i^0} \times 100 \text{ \%}$$

上式中，Q_i^0 表示第 i 種消費商品在基期的成交量組合，P_i^0 及 P_i 表示第 i 種消費商品在基期及當期的價格。

利用同樣的公式，可以針對不同的商品組合，計算出不同的物價指數，如出口物價指數、建材物價指數等項。

經由以上說明，瞭解物價、物價水準或物價指數等用語，基本上是表示所有商品的平均價格；而物價的上升，就表示購買同樣組合的商品，其平均價格上升了，故要花更多的錢或貨幣才能買到。

換句話說，當物價上升時，貨幣的價值（或簡稱為幣值）就下降了，即同樣一塊錢，在物價上升後所能夠換回來或購買到的商品數量減少了，也就是**貨幣購買力**(Purchasing Power of Money) 的降低。明言之，幣值或貨幣購買力的增減，與物價水準的變化成反方向變動；即物價上升時，幣值下降，而物價下跌時，幣值是上升的。

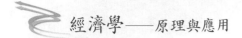

二、貨幣數量學說

　　所謂貨幣數量學說，是認為就長期而言，在實質國民所得 (Y)、利率水準 (i) 及相關制度性因素等其他因素均不變下，貨幣數量（供給量）的變動，將帶動物價水準同方向且同比例的變動。

　　根據貨幣功能強調的不同，貨幣數量學說分為**現金交易說** (Cash Transaction Theory) 與**現金餘額說** (Cash Balance Theory) 兩種派別。所謂現金交易說，以**費雪** (Irving Fisher, 1867 ～ 1947) 為代表，是強調貨幣的交易媒介功能，認為在一定期間內，一個經濟社會於購買財貨與勞務所支付的金額（即總支出），或使用貨幣從事各種交易的總量，必然等於其生產的銷售額（即總收入）。明白地說，現金交易說可以下面的**費雪交易方程式** (Equation of Exchange) 來呈現：

$$MV = PT$$

在上式中，等號左邊是貨幣數量 (M) 與**貨幣交易流通速度** (Transaction Velocity of Circulation of Money, V)（表示每一塊錢在一定期間內平均轉手的次數）的乘積，用以表示從事各種交易使用的貨幣總量；等號右邊是一般物價水準 (P) 與一切財貨與勞務的交易總量 (T) 的乘積，用以表示總銷售額。

　　至於所謂現金餘額說，首先由英國劍橋大學的**馬歇爾** (A. Marshall, 1842 ～ 1924) 提出，並由**皮古** (Arthur C. Pigou, 1877 ～ 1959) 及**羅伯遜** (Sir Dennis H. Robertson, 1890 ～ 1960) 加以發揚；該說強調貨幣的價值儲藏功能，認為社會大眾在日常生活中，都會以貨幣形式保有相當數量的購買力，即所謂的貨幣餘額，以應付隨時的支用。明白地說，現金餘額說，可以下面的**劍橋方程式** (Cambridge Equation) 來呈現：

$$M^d = k \cdot PY$$

在上式中，表示社會大眾的貨幣需求量 (M^d) 或保留的現金餘額，相當於名目國民

所得（以物價水準 P 與實質國民所得 Y 的乘積來表示）的一個比例 (k)。

　　因此，根據上述的費雪交易方程式或劍橋方程式，在下述兩個條件下，就可以得出上述的貨幣數量學說，即⑴假設 V 或 k 的大小，不受貨幣供給量 (M^S) 的影響；⑵假設交易總量 (T) 或實質國民所得 (Y) 也不受 M^S 的影響。因為由上述二方程式，可以得知物價水準與貨幣數量 (M^S) 之間，會成一固定常數的關係；以劍橋方程式為例，得出下式關係：

$$M^S = M^D = (k \cdot Y)P$$

因此，得知 P 與 M^s 的變動量（ΔP 與 ΔM^s）之間，亦具有下述關係：

$$\Delta M^S = (kY) \cdot \Delta P$$

然後，上面兩式相除，可以得到下式：

$$\frac{\Delta P}{P} = \frac{\Delta M^S}{M^S}$$

上式即說明物價水準的變動比例 $(\frac{\Delta P}{P})$，剛好與貨幣供給量的變動比例 $(\frac{\Delta M^S}{M^S})$ 相等；此二比例的相同，也就是上述的貨幣數量學說。

　　上述根據兩方程式所推得的貨幣數量學說，即貨幣數量的變動，將帶動物價水準同方向且同比例的變動；此一學說是在相當簡化的情況下，提出了物價水準完全百分之百的受到貨幣數量大小決定的一種論點。不過，更為一般的情形是當 M^S 變動時，也可能引起 T、Y、V 或 k（例如先影響利率水準，然後再透過利率水準來影響）的變動；因此，物價水準的變動，也就不可能如貨幣數量學說所說的，出現與貨幣數量同比例變動的結果。

12.請說明幣值與物價水準之間的關係。

13.何謂貨幣數量學說?

 第五節　物價膨脹與通貨緊縮

　　景氣循環是針對實質 *GDP* 水準來討論的，所謂實質 *GDP* 水準，是指把物價變動因素從名目的 *GDP* 水準中加以剔除後的數值。至於在經濟情勢的變化中，除了對於實質 *GDP* 水準的景氣循環與長期趨勢是大家關心的重點以外，對於物價水準的走勢與變動情形，也是眾所矚目的焦點。在此，本節將簡單介紹物價膨脹與通貨緊縮的有關概念與問題。

 一、物價膨脹與通貨緊縮的意義

　　所謂物價膨脹，是指一經濟體系的一般物價水準，出現持續上漲的現象。根據一定的計算公式、基期以及涵蓋財貨的範圍，就可以將各期的相對於基期的一般物價水準，以指數的形式表現出來；一般物價水準的提高，就表現為物價指數的上升，亦即表示當涵蓋在範圍內的財貨綜合在一起來看時，其價格是變高了。同時，值得強調的是，當物價水準只出現一期的提高，尚不足以稱為物價膨脹現象，除非是物價水準出現持續多期的提高，才稱為物價膨脹。

　　於下文中，將說明物價膨脹發生的原因，雖然存在各種不同的看法，但是最後仍無法排除與市面上流通的貨幣數量的關係；因此，一般也常將物價膨脹稱為通貨膨脹。

　　同理，所謂通貨緊縮，是指一經濟體系的一般物價水準，出現持續下跌的現象。本節將主要討論物價膨脹的相關問題，其道理將可比照用在通貨緊縮問題的

說明上面。

二、物價膨脹的類型

根據物價水準決定的有關理論（如上一章介紹的總合供需模型），有的強調影響總合需求方面的有關因素（如總合支出項或貨幣數量），有的強調影響總合供給方面的有關因素（如生產因素的量、質與價格，或生產技術）；因此，物價膨脹的理論，也可以分為三類，一類是與總合需求因素有關的**需求拉動型的物價膨脹** (Demand-pull Inflation) 理論，另一類是與總合供給因素有關的**成本推動型的物價膨脹** (Cost-push Inflation) 理論，第三類是混合型的物價膨脹理論。

(一)需求拉動型的物價膨脹

需求拉動型的物價膨脹理論，認為當影響總合需求的有關因素變動，例如貨幣供給量的增加、政府支出的增加或出口增加等項，將增加總合需求，引起物價水準的上升；此時，若貨幣量持續增加的話，就會出現持續物價上漲的現象。

(二)成本推動型的物價膨脹

成本推動型的物價膨脹理論，認為當影響總合供給的有關因素變動，例如工資率上升或原材料價格上漲（如原材料進口價格的上漲），將增加生產成本，導致總合供給的減少，引起物價水準的上升與失業增加的問題；此時，若政府採行恢復充分就業的政策，且在生產成本仍持續增加的條件下，將使得貨幣量也跟著持續增加，如此將出現物價水準持續上漲的現象。

(三)混合型的物價膨脹

混合型的物價膨脹，是指混合需求拉動及成本推動兩型在內的物價膨脹，也就是說當同時出現影響總合需求與總合供給的因素變動，使得總合需求相對於總合供給有所增加，所引起物價水準的上升；此時，若貨幣量持續增加的話，就會出現物價持續上漲的現象。

三、物價膨脹的影響

物價膨脹對於經濟個體與整個經濟體的影響，有利有弊，大致而言是弊大於利，這也是大家關心物價膨脹問題的主要理由。以下分為幾點，來說明物價膨脹的影響：

(一)超出預期以外的物價膨脹對於勞動市場的影響

在勞動市場的供需雙方，可以根據預期的物價上漲率，事先來商訂雙方都能接受的工資水準；因此，當出現超出預期以外的物價上漲情況時，必然使得其中的一方得利，而另一方受到損失，即出現僱主與員工之間的所得重分配的後果。

另一方面，當出現超出預期以外的物價膨脹時，將使得勞動供需雙方均受到此項因素的衝擊，進而出現後續的調適過程，因而勞動市場的運作無法順暢，難以達到充分就業，供需雙方都受到不利的影響。

(二)超出預期以外的物價膨脹對於資金市場的影響

在資金借貸市場的供需雙方，可以按預期的物價上漲率，事先商訂雙方都能接受的利率水準，以補償資金提供者因物價上漲的本金損失以及確保得到一個較物價上漲率還高的利率。因此，當出現超出預期以外的物價上漲情況時，必然使得其中的一方得利，而另一方受到損失，即出現資金借入者與借出者之間的所得與財富的重分配後果。

另一方面，也會使資金借貸市場的運作受到傷害，無法使資金的借貸額達到最適水準，不是太多了，就是太少了，因而對於借貸雙方均有不利的影響。

(三)於物價膨脹的預測上投注較多的資源

由於物價膨脹在上述的財富與所得重分配上，以及在資源配置市場上的影響，使得經濟個體以及政府都願意得到比較接近實情發展狀況的物價上漲率的預測數據；因此，將誘使整個經濟投注較多的生產資源，用於預測物價上漲率的工作，

因而減少了實際用於生產性活動的資源，降低了整體福利水準。

㈣在預料中的物價膨脹對於潛在 *GDP* 水準的影響

除前述在超出預期以外的物價膨脹對於勞動市場與資金市場運作造成不利影響，以及投注較多資源於物價膨脹的預測上面，均能對於實際 *GDP* 以及潛在 *GDP* 水準有負面影響以外，即使是屬於預料中的物價膨脹，也會對於潛在 *GDP* 水準有負面的作用，而導致經濟成長率下降的惡果。為什麼呢？至少可以從下述三點來說明：

1.交易成本的增加

任何一項交易的達成，除了支付交易項目之價錢以外，交易的雙方總須附帶一些額外的成本，例如交易契約簽訂之前、簽訂時與簽訂之後，甚至交貨之後的糾紛處理等方面，都會使雙方投入相當多的時間與心力，一般稱這些附屬交易項目之下的額外負擔為**交易成本** (Transaction Cost)。換言之，交易成本的存在性，表示將使用一些稀少性的社會資源；因此，交易成本增加時，表示用於生產活動的資源就變少了。

在物價膨脹期間，通常一方面，會使消費者手中不願意保有貨幣，而想馬上換為實物；因此，貨幣的流通速度加快，且交易次數增多，使得花在購物的時間與心力更多，以及鞋子更快磨損，一般將消費者購物的這些額外成本通稱為**鞋皮成本** (Shoeleather Cost)。換言之，物價膨脹期間會提高消費者的鞋皮成本。

另一方面，對於店家而言，在物價膨脹期間也會時常將商品價格標籤重新印製與更換；而一般將廠商標示價格所需投入的花費，通稱為**菜單成本** (Menu Cost)。換言之，物價膨脹期間會增加廠商的菜單成本。

至於交易雙方在物價膨脹期間，為了搜尋商品價格等方面的相關訊息，也將付出相當的**訊息成本** (Information Cost)。

2.實質稅賦的提高

在物價膨脹期間，名目的工資與利率可能按物價指數向上提高；因此，個人名目所得將增加，不過其扣除物價以後的實質所得並沒有改變。當累進所得稅制沒有及時的修正時，於較高的名目所得之下，必然課徵較多的稅額；如此，將使

個人的實質稅賦提高，而降低其稅後之實質所得水準，進而降低個人的工作意願與儲蓄意願，前者可能導致勞動退出勞動力市場，減少勞動供給，迫使工資率的向上調升，實際勞動僱用量降低；後者可能導致利率的提高，減少投資，使得資本累積速度變慢了。因而，兩者均會降低經濟的長期成長率。

3. 對於長期物價上漲率的走勢，其看法更為紛歧

當物價上漲率維持在高檔時，一般人對於長期物價是否回穩，或是否仍持續上漲的看法，將更為紛歧。因此，一方面人們難以進行長期規劃，而只能從事短期的經濟活動，即投資將會降低，經濟成長率也會降低。另一方面，將誘導一些資源於從事減輕來自物價膨脹損失或從中逐利的活動，因而減少了可供用於生產活動的資源。

四、物價膨脹的對策

有關物價膨脹的對策問題，可以從二方面來討論。其一，當物價穩定時，問題的重點在於如何避免物價膨脹的出現；其二，當已出現物價膨脹時，問題的重點在於如何降低物價上漲率與恢復物價的穩定。

於上述需求拉動型與成本推動型物價膨脹理論的說明中，均一再強調貨幣供給量的持續增加，才得以最終出現物價膨脹現象。因此，物價的穩定、物價的膨脹與物價的由膨脹恢復穩定等問題，貨幣供給量這個變量都將是最值得妥善處理與掌控的變數之一。也就是說，在物價膨脹的有關對策中，貨幣政策是必須把握的重點。換言之，如何建構一個真正可以獨立執行以穩定物價為宗旨的貨幣政策的中央銀行制度，才是物價膨脹對策得以有效推動的前提保證。其中，關於中央銀行如何才能達成其穩定物價的執行細節，經濟學家的觀點並不一致。

另外，當面對實際出現的物價膨脹問題時，在確實瞭解其原因與背景的情況下，除了貨幣政策以外，政府可能尚須搭配財政政策或其他的管制措施與激勵辦法，才能有效解決物價膨脹問題。

觀念研習

14.何謂物價膨脹?

15.物價膨脹可以分為哪三類?

16.請說明物價膨脹對於經濟個體與整個經濟體的影響。

17.對於物價膨脹問題,政府可以有哪些對策?

第六節　應用分析

　　本章主旨在於介紹經濟波動及其相關的景氣循環的概念,並著重討論在景氣循環中的兩個大家所關注的問題,即失業與物價膨脹的問題。本節將利用 AD–AS 模型架構,來得出一條綜合呈現物價膨脹與失業率兩者之間關係的菲力普曲線。

一、短期的菲力普曲線

　　如圖 14-2(A) 所示,在一定的短期總合供給曲線 SAS 下,若總合需求有所提高,由 AD_0 升為 AD_1,或大幅增加為 AD_2,則總體經濟將由 E_0 點,變成 E_1 點或 E_2 點,表示物價水準由 P_0 增為 P_1 或 P_2,即出現 $\frac{\Delta P_1}{P_0} \times 100\%$ 或 $\frac{\Delta P_2}{P_0} \times 100\%$(其中,物價變動 $\Delta P_i = P_i - P_0$)的物價上漲率;同時,表示實質國民所得或產出水準,由 Y_0 增為 Y_1 或 Y_2,即其在勞動市場中的就業勞動量有所增加,隱含失業率將降為 U_1 或 U_2 的水準。在此,可以將上述的失業率與物價上漲率組合點 $(U_1, \frac{\Delta P_1}{P_0})$ 及

$(U_2, \dfrac{\Delta P_2}{P_0})$ 描述在平面圖形上,而得出一條負斜率的短期菲力普曲線 PC,如圖 14–2(B) 所示。

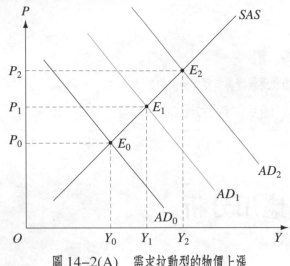

圖 14–2(A)　需求拉動型的物價上漲

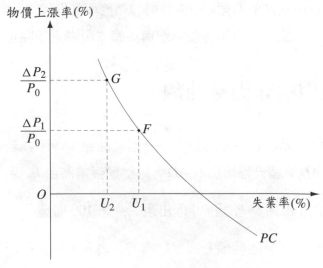

圖 14–2(B)　短期菲力普曲線

　　換言之,短期菲力普曲線是一條在一定的短期總合供給曲線下,一個經濟體系所能達到的一個物價上漲率與失業率之間的抵換關係。如圖 14–2(B) 所示,此

一經濟體系，在短期下，可以達到的總體經濟情況，將是 PC 曲線上的一點所示的失業率與物價上漲率。一條負斜率的 PC 曲線，一方面表示較高的物價上漲率可以與一較低的失業率搭配，或者說，要降低失業率的話，就得忍受較高的物價上漲率；另一方面，表示在 PC 曲線以外的點，並非此一經濟體系在短期下所能達到的組合點。

根據圖 14–2(A)(B)，瞭解到當 SAS 曲線所處的位置不一樣時，其對應畫出來的 PC 曲線，其位置也會不同。

二、長期的菲力普曲線

如圖 14–3(A) 所示，在長期總合供給曲線 LAS 下，表示勞動市場常處於充分就業狀況下，其產出水準亦維持在充分就業的產出水準 Y_f，且其失業均保持在自然失業率水準 U_n 的情況。當總合需求增加分別由 AD_0 增加為 AD_1 或 AD_2 時，比照上文的討論，可以得出一垂直於自然失業率水準上的長期菲力普曲線 LPC，如圖 14–3(B) 所示。垂直的 LPC 曲線，一方面，表示物價上漲率與失業率之間的抵換關係，已不再存在；另一方面，表示當那些導致 LAS 曲線左右移動的因素出現時，LPC 曲線亦將會有所移動。

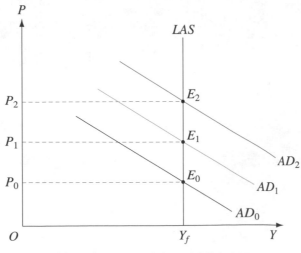

圖 14–3(A)　需求拉動型的物價上漲

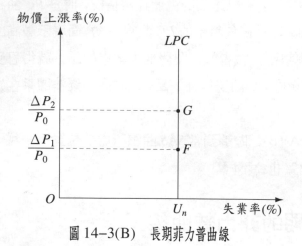

物價上漲率(%)

LPC

$\dfrac{\Delta P_2}{P_0}$ ·········· G

$\dfrac{\Delta P_1}{P_0}$ ·········· F

O U_n 失業率(%)

圖 14–3(B)　長期菲力普曲線

觀念研習

18. 試說明菲力普曲線的意義。

19. 何以短期菲力普曲線具有負斜率的性質?

20. 有哪些因素可以導致長期菲力普曲線的移動?

本章摘要

1. 經濟波動現象可以再細分為由長期趨勢、週期性變動與不規則變動等三種變動類型所組合而成。

2. 景氣循環是描述一經濟體的經濟情勢，常會循環出現時好時壞的現象。通常是以該經濟體的實質 GDP 水準，作為經濟情勢的衡量指標。

3. 景氣循環所具有的波動性質，除長期趨勢以外，是屬於一種不會重複出現的不規則變動。

4. 一個完整的景氣循環，包括收縮與擴張等二個大階段，以及峰頂與谷底等二個轉點。其中，收縮階段含衰退與蕭條等二個過程，擴張階段含復甦與繁榮等二個過程。

5. 景氣循環理論，是解釋經濟情勢何以會出現超出其長期趨勢的不規則變動現象。

6. 本章介紹四種景氣循環理論，即凱因斯學派理論、重貨幣主義者理論、理性預期理論與實質景氣循環理論。

7. 失業係指在現有工資與工作條件環境下，凡具有工作能力、工作意願，且可以馬上工作的勞動人口，雖然花相當的時日與努力在找尋工作，但卻仍未能如願獲得工作的意思。

8. 失業人口占勞動力的百分比，稱為失業率。

9. 失業按其原因不同，可以分為三種類型，即摩擦性失業、結構性失業與循環性失業。

10. 摩擦性失業與結構性失業的總人數占勞動力的百分比，稱為自然失業率；當實際的失業率剛好等於自然失業率時，就稱此一經濟處於充分就業狀態。

11. 幣值或貨幣購買力的增減，剛好與物價水準的變化成反方向變動。

12. 貨幣數量學說認為當交易總量、實質國民所得與貨幣交易流通速度等均不變的情況下，價格水準將受貨幣供給量的影響，兩者將呈現同方向且同比例的

變動關係。

13. 一經濟體的一般物價水準，出現持續上漲的現象，稱為物價膨脹或通貨膨脹；反之，一般物價水準出現持續下跌的現象，稱為通貨緊縮。

14. 通貨膨脹大致可以分為需求拉動型、成本推動型與混合型等三類。

15. 物價膨脹對於經濟個體與整體的影響是多方面的，大致可以導致下述後果：

(1) 所得與財富的重分配。

(2) 破壞勞動市場與資金市場的運作功能，使資源配置效率降低。

(3) 就長期而言，會降低潛在的 *GDP* 水準，並使得長期經濟成長率下降。

(4) 就短期而言，會增加交易成本、提高實質稅賦與較重視短期獲利活動，以致於不利於經濟活動的進行。

16. 於物價膨脹的對策中，貨幣政策是不可或缺的，另外或許尚須配合財政政策與其他的管制措施與激勵辦法。

17. 菲力普曲線為一描述一經濟體系在其短期或長期下，所可能達到的各種失業率與物價上漲率組合的軌跡。短期菲力普曲線具有負斜率性質，而長期菲力普曲線為一垂直線。

習　題

1. 在物價膨脹的各種對策中，以哪一政策最為重要？為什麼？

2. 試繪圖並說明景氣循環的過程及其與長期趨勢線之間的關係。

3. 試對應景氣循環四個過程的時段，在假設自然失業率固定不變下畫出失業率的波動圖，並稍加解釋。

4. 請扼要說明下述理論，是如何來解釋經濟景氣的循環變動現象？

　⑴凱因斯學派理論。

　⑵重貨幣主義者理論。

　⑶理性預期理論。

　⑷實質景氣循環理論。

5. 就在預料中的物價膨脹現象下，說明其對於經濟個體與整個經濟體的影響。

6. 就在非預料中的物價膨脹現象下，說明其影響與後果是什麼？

7. 當出現成本推動型的物價上漲時，短期菲力普曲線將會出現何種變化？請畫圖配合說明之。

第十五章

經濟發展
與經濟成長

於上一章討論經濟波動問題，及其相關的景氣循環理論，是著重解釋經濟情勢的發展，何以會是順著潛在 *GDP* 水準的長期趨勢線，出現循環波動的情形；同時，亦就其相關的物價膨脹與失業等兩個重要課題，進一步的加以說明與分析。至於本章的學習重點，則是回頭來說明潛在 *GDP* 水準的長期趨勢問題，也就是討論經濟發展與經濟成長的問題。

詳言之，本章將分為六節。第一節說明經濟發展與經濟成長的意義；第二節討論經濟發展的階段；第三節介紹經濟成長的前提與決定因素；第四節說明經濟成長來源的衡量問題；第五節扼要介紹經濟成長的理論；第六節是應用分析，將以臺灣經濟發展為例，以進一步瞭解與應用本章提及的一些有關經濟發展與經濟成長的理念。

第一節　經濟發展與經濟成長的意義

本節將首先介紹經濟發展與經濟成長這兩個概念的意義，並簡單說明兩者之間的關係；其次，討論經濟成長的測定問題。

一、經濟發展與經濟成長的意義

一個經濟體的大小，一般是用其 *GDP* 水準來衡量；因此，一個經濟體的大小變化情形，也就可以直接比較其實質 *GDP* 水準以獲得瞭解。問題在於，每期實際的實質 *GDP* 水準，有可能是在不同的資源使用情況下所表現出來的；為了克服此一問題，就得在相同的資源使用情況下，來比較各期的實質 *GDP* 水準。也就是說，在概念上，通常係在所有資源都處於充分就業的情況下，求出所謂的潛在的實質 *GDP* 水準，然後進行比較；據此，雖然可以排除在資源使用上的就業差異以及物價上的變動等方面的困擾，但是如何找到所謂的潛在的或充分就業下的 *GDP* 水準，則是另一個須克服的問題。經濟學上，一般是以實際的實質 *GDP* 水準的長期趨勢值，作為其潛在的 *GDP* 水準。

明確地說，所謂經濟成長，是指一個經濟體的潛在實質 GDP 水準或平均每人的潛在實質 GDP 水準，其在長期間出現持續增長的現象。經濟成長的概念，若以一經濟體的生產可能曲線（PPC 曲線）來表現時，則如圖 15-1 所示的，為一種 PPC 曲線的逐期向右上方移動的現象。圖 15-1 的兩軸，分別表示為全部的消費財貨（C）與投資財貨（I），亦可以表示為每人平均的消費財貨與投資財貨；同時，PPC_0 曲線及 PPC_1 曲線分別表示為本期及下一期的生產可能曲線。當兩財貨之相對價格已知且固定時，其潛在的實質 GDP 水準，則可以利用與 PPC 曲線相切的兩條切線，如 y_0 線與 y_1 線來表示；其中，y_0 線與 y_1 線的斜率絕對值就是該兩財貨的相對價格。從圖 15-1 可知，PPC_0 曲線外移至 PPC_1 線時，其對應的潛在 GDP 水準值也提高了，表現為 y_0 線的往右移到 y_1 線，剛好說明經濟體的增長情形，並知財貨的生產組合由 E_0 點變成為 E_1 點。

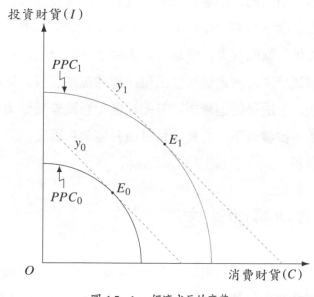

圖 15-1　經濟成長的意義

在瞭解經濟成長的意義以後，就可以來說明經濟發展的意義。一個經濟體之所以能夠持續其長期的成長，除了直接與生產可能曲線不斷外移的因素，諸如可供使用資源的不斷增加與生產技術的不斷進步等項因素有關以外，尚有其他的因素，也可能足以導致生產可能曲線的變遷，諸如相關制度的合理化與觀念的現代

化、教育的普及、知識水準的提高、貿易的自由化、政治的民主化，以及對於環保、健康、休閒的重視等項因素，都亦將關係著經濟的永續成長。同時，經濟成長亦必然與產業結構、組織型態、所得分配狀況，乃至於與社會關係、人口年齡結構等其他非經濟層面之間，均存在有互動關係。

簡單地說，經濟發展除了含有經濟成長的意義以外，有關制度與觀念、產業結構、所得分配、環境保護、生活方式、社會關係等經濟層面及非經濟層面的長期演變過程，由於與整個經濟體的長期增長之間，也有密切關聯，故亦包含在經濟發展的意義中。

從以上說明，瞭解到經濟發展與經濟成長這二個概念之間，其意義是不一致的；同時，也瞭解到兩者之間具有相互促進的關係，為什麼呢？追求經濟的不斷成長，一直是人們努力的目標之一；可惜的是雖然經濟都在不斷的發展，但並不是每一個國家或地區的人們，都能如願的達成其經濟成長的目標。此一事實，說明了經濟成長是要具備一些前提條件的（詳下文），或者是要在適合的環境下，才可能出現經濟成長的。進而言之，當某一個地區的經濟發展，能創造出或具備了成長所需的條件或環境時，該地區可望出現所謂的經濟成長。同時，當一地區起動其經濟成長以後，於成長的過程中，若能及時配合改善其妨礙成長的諸因素，也就是說在適合的經濟發展下，方能維持其成長趨勢；否則，其成長終告結束，乃至於經濟出現危機。

二、經濟成長的測定

如上所述，經濟成長是指一個經濟體的潛在實質 GDP 水準或平均每人的潛在實質 GDP 水準，其在長期間的持續增長情形；因此，在理論上，可以潛在實質 GDP 水準或平均每人的潛在實質 GDP 水準，來計算其增長率，用以表示該經濟體的經濟成長情形。

由於一經濟體在不同的時點，並不一定常處於充分就業；因此，如何根據每一期公布的實際 GDP 數據或以其他方法，來推估出該經濟體潛在 GDP 水準的長期趨勢線，並據以推算其增長率，則是一個專業的問題。不過，常見各國政府每

年均公布其經濟增長率，此一經濟增長率是以其實際的實質 *GDP* 水準（非潛在 *GDP* 水準）所計算得到的；例如一國去年之實質 *GDP* 為 500 億元，今年為 530 億元，則今年之經濟增長率為 6 %（ $= \dfrac{530 - 500}{500} \times 100\ \%$ ）。

除了上述經濟增長率的計算問題以外，尚有一個有關經濟成長來源的測量問題（詳下文），是大家所關心的。此一問題是，在一國的經濟成長中，其來自於勞動投入量增加、資本投入量增加以及技術進步等三方面的貢獻，到底各有多少的問題。不同的國家在不同的經濟發展階段，此三方面對於經濟成長的貢獻，其重要性並不完全一樣。

至於在國際上，各國經濟發展程度的分類，一般多以平均每人的實質 *GDP* 或 *GNP* 水準的高低為準，大致分為先進國家、中度開發國家與低度開發國家等三類。根據世界銀行 2000 年出版的《世界發展報告》，按 1998 年的每人平均 *GNP* 水準，將高於 9,361 美元的國家列為先進國家或高所得國家，將低於 760 美元的國家列為低度開發國家或低所得國家，並將介於 760 ～ 9,361 美元的國家列為中度開發國家或中所得國家；其中，臺灣地區在 1998 年的每人平均 *GNP* 水準為 12,040 美元，已列為高所得國家之一。

觀念研習

1. 何謂經濟成長?
2. 何謂經濟發展?
3. 經濟成長如何測定?

第二節　經濟發展階段

　　誠如前述，一個經濟體的發展，除了包括其經濟體大小的變化以外，也與其經濟結構、社會結構、法規制度以及文化思想等方面的變動，有所關聯。不過，一般人較關心的經濟發展問題是，經濟發展是否有些共同的經驗？以及各國的不同發展經驗中，有無可供他國仿傚的地方？何以有些國家的經濟發展，能夠最終步上或出現所謂的經濟成長現象，而有些國家卻做不到？最後一個問題，將於下一節說明。

　　隨著貨幣的使用，市場交易方式的建立與不斷擴大，科技文明的進步，以及相關法規制度的逐漸改善與完備，使得在不同的時期，各國經濟也呈現出不一樣的發展特質。因而，有些經濟學者乃依據這些特質，把經濟發展分為不同的階段來加以說明，並強調經濟具有按階段逐次發展的趨勢。例如，德國經濟學家**李士特** (F. List) 首先將經濟發展分為漁獵、游牧、農業、農工業及農工商業等五個時期；而美國經濟學者**羅斯托** (W. W. Rostow) 亦將經濟發展分為五個階段，即**傳統社會** (the Traditional Society，以農業為主)、**起飛前的準備階段** (Pre- conditions for the Take-off，逐漸由農業步入工業社會)、**起飛階段** (the Take-off，以工業為主)、**邁向成熟階段** (the Drive to Maturity，由輕工業轉型為重工業與精密工業) 及**大量消費階段** (the Age of High Mass-consumption，以耐久性消費財的生產為中心)。大致而言，歐美日等先進國家是處於大量消費階段；臺灣、南韓以及其他中度開發國家，則落於邁向成熟階段以及起飛階段中；至於低度開發國家，則大多落在起飛前的階段，或有些甚至仍處於傳統社會的發展階段中。

　　如何使一個經濟體能加快進入下一個發展階段，專家學者的看法並不一致。有些人主張採用各產業部門同時並舉的**平衡發展** (Balance Development) 策略，有些人則主張首先集中發展少數關鍵領導產業的**不平衡發展** (Unbalance Development) 策略；至於臺灣則大致採用優先發展具比較利益產業的發展策略 (詳下文)，可算是一個成功的發展案例，受到世人的推崇。

觀念研習

4.李士特將經濟發展分為哪幾個時期?

5.羅斯托將經濟發展分為哪幾個階段?

第三節　經濟成長的前提與決定因素

本節將依序說明經濟成長的前提條件、決定因素及加速成長的方法。

於研究各國的經濟成長經驗中，逐漸認識那些出現經濟成長的地區或國家，除了有穩定的政經環境以外，都具備一個最基本的前提條件，即適當的**誘因機制**(Incentive Mechanism)。所謂誘因機制，是泛指誘導人們從事任何行為的一項設計或安排；在此，所謂「適當的」誘因機制，是指有利於經濟成長的誘因機制（詳下文）。

詳言之，此一適當的或有利於經濟成長的誘因機制，與下述三種制度安排的關係相當密切：

(一)尊重市場機能以配置資源

除非有必要的或階段性的借助於政府部門或公權力較為適當的場合，原則上還是要尊重市場機能在資源配置上的功能。因為市場能夠使得買賣雙方均依其比較利益原則，以機會成本最小的代價，去有效使用其所擁有的各項資源，且選擇在最佳的時機調整其資源的利用方式；因而，無論在分工、專業化生產、交易活動、消費與投資等各方面，才能有最好的表現。

不過，市場機能的充分發揮與更為健全，仍有賴於相關交易配套制度的建立與落實，一方面才能維護市場機能的有效運作，一方面得以降低交易成本，並擴

大市場機能的適用範圍。簡單地說，至少要在財產權制度與降低交易成本方面有所突破與進展，才可能發揮市場的功能。

㈡適當的財產權制度

財產權 (Property Rights) 是指涵蓋對於資源、資產（含金融性資產）與財貨（含智慧財產權）的擁有、使用與處置等三方面權利的一套社會制度安排。就整個社會的眾多種類的資源、資產與財貨而言，如何去安排哪些資源或財貨的歸為私有或公有、私用或公用、私人或公家何者有處置與收益權，才算是有利於經濟成長的財產權制度，一直是大家關心的問題。不過，就常理瞭解，私有財產權 (Private Property Rights) 為主的財產權制度，比較有利於市場機能的發揮。為什麼呢？因為在私有制之下，一方面私人財產可以免除政府或國家的不當徵收，一方面私人較有誘因按比較利益原則去使用自己擁有的資源。

㈢在降低交易成本方面

交易成本是指除了交易標的物的成交價與成交條件（含交款方式、運輸、保險等項）所涉及的款項以外，凡是在交易前、交易中及交易後可能產生的費用都包括在內，如相關資料蒐集的資訊成本、買賣合約執行有關的監督成本、不履行合約或解約時的控訴費用或損失等項；因此，當一個社會由於法律制度的更為完備，資訊成本較低，或買賣雙方均較為誠實時，則將有利於降低交易成本，使得市場機能更能發揮其功能。

同樣地，利用貨幣進行交易，也會節省許多交易成本；因此，一個幣值穩定的經濟體，以及金融市場更為發達的經濟體，都將更有利於市場機能的發揮。

另外，一些經濟組織，不管是生產性組織（如各種類型的廠商、聯盟等）或消費性組織（如消費合作社、聯誼社等），其設立與演變也多以降低交易成本為主要考量因素。

在上述三種制度安排之下，將基本上提供一個有利於經濟成長的誘因機制環境；此時未必一定能保證會出現經濟成長，只是相對上較能抓住經濟成長的機遇。因此，當機會來到時，就有可能出現經濟成長現象。

除了上述三種制度安排以外，若要能使經濟成長持續下去，仍必須讓人們具有從事下述三項活動的誘因才行，即⑴願意進行儲蓄並用於投資，以累積資本，進而能提高每一勞動者所使用的資本量；⑵願意加強人力資本的投資，使得個人以及人類技能（含書寫能力、使用電腦等方面）與知識（含觀念的現代化）的不斷提昇；⑶願意從事研發活動，開發新科技與新產品。因而，這三項活動，可以說是經濟成長的決定因素。

同理，也瞭解到可以藉由下述方法，來加速經濟成長：⑴鼓勵儲蓄；⑵鼓勵從事研究與發展活動；⑶發展高科技產業；⑷促進國際貿易；⑸改善教育制度，提昇教育品質。

6.經濟成長的前提是什麼? 其與哪些制度安排較密切相關?

7.經濟持續成長的決定因素是什麼?

8.如何加速經濟成長?

第四節　經濟成長來源的衡量

本節將利用總合生產函數的概念，來分解經濟成長的來源，以瞭解不同來源或因素，在其經濟成長上所占的比重大小。

於第十三章中說明勞動市場的勞動需求曲線時,曾引入總合生產函數的概念。誠如上述，所謂總合生產函數，是表示一個經濟在現有生產技術條件限制下的生產能力；簡言之，就是表示在一定期間中，其實質國內生產額 (Y) 與全部勞動投入量 (L)、資本投入量 (K) 及其他生產要素之間的關係。就以函數 (F) 來表示此一關係時，則總合生產函數可以表示為 $Y = F(K,L)$。

為便於利用平面圖形來表示總合生產函數，以及從每一單位勞動的產出，或所謂的**勞動生產力** (Labor Productivity)，來瞭解一經濟生產能力的變動情形，則可以將總合生產量或總合產出，分解為勞動投入量 (L) 與勞動生產力 $(\frac{Y}{L})$ 的相乘積，即

$$Y = L \cdot (\frac{Y}{L})$$

接著，可以將總合產出的變動情形 $(\frac{\Delta Y}{Y})$，分別表示為來自勞動投入量的變動 $(\frac{\Delta L}{L})$ 以及勞動生產力的變動 $(\frac{\Delta(\frac{Y}{L})}{(\frac{Y}{L})})$，即

$$\frac{\Delta Y}{Y} = \frac{\Delta L}{L} + \frac{\Delta(\frac{Y}{L})}{(\frac{Y}{L})}$$

根據上述關係，可以非常容易的瞭解經濟增長情形，一者是來自於勞動投入量的增加部分，二者是來自勞動生產力的增長部分。如圖 15–2 所示，又可以進一步將勞動生產力的增長部分，進一步分解為每一勞動投入量使用資本量 $(\frac{K}{L})$ 的增加，以及來自技術上的進步。如圖所示，當勞動生產力由 100 增加到 200 時（表現在縱軸上），一方面是由於每一勞動使用資本量由 150 提高到 300（表現在橫軸上），以及另一方面是勞動生產力曲線（可將勞動生產力函數定義為 $f(\frac{K}{L}) \equiv \frac{F(K,L)}{L}$)，因技術進步的關係，由 f_0 曲線上移至 f_1 曲線；其中，前者使得勞動生產力由 100 提高到 145（表現在由 A 點到 B 點），而後者使勞動生產力進一步提昇到 200（表現在由 B 點到 C 點）。值得注意的是，於圖 15–2 中的勞動生產力曲線（f_0 或 f_1)，亦均具有邊際報酬遞減的性質，主要是因為在 $\frac{K}{L}$ 持續提高時，其他的生產要素投入量（如勞動投入量維持在一個單位，及其他要素亦維持不變）均

維持不變所致。

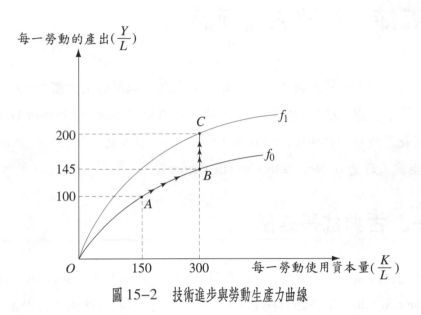

圖 15-2　技術進步與勞動生產力曲線

　　總之，根據上述說明，瞭解到至少可以將經濟成長的來源，分為三項，即(1)來自勞動投入量的變動；(2)來自每一勞動使用資本量的變動，以及(3)來自技術進步的部分。就每一國家或經濟體的成長經驗來看，其在不同時期的三項經濟成長來源比重，並非固定不變。

9. 經濟成長的來源，可以分為哪兩項？

10. 經濟成長的來源，可以細分為哪三項？

第五節　經濟成長理論

本節將利用上一節提及的總合生產函數概念，以及勞動生產力曲線的圖形，來扼要說明三個經濟成長理論，即⑴**古典成長理論** (Classical Growth Theory)；⑵**新古典成長理論** (Neoclassical Growth Theory)；⑶**新成長理論** (New Growth Theory) 或**內生成長理論** (Endogenous Growth Theory)。

一、古典成長理論

古典成長理論，其理念主要來自**馬爾薩斯** (Thomas Robert Malthus)，且被**亞當斯密** (Adam Smith)、**李嘉圖** (David Ricardo) 及十八世紀末期與十九世紀初期的經濟學者所接受。古典成長理論包含二個重點：⑴實質 GDP 的成長是短暫的；⑵當平均每人實質 GDP 水準，超過一般人維持生存所需之水準時，終將導致人口大量的增長，而使得平均每人實質 GDP 水準降至維持生存所需之水準。換言之，古典成長理論並不否認資本的累積、技術的進步、市場的擴大等因素，可能促使經濟出現成長；不過，此一理論認為人口的不斷膨脹，以及在勞動邊際報酬遞減法則的作用下，終將使得成長無法永遠持續下去，而平均每人實質 GDP 水準必然回到所謂的維持生存所需之水準而已。

現在利用圖 15–3 來扼要說明古典成長理論的重點。如圖所示，令維持生存所需的每人實質 GDP 水準為 y^*；因此，當每一勞動使用資本量由 k_0 增加為 k_1 時，則 A 點所表示的每一勞動平均產出水準高於 y^*，將導致人口的增長，而使每一勞動使用資本量由 k_1 回降為 k_0，即最終又回到原均衡點 E 的地方。另一方面，當技術有所進步，而使勞動生產力曲線上移到 f_1 曲線時，則每一勞動平均產出水準會高於 y^*，如 F 點所示，亦將導致人口的增長，而使每一勞動使用資本量由 k_0 下降至 k_2，即最終會回到與 y^* 相適應的 k_2 水準，如 G 點所示。

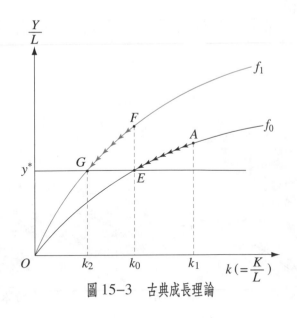

圖 15-3 古典成長理論

二、新古典成長理論

新古典成長理論，其理念首先來自 1920 年代的**雷姆協** (Frank Ramsey)，並由 1950 年代的**梭羅** (Robert Solow) 所發展出來的。新古典成長理論包括三個重點：⑴由於技術變動將導致投資活動的進行，故能提高平均每人實質 *GDP* 水準；⑵技術變動的快慢會影響經濟成長率的大小，而非後者影響前者；⑶技術變動的出現與快慢，並非人力能左右的。換言之，新古典成長理論認為成長的起因來自於技術變動，有了技術變動以後，將增加投資，使每個勞動所使用的資本財增加了，故其生產力跟著提高，以致於使得平均每人的 *GDP* 水準得以成長。同時，當技術變動較快時，經濟成長率較高；反之，當技術變動較慢時，經濟成長率較低。不過，該理論仍認為會受到資本邊際報酬遞減法則的影響，而使得經濟成長無法永遠持續下去。

在圖 15-4 中，直接利用總合生產函數來說明新古典成長理論的重點。如圖所示，當技術進步時，總合生產函數由 $F(K, L_0)$ 上移為 $G(K, L_0)$，表示在資本投入量不變下 $(K_1 = K_0)$，產出水準由 Y_0 增加為 Y_1；至於，後續的產出水準的提高至 Y_2 及 Y_3，主要是來自於資本的累積，即增至 K_2 及 K_3；可是，由於資本邊際報酬遞減法

則的影響，其產出水準的增長幅度逐漸變小，無法使經濟成長永遠持續下去。

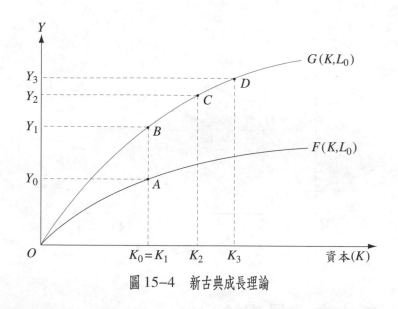

圖 15-4　新古典成長理論

三、新成長理論

　　新成長理論，其理念首先來自 1930 及 1940 年代的**熊彼得** (Joseph A. Schumpeter)，而由 1980 年代的**盧卡斯** (Robert E. Lucas, Jr.) 及**羅莫** (Paul Romer) 所發展出來。新成長理論包括二個重點：⑴平均每人實質 GDP 水準的成長，是來自於人們為了滿足無窮慾望，而不斷追求利潤、創新、開發新產品及提高生活素質等方面，所進行的抉擇與努力；⑵實質 GDP 水準的成長是可以永遠持續下去的。

　　該理論是架構在如下的四個事實之上的，即⑴新產品的發明或新技術的發現可能有部分的運氣成分在內，但科技進步的快慢仍主要決定於人們在找尋新技術方面所下的決心與努力；⑵新發明或發現在專利權或智慧財產權的保護下，雖然能享受幾年的利潤，但在市場的競爭壓力下，該利潤將受到抑制；因此，人們仍須不斷進行新產品的開發，或尋找較低成本的生產方法，才能確保或增加利潤；⑶新發明或發現終有一天會免費供社會大眾來共享；⑷就整個經濟體而言，利用複製工廠的方式，將使得資本的邊際報酬不再出現遞減現象。

換言之，新成長理論認為經濟成長來自於技術變動；技術變動的出現或速度，在相當程度內是由於利潤的追求、市場的競爭壓力、專利權或版權的規範以及資本的邊際報酬不再有遞減現象等因素的作用下，主要決定於人們對於該技術變動的抉擇與努力，技術變動已不再是人力所無法左右的一項變數，因而新成長理論認為成長是可以永遠持續的。

　　如圖 15–5 所示，亦可以利用總合生產函數的不斷上移，來表示技術變動的持續出現。為什麼呢？因為技術的變動，有可能體現在勞動投入上面，亦有可能體現在資本財上面；因此，總合生產函數可以修正為

$$Y = F(nK, hL)$$

　　其中，n 及 h 分別表示體現在 K 及 L 上面的技術指標。換言之，同樣的 K 及 L，若其體現較高的技術指標時，其有效的資本及勞動投入也就不一樣，其產出水準將會提高。根據新成長理論，認為在知識的不斷增進以及研究發展的不斷推動下，n 及 h 會不斷的提昇；如圖 15–5 所示，總合生產函數不斷由 $F(n_0K, h_0\bar{L})$，依次變成 $F(n_1K, h_1\bar{L})$、$F(n_2K, h_2\bar{L})$ 等等，故可以隨資本累積的由 K_0 增加為 K_1、K_2 等等，其產出由 Y_0 提高為 Y_1、Y_2 等等，產出水準的增長幅度及其增長率，將可以持續下去。

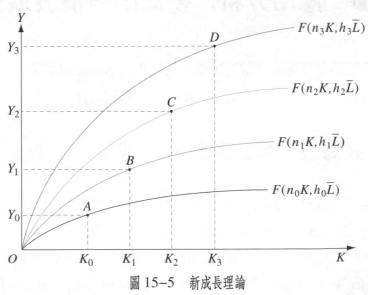

圖 15–5　新成長理論

於上述三個成長理論中，無法判明哪一個是正確無誤的；不過，每一個成長理論都有其強調的論點，仍值得大家深思。古典成長理論提醒我們生產資源（如資本、土地等）是有限的；因此，若無科技的進步，人類終將無法逃出邊際報酬遞減法則的手掌心。新古典成長理論也得到類似之結論，不過其強調將受到資本邊際報酬遞減法則的限制，而提醒我們不能光靠累積資本以達到持續的成長。新成長理論強調人類知識的不斷累積以及在研究發展上的不斷努力，已具有加快技術變動的可能性，足以逃脫邊際報酬遞減法則的控制。

觀念研習

11.古典成長理論的重點是什麼?

12.新古典成長理論的重點是什麼?

13.新成長理論的重點是什麼?

第六節　應用分析：臺灣的經濟發展與省思

本章已就經濟發展與經濟成長的概念及其相關論點加以說明，本節將以臺灣經濟發展與成長為例，來對照瞭解本章提供的一些理念及其不足之處。

一、臺灣經濟發展的歷程與成就

臺灣在經歷過戰火的洗禮之後，其經濟發展依時間之先後順序，大致分為以下幾個時期：(1)民國 34～40 年的戰後重建時期；(2)民國 41～49 年的第一次進口替代時期；(3)民國 50～59 年的出口擴張時期；(4)民國 60～69 年的第二次進口替代時期；(5)民國 70～79 年的產業升級時期；(6)民國 80 年以來的經濟自由化時期。

所謂進口替代，是指採行相關限制進口的措施，並鼓勵國內廠商自行生產，用以替代某些原須靠進口的財貨，以便達到少進口與節省花費外匯的意思。第一次進口替代時期是以替代非耐久性消費財貨的進口為對象，而第二次進口替代時期則以替代原材料等中間財貨以及耐久性消費財貨的進口為對象。一般而言，進口替代的方式，有點類似不平衡發展策略的做法；不過，其選取的產業是重要的進口產業，而非一定是關鍵領導產業。同時，進口替代並不是一種按比較利益原則，而是一種試圖在短期內以比較高的代價，以求改進經濟體質或競爭實力的做法；不過，其是否值得，仍受到質疑。特別是第二次進口替代，所花費的代價更為高昂。

　　所謂出口擴張，是指在國內市場漸趨飽和的情況下，政府改為鼓勵對外出口，拓展國外市場，賺取更多的外匯，因而出現出口急速擴張的情形。出口擴張之所以能夠辦得到或成功，主要是按各國的比較優勢，專業利用其資源所致，因而使得其出口品在國際市場上才具有競爭力。

　　產業升級是指密集使用勞動的產業逐漸受到淘汰，改為高附加價值的資本、技術、知識或人力資本較為密集的產業。在國際市場上，隨著一國經濟的發展，其勞動投入量逐漸不足以滿足市場所需，因而工資、地租等逐漸提高，但資金的成本卻比以前更便宜，使得勞動密集型產業的比較優勢受到挑戰，並逐漸消失，以致於外移到其他國家或地區，而本國的產業乃得以升級為具更高附加價值的產業。

　　產業升級對於那些受到衝擊的企業與勞動者，政府可以從協助的立場，以減緩其受傷程度，並鼓勵其轉型。同時，在升級所需的技術、人力、土地與資金等方面，政府也要有前瞻性的規劃，並逐步落實在相關教育、法規、行政等層面上的改善，才能使產業升級更為順暢。

　　臺灣經濟國際化以後，如何提昇國際的競爭力，就成為民間與政府的頭等重要問題；同時，一方面來自於他國的壓力，一方面來自於本國整體利益的考量，政府對於經濟的不必要介入與管制，乃能獲得突破性的調整，使臺灣經濟走向更為全面性的自由化，以充分發揮按比較利益原則，在國際與國內的全球市場上，整合並有效使用臺灣所擁有的資源。

臺灣在近五、六十年來，經歷上述各時期的發展，其成長是有目共睹的，以每人 GNP 水準來看，從民國41年的196美元，民國89年達到14,188美元，可以說由低度開發國家，逐漸跨越中度開發國家，並成功進入所謂的先進國家或已開發國家之林。當然，亦可以從臺灣的產業結構、消費結構、人口結構、所得分配、人力素質等方面，觀察其在各時期的變化情形，以更進一步瞭解臺灣經濟發展的內涵。

臺灣經濟發展的成功因素是什麼呢？大致與前述提及的經濟成長的前提條件及相關制度安排，以及經濟成長的決定因素或加速經濟成長的方法等項因素相類似。其中，特別值得強調的是，臺灣經濟發展的策略，基本上是相當成功的，即以優先發展能發揮比較利益的產業為大方向；同時，政府及民間都相當尊重市場的資源配置功能，以及具有相當高的儲蓄率，並相當重視教育。目前政府亦正逐步將公有企業民營化，以改善公有企業的經營效率。

二、臺灣經濟發展的省思

經濟發展的終極目標，是增進人類的福祉。光提昇每人的物質享受水準，或僅追求經濟的片面發展與成長，而沒有從精神及文化等非物質層面，或沒有從社會治安、政治民主、生活環境及自然生態等非經濟面，去通盤考量人類福祉的內涵，還是不行的。

由於一個社會可供使用的資源是有限的，因而若在經濟面投入較多的資源，其在其他方面所能使用的資源就較少；換句話說，經濟發展與經濟成長即使相當成功，但其代價或其機會成本，或其負面影響，如環境受污染、水土遭破壞、治安更加惡化等項，到底有多大，是值得深思的。

臺灣經濟發展雖然相當成功，但其代價到底多大的問題，已逐漸受到大家的關注，例如河川、空氣、土壤等環境的污染問題，景觀、自然生態及水土流失等環境的破壞問題，以及治安的惡化問題，這些問題都直接關係人類的生活品質，乃至於人類的生存環境，原就是經濟發展的本意與要關照的層面之一；因此，臺灣未來的經濟發展，必然比以前更加重視那些非經濟層面的，但卻與人類生存與

生活的環境與品質息息相關的因素。

觀念研習

14. 臺灣在民國 34 年以來的經濟發展，大致可以分為哪幾個時期?

15. 何謂進口替代? 其與比較利益原則是否相容?

16. 何謂出口擴張? 其與比較利益原則是否相容?

17. 何謂產業升級? 其與比較利益原則是否相容?

18. 臺灣經濟何以能走向全面自由化的道路?

19. 臺灣經濟發展的成功因素是什麼?

20. 經濟發展無論成功與否，都是有代價的，為什麼?

21. 臺灣經濟發展將會更重視哪些方面的問題?

本章摘要

1. 所謂經濟成長，是指一個經濟體的潛在實質 GDP 水準或平均每人的潛在實質 GDP 水準，其在長期間出現持續增長的現象。通常利用上述二種實質 GDP 水準的增長率大小，來表示經濟成長的情形。

2. 所謂經濟發展，除了含有經濟成長的意義以外，亦指與整個經濟體長期增長有關的因素的演變過程；這些因素中，包含制度與觀念、產業結構、環境保護、生活方式、社會關係等項。

3. 李士特將經濟發展分為漁獵、游牧、農業、農工業與農工商業等五個時期。

4. 羅斯托將經濟發展分為五個階段，即傳統社會、起飛前準備階段、起飛階段、邁向成熟階段與大量消費階段。

5. 經濟成長的前提條件，除了要有穩定的政經環境以外，尚須有一個適當的誘因機制。而此一誘因機制與下述三種制度安排之間有密切的關聯：(1)尊重市場的配置資源功能；(2)適當的財產權制度；(3)與降低交易成本有關的其他項目。

6. 經濟持續成長的決定因素，是具有從事下述三項活動的誘因，即(1)儲蓄與投資；(2)人力資本的投資；(3)從事研究發展活動。

7. 經濟成長的來源，可以歸為三項，即(1)來自勞動投入量的變動；(2)來自每一勞動使用資本量的變動；(3)來自技術進步的部分。

8. 依其著重點之不同，大致可以將經濟成長理論分為三個，即古典成長理論、新古典成長理論與新成長理論。

9. 臺灣近五、六十年的經濟發展，可以依時間之先後順序，分為六個時期，即戰後重建時期、第一次進口替代時期、出口擴張時期、第二次進口替代時期、產業升級時期與經濟自由化時期。

10. 臺灣經濟發展的成功因素中，特別值得一提的是，以優先發展能發揮比較利益的產業的發展策略，相當尊重市場機能，具有相當高的儲蓄率以及相當重

視教育。

11.臺灣未來的經濟發展，將比以前更為重視經濟成長以外的，而與人類生存生活的環境品質息息相關的因素。

習　題

1. 請利用生產可能曲線的圖形，說明經濟成長的意義以及成長的來源。

2. 試比照利用本章有關經濟發展與經濟成長的概念與內容，說明個人要如何自我發展與成長的道理。

3. 試比較古典成長理論、新古典成長理論及新成長理論三者的異同之處。

第十六章

國際貿易
與國際金融

要衡量或決定一國國民所得水準的大小，除了要瞭解民間消費支出、國內投資毛額與政府支出等三項因素以外，尚要考慮出口與進口的影響。同時，進出口亦關係到一個經濟體的失業、物價與增長等總體經濟層面上的問題。

本章將扼要討論與出口、進口有關的國際貿易及國際金融等二方面的課題，例如國際貿易為什麼會發生？有哪些干預進出口的方式？匯率是如何決定的？以及國際收支平衡表是什麼表？

明言之，本章分為四節。第一節說明國際貿易的基礎與利益；第二節介紹國際貿易政策；第三節討論國際投資、國際收支與匯率等方面的課題；第四節應用分析，簡單說明臺灣的對外貿易現況，以實際瞭解本章提及的有關國際貿易的一些理念。

第一節　國際貿易的基礎與利益

本節將依序說明國際貿易的意義、國際貿易的理論基礎、國際貿易的利益與討論國際貿易發生的原因。

一、國際貿易的意義

當任何財貨與勞務的買賣，或任何生產要素的供應與使用，是由屬於不同國籍的雙方所進行時，此種商業活動就稱為**國際貿易** (International Trade)。較常見的貿易對象，有經過二國海關的進口品與出口品，以及跨國的客貨運輸、旅遊、通訊、保險、金融、營建等勞務，還有資本財、勞工或科技人才、技術、資訊等項目的進出。

與本國人彼此間的交易活動的主要不同之處，在於國際貿易同時存在兩國政府的干預，以及涉及使用兩種不同的貨幣。政府干預的方式，常常除了頒訂貿易相關法規以外，大致具體表現在各國的國際貿易政策上面；至於兩國貨幣間的兌換比例或匯率關係，則與各國所採行的**匯率制度** (Exchange Rate System) 有關。

國際貿易的進行，對於本國與對手國來說，都是市場的擴大。一方面，表示本國的資源可與他國的資源，進行更有效的結合，以提高其配置效率；另一方面，經由兩國人民的貿易交流，除了增進彼此的瞭解以外，也可促進技術與知識的學習與進步。

二、國際貿易的理論基礎

　　兩國之間，何以會有貿易發生呢？其道理與兩人之間，何以會出現分工合作的情形類似，為什麼呢？首先，於第一章曾利用機會成本的概念，討論兩資源會根據比較利益（或相對優勢）原則來使用，以生產該資源的具比較利益或機會成本相對較小的財貨。可以想見，相較於不是按比較利益原則使用資源的情形，此時將會有比較多的產量出來。因此，當兩資源分別由兩人擁有時，若也採用上述比較利益原則，來合作使用此兩資源，或分工生產各自的具比較利益的產品，且在雙方同意的交換條件下，進行產品分配，均將使得兩人共蒙其利。

　　其次，如何將上述道理推廣到兩國之間的貿易呢？假設有甲、乙兩國，各國的資源均已按照上述的比較利益原則加以配置，用於生產 A、B 兩財貨；而根據甲、乙兩國的現有資源以及技術水準，其生產 A、B 兩財貨的生產可能曲線，如圖 16–1 的 PPC_1 曲線及圖 16–2 的 PPC_2 曲線（參閱第一章）。

　　當不存在國際貿易的情況下，假設各國在其消費者與廠商透過市場的運作，最終共同決定的市場均衡財貨組合，如圖中的 E_1 及 E_2 點所示，甲、乙兩國分別為 (A_1, B_1) 與 (A_2, B_2)。同時，利用生產可能曲線在 E_1 及 E_2 點的斜率（以絕對值來看，下文同），一方面可以表示多生產一單位 A 財貨所必須放棄或減少 B 財貨的數量，也就是說，生產此一單位 A 財貨的邊際機會成本（以 B 財貨的數量，而非以各國的貨幣來表示）；另一方面，在消費者心目中，其多消費一單位 A 財貨所必須放棄或減少 B 財貨的數量，剛好可以 A 財貨的市場價格（以各國貨幣表示）除以 B 財貨的市場價格，所得到的 A 財貨的相對價格（此時亦以 B 財貨的數量來表示），也就是消費一單位 A 財貨的機會成本，或者說是一單位 A 財貨在消費者心目中的邊際價值（均以 B 財貨的數量表示）。因此，當財貨市場均衡時，表示 A 財貨的邊際

成本將等於其邊際價值。

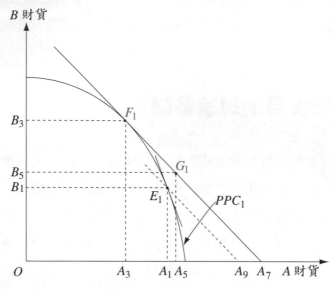

圖16–1　甲國的生產可能曲線及其市場均衡財貨組合

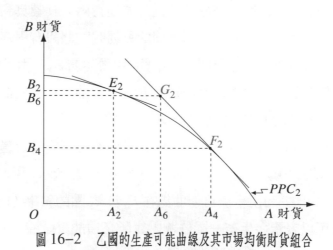

圖16–2　乙國的生產可能曲線及其市場均衡財貨組合

　　於圖中 PPC 曲線上在 E_1 及 E_2 點的斜率，得知前者大於後者(以絕對值來看)，此一情形表示甲國生產 A 財貨的邊際機會成本較高，也就是說乙國生產 A 財貨具有比較利益或比較優勢；此時，亦表示 A 財貨在乙國的相對價格較低，也就是較便宜。

　　同理，亦可用斜率的倒數，來表示生產 B 財貨的邊際機會成本，並得出甲國

在 B 財貨的生產上具有比較利益或優勢；亦即，表示 B 財貨在甲國較便宜。

因此，當兩國之間進行貿易以後，甲國會將其較便宜的 B 財貨出口賣到乙國，而乙國也會將 A 財貨出口到甲國。其結果是：

⑴甲國為了出口的需要，將多生產其具比較利益的 B 財貨，而減少 A 財貨的生產，使得甲國生產 A 財貨的邊際機會成本往下降；同理，乙國亦為了出口的需要，將多生產其具比較利益的 A 財貨，而減少 B 財貨的生產，使得乙國生產 A 財貨的機會成本往上升。

⑵甲國 A 財貨將因進口增加量大於生產減少量，而使得供給增加，導致其市價的降低；同時，甲國 B 財貨將因其增產的關係，而在邊際報酬遞減法則的作用下，其邊際成本往上升，而導致市價的上漲。綜合言之，在甲國 A 財貨的相對價格，將隨著貿易的進行，而逐漸降低。同理，亦可以得出，在乙國 A 財貨的相對價格將逐漸提高。

⑶當兩國的政府對於貿易沒有任何干預時，此時相當於兩國的市場合一；因此，將存在一均衡的相對價格，此時，各國的進口值也將等於其出口值，而各財貨在一國的進口量也等於另一國的出口量。

經由上述說明，瞭解到開放貿易以後，A 財貨的相對價格將介於在未貿易以前，分別在兩國的相對價格之間。如圖 16–1 及圖 16–2 所示，首先，F_1 及 F_2 點分別表示貿易均衡時，甲國及乙國之財貨生產組合點，其與未存在貿易的 E_1 及 E_2 點比較，得知兩國均朝多生產其具比較利益之財貨，而少生產另一項財貨；並得知 F_1 及 F_2 點仍然在各國的生產可能曲線上。其次，G_1 及 G_2 點分別表示貿易均衡時，甲國及乙國之財貨消費組合點。與生產組合點比較，瞭解到甲國進口 A_3A_5 的 A 財貨，及出口 B_3B_5 的 B 財貨；而乙國則出口 A_6A_4 的 A 財貨，及進口 B_6B_4 的 B 財貨。

如同上述，均衡時，A_3A_5 等於 A_6A_4，且 B_3B_5 等於 B_6B_4；此時，表示甲國剛好以 B_3B_5 的 B 財貨，換回 A_3A_5 的 A 財貨，而乙國剛好以 A_6A_4 的 A 財貨，換回 B_6B_4 的 B 財貨。貿易均衡時，平均每一單位 A 財貨可以交換 B 財貨的數量，就可以由 F_1G_1 或 F_2G_2 線的斜率大小（以絕對值來看）來表示；此一交換比例，一般稱為**貿易條件** (Terms of Trade)，也就是前述的均衡的相對價格。換言之，在自由貿易的情況下，貿易的結果，將出現兩國 A 財貨相對價格的均等化。

最後值得一提的是，G_1 及 G_2 這兩個消費點，均在各國生產可能曲線的右上方，表示此種消費組合點，在沒有貿易的情況下是達不到的。進而言之，與未貿易情況下的消費組合點 E_1 及 E_2 比較，各國在 G_1 及 G_2 的財貨組合下，將得到較高的滿足水準，或提高其福利水準，這也就是國際貿易發生的最根本理由，即經由國際貿易可以使兩國均能互蒙其利，得到雙贏的結局。

以上，是從比較利益或比較優勢的觀點，來解析並建構國際貿易的理論。換言之，比較利益原則，不但是各國有效配置其資源的準則，而且也是國際之間有效共同配置所有資源的準則，故亦為建立國際貿易理論的基礎。於下文中，將依循比較利益原則，從不同的角度，來討論有哪些因素會影響一國的比較利益，而進一步得到不同的國際貿易理論，用以強調國際貿易發生的不同原因所在。

三、國際貿易的利益

於上文中提及國際貿易的意義時，瞭解到經由國際貿易的進行，除了確實能於貿易的過程中，提高消費的滿足水準以外，尚有可能從貿易交流中，得到諸如促進彼此在知識、技術、文化等方面的學習、瞭解與進步的機會。同時，除了促進國際分工、增進競爭以外，於後文中，亦將考量國際貿易有助於在大量生產下，實現規模經濟的好處。

在此，擬進一步利用圖 16–1 或圖 16–2，來說明**國際貿易的利益** (Gains from Trade)。就甲國而言，貿易前及貿易後的消費點，分別為 E_1 及 G_1；就 E_1 及 G_1 在圖 16–1 中的位置，得知甲國對於 A、B 兩財貨的消費量，於貿易後都增加了，故容易瞭解其人民福利的增加情形。不過，就乙國而言，E_2 及 G_2 在圖 16–2 中的位置，得知貿易後 A 財貨的消費量增加，但 B 財貨的消費量減少，故難以驟下判斷其人民福祉是否確有提昇。

為了克服上述困難，可以避開直接來比較消費量的大小，而採用以比較實質國民所得的大小，來看國際貿易的利益（尚未計入相對價格改變的替代效果）。就甲國而言，以貿易均衡的相對價格為準，可以分別過 E_1 及 G_1 點畫出二條平行直線，而其斜率如上述貿易均衡下的相對價格，此二條平行直線將分別與 A 財貨軸

相交於 A_7 及 A_9 的水準上，而 OA_7 及 OA_9 也就是以 A 財貨的數量所表示的在 G_1 及 E_1 下的實質國民所得，並瞭解到貿易後，其實質國民所得增加了 A_9A_7 那麼多。同理，就乙國而言，亦可以在圖 16–2 中，經過 E_2 及 G_2 畫出二條平行直線（於圖中未畫出），並得出乙國在貿易後，其實質國民所得亦有所增加。

四、國際貿易發生的原因

任何經濟活動的出現，可以說都是為了獲取此一活動的利益，國際貿易發生的原因，也是同樣的道理，亦即為了實現國際貿易的利益。

從比較利益或相對優勢原則，也瞭解到國際貿易利益將來自於國際間在財貨生產上的相對優勢或相對較低的邊際機會成本，或者是來自於國際間在財貨消費上的相對價格的不一致，因而使得財貨在國際間的移動有了商機存在。

雖然上述關於國際貿易理論的基礎，在於比較利益原則的觀點，頗獲大家的認同；但是，對於一國的比較優勢財貨是什麼財貨的看法，則不盡相同。不過，於上文的說明中，瞭解到可以從供給面與需求面，來深入探討國際貿易發生的原因；亦即討論有關在貿易前，國內的生產與消費的財貨組合點及相對價格的決定問題。

(一)與供給面有關的因素

所謂與供給面有關的因素，也就是影響一國生產可能曲線的位置及其形狀的有關因素，也就是該國的現有技術水準以及其擁有生產資源的質與量。當一國對於 A 財貨的生產技術水準較為精進時，或者當一國相對上擁有較多密集用於生產 A 財貨的資源時（即該資源相對較便宜時），都將使得該國在生產 A 財貨上，因邊際成本相對的較低，而具有比較優勢。

一國的技術水準以及其生產資源的質與量，是可能改變的。例如，投入比較多的研究開發資源，或引進國外技術，都有助於一國技術水準的提高；另外，資本的累積以及教育訓練等人力資本的提昇，或者引進外國資本與人力，都將增加一國生產資源的質或量。換言之，一國的比較優勢財貨是什麼財貨，於當時來看

是由現有技術水準與資源擁有量來決定的，但若從較長時期來看，則將隨著時間的經過，由於技術水準與資源擁有量的相對變動，而有不同的比較優勢財貨。

㈡與需求面有關的因素

在生產可能曲線上，表示有許許多多的財貨組合點，在現有技術與資源條件下，都是可以生產出來，至於最終將選取生產哪一種財貨組合，就要看一國消費者的選擇而定。影響一國消費者選擇的因素，有消費者的偏好型態、國民所得分配狀況、政府相關政策及制度等項。

以上的供給面與需求面有關因素，大致可以來概括說明一國出口的比較優勢財貨與進口的比較劣勢財貨，是分屬不同產業產品的情形，即不同產業間相互貿易的情形，如電視機與汽車、農產品與工業品等例子。至於**產業內的貿易** (Intraindustry Trade) 情形，如黑白電視機與彩色電視機、消費性電腦與工業用電腦、大型汽車與小型汽車等例子，已是目前國際貿易中常見的現象，要如何去解釋呢？有些學者就以大量生產的規模經濟來做說明。當未有貿易時，若甲、乙兩國均分別生產大汽車與小汽車，此時因為國內市場不大，故無法大量生產，成本高而售價也高；現在，若開放貿易，則其中一國將專門且大量生產一種車型，並出口此一車型，進口另一種車型，如此將使得大量生產的規模經濟效果出現，兩種車型的售價均降低了，兩國的生產者與消費者都將因國際貿易的出現而受惠。總之，大量生產的規模經濟的存在，也是國際貿易發生的原因之一。

觀念研習

1. 何以說比較利益原則是國際貿易理論的基礎？
2. 國際貿易有哪些利益呢？
3. 國際貿易何以能增加一國的福利水準？請以圖形來說明。
4. 國際貿易發生的原因有哪些？

第二節　國際貿易政策

　　以上討論國際貿易的進行，係單純在買賣雙方是分屬不同國籍的情況下，完全基於彼此的比較利益，由市場來決定均衡的進出口數量及其相對價格；亦即由買賣雙方在完全自由自願的情況下，或完全不受雙方政府干預的情況下所進行的跨國交易活動，一般稱為自由貿易。反之，在有來自政府方面的限制或鼓勵的情況下，所進行的跨國交易活動，就稱為干預貿易。

　　本節將首先說明政府干預貿易的理由，其次介紹政府干預貿易的方式，以及討論貿易自由化與世界貿易組織的關係。

一、政府干預貿易的理由

　　在人類歷史的長河中，經過多年來的知識學習與發展，雖然已逐漸體認到自由貿易的可貴之處，但是基於各國經濟發展水平的不一致、各國資源分配的不平均以及各國政治、社會、文化等非經濟環境的差異，等等現實因素的考量下，是否一國政府可以放任國際貿易自由進行，仍存在諸多的質疑。在此，擬就一般常見的政府干預貿易的理由，加以介紹並給予反駁。

㈠國家安全與經濟穩定

　　有些人基於國家安全與經濟穩定的考量，提出對於國防戰備工業、糧食以及國際價格變化較大的財貨，主張限制進口，以便維持相當程度的自給自足。不過，似乎可以考慮採用以較低成本的方式，如採用貯存安全存量或補貼生產等辦法，同樣能達到國家安全與經濟穩定的目的，而不用採取限制進口的作法。

㈡幼稚產業的保護

　　有人主張利用限制進口的方式，減少進口品的競爭，以保護國內新興的且尚

未具有競爭力的**幼稚產業** (Infant Industry)，使其得以成長壯大。不過，一方面，真正具有保護價值的產業難以認定；另一方面，若真正有需要保護的幼稚產業的話，更有效的作法是對廠商直接補貼，而不是限制進口。

(三)傾銷的反擊

所謂**傾銷** (Dumping) 是指外商以低於其生產成本或其國內售價的價格，或在其政府的補貼下，將其產品銷往本國的意思。因此，有些人主張以課徵**反傾銷稅** (Anti-dumping Tariff) 或**平衡稅** (Countervailing Duties) 的方式，提高傾銷品在本國的售價，以減少傾銷品的進口量。不過，一方面，此一作法將使本國的消費者無法享受到低廉的傾銷品，其利益受到傷害；另一方面，以上述標準評斷某一進口品為一傾銷品的作法，仍難與其具有藉傾銷以打擊本國廠商的惡意相關聯。

除了上述三項常見的政府干預貿易的理由以外，另外尚有諸如保護國人就業、防止外國低工資產品的入侵、追求貿易順差等項理由，也都不具有正當性，而無法自圓其說，難以令人信服以作為政府干預貿易的理由。

如同在市場運作出現問題，無法有效配置的情況下，有必要借助政府的介入，以增進市場的機能一樣，當國際市場亦出現無法充分發揮價格機能的時候，政府的干預貿易，則有其運作空間，並將有利於資源在國際間之配置，以提高本國之福利水準。例如，當貿易對手國對本國出口品課徵關稅時，或他國對於其出口品或進口品，在國際市場上具有獨占力，能左右國際價格時，則本國政府的最佳貿易政策，可能不再是採取自由貿易的方式，而是採取最適干預貿易的作法。

二、政府干預貿易的方式

一國政府為了增加或減少進出口貿易，大致可以採用鼓勵或限制的干預方式。一般而言，干預手段可以分為兩類，其一為課徵進口關稅或出口補貼，其二為進口限額或出口設限等非關稅障礙的設置。以下分別就進口及出口的干預方式，來加以說明。

㈠進口的干預手段

政府對於進口的干預手段，最常見的是**關稅** (Tariff) 與**限額** (Quotas)；此外，還有許可簽證等各式各樣的進口障礙。一般將進口限額、進口許可簽證等各種形式的管制，合稱為非關稅進口障礙。

1.進口關稅

首先，就進口關稅而言，也就是本國政府對於他國財貨抵達海關時所課徵的稅收。如同一般稅收的課徵一樣，可以分為從量稅與從價稅兩種方式，來收取關稅。從量稅是指按每一單位的進口品，課以一定金額的稅收；而從價稅是按進口品的價值，課以一定比例的稅。若以 A 進口財貨為例，其在國際上之價格為 100 元美金，在每一單位課 3 元美金的從量稅，則進口 A 財貨的單價就增加為 103 元美金；而在課徵 3% 的從價稅時，該 A 財貨的進口單位亦為 103 元美金。上述例子，不管課徵從量稅或從價稅，都使得單價增加 3 元美金，為一特例。至於一般的情形，其單價增加的額度是不同的；例如當 A 財貨的國際價格不剛好是 100 元美金，或從價稅的稅率不是 3% 時，則從量稅與從價稅將造成不一樣的單價增加金額。

不過，不管是按從量稅或從價稅來課徵關稅，都將使得該進口品在國內的售價與國際的價格不一樣，且是國內售價高於其國際價格。此一種情形，表達課徵關稅將具有三方面的影響，即與不課徵關稅的情形比較，關稅的課徵將使得：

⑴本國的消費者在較高價格的情況下，雖然購買較多的由本國所生產的該財貨，但卻是減少進口該財貨，而最終使得整個購買量降低了；因此，關稅的課徵是不利於消費者的。

⑵本國的生產者，將由於關稅的保護，而能以較高的價格，賣出更多的產量，故為一關稅課徵的獲利者。

⑶本國政府也獲得關稅收入的好處。

換言之，關稅值不值得存在，或如何課徵以及課徵額的大小，這些問題的決定，都將從上述消費者、生產者與政府等三方面，來進行綜合評估後才有答案。

2. 非關稅進口障礙

所謂進口限額，是指政府直接就一財貨的進口數量加以限定的意思。相對於關稅來說，進口限額對於本國的生產廠商及進口廠商，更加具有保護的意義，為什麼呢？因為當該財貨的國際價格有所波動時（可能來自其在國際市場上的需求面或供給面因素），該財貨在國內的售價，在課徵關稅的情況下，會跟著同向變動，但在進口限額下，卻可以維持不動；因此，該財貨由本國廠商生產供應的數量，以及由進口商供應的數量均不受到影響。換言之，進口限額將是一項比關稅更為不利於消費者的手段；同時，在進口限額下，原來由政府收取的關稅收入，也將可能全部轉移給進口商。

除進口關稅與限額以外，政府也可能採取其他手段來干預進口，例如進口須事先申請許可或獲得簽證，進口所須外匯的管制，以及財貨須符合某某規格、規範或標準才准許進口等方式。

㈡出口的干預手段

政府對於出口的干預手段，較常見的是出口補貼與出口設限；此外，還有出口退稅等其他鼓勵出口的措施。

1. 出口補貼

政府可能以為了賺取外匯或提升出口財貨在國際市場上的競爭力等理由，對於出口財貨的生產廠商給予補貼，其方式有提供低利貸款、減稅、優先取得工業用地與設置出口區等項。在有出口補貼的情況下，該財貨的出口成本降低了，故其出口量將增加。顯而易見的，出口財貨的生產廠商，將得到出口補貼的好處；不過，本國消費者可能會受到傷害，為什麼呢？一方面，由於增加產量將導致邊際生產成本的上升，因而該財貨的國內售價將可能跟著提高，且減少國內的消費量；另一方面，本國消費者亦將平均分攤政府所須支付的出口補貼的財源。

2. 出口設限

同樣地，政府可以採取課徵出口稅與出口限量等手段，來抑制出口。出口設限的實施，有可能來自於貿易對手國的要求，也有可能係本國政府基於稅收、穩定國內物價，或是為了提高該出口財貨的國際價格等方面的考量。

除了出口補貼與出口設限以外，政府為了鼓勵出口，也採取出口退稅的方式，以降低財貨出口的成本，提高其在國際市場的競爭力。所謂出口退稅，是財貨出口時，退還其生產所使用原材料在進口時所支付的關稅、貨物稅及商港建設費等稅捐。

㈢貿易自由化與世界貿易組織

隨著國際貿易理論的發展，國際間關於貿易自由化，將有助於全球以及各參與國提升其資源配置效率，並增進福利的看法，逐漸獲得共識，乃於 1947 年由 23 個國家簽訂所謂的**關稅暨貿易總協定**（General Agreement on Tariffs and Trade，簡稱為 GATT），其宗旨在於透過多邊談判，在互惠及無歧視等原則下，逐漸降低各國的關稅與非關稅障礙。

GATT 前後舉行了 8 個回合的多邊貿易談判，並於其最後一次，在 1993 年舉行的「烏拉圭回合」談判中，獲致在 GATT 的基礎上建立**世界貿易組織**（World Trade Organization，簡稱為 WTO）的結論。WTO 於 1995 年正式成立，取代原有之 GATT，其成員國已達 100 個以上，並繼續推動全球貿易的自由化。我國於 1990 年 1 月以「臺澎金馬獨立關稅領域」的名稱，向 GATT 申請加入為締約國，經歷多年的談判，於 2001 年獲准加入 WTO，並於 2002 年元月成為正式會員。

 觀念研習

5. 政府干預貿易的理由有哪些？

6. 為了保護幼稚產業的發展，政府可以採用哪些措施？

7. 政府干預進口的手段有哪些？

8. 政府干預出口的手段有哪些？

9. 當政府課徵進口關稅時，對於本國消費者與生產者有什麼影響？

10. GATT 的宗旨是什麼？

第三節　國際投資、國際收支與匯率

　　國際貿易的進行，一手交錢一手交貨（含勞務在內）。另外，國際間尚有救援、文化、體育等非經貿方面的活動，亦涉及經費的跨國使用。就進出口而言，臺灣要從國際市場上進口，就要使用外幣或所謂的**外匯** (Foreign Exchange)，如美元、英鎊、馬克、日圓等國際認可的或通用的貨幣；反之，當臺灣出口到其他國家或區域時，也回收外幣或外匯。以美元的外匯為例，當臺灣要進口時，則對於美元有需求，也就是說先要拿新臺幣去買美金；反之，當臺灣有出口時，表示出口廠商保有美元外匯的售貨款項，當該廠商要利用此一售貨款項在臺灣給付員工工資及其他開銷時，則必須將美元外匯換成新臺幣才行，也就是說先要拿美金去換或買新臺幣，即對於美元有供給。

　　同理，任何跨國活動的進行，都將涉及本國貨幣與國際通用貨幣或外匯的兌換或買賣。因此，就本國而言，為開展其在國際上的各項活動，將延伸出對於外匯的供給與需求。

　　本節將首先介紹國際投資，其次討論匯率決定有關的因素，以及國際收支平衡表的內涵。

一、國際投資概述

　　國際投資 (International Investment) 是指一種跨越國界的投資活動，例如臺灣的對外投資以及外人（含華僑）的來臺投資。國際投資通常可以分為直接投資與間接投資兩種；其中，所謂直接投資，是指到當地國投資設廠成立企業，並直接經營管理該企業的一種跨國投資活動。至於間接投資，是指包括購買他國的政府公債或企業股票、公司債等有價證券，以及跨國政府或人民之間的借貸等方式在內的一種投資活動，此一活動一般並不直接介入相關企業的經營或管理，屬於一種金融性投資行為。

就對外直接投資而言，一般是在比較當地國與本國的投資環境以後，認為當地國在原料取得、勞工僱用、租稅優惠等方面具有的優勢，以及在企業本身對於國際分工生產、分散投資風險等方面的考量之下，為了追求更大利潤的一種投資活動。而對於間接投資，則主要是一種個人理財的方式，或跨國政府之間的一種互助或互動關係的運作方式；前者是以獲利為主要考量，而後者多不以獲利為主要考量的依據。

　　與國際貿易一樣，國際投資的進行，都將涉及外幣或外匯的使用，因而也影響一國匯率水準的決定。

二、均衡匯率的決定

　　以美元外匯為例，所謂**匯率** (Exchange Rate) 是指外幣（美元）與本國貨幣（新臺幣）之間的兌換比例。一般國家（除美國以外），都將匯率直接表示為一單位外幣，可以兌換成多少本國幣（新臺幣）；例如 1 美元的匯率為 30（元新臺幣），1 馬克的匯率為 16（元新臺幣），1 英鎊的匯率為 50（元新臺幣），1 日圓的匯率為 0.29（元新臺幣）。

　　已知匯率的大小以後，就可以將進出口品的外幣價格與國幣價格互相換算。以美元匯率等於 30 為例，一輛轎車的進口價格 1 萬美元，折合成 30 萬元新臺幣；而一臺電腦的出口價格為 3 萬元新臺幣，折合成 1 千美金。

　　當美元匯率下跌時，例如從 30 降為 25 時，則進口品在國內的價格（以新臺幣表示）將下降，而出口品的美元價格將上升；也就是說，進口品比以前便宜了，而出口品比以前貴了。進而言之，當匯率下跌時，表示本國幣（新臺幣）**升值** (Appreciation)，可以用比較少的新臺幣來換一塊美金，此時進口品變成比較便宜，有利於進口。反之，當匯率上升時，表示本國幣（新臺幣）**貶值** (Depreciation)，得用比較多的新臺幣才能換到一塊美金，此時出口品變成比較便宜，有利於出口。

　　瞭解匯率的意義，及其變動對於進出口的影響以後，接下來想瞭解的問題是，匯率是如何決定的呢？為什麼匯率會上升或下跌呢？基本上，匯率就是一單位外幣的價格（以本國幣表示），就好像商品的價格一樣，可以從外幣市場，或一般所

謂的**外匯市場**(Exchange Market)，來探討外幣價格（即外匯匯率）的決定問題。明白地說，可以從外匯需求與外匯供給兩方面，來解析匯率的決定與變動的問題。

(一)外匯的需求

本國對於外匯購買量的多寡，主要決定於四項因素，即匯率、利率、物價與未來匯率的預期。當利率、物價與未來匯率預期均不變時，在一定期間的外匯購買量與匯率之間的對應關係，稱為**外匯需求**。

通常是為了下述用途，才引申出對於外匯的購買，即

⑴支付進口財貨（含物品與勞務）的價款。

⑵支付在國外期間（如旅遊、留學、洽公、經商）的開銷。

⑶支付給國外的投資紅利、貸款利息、外債本金。

⑷對外長期投資、放款或短期資本外流。

⑸對外國的移轉支付（如對外援助、贈與）。

⑹中央銀行應業務需要而購買。

⑺民間理財需要而購買。

就這些用途中，大致可以按上述四項因素，來討論其對於外匯購買量的決定。

當匯率下跌時，表示新臺幣（本國幣）升值，則一方面進口品（含在國外期間的花費，下同）變成比較便宜，有利於進口，進口量增加；當以外幣表示的進口額因而增加時，表示對於外匯的購買量也增加了。另一方面，外國的資產（如公債、股票、銀行存款、企業或不動產等）也變成比較便宜，有利於提高其持有量；當以外幣表示的外國資產購買總值因而增加時，也表示對於外匯購買量的增加。另外，外匯本身也是一種資產，當匯率下跌時，表示外匯（資產）變得比較便宜，且預期獲利增強，將會增加其持有量，因而增加外匯的購買量。同理，當匯率上升時，將減少外匯的購買量。

根據上述說明，瞭解到在其他因素（利率、物價與未來預期）不變下，外匯的購買量與匯率之間，具有負向之關係，若將此一負向的外匯需求關係，表現在圖 16–3 上面時，得到一條負斜率的外匯需求曲線，如 *D* 曲線所示。

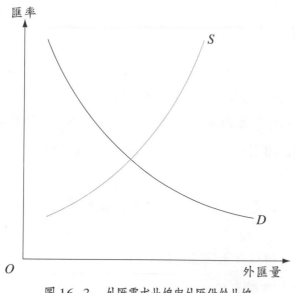

圖 16–3　外匯需求曲線與外匯供給曲線

　　其次，當本國利率相對於外國利率有所下降時，表示外國資產（如銀行存款等）比本國資產能夠得到較高的報酬，將會多購買外國資產，故必將增加外匯的購買量。簡單地說，當本國利率相對於外國利率有所下降時，外匯的需求將增加，呈現出整條外匯需求曲線的往右移動。反之，當本國利率相對上升時，外匯的需求將減少，使得外匯需求曲線往左移動。

　　第三，當預期未來匯率會上升時，表示外匯的價格將來會提高，變得較貴，故現在將會增加外匯的購買量，以持有作為未來使用，或轉換成本國幣以獲匯差；也就是說，預期未來匯率上升時，將增加外匯的需求，而使得整條外匯需求曲線往右移動。反之，當預期未來匯率下跌時，將減少外匯的需求，使得外匯需求曲線往左移動。

　　最後，當國外相對於國內的物價上升時，則進口品的價格變貴了，進口量會減少；當以外幣表示的進口額因而減少時，表示對於外匯的購買量將減少，即對於外匯需求的減少。反之，當國外相對於國內的物價下跌時，對於外匯的需求將增加。

㈡外匯的供給

與外匯的購買量一樣，本國對於外匯供應量的多寡，也主要決定於四項因素，即匯率、利率、物價與未來匯率的預期。當利率、物價與未來匯率預期均不變時，在一定期間的外匯供應量與匯率之間的對應關係，稱為外匯供給。

為了下述用途，將引申出對於本國幣的購買，也相當於引申出對於外匯的供應，即

(1)外國為了支付其進口本國財貨的貨款，或本國出口得到的外匯要兌換成本國幣。

(2)外國人為了支付其在本國期間的開銷。

(3)外國為了支付本國對外投資的紅利以及支付向本國借款的利息或返還本金。

(4)外人對本國長期投資、放款或短期資本的流入本國。

(5)外國對本國的移轉支付（如對本國的援助、贈與）。

(6)中央銀行應業務需要而供應外匯。

(7)民間為了理財需要而供應外匯。

這些用途，基本上與外匯購買的用途對應，亦大致可以按匯率、利率、物價及未來匯率預期等四項因素，來討論外匯供應量的決定問題。

當匯率上升時，表示新臺幣（本國幣）貶值，外幣升值，則一方面出口品（含外國人在本國期間的開銷，下同）變成比較便宜，有利於出口，增加出口量；當以外幣表示的出口額因而增加時，表示對於外匯的供應量也增加了。另一方面，本國的資產也因外幣升值，故其以外幣表示的價格變成比較便宜，有利於外國人多持有本國資產；當以外幣表示的外人購買本國資產總值因而增加時，就表示外匯供應量提高了。另外，本國幣對外人來說也是一項資產，當匯率上升時，表示本國幣（資產）變得比較便宜，將增強其預期獲利，因而外人將會增加其持有量，表示外匯供應量會增加。同理，當匯率下跌時，將減少外匯的供應量。

根據以上說明，得知在其他因素不變下，外匯的供應量與匯率之間，具有正向之關係；此一正向的外匯供給關係，可以表現為一條正斜率的外匯供給曲線，

如圖 16-3 的 S 曲線所示。

　　比照外匯需求變動的討論，可以得到當本國利率相對於外國利率上升時，外匯的供給將增加，使得外匯供給曲線往右移動。反之，當本國利率相對於外國利率下降時，外匯的供給減少，使得外匯供給曲線往左移動。

　　至於當預期未來匯率會下跌時，表示本國幣的價值將來會提高，變得較貴，故現在外人將增加本國幣的購買，以持有作為未來使用，或轉換成外幣以獲取匯差；也就是說，預期未來匯率下跌時，將增加外匯的供給，而使得整條外匯供給曲線往右移動。反之，當預期未來匯率上升時，將減少外匯的供給，使得外匯供給曲線往左移動。

　　最後，當國外相對於國內的物價上升時，則出口會增加，外匯的供給將增加；反之，當國外相對於國內的物價下跌時，則出口會減少，外匯的供給將減少。

(三)均衡匯率的決定與變動

　　在瞭解外匯的需求與外匯的供給這二個概念以後，就可以利用外匯市場來說明均衡匯率的決定問題。所謂均衡匯率，也就是外匯的均衡價格，表示在此一匯率水準下，剛好使得市場的外匯需求量等於外匯供給量。如圖 16-4 所示，在外匯供需曲線相交點 E，稱為均衡點，表示均衡匯率為 e^*，均衡外匯量為 Q^*。至於在其他匯率水準下，均無法使得外匯的供需量相等；且在價格機能的發揮下，將回復到 e^* 及 Q^* 的均衡水準。

　　如前所述，當本國利率水準相對於外國利率出現變動時，當對於未來匯率的預期出現變化時，或當國外相對於國內的物價有變動時，都將同時引起外匯供給曲線與外匯需求曲線的移動，進而使得均衡點變動。以本國利率水準相對於外國利率下降為例，將增加外匯的需求，且減少外匯的供給；如圖 16-5 所示，外匯需求曲線由 D_0 往右移至 D_1，而外匯供給曲線由 S_0 往左移至 S_1，使得均衡點由 E_0 移至 E_1，表示均衡匯率由 e_0^* 提高為 e_1^*，但均衡外匯量仍維持在 Q_0^* 的水準上。如圖 16-5 所示，就一般的情形來看，當本國利率相對於外國利率下降時，將確定會提高均衡匯率水準；不過，均衡外匯量的變化方向並不確定，須看外匯供需曲線的相對移動幅度大小而定。均衡匯率水準的提高，表示本國幣貶值，而外幣升值。

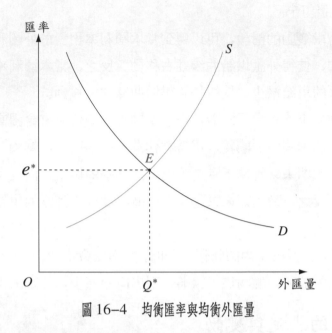

圖 16–4 　均衡匯率與均衡外匯量

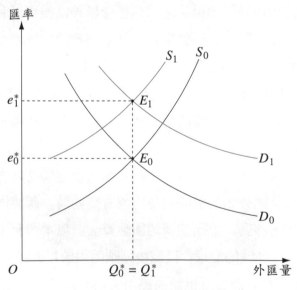

圖 16–5 　本國利率相對於外國利率下降的影響

㈣匯率制度與匯率干預

匯率的決定，除了上述完全由外匯市場的供需來決定，一國中央銀行不加干預的所謂**浮動匯率制度** (Pure Floating Exchange Rate System) 以外，尚有兩種；其中，一種是**固定匯率制度** (Fixed Exchange Rate System)，另一種是**管理浮動匯率制度** (Managed Floating Exchange Rate System)。

相對於浮動匯率制度的完全由外匯市場供需決定匯率的情況（如圖 16–4 所示），固定匯率制度是一個完全由一國政府訂定其匯率水準，為一不隨市場供需變動的匯率制度。當政府訂定的匯率水準比市場均衡匯率高時，會出現外匯的超額供給；此時，有賴政府（或中央銀行）拿出新臺幣來買進此一超額外匯，使得政府所保有的外匯量（即一般所稱的外匯存底）增加。反之，當政府訂定的匯率水準較均衡匯率低時，會出現外匯的超額需求；此時，政府則須拿出外匯以填補此一外匯需求缺口，即外匯存底降低，而同時回收新臺幣。因此，在固定匯率制度下，政府為維持此一制度，將容易牽動國內貨幣供給量的變化，而導致本國經濟受到衝擊。此一情況的發生，反而與當初為了避免市場匯率劇烈變動以致於影響經濟，而採行固定匯率制度的想法相衝突。

基於浮動匯率制度與固定匯率制度的利弊參半，一般較常被各國採用的為所謂的管理浮動匯率制度，亦即是一種由中央銀行適度參與外匯買賣，而匯率仍在尊重外匯市場機能的原則下來決定的制度。臺灣於 1978 年中起所實施的機動匯率制度，實際上就是管理浮動匯率制度。

從政府干預匯率的角度來看，浮動匯率制度為一政府完全不介入干預匯率決定的制度，固定匯率制度為一政府完全介入並決定匯率的制度；管理浮動匯率制度則為一政府適度且非強勢介入，只做防衛性操作，而基本上仍由市場供需決定匯率的制度。

㈤國際收支平衡表

一國在一定期間內，與世界各國發生的經貿、交流及其他關係，都將涉及外匯的流進與流出；為便於對該國外匯進出情況的瞭解與掌握，乃將其彙總為一所

謂的**國際收支平衡表** (Balance-of-Payments Accounts)；簡單地說，也就是該國外匯收支平衡表。

在國際收支平衡表中，當外匯流入時，記為加項，例如出口或外資流入等項；當外匯流出時，記為減項，例如進口或對外投資等項。臺灣的國際收支平衡表可區分為四個主要帳項，即**經常帳** (Current Account)、**資本帳** (Capital Account)、**金融帳** (Financial Account) 與**官方準備交易帳** (Official Reserve Transaction Account)，其在 2000 年的國際收支情形如表 16–1 所示。至於各帳項包括的細項內容，說明如下：

表 16–1　2000 年臺灣國際收支平衡表

單位：百萬美元

一、經常帳餘額		
1.商品與勞務的出口	（＋）167,500	
2.商品與勞務的進口	（－）160,461	（＋）8,903
3.所得淨額	（＋）4,468	
4.經常移轉淨額	（－）2,604	
二、資本帳餘額		（－）287
三、金融帳餘額		
1.對外投資	（－）25,309	（－）8,019
2.外人來臺投資	（＋）17,290	
四、誤差與遺漏淨額		（＋）1,880
五、官方準備交易帳餘額 （準備資產的變動）		（－）2,477

資料來源：中央銀行經濟研究處編《中華民國臺灣地區金融統計月報》，民國 90 年 10 月。

1.經常帳

經常帳包括商品與勞務的出口、進口，以及所得與經常移轉等四項；其中，所得包括薪資所得與投資所得（不含資產的利得或損失），投資所得含直接投資、證券投資與其他投資所得。

2.資本帳

資本帳包括資本移轉及非生產性、非金融性資產（如專利權、商譽等無形資產）的取得與處分。

3.金融帳

金融帳計載一國對外的金融資產與負債的交易，包括直接投資、證券投資與其他投資等方式所進行的交易。

4.官方準備交易帳

官方準備交易帳又稱**國際清償帳** (International Settlement Account)，為上述經常帳、資本帳及金融帳的綜合表現，亦即國際收支餘額的表示。當上述三種帳項餘額的加總大於零時，表示國際收支有盈餘；反之，為負數時，表示國際收支赤字。當國際收支有盈餘時，表示外國須付予本國等量的外匯，以作為國際清償；而有赤字，表示本國須付給外國等量的外匯，以作為國際清償。因此，以表 16–1 為例，臺灣國際收支盈餘有 2,477 百萬美元（含誤差項在內），表示臺灣的外匯保有量增加 2,477 百萬美元，於表中官方準備交易帳以負號表示，為什麼呢？因為保有外匯相當於保有美金，等同於對外投資（例如持有國外資產或外幣帳戶等）一樣，故以負號表示。也就是當官方準備增加時，官方準備交易帳為負號；反之，當準備減少時（即國際收支出現赤字時），官方準備交易帳為正號。

5.誤差與遺漏淨額

國際收支平衡表中尚列有「誤差與遺漏淨額」一項，以作為帳項之間的平衡之用。主要是因為各帳項的統計（含推估）數據，免不了出現誤差或遺漏項，若沒有這一項的設計，就無法使得帳項之間剛好平衡。

至於當國際收支有盈餘或出現赤字時，本國可能採取何種對策，以解決此種國際收支失衡的問題，也是值得大家繼續進一步思考的題目。

觀念研習

11.何謂匯率？何以當匯率下跌時，表示本國幣升值，而外國幣貶值？

12.何以貶值會有利於出口，而不利於進口？

13.試說明影響外匯購買量的因素有哪些。

14.當均衡匯率上升時，可能是受到哪些因素的影響？

15.外匯需求曲線何以是具有負斜率的性質呢？

16.外匯供給曲線何以是具有正斜率的性質呢？

17.何謂管理浮動匯率制度？其與浮動匯率制度的差異之處是什麼？

18.何謂國際收支平衡表？該表可區分為哪些帳項？

第四節　應用分析：臺灣對外貿易現況

於上面各節的內容中，瞭解到國際貿易相關的理念、理論與政策，以及匯率決定的相關因素。在本節中，將簡單介紹臺灣對外貿易的現況，並重點說明在過去一段期間，所曾經採行的一些貿易政策。

臺灣於近五十年來的對外貿易發展相當快速，於 2000 年其進口金額達 1,400.11 億美元，出口金額達 1,483.21 億美元，其與 1952 年的進口金額不到 2 億美元，出口金額不到 1.2 億美元，可謂相差極為懸殊。

在貿易政策方面，為了鼓勵出口，政府曾採取出口補貼與出口退稅的方式；為了抑制進口與保護國內產業，則曾實施進口管制及課徵高關稅的方式。不過，自 1984 年以來，政府乃順應國內經濟環境變化與世界經濟潮流的需要，積極推動經濟自由化與國際化，一方面開放國內市場，進行公平貿易，另一方面申請加入 GATT 與 WTO，加速解除進口管制與降低關稅；這些工作的進行，均有助於臺灣對外貿易的快速增長。

就臺灣的進口商品結構來看，農工原料一直高居第一位，其次是資本設備，最後才是消費品的進口；其在 2000 年的比重，分別為 64.1 ％、28.0 ％及 7.8 ％（至於以前年度的數據，請參閱表 16–2）。在主要進口地區方面，以日本、美國及歐洲各國為主，其在 2000 年的比重，分別為 27.5 ％、17.9 ％及 13.6 ％。

就臺灣的出口商品結構來看，1965 年以來，工業產品一直居第一位，其次是農產加工品及農產品；其中，工業產品的比重於 2000 年達 98.6 ％（包括有 71.4 ％的重化工業產品及 27.2 ％的非重化工業產品）。於表 16–3 中，亦列有其他年度的出口商品結構資料，可供參考比較。在主要出口地區方面，以美國、香港、日本及歐洲各國為主，其在 2000 年的比重，分別為 23.5 ％、21.1 ％、11.2 ％及 16.0 ％；其中，出口到香港的比重，在 1990 年以來快速提高，主要是包括了經由香港出口到中國大陸的比重在內。

表 16–2　臺灣的進口結構

單位：億美元；％

項目 期間	合計 （億美元）	商品結構（％）			主要地區結構（％）			
		消費品	農工原料	資本設備	美國	日本	香港	歐洲
1952 年	1.87	19.9	65.9	14.2	45.7	31.2	9.0	6.6
1960	2.97	8.1	64.0	27.9	38.1	35.3	1.6	11.2
1970	15.24	4.9	62.8	32.3	23.9	42.4	1.8	9.7
1980	197.33	5.8	70.8	23.4	23.7	27.1	1.3	9.4
1990	547.16	12.0	70.4	17.5	23.0	29.2	2.7	17.5
1995	1,035.50	11.7	72.0	16.3	20.1	29.2	1.8	18.1
1996	1,023.70	13.1	69.0	17.9	19.5	26.9	1.7	19.7
1997	1,144.25	13.6	67.4	19.0	20.3	25.4	1.7	18.9
1998	1,046.65	13.0	63.8	23.2	18.8	25.8	1.9	19.7
1999	1,106.90	9.5	64.1	26.4	17.8	27.6	1.9	15.9
2000	1,400.11	7.8	64.1	28.0	17.9	27.5	1.6	13.6

資料來源：財政部統計處編印《中華民國臺灣地區進出口統計月報》。

表 16-3 臺灣的出口結構

單位：億美元；%

項目 期間	合計 (億美元)	商品結構（％）			主要地區結構（％）			
		農產品	農產加工品	工業產品	美國	香港	日本	歐洲
1952 年	1.17	22.1	69.8	8.1	3.5	7.7	52.6	5.3
1960	1.64	12.0	55.7	32.3	11.5	12.6	37.7	6.0
1970	14.81	8.6	12.8	78.6	38.1	9.2	14.6	10.1
1980	198.11	3.6	5.6	90.8	34.1	7.8	11.0	15.8
1990	672.14	0.7	3.8	95.5	32.4	12.7	12.4	18.2
1995	1,116.59	0.4	3.4	96.2	23.7	23.4	11.8	14.1
1996	1,159.42	0.4	3.1	96.5	23.2	23.1	11.8	14.6
1997	1,220.81	0.3	1.8	97.9	24.2	23.5	9.6	15.1
1998	1,105.82	0.3	1.5	98.2	26.6	22.4	8.4	17.8
1999	1,215.91	0.3	1.3	98.4	25.4	21.4	9.1	16.7
2000	1,483.21	0.2	1.2	98.6	23.5	21.1	11.2	16.0

資料來源：同表 16-2。

觀念研習

19. 在促進對外貿易的發展方面，臺灣政府曾採行過哪些政策？

本章摘要

1. 比較利益原則，不但是各國有效配置其資源的準則，而且也是國際之間有效
   共同配置所有資源的準則。

2. 國際貿易除了帶給雙方實質所得的增加以外，亦有助於促進彼此在知識、技
   術、文化等方面的學習、瞭解與進步。

3. 國際貿易發生的原因，大致可以歸為二類，一類是與供給面有關的因素，如
   生產技術的水準與生產要素的量與質等項；另一類是與需求面有關的因素，
   如偏好型態與國民所得分配狀況等項。

4. 政府干預貿易的常見理由有三，即保障國家安全與穩定經濟、保護幼稚產業、
   反擊傾銷；不過，干預貿易並非最妥適的介入方式。

5. 政府干預進口的手段，有進口關稅課徵以及進口限額、進口簽證、進口規範
   等非關稅障礙的設置。

6. 政府干預出口的手段，有出口補貼、出口設限、出口退稅等項。

7. 世界各國為了增進全球資源的配置效率，並提昇福利水準，於1947年簽訂關
   稅暨貿易總協定(GATT)，並進而於1995年成立世界貿易組織(WTO)，以作
   為持續推動全球貿易自由化的推手。

8. 匯率是指外幣與本國貨幣之間的兌換比例，通常表示為一單位外幣可以兌換
   成多少本國幣。

9. 當匯率下跌時，表示本國幣升值，外幣貶值；同理，當匯率上升時，表示本
   國幣貶值，外幣升值。

10. 當沒有政府的干預時，匯率的高低，基本上可以由外匯市場的供需雙方共同
    來決定。當市場的外匯供給量與需求量剛好相等時，其對應的匯率水準稱為
    均衡匯率，此時之外匯成交量稱為均衡外匯量。

11. 影響外匯購買量或供應量的主要因素有四項，即匯率、相對利率、相對物價
    與對於未來匯率的預期。

12.外匯需求曲線為一條負斜率的曲線,表現匯率與外匯需求量之間的負向關係。
當本國相對於外國的利率下降,當本國相對於外國的物價上升,或預期未來
匯率會上漲時,都將增加外匯的需求;反之,則都將減少外匯的需求。

13.外匯供給曲線為一條正斜率的曲線,表現匯率與外匯供給量之間的正向關係。
當本國相對於外國的利率上升,當本國相對於外國的物價下跌,或預期未來
匯率會下跌時,都將增加外匯的供給;反之,則都將減少外匯的供給。

14.匯率制度可以分為三種,第一種是完全由外匯市場供需雙方來共同決定匯率
水準的浮動匯率制度,第二種是完全由政府單方決定匯率水準的固定匯率制
度,第三種是政府適度干預下,原則上由外匯市場決定匯率水準的管理浮動
匯率制度。

15.國際收支平衡表是計載一國在一定期間與他國進行各項活動時,有關外匯的
收支情況的彙總表。臺灣的國際收支平衡表中,分為四個主要帳項,即經常
帳、資本帳、金融帳與官方準備交易帳。

16.當國際收支有盈餘時,官方準備交易帳為負號,用以表示外匯準備或準備資
產的增加,有如對外投資一樣;反之,當國際收支出現赤字時,官方準備交
易帳為正號,表示準備資產的減少,有如外人來臺投資一樣。

習 題

1. 請問下列各項因素對於臺灣外匯供給、供給量或外匯需求、需求量的影響如何？

　⑴外國藝人來臺表演增多了。

　⑵臺灣企業增加赴中國大陸投資設廠。

　⑶外商到臺灣投資設廠增加了。

　⑷臺灣增加從國外進口疫苗。

　⑸臺灣增加對美軍備的採購。

　⑹臺幣貶值了。

　⑺美國利率上升了。

　⑻臺灣股市看好，外資大量流入。

　⑼預期臺幣未來會升值。

　⑽臺灣物價上漲較快。

2. 請問在第 1 題的各種情況下，均衡匯率會出現變化嗎？

中文索引

ㄅ

英文索引

◎ 信用狀理論與實務—國際商業信用狀實務　　張錦源／著

　　本書係為配合大專院校教學與從事國際貿易人士需要而編定，另外，為使理論與實務相互配合，以專章說明「信用狀統一慣例補篇——電子提示」及適用範圍相當廣泛的ISP 98。閱讀本書可豐富讀者現代商業信用狀知識，提昇從事實務工作時的助益，可謂坊間目前內容最為完整新穎之信用狀理論與實務專書。

◎ 國際貿易實務詳論　　張錦源／著

　　買賣的原理、原則為貿易實務的重心，貿易條件的解釋、交易條件的內涵、契約成立的過程、契約條款的訂定要領等，均為學習貿易實務者所不可或缺的知識。本書按交易過程先後作有條理的說明，期使讀者對全部交易過程能獲得一完整的概念。除進出口貿易外，對於託收、三角貿易……等特殊貿易，本書亦有深入淺出的介紹，彌補坊間同類書籍之不足。

◎ 國際貿易理論與政策　　歐陽勛、黃仁德／著

　　在全球化的浪潮下，各國在經貿實務上既合作又競爭，為國際貿易理論與政策帶來新的發展和挑戰。為因應研習複雜、抽象之國際貿易理論與政策，本書採用大量的圖解，作深入淺出的剖析；由靜態均衡到動態成長，實證的貿易理論到規範的貿易政策，均有詳盡的介紹，讓讀者對相關議題有深入的瞭解，並建立起正確的觀念。

◎ 投資學　伍忠賢／著

　　本書讓你具備全球、股票、債券型基金經理所需的基本知識，實例取材自國內兩大財經報紙，並附個案研究讓你「現學現用」！作者曾任《工商時報》專欄記者，流利的口語語調，使本書讀起來好像在看《天下》雜誌，令你愛不釋手。不僅適合大專院校教學之用，尤其適合經營企管碩士(EMBA)班及準備研究所升學考試使用。

◎ 行銷學　方世榮／著

　　顧客導向的時代來臨，每個人都該懂行銷！本書的內容完整豐富，並輔以許多「行銷實務案例」來增進對行銷觀念之瞭解與吸收，一方面讓讀者掌握實務的動態，另一方面則提供讀者更多思考的空間。此外，解讀「網路行銷」這個新興主題，讓讀者能夠掌握行銷最新知識、走在行銷潮流的尖端。

◎ 保險學理論與實務　邱潤容／著

　　由於金融控股公司法的公布施行，結合銀行、保險、證券……等的金融控股公司陸續成立，使得保險對於社會與個人日趨重要，不僅相關從業人員必須熟悉保險，一般大眾更需要瞭解保險。本書針對保險理論與實務加以分析、探討，期望讀者對保險之經營與操作有更深入的理解。除了可作為修習相關課程之大專院校學生的教科書，對於實務界而言，更是培育金融保險人員的最佳參考。

◎ 管理學　伍忠賢／著

　　本書抱持「為用而寫」的精神，以解決問題為導向，釐清大家似懂非懂的概念，並輔以實用的要領、圖表或個案解說，將其應用到日常生活和職場領域中。標準化的圖表方式，雜誌報導的寫作風格，使你對抽象觀念或時事個案，都能融會貫通，輕鬆準備研究所等入學考試。

◎ 財務管理　伍忠賢／著

　　細從公司現金管理，廣至集團財務掌控，不論是小公司出納或是大型集團的財務主管，本書都能滿足你的需求。以理論架構、實務血肉、創意靈魂，將理論、公式作圖表整理，深入淺出，易讀易記，足供碩士班入學考試之用。本書可讀性高、實用性更高。

◎ 公司鑑價　伍忠賢／著

　　本書揭露公司鑑價的專業本質，洞見財務管理的學術內涵，以生活事務來比喻專業事業；清楚的圖表、報導式的文筆、口語化的內容，易記易解，並收錄多項著名個案。引用美國著名財務、會計、併購期刊十七種、臺灣著名刊物五種，以及博碩士論文、參考文獻三百五十篇，並自創「伍氏資金成本估算法」、「伍氏盈餘估算法」，讓你體會「簡單有效」的獨門工夫。

◎ 策略管理　伍忠賢／著

　　本書作者曾擔任上市公司董事長特助，以及大型食品公司總經理、財務經理，累積數十年經驗，使本書內容跟實務之間零距離。全書內容及所附案例分析，對於準備研究所和ＥＭＢＡ入學考試，均能遊刃有餘。以標準化圖表來提綱挈領，採用雜誌行文方式寫作，易讀易記，使你閱讀輕鬆，愛不釋手。並引用多本著名管理期刊約四百篇之相關文獻，讓你可以深入相關主題，完整吸收。

◎ 策略管理全球企業案例分析　伍忠賢／著

　　一服見效的管理大補帖，讓你快速吸收惠普、嬌生、西門子、ＵＰＳ、三星、臺塑、統一、國巨、台積電、聯電……等二十多家海內外知名企業的成功經驗！本書讓你在看故事的樂趣中，盡得管理精髓。精選最新、最具代表性的個案，精闢的分析，教你如何應用所學，尋出自己企業活路！

◎ 期貨與選擇權　陳能靜、吳阿秋／著

　　本書以深入淺出的方式介紹期貨及選擇權之市場、價格及其交易策略，並對國內期貨市場之商品、交易、結算制度及其發展作詳盡之探討。除了作為大專相關科系用書，亦適合作為準備研究所入學考試，與相關從業人員進一步配合實務研修之參考用書。

◎ 財務報表分析　洪國賜、盧聯生／著

　　財務報表是企業體用以研判未來營運方針，投資者評估投資標的之重要資訊。為奠定財務報表分析的基礎，本書首先闡述財務報表的特性、結構、編製目標及方法，並分析組成財務報表的各要素，引證最新會計理論與觀念；最後輔以全球二十多家知名公司的最新財務資訊，深入分析、評估與解釋，兼具理論與實務。另為提高讀者應考能力，進一步採擷歷年美國與國內高考會計師試題，備供參考。

◎ 財務報表分析題解　洪國賜／編著

　　本書為《財務報表分析》的習題解答，透過試題演練，使讀者將財務報表分析技術實際應用於各種財務狀況，並學習如何以最正確的資訊作出最適當的決策。對於準備考試者，更是不得不備的參考書。

◎ 海上保險原理與案例　周詠棠／著

　　本書從海上保險觀念之起源，闡釋保險補償原理的歷史演進過程，進而敘述近代海上保險體制之形成，並搜集中外古今有關海上保險賠償爭訟之典型案例百則加以印證。本書採納國內相關法律及國際間公認之相關海上保險規則，以英、美兩國之海上保險規制為論述主幹，配合具有實用之最新資料，為大專院校之理想教材，並可供法律、保險、貿易、航運及金融界人士之業務參考。

◎ 管理會計　王怡心／著

　　資訊科技的日新月異，不斷促使企業 e 化，對經營環境也造成極大的衝擊。為因應此變化，本書詳細探討管理會計的理論基礎和實務應用，並分析傳統方法的適用性與新方法的可行性。除適合作為教學用書外，本書並可提供企業財務人員，於制定決策時參考；隨書附贈的光碟，以動畫方式呈現課文內容、要點，藉此增進學習效果。

◎ 管理會計習題與解答　王怡心／著

　　會計資料可充分表達企業的營運情況，因此若管理者清楚管理會計的基礎理論，便能十足掌握企業的營運現狀，提昇決策品質。本書採用單元式的演練方式，由淺而深介紹管理會計理論和方法，使讀者易於瞭解其中的道理。同時，本書融合我國商業交易行為的會計處理方法，可說是本土化管理會計的最佳書籍。

◎ 成本會計（上）（下）　費鴻泰、王怡心／著

　　本書依序介紹各種成本會計的相關知識，並以實務焦點的方式，將各企業成本實務運用的情況，安排於適當的章節之中，朝向會計、資訊、管理三方面整合型應用。不僅可適用於一般大專院校相關課程使用，亦可作為企業界財務主管及會計人員在職訓練之教材，可說是國內成本會計教科書的創舉。

◎ 成本會計習題與解答（上）（下）　費鴻泰、王怡心／著

　　本書分為作業解答與挑戰題。前者依選擇、問答、練習、進階的形式，讓讀者循序漸進，將所學知識應用於實際狀況；後者為作者針對各章主題，另行編寫較為深入的綜合題目，期望讀者能活用所學。不論為了升學、考試或自修，相信都能從本書獲得足夠的相關知識與技能。

◎ 臺灣經濟自由化的歷程　孫　震／著

　　臺灣經濟自由化有三個不同的階段，從民國40年代後期從進口替代轉向出口擴張，到民國60年代和70年代初期經歷兩次世界能源危機，貿易、匯率、利率逐步自由化，乃至70年代後期經濟自由化的全面實施。本書深入探討臺灣經濟自由化的理論基礎與現實背景，並檢討實施過程中的一些缺失，是到目前為止，國內外討論臺灣經濟自由化最完整的一本專著。

◎ 臺灣發展知識經濟之路　孫　震／著

　　臺灣有幸在1970年代作了正確的選擇，使臺灣的經濟在1990年代表現優異，因而創備了一定的條件，向知識經濟的道路前進。本書主要為作者在擔任工研院董事長期間之論述，旨在討論過去二十多年，臺灣在日趨自由化的環境中，發展科技產業的經驗，以及相關之教育發展與社會變動。此一課題，正是一國發展知識經濟基本的因素。

◎ 亞當史密斯與嚴復──《國富論》與中國　賴建誠／著

　　本書透過嚴復譯案亞當史密斯的《原富》（或譯為《國富論》），來瞭解西洋經濟學說在中文辭彙與概念尚不足夠的情況下，是用哪種詞語和「思想方式」傳入的？而從追求富強的角度來看，這本以提倡「自由放任」、「反重商主義」、「最小政府」為主旨的《國富論》，對清末的知識界和積弱的經濟，產生了哪些影響與作用？